Neue
Kleine Bibliothek 263

Werner Rügemer

Die Kapitalisten des 21. Jahrhunderts

Gemeinverständlicher Abriss zum Aufstieg der neuen Finanzakteure

PapyRossa Verlag

4., ergänzte Auflage 2024
3., ergänzte Auflage 2021
2., ergänzte Auflage 2020

Luxemburger Str. 202, 50937 Köln
Tel.: +49 (0) 221 – 44 85 45
Fax: +49 (0) 221 – 44 43 05
E-Mail: mail@papyrossa.de
Internet: www.papyrossa.de

Umschlag: Verlag, unter Verwendung einer Abbildung von pixabay.com
Druck: Interpress

Die Deutsche Nationalbibliothek verzeichnet diese Publikation in der Deutschen Nationalbibliografie; detaillierte bibliografische Daten sind im Internet über http://dnb.d-nb.de abrufbar

ISBN 978-3-89438-675-7

Inhalt

Porträts

Tabellen und Auflistungen

Vorwort zur vierten Auflage

Ukraine: »Leuchtfeuer des Kapitalismus«
»Neue Werte« der Kapital-Demokratie
Den US-geführten Kriegs- und Armutskapitalismus bändigen

Im Herbst 2022 wurde bekannt, dass BlackRock beim »Wiederaufbau« der Ukraine »federführend« sein soll. Modernisiert, entbürokratisiert, digitalisiert – die Ukraine soll ein »Leuchtfeuer der Hoffnung für die Kraft des Kapitalismus« werden, so BlackRock-Chef Lawrence Fink.[1]

Für dieses Leuchtfeuer beschickt der US-geführte Kriegskapitalismus die Ukraine, lässt eine unbekannte Zahl an ukrainischen Soldaten unsichtbare Tode sterben. Und je mehr vor dem Wiederaufbau zerstört wird, umso lukrativer leuchtet der Wiederaufbau, etwa eine neue Panzerfabrik von Rheinmetall vor Ort. Übrigens: Neun der zehn größten Aktionäre des »deutschen« Rüstungskonzerns kommen aus den USA, nämlich BlackRock, Vanguard & Co.

Dieser Stellvertreterkrieg bringt für die US-Aktionäre nicht nur neue Gewinne aus dem Rüstungsgeschäft, sondern auch für die US-Frackingindustrie: Sie vergiftet nicht nur Boden, Pflanzen, Wasser und Luft, sondern bringt in den USA auch vielfach einen frühen Tod für Anwohner und Arbeiter an den Millionen Bohrstellen.[2]

Die US-Regierung hat die EU vom russischen Gas abgetrennt. So nehmen auch deutsche »Umwelt-Prediger« beim Bezug von nordamerikanischem Frackinggas nicht nur einen viermal höheren Preis in Kauf, sondern auch eine zerstörte Umwelt und den Tod von Menschen.

De- und Re-Industrialisierung in US-Hand

Nicht nur die De-Industrialisierung, auch die Re-Industrialisierung Deutschlands liegt in der Hand vor allem von US-Konzernen, so bei der Intel-Chipfabrik, die aus Brüssel, Berlin und Magdeburg mit zehn Milliarden Euro subventioniert wird – die Gewinne freilich fließen an BlackRock & Co.

Durch die Kriegshaushalte wird in den EU-Staaten die Infrastruktur für die Mehrheit der Bevölkerungen abgebaut, privatisiert, verteuert, Arbeitsplätze werden verlagert. Dabei spielen auch weitere US-Kapitalakteure wie Hedgefonds und »Heuschrecken«-Investoren sowie ihre zivile Privatarmee aus Beratern eine führende Rolle.

Ein stets gut aufgelegter US-Präsident Obama hatte den europäischen NATO-Mitgliedern auferlegt: Rüstungshaushalte auf zwei Prozent des Bruttoinlandprodukts erhöhen! Nun verlangt sein Nach-Nachfolger Biden: Zwei Prozent sind nicht genug. Neue NATO-Mitglieder, neue Spezialtruppen, neue US-Militärstützpunkte gehören zum weiter gen Russland getragenen, kapitalen Leuchtfeuer in Europa – wie in Asien gegen China.

Die Systemkrise der Kapital-Demokratie und deren »neue Werte«

Freie Marktwirtschaft am Ende: Die neuen Oligarchen BlackRock & Co. treiben die Staaten noch tiefer in die Überschuldung als bisher. Pharmakonzerne verkaufen Medikamente und Impfstoffe, die nicht mehr umfassend getestet werden. Immer wieder werden Unternehmen nur noch gegründet oder angesiedelt, wenn der Staat sie subventioniert. Der Korridor der veröffentlichten Meinung sowie der des »Sagbaren« wird immer enger. BlackRock & Co. machen Multimillionäre und Multimilliardäre noch reicher und treiben die Mehrheit der Bevölkerung, auch den einstmals gelobten Mittelstand, in die Armut – *working poor, working sick* vor allem für Frauen, steigende Kindersterblichkeit, Wohnungslosigkeit, Rassismus, sinkende Lebenserwartung, Selbstzerstörung durch Alkohol, Drogen, Selbstmord – hier sind die USA führend und verbreiten diesen *way of life* auch im bisher gehätschelten Europa.[3]

Die Vielfachkrise aus Klima und Unwettern, Energie und Kriegen sowie einer besonders gepushten »Flüchtlingskrise« soll es überdecken: Die westliche Kapital-Demokratie steckt in einer Systemkrise, allen voran in den USA, aber auch in besonders US-abhängigen Staaten wie Israel und Großbritannien sowie in EU-Staaten wie Deutschland, Frankreich, Italien: Die absterbenden, kapitalfinanzierten ‚Volks'parteien fördern durch ihre asoziale, antidemokratische Politik einen noch offener auftretenden Rechtsradikalismus.

Demokratische Alternativen, die Millionen – auch junge Menschen – zum Mitmachen begeistern und die Interessen der abhängig Beschäftigten vertreten wie etwa mit Bernie Sanders in den USA werden vom Establishment der »Demokraten« um Obama und die Clintons gnadenlos an (Wahl-)Erfolgen gehindert.[4] In Frankreich ließ der autoritäre Banker-Präsident Macron die demokratische Millionenbewegung der Gelbwesten und der Proteste gegen die BlackRock-Rente brutal niederknüppeln.

Die Umwelt soll gerettet werden – aber seit den Clintons wird auf Druck der USA das Militär, samt Stützpunkten, Manövern und Kriegen, aus den Umweltbilanzen entfernt. Für die CO_2-freie e-Mobilität, für die neuesten Apple-Smartphones usw. werden die globalen Produktionsketten unsichtbar gemacht. Die Digital- und Plattformkonzerne organisieren menschenrechtswidrige, rassistische Niedrigstlöhnerei.[5] Sexualisierte Gewalt gegen Frauen wird zu Recht angeprangert, aber ökonomische Gewalt gegen Frauen wird millionenfach praktiziert, mit Arbeitsausbeutung und Altersarmut.

Die völkerrechtliche und menschenrechtliche Weltordnung

Die Kapital-Demokratien stecken in einer Systemkrise, auch weil China als dynamischste Volkswirtschaft eine alternative Entwicklungslogik praktiziert, national wie global: antikolonial, zugleich offen für westliche Unternehmen, hunderte Millionen Menschen wurden und werden aus der Armut geholt, Infrastruktur wird ausgebaut, junge Frauen und Männer gründen Start-ups, Wirtschaftskriminelle werden bestraft. In China herrscht mehr Marktwirtschaft als im Westen – und dies ohne militärische Expansion, ohne die knapp tausend Militärstützpunkte, die von den USA auf allen Kontinenten und annektierten Territorien wie Guantanamo oder Guam betrieben werden.

Die US-geförderten Kriege, zuletzt in der Ukraine und im Nahen Osten, haben die Distanzierung von der »einzigen Weltmacht«, aber auch die Selbstorganisation des »Rests der Welt« beschleunigt. Die von China mitorganisierten Allianzen wie BRICS oder die Shanghai Cooperation Organization erweitern sich, rohstoffgebundene Währungen lösen sich vom Dollar. In Afrika, Lateinamerika und weltweit bilden sich weitere Bündnisse: in Form von Parteien, Initiativen, Medien entwickeln sich rasant.

Unter Obama wurde die Feinderklärung gegen Russland und China zum Systemkonflikt verschärft und die US-Doktrin des nuklearen Erstschlags erneuert. Zu der seit Februar 2022 in eine neue Phase getretenen Konfrontation in der Ukraine kam im Oktober 2023 eine Gewaltexplosion im Nahen Osten hinzu. Eine von Brasilien eingebrachte und mit großer Mehrheit angenommene Resolution für eine allseitige Feuerpause in Gaza blockierten die USA im UN-Sicherheitsrat. Das ist an sich nichts Neues, hatten die USA seit 1972 doch Dutzende israelkritische oder das Land auch nur in seinem Handlungsspielraum einschränkende Resolutionen blockiert – auch so fördert man den dauerhaften Bruch von Völkerrecht und Menschenrechten.

Und doch ist etwas in Bewegung: Eine Mehrheit von Staaten, die überdies die übergroße Mehrheit der Weltbevölkerung stellt, schickt sich an, diese tödliche Logik zu benennen und der Praxis der Kapital-Demokratien in den Arm zu fallen. Die US-definierte »regelbasierte internationale Ordnung« muss vollständig ersetzt werden durch das UN-Völkerrecht und die UN-Menschenrechte einschließlich der Arbeits- und Sozialrechte – und der Weg zur Systemalternative, zum Sozialismus, muss geöffnet werden.

Das Buch ist inzwischen auch in englischer, französischer, italienischer, russischer und chinesischer Sprache erschienen.

Vorwort zur dritten Auflage

China gewinnt den Systemwettbewerb
Der US-geführte Westen rüstet auf
Lockdown this capitalism!

»Corona«: Die Gesellschaft des US-geführten Westens ist zurückgeführt in die kleinsten Einheiten der Individuen und der einsamen Alten in den Altenheimen. Die Menschen dürfen angstvoll schnell einkaufen und zuhause vereinzelt konsumieren. Sie konsumieren dabei die staatlichen und privaten Leitmedien: Die zeigen endlos wiederholt leere Einkaufsstraßen, leere Innenstädte. Aber arbeitet irgendjemand? Ja natürlich – Homeoffice!

Neoliberales Ideal:
Der vereinzelte Konsument, der macht- und lautlos arbeitet

Mit »Corona« erfüllte sich der neoliberale Traum: Die Menschen sind keine sozialen Wesen, sondern Einzelne, bestenfalls mit Kleinfamilie. Sie konsumieren, mit unendlicher Auswahl aus aller Welt. Ja, aber arbeiten denn nicht, neben Krankenhauspersonal und Kassiererinnen, die vielen, vielen Millionen abhängig Beschäftigten, die nicht Homeoffice machen können? Ja, irgendwie arbeiten sie, möglichst lautlos und billig, an ungezeigten Orten. Unauffällig gelangen sie dorthin und wieder zurück ins einsame Heim, wo zwei Kinder vor dem (nicht vorhandenen) Computer sitzen, für das Homeschooling. Zu den Einzelnen gehören die Obdachlosen, die frei auf Parkbänken dahinfrieren, – ausgesetzt dem Diebstahl durch noch Ärmere: frei zum unauffälligen Wegsterben oder Verschwinden, notfalls mithilfe der Polizei. Vorbei joggen kräftige junge Menschen in smarter

Joggingkleidung, in sich gekehrt, vollgedröhnt über den schnurlosen Ohrhörer von Apple, den der migrantische Amazon-Auslieferer freundlich-gehetzt in den Briefkasten geworfen hat.

Seit Anfang 2021 wird tausendfach wiederholt in den Leitmedien der Stich in den Oberarm gezeigt: Das rettende Impfen hat begonnen! Aber wie lange es dauern wird – das wissen die Regierenden nicht. Denn sie haben mit der privatkapitalistischen Zurichtung der Gesundheitssysteme, der Alten- und Pflegeheime, der Krankenversicherung, der virologischen Wissenschaft und auch der Arbeitsverhältnisse die Lösung verbaut.[1] In Deutschland wurden während der Pandemie 20 Krankenhäuser geschlossen.

WHO und UN-Sozialpakt: Was ist Gesundheit?

Gesundheit ist laut UN-Sozialpakt und WHO »ein Zustand des vollständigen körperlichen, geistigen und sozialen Wohlergehens und nicht nur des Fehlens von Krankheit und Gebrechen.« Dagegen verdrängt die Fixierung auf Corona den Gesamtzustand der Bevölkerung und verschärft nicht nur die Gefahren des Virus.

Die Regierungs-Virologen verweigern die gestufte Differenzierung von »an und mit Corona gestorben«. Statt Risikogruppen nach sozialen, Lebens- und Arbeitsumständen zu testen und das Gesundheitssystem auszubauen, wird eine nationale Volksgemeinschaft simuliert. Die »besonders Verwundbaren«, die jetzt zuerst geimpft werden – seit Beginn hat man sie isoliert und zu tausenden sterben lassen.

BlackRock & Co steigen weiter auf, Beschäftigte und Staat verarmen

Die im Buch geschilderten Kapitalisten mit BlackRock, Vanguard & Co und ihre Beraterheere haben die Krise vorangetrieben. Mit dem Schlagwort »Hyperglobalisierung« wurden schon vor Corona die Entmachtung der Demokratien, der abhängig Beschäftigten, der Mieter, der Rentner, der Sozialversicherten und auch der Mittelschichten sowie die Privatisierung der Infrastruktur kritisiert.[2]

Diese Wirtschaft, gestützt von abstürzenden ‚Volks'parteien, hält sich nur noch mit immer größeren staatlichen Hilfsprogrammen wie dem 750-Milliarden-»Corona-Aufbauprogramm« der EU. Und die

Kredite verteilt BlackRock über die US-Notenbank Fed und die EZB. BlackRock, Aktionär auch bei Amazon, Facebook, Google, Microsoft, Apple, Twitter sowie Pharma- und Rüstungskonzernen, hat im Pandemiejahr den Gewinn für seine superreichen Kunden um 17 Prozent gesteigert. Jetzt spielen sich die Krisenverursacher als Retter auf.

China gewinnt den Systemvergleich

Durch die Abschaffung der feudalen, kolonialen und kapitalistischen Abhängigkeiten hat die Volksrepublik China die Potenziale ihres Systemwechsels in sieben Jahrzehnten schrittweise entfaltet und ist damit keineswegs zu Ende. China konnte nicht nur, im Unterschied zu endlos vom Westen angekündigten Armuts-Bekämpfungs-Programmen, hunderte Millionen Menschen aus der Armut holen, in Arbeit bringen, mit steigenden Arbeitseinkommen und Sozialversicherungen, nachhaltig. So konnte auch der Virus erfolgreich eingedämmt werden. Neue öffentliche, auch technisch innovative Verkehrsinfrastruktur, kostenfreie Bildung und Gesundheit für alle,[3] dazu niedrige Staatsverschuldung, Milliarden neu gepflanzter Bäume, Bestrafung von Wirtschaftskriminellen: Vergleichbares wurde von der deutschen Bundeskanzlerin mit Hinweis auf Corona als »politische, soziale, ökonomische Jahrhundertaufgabe« bezeichnet – während sie als »mächtigste Politikerin Europas« ihre Komplizenschaft mit den neuen Kapitalisten nur (noch) brüchig verdeckt.

Was die westlichen Leitmedien verleugnen: China als Friedensmacht. China ist der Staat mit den meisten UNO-Blauhelmen, aktiv in immer mehr UNO-Organisationen und vor allem: Inklusive Globalisierung ohne militärische Begleitung – während die USA 1.000 Militärstützpunkte weltweit unterhalten und immer mehr um China herum aufrüsten, zwischen Afghanistan und Libyen *failed states* hinterlassen, tausende Menschen per Drohne ermorden und Millionen Menschen zu Flüchtlingen machen.

US-geführter Westen rüstet auf, innen und außen

Nur weil sie in China produzieren und verkaufen können, sind viele westliche Konzerne und Mittelständler (noch) nicht pleite. Doch das ist nur eine Zwischenlösung. China öffnet sich, auch um den Systemkonflikt zu entschärfen. Aber China baut innovativ für den eigenen Bedarf immer mehr eigene und qualifiziertere Produktionen auf. Und, wie der Stopp des Riesen-Börsengangs des Digitalkonzerns Ant Financial zeigt: Auch erfolgreiche Aufsteiger wie Alibaba-Gründer Jack Ma werden nun hart reguliert. Was man im Westen gegenüber Facebook und Amazon eigentlich auch will – aber sie werden jetzt mit noch mehr Aufträgen überhäuft.

In der Regierung des neuen US-Präsidenten Biden sind so viele Topmanager von BlackRock wie noch nie vorher in einer Regierung des wirtschaftlich, politisch, menschenrechtlich und moralisch abstürzenden westlichen Führungsstaates. BlackRock & Co sind Teil von »America First«: Auch Biden führt die unter Obama eingeleitete, von Trump fortgeführte Aufrüstung und Feindhetze insbesondere gegen China, dann auch Russland und den Iran fort.[4] Und die Umwelt- und Nachhaltigkeitsprediger von BlackRock & Co sind auch die größten Aktionäre und Gewinner der größten Fossil- und Rüstungskonzerne auch in der EU.[5]

BlackRock-Vertreter gingen in Deutschland bei den Finanzministern Schäuble (CDU) und Scholz (SPD) und bei Außenminister Gabriel (SPD) ein und aus. Unter der dahindämmernden Langzeitkanzlerin wurden BlackRock & Co mächtig. Im neuen männlichen CDU-Führungstrupp ist der eine (Merz) direkt, der andere (Laschet) indirekt mit BlackRock eng vernetzt.[6]

Lockdown this capitalism!

Die weltweiten Bewegungen für Demokratie, menschenrechtliche Arbeit, soziale Gerechtigkeit, naturfreundliche Innovationen, Frieden und auch Sozialismus stehen vor ihrer größten Herausforderung. Es gibt keine »Vorbilder«. Kreativitäten an jedem Ort, in jedem Staat und jeder Nation, in jedem Unternehmen, in jeder Schule und Verwaltung sind gefordert – und internationale, kundige, solidarische Verbindungen.

Werner Rügemer, Köln / Deutschland / Europa

Vorwort zur zweiten Auflage

Die »Furien der Hyper-Globalisierung«
Die Geschichte ist offen
Die globale Koordination der Alternativen

Vor einem Jahr habe ich in diesem Buch die neuen Kapitalorganisatoren, ihre Mittäter und Komplizen geschildert, die seit den 1990er Jahren im US-geführten Westen die Vorherrschaft gewannen. Der breiten Öffentlichkeit immer noch kaum bekannt, haben sie die Krisenhaftigkeit in Wirtschaft, Politik, Medien und Moral sowie in den internationalen Beziehungen weiter verschärft. US-Präsident Trump und der aktuelle britische Premier Johnson zeigen dabei auch die moralischen Deformationen gewählter Führungsfiguren – gerade in den beiden ältesten Kapital-Demokratien der Erde.

Die »Furien der Hyper-Globalisierung«

Die in meinem Buch geschilderten unregulierten Schattenbanken der unterschiedlichen Typen wie BlackRock, Blackstone, Elliott, Macquarie, Founders Fund & Co krempeln die westlichen Gesellschaften um. Das geht über das hinaus, was bisher als »neoliberal« gilt.

Die UNCTAD, die Wirtschaftsorganisation der UNO, spricht von den »Furien der Hyper-Globalisierung«: Wachsende soziale Ungleichverteilung in allen Lebensgebieten wie Arbeit, Wohnen und Gesundheit; Überschuldung von Unternehmen, privaten Haushalten und Staaten.[1]

Der Internationale Währungsfonds IWF und der UN-Ausschuss für Menschenrechte prangern die weltweite Spekulation der neuen

Kapitalisten mit Wohnungen an und die Explosion von Mieten und von Preisen für Eigentumswohnungen – für abhängig und prekär Beschäftigte und den Mittelstand immer weniger bezahlbar.[2]

Die OECD stellt fest: Die »reichen« Staaten verlieren durch die systemische Steuerflucht der Unternehmen und deren Eigentümer jährlich 450 Milliarden Dollar.[3] Die für die Mehrheit der Bevölkerungen wichtige Infrastruktur, also öffentlicher Verkehr, Krankenhäuser, Schulen, Trinkwasser- und Abwassersysteme, Straßen, Wohnungen, verfällt – oder wird privatisiert und verteuert.

Die Finanzzeitung *Financial Times*, die den Aufstieg der neuen Kapitalisten bisher gelobt hat, konstatiert jetzt: Die Privateigentümer versinken verantwortungslos in ihren Supergewinnen. Demokratie wird degradiert, Wettbewerb findet kaum statt, Innovationsfähigkeit sinkt, Bürger sind mehrheitlich mit »ihren« Regierungen unzufrieden: Dieser Kapitalismus müsse vor seinen »Rentiers« gerettet werden.[4]

Das Blut der Armen in den Adern der Reichen

Das Freihandelsabkommen NAFTA brachte Niedriglöhnerei und Bauernsterben nach Mexiko, in den USA wurden Arbeiter arbeitslos. Pharmafirmen unterhalten an der Grenze zu Mexiko auf US-Seite Stationen für die Blutabnahme. US-Beamte winken verarmte MexikanerInnen über die hochgesicherte Grenze durch, obwohl das Visum nicht zum Geldverdienen berechtigt: Die Einreise ist illegal, wird aber staatlich organisiert. Die verarmten Illegalisierten dürfen sich für ein paar Dollar so oft Blut abnehmen lassen, dass sie krank werden. Damit wurden die USA zum größten, gewinnträchtigen Exporteur von Blutplasma. Abnehmer sitzen vor allem in Großbritannien, Deutschland und Österreich.[5] Das Blut der zugleich diskriminierten Armen wird abgesaugt in die Adern der gesundgepflegten Reichen. Und dieses Blut nährt die Profitmaschine des Westens. Die heuchlerische, rechtliche, moralische Perversion des US-Staates und westlicher Unternehmen kennt in mehrfacher Hinsicht keine Grenzen. Auch eine »christliche« und von einer Frau geführte Regierung wie in Deutschland schaut zu.

Systemwettbewerb: Vom Westen nur militärisch gewonnen

Was IWF, UNCTAD und *Financial Times* verschweigen: Kriege sind die gefährlichsten »Furien der Hyper-Globalisierung«!

Die USA haben nach dem Zweiten Weltkrieg ihre Kapital-Expansion mit der militärischen kombiniert. Dafür steht in Westeuropa die Gleichzeitigkeit von Marshall-Plan und NATO, fortgesetzt bis heute in der Kombination von EU-Osterweiterung und NATO-Mitgliedschaft. Diese Politik wurde und wird neben Kuba auch gegenüber den neuen Feinden, erst Jugoslawien, danach Irak, Libyen, Syrien und dann Russland, dem Iran, Venezuela und jetzt China weitergeführt.

Der US-geführte Westen hätte seine Dominanz nach dem Zweiten Weltkrieg nicht entwickeln und halten können, wenn er sich dem friedlichen Wettbewerb der Systeme gestellt hätte.

In den westlichen Führungsetagen weiß man: Das US-geführte westliche Modell wird den Interessen der Mehrheitsbevölkerungen nicht gerecht, ist ein Auslaufmodell. Aber die bestimmenden Akteure sind reich, sind militärisch mächtig und sind vielfältig herrschaftserfahren – sie sind hochgefährlich.

Chinas Staatspräsident Xi Jinping stellte im Dezember 2018 fest: »Wir sind auf Gefahren und Risiken eingestellt, die bisher unvorstellbar sind.«[6]

Die Geschichte ist offen

China zeigt, wie die »Furien der Hyper-Globalisierung« gebändigt und qualitativ verändert werden können, zugunsten der Mehrheits-Bevölkerungen und zugunsten friedlicher globaler Kooperationen.

Sie ermöglichen das, was die gefährdete Menschheit braucht: friedliche Konfliktaustragung trotz und jenseits ideologischer Differenzen. Dialog und freier Kampf der Meinungen – das ist ja eigentlich auch der Selbstanspruch der westlichen Kapital-Demokratien – werden aber, wenn es ernst wird, nicht verwirklicht.

Nach dem Zusammenbruch der sozialistischen Staaten in Europa verkündeten die (Un-)Verantwortlichen in den USA das »Ende der Geschichte«. Sie kämpften verbissen für die Erhaltung ihrer mit 1.000 Militärstützpunkten gesicherten globalen Festung, genauso wie die stagnierende EU sich gegen ertrinkende Flüchtlinge abschottet und alle elementaren Menschenrechte vergisst. Aber der Aufstieg Chinas zeigt deutlicher als alles andere: Die geschichtliche Entwicklung auf der Erde ist offen.

Koordination der Alternativen

Es geht in anderen Staaten nicht darum, den von China jetzt erreichten Zustand als »Vorbild« zu nehmen. Jeder und jede auf allen Kontinenten muss an seinem und ihrem Platz die Potentiale der Demokratie, der Sicherheit, des Friedens, der menschenrechtlichen Arbeit und der technischen Innovation ausschöpfen. Eine vermittelnde Rolle könnte die EU spielen. Italien hat sich als erster EU-Staat offiziell der Neuen Seidenstraße angeschlossen. Griechenland hat sich der 16+1-Initiative Chinas mit ost- und südosteuropäischen Staaten angeschlossen. Westliche Konzerne strömen wegen Innovationen nach China. Dabei geraten Vorstellungen und Realisierungsformen in Konflikt, etwa bei Demokratie, Technologien und beim Umgang mit der Umwelt. Solche Konflikte müssen ausgetragen werden.

Das Völkerrecht der UNO und die universellen Menschenrechte sind dafür eine unverzichtbare Orientierung. Wenn Du Frieden willst, sorge für Gerechtigkeit, so seit 1919 das Motto der Internationalen Arbeitsorganisation ILO. Deshalb vor allem: Kriege müssen verhindert, Frieden muss gesichert werden. Das ist die wichtigste Systemfrage.

Redaktionelle Anmerkung: Auf Aktualisierungen im Text des Buches habe ich verzichtet. Das Buch ist in weiteren Sprachen erschienen, englisch: The capitalists of the 21st Century (tredition, Hamburg 2019, auch als eBook); chinesisch im Pekinger Verlag People's Oriental Press, 2020; italienisch: I Capitalisti del XXI secolo; französisch: Les capitalistes du XXIème siècle (tredition, Hamburg 2020, auch als eBook).

Werner Rügemer, Köln / Deutschland / Europa

»Die heutige Gesellschaft vertheidigt sich nur aus platter Nothwendigkeit, ohne Glauben an das Recht, ja ohne Selbstachtung.«
(Heinrich Heine zum »Bereichert euch!«-Kapitalismus, der mit einem ‚Bürger'könig dekoriert war, Frankreich, 19. Jahrhundert)

Einleitung
Viel meinen, wenig wissen?

Die westliche Kapital-Demokratie zerfällt auf der politischen Ebene: Zum einen international durch die noch unverblümtere »America First«-Position der US-Regierung gegenüber den europäischen Vasallen, zum anderen national durch die innere Kritik an den bisher und gegenwärtig Regierenden und an der Europäischen Union. Die hier lange regierenden ‚Volks'parteien, die sie stützenden Leitmedien und das korrumpierte parlamentarische System verlieren im regierten Volk schrittweise an Zustimmung.

Dieser Prozess intensivierte sich seit der »neoliberalen« Wende der 1980er Jahre. Auf dem Weg zur Finanzkrise von 2007 und vor allem danach wurde er beschleunigt. Die bankrotten Großbanken wurden marktwidrig auf Gemeinkosten gerettet, ein bisschen reguliert – und entmachtet. Kapitalorganisatoren wie BlackRock, die die Finanzkrise ebenfalls mitverursacht hatten, sind nun die Eigentümer der alten Banken und Börsen und vor allem die Eigentümer der wichtigsten Unternehmen.

Vom Typ BlackRock agieren heute, weitgehend unreguliert und unbekannt, einige Dutzend weitere Finanzakteure der ersten Liga; hinzukommen die neuen Finanzakteure der zweiten und dritten Liga, ebenfalls kaum reguliert, also Private-Equity-Fonds, Hedgefonds, Venture Capitalists, dazu elitäre Investmentbanken, die traditionellen Großbanken und die von diesen allen geförderten und beherrschten

Aufsteiger des Internets wie Apple und Microsoft , Google/Alphabet, Amazon, Facebook, Uber oder AirBnB.

Sie praktizieren eine neue, noch asozialere Form der brutalen Akkumulation des privaten Kapitals. Mit der Brutalisierung hat aber auch die Komplexität der Akkumulation zugenommen, was sich auch in der Vielfalt der Finanzakteure und ihrer Praktiken zeigt. Und wem gehören Facebook, Google&Co? Die Eigentümer bleiben vor der Öffentlichkeit, den abhängig Beschäftigten, den Wählern so gut wie unsichtbar. Die Eigentümer sind nicht nur brutal, sondern auch feige und lichtscheu. Ihre öffentlichen Vertreter kommen mit softer, schleimiger, auch basisdemokratischer Sprache daher, können sich auf Gesetze oder jedenfalls staatliche Duldung verlassen und werden von einer diskreten, zivilen Privatarmee »renommierter« Bereicherungs-Profis unterstützt.

Es ist keineswegs so, wie »Globalisierungskritiker« anprangern, dass das heutige Kapital als digitale Fiktion rund um den Globus gejagt werde und nichts (mehr) mit der »Realwirtschaft« zu tun habe – falsch! Im Gegenteil! BlackRock, Blackstone, Elliott, Founders Fund & Co haben hunderttausende der wichtigsten Unternehmen der Realwirtschaft im Griff, entscheiden über Arbeitsplätze, Arbeits-, Wohn-, Ernährungs- und Umweltverhältnisse, über Produkte, Gewinnverteilung, Armut, Reichtum, Staatsverschuldung. Und die Weltkonzerne der Plattform-Ökonomie dringen in die feinsten Poren des Alltagslebens von Milliarden Menschen ein, forschen es aus, krempeln es um – und kooperieren mit den Geheimdiensten.

Der Reichtum des BlackRock-Milieus vermehrt sich, aber die Volkswirtschaften und die für die Bevölkerungsmehrheiten wichtigen Infrastrukturen schrumpfen oder werden privatisiert und verteuert. Das Klima wird beschleunigt angeheizt. Rüstungsprofite boomen mit der Erfindung neuer Feinde. Die neuen Kapitalmächtigen bilden eine transnationale kapitalistische Klasse. Sie organisieren sich, schaffen für sich Kollektivformen, während sie die Reste bisheriger Kollektivformen der abhängig Beschäftigten zerstören und diese gnadenlos in hilflose, wenn auch manchmal unterhaltsame Einsamkeiten manövrieren.

Die neuen Mächtigen und Reichen domizilieren ihre Eigentumsrechte so konsequent wie noch nie in einer globalen, okkulten Parallelgesellschaft untereinander verflochtener Finanzoasen. Diese Investoren und ihre beauftragten Vorstände und Geschäftsführer können millionenfach straflos Gesetze brechen, Menschenrechte verletzen, abhängig Beschäftigte degradieren und verarmen, Menschen und Umwelt vergiften, das Rechtsgefühl zerstören, die Wirklichkeit verkleistern – Full Tolerance. Wirkmächtig im Alltag ist zudem der Digital-Populismus*, dessen Akteure nach dem bewunderten Silicon-Valley-Muster das glückliche individuelle Leben und die Verbesserung der Menschheit versprechen.

Der westliche, US-geführte Kapitalismus wurde (wieder) aggressiver nach innen und außen. Er führt erklärte und unerklärte Kriege, erweitert seine globale Militärpräsenz, rüstet heimlich und offen Stellvertreter auf. Gegen die Flüchtlinge aus den wirtschaftlichen und militärischen Kriegsgebieten werden tödliche Mauern der verschiedensten Art hochgezogen, am europäischen Mittelmeer genauso wie an der Grenze zu Mexiko. Wohlstand für alle, Menschenrechte, Christentum – nichts bleibt, auf der Ebene der bisher Verantwortlichen, von den rituell beschworenen »westlichen Werten«.

In der westlichen Kapital-Demokratie wuselt eine Unmenge von

---

* Populismus: Wenn Unternehmer/innen, Investor/inn/en, Berater/innen, Politiker/innen im Interesse einer unklar gelassenen, minderheitlichen Interessen- und Machtgruppe dem Volk (lateinisch: populus) bzw. der Bevölkerungsmehrheit bewusst oder naiv Versprechungen machen (Arbeitsplätze, Sicherheit, Frieden, Heimat, Glück, Wohnungen), die sie nicht einhalten können oder wollen. Auch die Simulation »Das Volk ist der Souverän« ist populistisch, wenn die harten Entscheidungen wie Krieg und Investitionen nicht vom Volk, auch nicht von den gewählten Abgeordneten, gefällt werden. Auf den Primär-Populismus der bisherigen ‚Volks'parteien christlicher, konservativer und dann sozialistisch-sozialdemokratischer Firmierung folgt wegen der gebrochenen Versprechen und der (mit)verursachten Misere der Sekundär-Populismus. Der wird zudem von den Primär-Populisten und den herrschenden Meinungsmachern dadurch gefördert, dass die demokratische, antikapitalistische Opposition diskreditiert, behindert, kriminalisiert wird. Sekundär-Populisten wie der US-Präsident Donald Trump und der französische Staatspräsident Emmanuel Macron repräsentieren »Bewegungen«, die sich von den diskreditierten Parteien angeblich wesentlich unterscheiden.

Kritik der verschiedensten Art. Wer ist nicht »kritisch«? Gewerkschaften und Leitmedien regen sich über die Vorstände und Manager und deren Millioneneinkommen auf, fragen aber nicht nach den Eigentümern und deren hundertfach höheren Gewinnen. Die Meinungsfreiheit ist ein hoher »westlicher Wert« – aber er wird entwertet durch den Abbau der Informationsfreiheit. Viel meinen, wenig wissen: Gegen diese »kritische« Selbst-Erblindung will das vorliegende Buch Abhilfe schaffen.

John Hobson, Rudolf Hilferding, Wladimir Iljitsch Lenin, Rosa Luxemburg, Nikolai Bucharin und andere hatten zu Beginn des 20. Jahrhunderts, vor und im Ersten Weltkrieg, festgestellt: Die kartell- und monopolbildenden Banken aus den damals fünf mächtigsten imperialistischen Staaten haben die Herrschaft im transatlantischen Kapitalismus übernommen – ein dreißigjähriger Krieg mit zwei Weltkriegen war die Folge. Aber aus der Konkurrenz mehrerer imperialistischer Staaten ist ein US-geführtes Imperium hervorgegangen. Die neuen Finanzakteure haben die US-Vorherrschaft und das Vasallentum der »Bündnispartner« noch einmal vertieft.

Der Titel der weltbekannten Analyse Lenins »Der Imperialismus als höchstes Stadium des Kapitalismus« lautete ursprünglich anders. Lenin sprach 1916 nicht vom »höchsten«, sondern vom »jüngsten« Stadium. Das »höchste« – damit auch gemeint »das letzte« – Stadium wurde danach hineinfantasiert. Man kann die damit verbundene Hoffnung verstehen. Aber sie war illusionär, wenn man die Stärke und die gnadenlosen, hinterhältigen und professionalisierten Verbrechen und Praktiken berücksichtigt, die die Akteure schon des damaligen Kapitalismus gegen Demokratie, Völkerrecht, Arbeiterbewegung, Sozialismus und nationale Befreiungsbewegungen an den Tag gelegt haben.[*/1]

Die Diagnose »jüngstes Stadium« war damals und ist auch heute der Wirklichkeit näher. Aber insbesondere der vom westlichen Kapitalismus ungewollt beförderte Aufstieg des kommunistisch geführ-

---

* Schon Marx und Engels hatten sich nach ihrem Kommunistischen Manifest von 1848 in ihrer Hoffnung auf eine baldige sozialistische Revolution heftig getäuscht.

ten Kapitalismus in der Volksrepublik China und dessen global sich ebenfalls entfaltendes Netzwerk manifestieren die Wieder-Eröffnung einer neuen, anderen Geschichte. Diese Wende ist zudem der sichtbarste Teil einer internationalen Bewegung der neu eröffneten Entkolonialisierung, Demokratisierung und des Friedens.

Das einmal im Überschwang des zerstörten Sozialismus in den 1990er Jahren ausgerufene Post-Histoire, das Ende der Geschichte und die Verewigung des antiislamistischen, christlich lackierten »westlichen« Kapitalismus sind vorbei. Eine der notwendigen Maßnahmen besteht darin, die zwei großen Varianten des jüngsten Kapitalismus genauer als bisher gemeinsam anzusehen und zu vergleichen, von innen und von außen, menschenrechtlich und völkerrechtlich. Dazu lädt das vorliegende Buch ein. Es erscheint auch in chinesischer Sprache.

Die universellen Menschenrechte, Vereinte Nationen (1948)

Artikel 23

1. *Jeder hat das Recht auf Arbeit, auf freie Berufswahl, auf gerechte und befriedigende Arbeitsbedingungen sowie auf Schutz vor Arbeitslosigkeit.*
2. *Jeder, ohne Unterschied, hat das Recht auf gleichen Lohn für gleiche Arbeit.*
3. *Jeder, der arbeitet, hat das Recht auf gerechte und befriedigende Entlohnung, die ihm und seiner Familie eine der menschlichen Würde entsprechende Existenz sichert, gegebenenfalls ergänzt durch andere soziale Schutzmaßnahmen.*
4. *Jeder hat das Recht, zum Schutze seiner Interessen Gewerkschaften zu bilden und solchen beizutreten.*

I.
Die neuen Kapital-Akteure des Westens

Zum neuen Kapitalismus, der sich seit den 1980er Jahren herausgebildet hat und seit der Bankenkrise von 2007 dominiert, gehören verschiedene Klassen und Gruppen von global agierenden Finanzakteuren. 1. Die mächtigsten unter ihnen sind die Kapitalorganisatoren vom Typ BlackRock. 2. Die zweite Liga besteht bisher aus den Investoren vom Typ Private Equity (»Heuschrecken«), Hedgefonds und Wagniskapitalisten. 3. Unterschiedliche Rollen spielen elitäre Investmentbanken, Privatbanken und die traditionellen Großbanken.

4. Von diesen Finanzakteuren gefördert und mitgestaltet werden die fünf »apokalyptischen Reiter des Internets«: Google, Apple, Microsoft, Facebook, Amazon (GAMFA). 5. Schließlich die jüngste Generation, die noch schneller aufsteigenden Unternehmen der digitalen Plattform-Ökonomie vom Typ Uber, Deliveroo, Parship/Elite-Partner, Upwork, FlixBus. 6. Kleinere und vereinzelte Finanzakteure, die im Umbruch des westlichen Kapitalismus entstehen wie *debt funds*, Oligarchen (Chodorkowski, Timoschenko, Poroschenko, Djukanovic, Trump), Organisatoren von Kryptowährungen sowie das diffuse Heer der Vermögensberater bleiben hier unberücksichtigt.

1. Große Kapitalorganisatoren: BlackRock & Co

Nicht erst seit der »Finanzkrise« stagnieren die Volkswirtschaften in der »westlichen Wertegemeinschaft«, und zwar systemisch und dauerhaft. Nicht nur Unternehmen, auch die Staaten investieren immer weniger und sind zugleich immer höher verschuldet.[1] Das offiziell meist höhere Wachstum in den USA beruht auf den höher entwickelten statistischen Tricks und ist um bis zu zwei Prozent übertrieben.[2] Arbeitslosigkeit und Unterbeschäftigung sind dauerhaft hoch und werden ebenfalls statistisch geschönt. Im transatlantischen Kapitalismus wird der Anteil der Einkommen aus abhängiger Arbeit seit etwa 1990 stetig und seit 2007 beschleunigt abgesenkt.[3] Die abhängig Beschäftigten stehen unter dem Zwang entweder der Über- oder der Unterbeschäftigung und eines Zustands von *working poor,* arm trotz Arbeit – oder gehetzt mit guter Bezahlung.

Im westlichen Kapitalismus herrscht »säkulare Stagnation«, so der ehemalige US-Finanzminister Lawrence Summers,[4] der unter Präsident William Clinton diese Entwicklung mit einzuleiten half. Der westliche Kapitalismus setzt also in der Praxis gar nicht auf »ständiges Wachstum«, wie Globalisierungs- und Wachstumskritiker kritisch anmerken. Im westlichen Kapitalismus wächst der private Gewinn, aber die Arbeits- und Lebensqualität der abhängig Beschäftigten sinkt. Die für die Mehrheit der Bevölkerungen notwendige Infrastruktur – bezahlbare Wohnungen, Schulen, Kindergärten, Krankenhäuser, Pflegeheime, Kommunalverwaltung, Wasser- und Abwassersysteme, Gewässer, Fern- und Nahverkehr – wird vernachlässigt, abgeschrumpft, verschlechtert oder wird privatisiert und verteuert. Und gleichzeitig wachsen die Ausgaben für Verpackungen, Liefertransporte, Rüstung, Luxusautos, Luxuswohnungen. »Stagnation« wie »Wachstum« verschleiern also in vielfacher Hinsicht die Wirklichkeit.

Es herrscht »Investitionsstreik in Europa«, titelte das investorenfreundliche *Handelsblatt (HB).* Aber die Autoren, die sich doch so gut in »der Wirtschaft« auskennen, verfallen in wolkiges Psychologisieren: »Anscheinend ist das Vertrauen in die Zukunft einfach nicht groß genug.«[5]

»Der Oberste der Ober-Kapitalisten«

Darüber können einige nur lachen, zunächst klammheimlich, inzwischen öffentlich. Bestimmte Investoren haben nämlich sehr viel Vertrauen in die Zukunft. Seit der Finanzkrise, die nicht die ihre war, investieren sie noch mehr, in aller Stille und Konsequenz. Sie haben aber gar nicht die Absicht, zusätzliche Arbeitsplätze zu schaffen und das volkswirtschaftliche Wachstum zu beflügeln. Im Gegenteil, sie nutzen die Stagnation und fördern selektives Wachstum.

In den Top-Etagen der westlichen Welt wird BlackRock-Chef Lawrence Fink angehimmelt wie kein zweiter. Kumpelhaft nennen die Leitmedien ihn »Larry«. Wenn er sich zum jährlichen Weltwirtschaftsforum im schweizerischen Davos einfliegen lässt, dann steht die ungewählte wie die gewählte Elite stramm. Denn »sie alle haben begriffen, die Manager, Unternehmer, Banker, Großanleger, Politiker, Ökonomen, dass der Amerikaner so etwas ist wie der unerklärte Präsident der Weltfinanzgemeinde, der Oberste der Ober-Kapitalisten, der Gesetze und Geschicke des Kapitalismus mehr bestimmt als viele andere.«[6]

Insiderspekulationen mit Aktien

Betrachten wir der Reihe nach einige der typischen Aktivitäten des Obersten der Ober-Kapitalisten. Nehmen wir eine »Investition« aus dem Jahre 2016. BlackRock und andere Finanzinvestoren ließen sich von anderen solcher Investoren und von Banken eine Milliarde Euro an Krediten geben und kauften anderen Aktionären der Deutschen Lufthansa leihweise für eine begrenzte Zeit ein Fünftel aller Lufthansa-Aktien ab (»Leihaktien«). BlackRock & Co spekulierten darauf, dass wegen Angst vor Terroranschlägen und Brexit weniger Flüge gebucht werden und die Aktien an Wert verlieren. Das taten diese nach westlichen Marktgesetzen auch und stürzten um 14 Prozent ab. Die Investoren gaben die Leihaktien nach einigen Wochen wie vereinbart an ihre richtigen Eigentümer zurück und kauften im Wert gesunkene Lufthansa-Aktien auf – mit Gewinn, und danach stieg der Wert der Aktien wieder an.[7]

BlackRock ist hier aber kein Spekulant, der von außen kommt, sondern einer der Hauptaktionäre der Lufthansa. Wenn man vom gegenwärtigen Kapitalismus keine Ahnung hat, könnte man auf die Frage kommen: Wieso spekuliert ein Miteigentümer auf den Wertverfall der Aktie des eigenen Unternehmens?

Im jüngsten Kapitalismus sind Unternehmen für Eigentümer wie BlackRock die Basis für Spekulationen. Wenn die mehr bringen als das Halten der Aktien und das jährliche Warten auf die Dividenden-Ausschüttung, dann wird in die Spekulation investiert – pervers, so etwas »Investition« zu nennen, nicht wahr?

BlackRock & Co setzen ständig Teile ihrer Aktien von Lufthansa, Daimler, Siemens, Coca-Cola, Goldman Sachs usw. zur Spekulation ein. Nehmen wir den Stichtag 18.8.2016: BlackRock meldet der deutschen Finanzaufsicht – Bundesamt für Finanzdienstleistungsaufsicht, Bafin – Aktien-Leerverkäufe bei Kali und Salz AG, zooplus AG und ElringKlinger AG; der Investor Marshall Wace meldet der Bafin Aktien-Leerverkäufe bei Deutsche Bank, Lufthansa und Grammer AG; der Investor AQR meldet der Bafin Leerverkäufe beim Baukonzern Bilfinger; so tut es auch der Investor Lansdowne bei VW; so tut es auch Millenium bei Wacker Chemie AG usw. usf.[8]

Diese Leerverkäufe dieses einzigen Tages sind nur ein winziger Ausschnitt und beziehen sich nur auf Deutschland. Solche Leerverkäufe von BlackRock & Co finden gleichzeitig in noch viel mehr Unternehmen in Deutschland und in vielen anderen Unternehmen und Staaten statt.

Gesetze verletzen, einmal Bußgeld aus der Portokasse

BlackRock hat dabei vielfach die Meldepflichten nach §§ 21, 22 und 25 Wertpapierhandelsgesetz verletzt. Die Finanzaufsicht Bafin verhängte nach Stichproben im Jahr 2013 deshalb im März 2015 für BlackRock eine Geldbuße von 3,25 Millionen Euro. Dies ist die bei weitem größte Geldbuße, die die Bafin je verhängt hat. »BlackRocks Mitteilungen über gehaltene Stimmrechtsanteile und Finanzinstrumente waren inhaltlich unrichtig und/oder kamen zu spät«, so die Bafin.[9]

Zum Geschäft von BlackRock gehört es, wie geschildert, Aktienpakete ihrer Unternehmen täglich zu kaufen und zu verkaufen, Derivate daraus zu bilden und Kursunterschiede zwischen den Börsen der Welt auszunutzen. Dafür sind zu späte und falsche öffentliche Mitteilungen gewinnrelevant. Die aufwendige Stichprobe aus 2013 hat die Bafin danach bisher nicht wiederholt.

BlackRock zahlte kommentarlos die 3,25 Millionen aus der Portokasse der deutschen Niederlassung. Die Bafin ist mit der flächendeckenden Prüfung allein hinsichtlich BlackRock überfordert, ganz zu schweigen hinsichtlich der anderen vier Dutzend aus dem BlackRock-Club. Der macht die staatlichen Finanzaufseher des westlichen Kapitalismus zu lächerlichen Hampelmännern.[10]

Superhirn der westlichen Wirtschaft

BlackRock spekuliert ständig mit eigenen und fremden Aktien an allen Börsen der Welt. Dabei werden Kurswert-Unterschiede im Nanosekundenbereich zwischen den Börsen in New York, Tokio, Singapur, London, Zürich, Mailand, Frankfurt, Paris, Luxemburg, Rio de Janeiro usw. ausgenutzt. Dasselbe passiert mit Wertpapieren aller Art, die auf den Aktien aufbauen: Futures, Derivate, ETFs, iShares. Das läuft zum allergrößten Teil automatisch ab.

Die Programme gehören zu Aladdin, dem roboterisierten Superhirn von BlackRock. Diese Computeranlage aus 5.000 Großrechnern wird von 2.000 IT-Spezialisten, Programmierern und Datenanalysten bedient. Das System braucht so viel Strom zur Kühlung, dass der größte Teil der größten Finanzdaten-Verarbeitungsanlage der westlichen Wirtschaft 4.425 Kilometer entfernt von der Wall Street im Nordwesten der USA beim 30.000-Einwohner-Städtchen Wenatchee eingerichtet wurde. Dort produzieren die Wasserkraftwerke am Columbia River den billigsten Strom in den USA. Dort stehen auch die kleinen, wenn auch fußballfeldgroßen Rechenzentren etwa von Yahoo, Microsoft und Dell.

Aladdin steht für Asset Liability and Debt Derivative Investment Network. Einbezogen werden Risikofaktoren wie Regierungswechsel – wobei überraschende Wechsel und ihr Vorfeld besonders interessant sind –, Kriege und Militäraktionen, Erdbeben, Klimaschwankungen, Streiks und Oppositionsbewegungen, Wechsel von Konsumverhalten, Insolvenzen, Imagekampagnen. Dabei kommt es vor allem darauf an: Wie kann man durch früheres Wissen – es kann auch um Bruchteile von Sekunden gehen – die Wertentwicklung von Wertpapieren beeinflussen und mit Käufen und Verkäufen zum eigenen Vorteil ausnutzen? Da können tatsächliche und vor allem mögliche Kriege durchaus eine positive Funktion haben.

BlackRock ist zusammen mit anderen Kapitalorganisatoren dieses Typs – Vanguard, T. Rowe Price, State Street, Fidelity, Wellington, Northern Trust, JPMorgan Chase, Capital Group u. a. – gleichzeitig Miteigentümer der wichtigsten Börsen der westlichen Welt, der Börse NYSE in New York und der Technologiebörse Nasdaq genauso wie der Londoner Börse und der Deutschen Börse – und Miteigentümer tausender Kapitalgesellschaften wie Lufthansa und Coca-Cola.

So kombiniert BlackRock die größte Datenverarbeitungs-Kapazität der westlichen Finanzbranche mit der Funktion als größter Finanz- und Wirtschafts-Insider. Mittlerweile erledigt Aladdin auch die Risiko- und Beeinflussungs-Analysen für über 150 kleinere Finanzakteure, aber auch für Stiftungen, Staatsfonds, Versicherungen, Pensionskassen und sogar für 50 staatliche Zentralbanken, auch für die Zentralbank der USA und die Europäische Zentralbank EZB. Weil BlackRock zum Beispiel auch Großaktionär bei der Deutschen Bank ist, wird deren Vermögensverwaltung durch Aladdin gesteuert.[11]

Das Kapital der transnationalen kapitalistischen Klasse

BlackRock hat weltweit nur 13.000 Beschäftigte. Die traditionellen Großbanken verwalten ungleich weniger Kapital, aber sie benötigen bei aller rigorosen Kürzungspolitik wesentlich mehr Personal: JPMorgan Chase hat 230.000 Beschäftigte, Deutsche Bank 100.000. Der kuriose BlackRock-Hauptaktionär, die kleine Regionalbank Pittsburgh National Corporation (PNC), hat mit 53.000 Beschäftigten viermal mehr als BlackRock selbst.

Das hat damit zu tun, dass BlackRock nur eine vergleichsweise winzige Zahl an superreichen Kunden zu betreuen hat. Es gibt keine Laufkundschaft, keine Bankschalter. Das Kapital kommt zum allergrößten Teil von jenen, die schon sehr viel Kapital haben und es mit neuen Methoden möglichst noch schneller vermehren wollen als bisher.

Deshalb überlassen weltweit Unternehmens-Erben, Unternehmensclans, Unternehmer, Unternehmens- und Bankenvorstände und

-aufsichtsräte, Geschäftsführer, Unternehmensstiftungen, Milliardäre und Millionäre ihr flüssiges Kapital vertrauensvoll BlackRock. Solche Kunden werden Ultra High Net Worth Individuals (UHNWI) genannt, Ultra-Hoch-Nettowert-Kunden. Ab 50 Millionen, besser noch ab 100 Millionen ist man dabei. Auch traditionelle Banken, Versicherungen, Zentralbanken, Unternehmens-Finanzabteilungen, Pensionskassen vertrauen BlackRock Kapital an.

Die jeweils Verantwortlichen und wirtschaftlich Berechtigten bilden die transnationale kapitalistische Klasse.[*/12] Nur BlackRock & Co kennen die Namen dieser ihrer Kunden. Die Öffentlichkeit kennt die Namen nicht, die Finanzämter dürften meist auch keine Namen kennen. Auch die Unternehmen, in denen BlackRock für diese Kunden die Aktien oder sonstige Anteilsscheine kauft, kennen die Namen ihrer »eigentlichen« Eigentümer nicht. BlackRock & Co sind eine Anonymisierungsmaschine – auch dieses Exklusivwissen ist eine Quelle ihrer Macht.

Neuerdings können auch Kleinanleger sich mit ein paar Tausendern am neuen Finanzprodukt iShares beteiligen; aber auch sie werden in den Aktionärsversammlungen von BlackRock vertreten.

---

* Diese Klasse besteht nicht, wie z. B. David Rothkopf darstellt (Superclass. The Global Power Elite and the World They are Making, New York/London 2008), aus 6.000 gleichartig mächtigen Individuen – Chefs von Regierungen, Banken und Unternehmen, die der breiten Öffentlichkeit bekannt sind –, sondern aus ungleich größeren und zugleich sehr heterogenen, hierarchisch gegliederten Gruppen und Clans. Sie bilden keine formell einheitliche Organisation, sondern sind vielfältig öffentlich und auch nicht öffentlich organisiert bzw. informell vernetzt. Ihre unterschiedliche Gestaltungsmacht ergibt sich nach verschiedenen Kriterien: Zahl und Umfang der Eigentümerschaften an strategisch wichtigen Unternehmen und Verflechtung untereinander (siehe dazu das Kapitel »BlackRock & Co: Das Superkartell«, S. 59), Verflechtung mit wichtigen Abteilungen und Mitgliedern der »zivilen Privatarmee des westlichen Kapitalismus« (siehe S. 220 ff.) sowie mit führenden Mitgliedern staatlicher – ziviler wie militärischer und geheimdienstlicher – Institutionen (siehe S. 241 ff.), national wie transnational, aber auch privater politischer Stiftungen und Think Tanks. Dazu gehören formelle und informelle Parallelstrukturen wie die systemische Nutzung von Finanzoasen (siehe S. 30 ff. und 233) und der öffentliche wie geheime Kauf und die lobbymäßige Einbindung von Politikern, Journalisten, Wissenschaftlern u. ä. sowie vielfältiges Kultur-, Wissenschafts- und Sozialsponsoring (charity).

Von allen Kunden zieht BlackRock Gebühren ein – trotzdem fällt im Durchschnitt für die selbst unternehmerisch tätigen Kunden ein höherer Gewinn ab als bei ihrem eigenen Geschäft.

BlackRock & Co bilden somit ein globales Netzwerk der Allerreichsten, an deren Zipfel noch Millionen macht- und kenntnislose Kleinanleger baumeln. Das gesammelte Kapital legen BlackRock & Co in den weltweit profitabelsten Unternehmen an, die dann wiederum zum transnationalen kapitalistischen Netzwerk gehören. Auf die dazugehörigen Regierungsbeziehungen und die »zivile Privatarmee« kommen wir später.

Preiskartelle, Übernahmen, Fusionen

BlackRock und etwa ein Dutzend weiterer solcher Kapitalorganisatoren sind die größten Insider des westlichen Kapitalismus. Sie haben enge Beziehungen zu Konzernvorständen, Regierungen, Rating-Agenturen, internationalen Finanzinstitutionen wie IWF und EZB und zu den Top-Beratern wie PricewaterhouseCoopers (PwC) und Freshfields, die sowohl Konzerne wie Regierungen beraten. So können BlackRock & Co weitsichtiger als andere die längerfristigen Entwicklungen nicht nur voraussehen, sondern mitgestalten und davon profitieren.

Preiskartelle | Wertpapier-Spekulationen sind nur eine Gewinnquelle. Um bei der Lufthansa zu bleiben: Das Unternehmen soll profitabler gemacht werden, Kosten werden gesenkt. Durch Auslagerung besteht der Konzern inzwischen aus etwa 500 Tochter- und Beteiligungsunternehmen (Logistik, Catering, Technik, IT Services, diverse aufgekaufte und ausgelagerte Fluglinien …). Boden- und Kabinenpersonal wird schlechter bezahlt, den Piloten werden die Pensionen gekürzt, neue Piloten werden über eine Billigtochter angestellt, eigene Billigfluglinien werden gegründet. Die langfristige Vision sieht so aus: Von den gegenwärtig 120.000 Angestellten soll nach einem Jahrzehnt etwa ein Zehntel übrigbleiben.

Das wäre mit den traditionellen Mitteln eines »deutschen« Konzerns so rabiat nicht möglich. Da setzen BlackRock & Co ein. BlackRock und der gegenwärtig zweitgrößte Kapitalorganisator Vanguard sind Miteigentümer der Lufthansa, aber auch der US-Fluglinien American Airlines und Delta Airlines. Fusionen und Übernahmen sind Renditetreiber. Im Mutterland von BlackRock & Co, in den USA, haben BlackRock & Co mit den Banken, in denen sie ebenfalls Miteigentümer sind, Kartelle gebildet: Die Gebühren in diesen Banken wurden erhöht und gleichzeitig die Guthabenzinsen gesenkt. In den US-Fluggesellschaften wurden gleichzeitig die Ticketpreise erhöht.[13]

Zum Beispiel: Bayer übernimmt Monsanto | Der nächste Schritt sind Fusionen und Übernahmen. Nehmen wir die Übernahme des US-Biotechnologiekonzerns Monsanto durch den deutschen Chemiekonzern Bayer. Es handelt sich nicht um eine »feindliche Übernahme« eines »amerikanischen« durch einen »deutschen« Konzern, wie die Leit- und Provinzmedien erzählen.[14]

Die Übernahme wird von den Großaktionären angeschoben – und dies sind in beiden Konzernen dieselben. Die größten Aktionäre von Bayer sind, in dieser Reihenfolge: BlackRock, Sun Life Financial, Capital World, Vanguard, Deutsche Bank. Die größten Aktionäre von Monsanto sind, in etwas anderer Rangfolge: Capital World, Vanguard, BlackRock, State Street, Fidelity und Sun Life Financial.[15] Die Kapital- und Machtverdichtung bei BlackRock ist noch intensiver: BlackRock ist auch Großaktionär des Bayer-Miteigentümers Deutsche Bank.

So entsteht der weltweit größte Konzern der Agrochemie: Er bündelt synergetisch die Marktführerschaften bei Saatgut, bei Pestiziden, bei Agrarpatenten und bei den weltweiten Daten über die Bauern, Landwirtschaftsbetriebe und Landwirtschaftsmärkte. Selbstverständlich sind BlackRock, Vanguard, Capital, State Street, Fidelity usw. auch Großaktionäre anderer Agrar- und Chemiekonzerne wie BASF, LG Chem (Südkorea), Akzo Nobel (Niederlande) sowie Pfizer und DowDuPont (USA).

Linde übernimmt Praxair | Der europäische Marktführer bei Industriegasen, Linde, will den US-Konkurrenten Praxair übernehmen. Auch bei Linde und Praxair sind BlackRock & Co auf beiden Seiten gleichzeitig die Hauptaktionäre: Die größten Eigentümer bei Linde sind der norwegische Staatsfonds Norges, BlackRock und Sun Life, bei Praxair sind es Capital World, Vanguard, State Street und BlackRock, dann folgt u. a. wieder Norges.[16] Die Fusion von Linde und Praxair würde den »größten Industriegasehersteller der Welt ergeben«.[17]

Dabei sollen in beiden bisherigen Konzernen Arbeitsplätze abgebaut werden. Die 8.000 Linde-Beschäftigten in Deutschland sollen nur bis 2021 vor Kündigungen geschützt sein. Der rechtliche Sitz des fusionierten Unternehmens soll in die Finanzoase Irland verlegt werden. So gehen Arbeitsplätze und Steuern in mehreren Staaten verloren.

Fusion in der Energiewirtschaft | Anfang 2018 arrangierten die beiden größten Energiekonzerne in Deutschland, E.ON und RWE, eine neue Arbeitsteilung. E.ON kaufte die RWE-Tochter Innogy und übernahm damit den Vertrieb der Energie und die Infrastruktur der Leitungen. RWE übernimmt die Produktion der Energie. Damit werden auch 5.000 Arbeitsplätze abgebaut.[18]

BlackRock ist Großaktionär bei beiden Konzernen. Und gleichzeitig ist BlackRock nach RWE auch noch der größte Eigentümer bei Innogy, gefolgt von Templeton, Norges, Caffi Delen, Franklin und Vanguard. Von Innogy sind 550 Millionen Aktien im Umlauf.[19] Nun zahlt E.ON für den Kauf von Innogy dessen Aktionären 40 Euro pro Aktie.[20] Die 6,87 Prozent Innogy-Aktien, die BlackRock gehören, machen 34,35 Millionen Aktien aus. Multipliziert mit 40 ergibt das 1,36 Milliarden Euro – Gewinn für BlackRock. Templeton, Norges, Caffi Delen, Franklin und Vanguard haben zusammen 6,12 Prozent der Aktien, bekommen zusammen also etwas über eine Milliarde Euro.

Fusionen von Banken | BlackRock & Co treiben auf nationaler und internationaler Ebene auch die Fusion von Banken voran. Für den Chef der Deutschen Bank gibt es in Deutschland und in der EU »schlicht zu viele Banken … Wir brauchen weitere Zusammenschlüsse – auf nationaler Ebene – aber eben auch über die Landesgrenzen hinweg.« Die Deutsche Bank könne etwa mit der Commerzbank fusionieren.[21]

In den USA, aber auch in Frankreich und Italien steht ähnliches an. »BlackRock ist der größte Anteilseigner von vier der fünf größten amerikanischen Banken, und in Europa der größte Anteilseigner zum Beispiel der Deutschen Bank, der niederländischen ING Bank, der britischen Hongkong and Shanghai Banking Corporation (HSBC), der spanischen Banco Bilbao, und der zweitgrößte Anteilseigner von BNP Paribas, Unicredit und Banco Sanpaolo.«[22]

Seit dem Börsengang 2010 stieg so der Gewinn von BlackRock stetig. 2017 war er um 16 Prozent höher als im Jahr zuvor. Im ersten Quartal 2018 stieg der Nettogewinn trotz Börsenturbulenzen weiter um 27 Prozent auf 1,09 Mrd. Dollar.[23]

Aufstieg durch die Finanzkrise

Bevor wir auf diesen profitablen Machtapparat und dessen gesellschaftliche Folgen eingehen, gehen wir der Frage nach: Wie und wann entstand dieser neue Typ von Kapitalorganisator?

BlackRock wurde 1988 von Lawrence Fink gegründet. Er hatte an der Wall Street bei der Investmentbank First Boston gearbeitet. Damals begannen die großen US-Banken, sich aus den bisherigen Regulierungen zu befreien. Einzelne Bankmanager entwickelten neue Finanzprodukte, experimentierten damit und suchten dafür Geldgeber.

So gilt Fink bei First Boston als Initiator der ‚Wert'papiere, die aus verbrieften, d.h. von den Banken weiterverkauften, dann gebündelten Immobilien- und anderen Krediten gebildet werden. Für die Entwicklung solcher Finanzprodukte und Finanzwetten erhielt er von der Private-Equity-Firma Blackstone (siehe S. 70ff.) Kredite. 1994 gründete er aus Blackstone heraus BlackRock: Aus dem kleinen »schwarzen Stein« wurde allmählich der viel größere »schwarze Fels«.

BlackRock machte den ersten großen Sprung durch die von Fink mitentwickelten Finanzspekulationen. Sie führten 2007 zum Bankrott der traditionellen westlichen Banken. Der BlackRock-Chef hatte »in den 1980er Jahren bei First Boston selbst jene Hypothekenpapiere ersonnen, die zum Crash 2007/2008 erheblich beigetragen haben«.[24] So schnellte das verwaltete Vermögen von BlackRock von etwa 300 Milliarden US-Dollar im Jahre 2004 auf 1,3 Billionen im Jahre 2008.

Der nächste große Sprung gelang in den zwei Jahren während der Abwicklung der Finanzkrise. Die US-Regierung unter Präsident Barack Obama beauftragte Fink, die Finanzkrise zu managen. So koordinierte BlackRock die Abwicklung der Investmentbanken Bear Stearns und Lehman Brothers und die staatliche Rettung des Versicherungskonzerns American International Group (AIG). Das bedeutete zum Beispiel, dass den Banken Goldman Sachs und Deutsche Bank die Versicherungssummen ausgezahlt wurden, die AIG hätte zahlen müssen. Das Honorar für BlackRock betrug 180 Millionen Dollar.[25]

Durch die Banken-Regulierung von 2010 – Dodd-Frank-Act (Wall Street Reform and Consumer Protection Act) – wurden nur die traditionellen Banken reguliert. BlackRock & Co galten aber nicht als Banken. So ergriffen sie die neue Freiheit. Wenn sie Kredite brauchten, holten sie sich die von den regulierten Banken, die sich darüber freuten, weiter mitspielen zu dürfen. Und BlackRock & Co kauften sich Aktien der Banken und sind nun nicht nur deren wichtige Kreditnehmer, sondern auch deren mächtige Miteigentümer.

Der größte Kapitalorganisator der westlichen Wertegemeinschaft

Wichtiger als das Honorar der Regierung war, dass BlackRock durch diese Insiderposition sich eine noch bessere Markt- und Machtstellung verschaffen konnte, z. B. durch den Aufkauf kleinerer Finanzakteure: In den zwei Jahren bis 2009 schnellte das verwaltete Vermögen auf 3,3 Billionen US-Dollar hoch. 2018 sind es bereits über 6 Billionen – also etwa 20 mal so viel wie der Haushalt des reichsten und mächtigsten EU-Staates.

Demokraten: sehr gut, Republikaner: auch sehr gut | BlackRock nimmt dezent Einfluss auf die Politik. Fink richtete – wie bei US-Unternehmen üblich – ein Political Action Committee (PAC) ein, in das vor allem leitende Mitarbeiter mehr oder weniger freiwillig Spenden einzahlen. Sie werden fürsorglich an beide etablierte Parteien der USA, Republikaner und Demokraten, verteilt. 2013 wurde die Stabschefin der damaligen Außenministerin Hillary Clinton, Cheryl Mills, Mitglied im BlackRock-Aufsichtsrat. Einige Mitglieder der Obama-Administration wechselten zu BlackRock.[26] Dieser Drehtür-Effekt gehört zu den Praktiken der transnationalen kapitalistischen Klasse.

Fink konnte zunächst die harsche Kritik des Kandidaten Donald Trump an der Gier der Wall Street und am korrupten Filz der Politik in Washington nicht goutieren. Aber nach einem Jahr Trump-Regierung erklärte Fink: »Trump war gut für die US-Wirtschaft und deshalb auch gut für die globale Wirtschaft.« Er lobte Trumps Steuersenkungen für Unternehmen und die Kündigung der für die USA ungünstigen »asymmetrischen« Freihandelsverträge. Fink lobte auch ganz unverblümt Trumps Mission »to make America great again«.[27]

Die größte Schattenbank

BlackRock macht viele bankähnliche Geschäfte, ist aber rechtlich keine Bank. Zunächst war BlackRock ein Hedgefonds. Danach ging er an die Börse und mauserte sich zu einer Aktiengesellschaft. Das hat aber die rechtliche Einstufung von BlackRock nicht wirklich geklärt. Das gilt auch für die anderen vergleichbaren Kapitalorganisatoren der neuen ersten Liga, also für Vanguard, State Street, Fidelity, Capital Group, Wellington, Northern Trust, Amundi, Templeton, T. Rowe Price und Franklin Resources.

Deshalb werden sie, ob als Hedgefonds oder Aktiengesellschaft oder mit anderer Rechtsform, in der Fachwelt und von den internationalen Finanzgremien wie dem IWF als Schattenbanken bezeichnet.[28] Deren Lobby hat es mithilfe des EZB-Präsidenten Mario Draghi geschafft, dass sie weiterhin nur unter Beobachtung stehen:[29] Aus einer Regulierung, wie sie etwa der damalige Chef der deutschen Finanzaufsicht Bafin, Jochen Sanio, vorgeschlagen hatte, wurde nichts.[30]

Eine kleine Regionalbank – größter Eigentümer von BlackRock | Der größte Eigentümer des größten Finanzakteurs der westlichen Welt ist mit 34,4 Prozent Anteilen die kleine Bank PNC (Stand: Ende 2017) – das ist in diesem Milieu ein ganz ungewöhnlich hoher Anteil, der sonst nie vorkommt. Die nächstgroßen Miteigentümer sind Vanguard mit 8,4 Prozent, Wellington mit 7,2 Prozent, BlackRock selbst mit 6,9 Prozent, Capital World mit 6,6 Prozent.[31]

Die PNC gehörte nie zum US-Finanzzentrum der Wall Street. Aber: PNC kaufte 2005 die Washingtoner Riggs National Bank. Die war kaum bekannt und ist inzwischen ganz aus dem veröffentlichten Gedächtnis gelöscht. US-Präsidenten wie Abraham Lincoln und Jefferson Davis hatten hier im 19. Jahrhundert ihre Konten. Bis 2005 war sie anderthalb Jahrhunderte lang die verschwiegene Bank ausländischer Botschaften am US-Regierungssitz und der US-Botschaften und Konsulate in aller Welt. Diktatoren und Demokraten der westlichen Wertegemeinschaft wickelten hier ihre geheimsten Geschäfte ab.

Ein dunkler Punkt in der BlackRock-Geschichte | Bei der Plünderung des nachsozialistischen Russlands unter dem korrupten Westliebling Boris Jelzin half Riggs russischen Oligarchen wie Michail Chodorkowski beim Transfer des Vermögens in den Westen.[32] Das fiel eigentlich unter US-Gesetze der Geldwäsche. Aber es diente guten »westlichen« Zwecken.[33] Riggs verband sich mit der zweiten, ebenfalls öffentlich unbekannten, regierungsnahen Bank in Washington, Alex. Brown, die eng mit der CIA zusammenarbeitete. Sie wird beim Aufstieg von Jeffrey Bezos/Amazon eine Rolle spielen (siehe S. 171).

Nach dem Terroranschlag auf das World Trade Center 2001 in New York stießen die Ermittler auf der Suche nach der Terroristen-Finanzierung auf die Riggs-Konten des saudischen Botschafters, Prinz Bandar. Dieser »Skandal« aber durfte keiner werden, wurde auch keiner. Dann aber fanden Staatsanwälte im Ausland, in Spanien, Großbritannien und Chile heraus: Der von den USA geförderte Diktator Augusto Pinochet hatte sein korruptiv zusammengerafftes Vermögen auf 10 Riggs-Konten untergebracht, Riggs hatte ihm dafür auch Briefkastenfirmen in der Karibik eingerichtet. Aber dieser »Skandal« wurde schnell aus der Welt geschafft: Die Provinzbank PNC hatte irgendwie viel Geld und kaufte Riggs und damit auch Kundenstamm und Beziehungen. Die 200-jährige Traditionsbank der US-Hauptstadt ist seitdem aus dem öffentlichen Gedächtnis gelöscht.

Okkulte Parallelwelt

BlackRock & Co bauen eine okkulte Finanz-Parallelwelt auf. Sie besteht aus verschiedenen Akteuren und Operationsgebieten.

Rating-Agenturen | So waren BlackRock, Capital Group, Vanguard, State Street und T. Rowe Price während der Vorbereitungsphase der letzten Finanzkrise gleichzeitig die Mehrheitsaktionäre in den beiden marktbeherrschenden Rating-Agenturen S&P (früher Standard & Poor's) und Moody's und blieben dies auch nach der Krise.[34] Die Agenturen bewerteten mit Gefälligkeitsgutachten für hohe Honorare die Finanzprodukte von Banken, die mit BlackRock & Co, also ihren Eigentümern verbunden waren.[35]

Die Rating-Agenturen, die in den USA und in der Europäischen Union einen staatlichen Auftrag haben, um die Kreditwürdigkeit von Unternehmen und Staaten zu bewerten, waren wesentliche Mitverursacher der Finanzkrise. Sie und ihre Eigentümer wie BlackRock wurden aber weder bestraft noch zu Schadenersatz herangezogen, noch wurden sie neuen Regeln unterworfen.

Nach der Bankeninsolvenz haben sich die Eigentümerschaften der Agenturen nur innerhalb der Familie verschoben. Die drei größten Aktionäre von S&P sind nun Fidelity, Vanguard und BlackRock. Die vier größten Aktionäre von Moody's sind Berkshire Hathaway (Warren Buffett), Vanguard, Baillie Gifford und State Street (Stand: 2016, wobei BlackRock Großaktionär von Berkshire Hathaway ist).

Die Vorstände etwa der 30 DAX-Konzerne in der Bundesrepublik Deutschland beauftragen die drei US-Rating-Agenturen mit der Bewertung der Kreditwürdigkeit und der Kreditkonditionen. BlackRock ist gleichzeitig Miteigentümer von S&P und Moody's und Miteigentümer aller 30 DAX-Konzerne. Zum einen verdient BlackRock als Agentur-Miteigentümer an den hoch honorierten Bewertungen mit, zum anderen hat BlackRock die Möglichkeit eines privilegierten Einblicks und kann als Miteigentümer natürlich ein bevorzugter Informationslieferant für die beauftragte Agentur sein.

Dark pools | Zur okkulten Parallelfinanz gehören weiter die *dark pools*. BlackRock & Co sind zwar Miteigentümer etwa der Börsen in New York, London und Frankfurt, sie organisieren aber gleichzeitig ein nicht-öffentliches, nicht gesetzlich geregeltes Parallelsystem. Das sind außerbörsliche Handelsplätze für Aktien und Wertpapiere aller Art. In diesen schwarzen Löchern des Finanzsystems vermittelt insbesondere BlackRock den direkten Kontakt zwischen Käufern und Verkäufern, also vor allem zwischen Banken, Unternehmen und den Finanzinvestoren. Alle Teilnehmer bleiben nach außen anonym. Schätzungsweise fanden im Jahr 2014 schon 40 Prozent aller Aktiengeschäfte in den USA außerhalb der traditionellen, regulierten Börsen statt.[36]

Der größte Organisator von Briefkastenfirmen | Zur okkulten Parallelwelt gehören die wichtigsten Finanzoasen. Deren Nutzung geht bei BlackRock & Co weit über das Maß hinaus, das etablierte »investigative Medien« wie *Guardian*, *New York Times (NYT)* und *Süddeutsche Zeitung (SZ)* enthüllen. BlackRock & Co sind Könige der Steuerflucht und der Geheimhaltung. Die allermeisten Einzelfonds von BlackRock, die rechtlich als Aktionäre etwa von Bayer, Monsanto, Linde, Praxair, Deutscher Bank, Siemens, Deutsche Post DHL, Commerzbank usw. agieren, haben ihren rechtlichen Sitz in einer der zahlreichen Finanzoasen.

So hat BlackRock seine 5 % RWE-Aktien auf 154 (einhundertvierundfünfzig) Fondsgesellschaften und Finanzinstrumente verteilt, darunter BlackRock Holdco 2 Inc., BlackRock Holdco 4 LLC, BlackRock Holdco 6 LLC, BlackRock Delaware Holdings, BlackRock Institutional Trust, BlackRock Netherlands B.V., BlackRock International Holdings Inc., BlackRock Group Ltd., BlackRock Asset Management Deutschland AG usw. Sie haben ihren rechtlichen Sitz allermeist in einer Finanzoase, etwa Delaware/USA, Jersey, Luxemburg, Niederlande, Singapur und auf den Cayman Islands.[37]

Zum 1.3.2018 hatte BlackRock als größter Eigentümer des Energiekonzerns E.ON seine insgesamt 7,86 Prozent Aktien auf sich als beherrschendes Unternehmen und auf 152 Tochterunternehmen verteilt, verstreut auf Delaware (der am häufigsten genannte Standort), Luxemburg, Niederlande, Jersey, Großbritannien, Singapur, Australien, Kanada.[38]

Nach diesem Muster verfährt BlackRock bei allen Unternehmen, an denen der Kapitalverstecker das Kapital seiner Kunden anlegt. Und so verfahren auch die anderen Kapitalorganisatoren wie Vanguard, State Street, Wellington, Templeton, T. Rowe Price usw.[39]

So wird auch bei kleineren Unternehmen vorgegangen, zum Beispiel: Am österreichischen Weltmarktführer für Spezial-Maschinenbau, Andritz AG in Graz, hält BlackRock 4,01 Prozent der Aktien. Diese sind auf mehrere Dutzend Einzelfonds verteilt, die ihren Sitz in verschiedenen Staaten haben: Deutschland, Australien, Japan, Kanada, aber auch in den expliziten Finanzoasen London, Jersey, Niederlande, Cayman Islands und Delaware.[40]

Um noch zwei andere Beispiele zu nennen: Die beiden größten Kreuzfahrtkonzerne der bisherigen Menschheitsgeschichte, Carnival Corporation und Royal Caribbean, haben beide ihren operativen Sitz in Miami/USA und ihren steuerlichen Sitz in Panama bzw. Liberia. Die größten Carnival-Aktionäre sind Suntrust Banks, BlackRock, Vanguard, Northern Trust und Bank of America; die größten Royal-Caribbean-Aktionäre sind Vanguard, BlackRock, Primecap, Baillie Gifford und State Street. Am größten Carnival-Aktionär Suntrust Bank sind wiederum BlackRock, Vanguard, Capital Worlds, Fidelity und State Street beteiligt.[41] Das bedeutet, dass die beiden Kreuzfahrtkonzerne mehrere tausend Eigentümer mit ebenso vielen Steuersitzen in Finanzoasen haben.

BlackRock selbst hat den operativen Hauptsitz in New York, den rechtlichen Sitz aber in der größten Firmen-Finanzoase der Welt, in Delaware. Zusätzlich unterhält BlackRock in Wilmington, der Hauptstadt von Delaware, zwei eigene Niederlassungen.[42]

Die Mitgewinner

Fusionen und Übernahmen ziehen sich über Monate und Jahre hin. Dies ist ein heißes Feld für das von BlackRock & Co gesteuerte Auf und Ab der Börsenwerte der zunächst noch getrennten Unternehmen.

Des Weiteren verdienen die von BlackRock herangezogenen Kreditgeber, die etwa für Bayer den Monsanto-Kaufpreis in zweistelliger Milliardenhöhe aufbringen, in diesem Fall die Banken Credit Suisse, Morgan Stanley, Goldman Sachs – und an allen sind wiederum BlackRock & Co als Großaktionäre beteiligt.

Bei Fusionen und Übernahmen verdienen viele Berater an den Transaktionskosten: der Verkauf von Patenten, Grundstücken und Unternehmensteilen muss arrangiert, Politiker, Gewerkschafter, Medien und Kartellbehörden sollen günstig gestimmt werden. Die Honorare für Kanzleien wie Freshfields, Wirtschaftsprüfer wie PwC und PR-Agenturen wie Finsbury belaufen sich bei einer Fusion wie Bayer-Monsanto auf etwa zwei Mrd. Dollar. Bei der noch gar nicht abgeschlossenen Fusion Linde-Praxair sind das bisher geschätzte 940 Millionen Euro.[43] Die Wirtschafts‚prüfer' verdienen etwa auch dadurch, dass sie den rechtlichen Sitz des fusionierten Konzerns in eine Finanzoase verlagern.[44]

So viel Einfluss mit so wenig Aktienanteilen?

Viele Beobachter können sich nicht vorstellen, warum BlackRock & Co mit ihren Aktienanteilen von nur drei oder zehn Prozent an einem Konzern eine große Gestaltungsmacht haben können.

Zudem betont BlackRock, man sei nur Treuhänder und *verwalte* ja nur das Kapital für die Kunden. Doch das ist rechtlich gesehen nicht wahr. Denn für die 10 oder 50 Millionen US-Dollar oder Euro eines Kunden und Kapitalgebers gründet BlackRock eine Unternehmenshülle, sprich Briefkastenfirma, die nicht den Namen des Kunden, sondern den von BlackRock trägt, z. B. BlackRock Holdco 4 LLC, BlackRock Netherlands B.V. Und BlackRock übt in den Aktionärsversammlungen die Abstimmungsrechte aus, das tun nicht die Kunden.

BlackRock & Co lassen die Vorstände der Konzerne, regelmäßig zur »Roadshow« nach New York, San Francisco oder Houston kommen und machen Druck: »Wir müssen die Macht unserer Stimmen nutzen, wir müssen mit Vorstand und Aufsichtsrat reden und manchmal auf grundlegende Veränderungen drängen. Und das tun wir. Das ist unser Job«, so BlackRock-Chef Fink.[45] So berichtet der Chef des Stromkonzerns E.ON, Johannes Teyssen: »Die lassen uns antanzen.«[46]

BlackRock & Co halten sich in der EU nicht an die nationalen Aktiengesetze, die die Aufsichtspflicht der Mitglieder der Aufsichtsräte festlegen. Fink pflegt das persönliche Verhältnis zu den Aufsichtsratschefs etwa von Siemens, Lufthansa, E.ON und Deutsche Bank.[47] BlackRock & Co entsenden keine Mitglieder in die Aufsichtsräte, sondern setzen die Aufsichtsräte informatorisch auf das Trockene und etablieren neben dem Gesetz eine eigene Entscheidungsprozedur. In Deutschland verletzen sie damit auch das Mitbestimmungsgesetz.[48]

Das Einfluss-Instrumentarium | Für den Einfluss auf Unternehmensentscheidungen haben BlackRock & Co neben den Roadshows noch weitere Instrumente:

- Erstens wissen BlackRock & Co über alle wichtigen Unternehmen Bescheid, auch über die Konkurrenz in derselben Branche.
- Zweitens sind BlackRock & Co Miteigentümer der wichtigsten Unternehmen und Banken der wichtigsten westlichen Volkswirtschaften: USA, Deutschland, Großbritannien, Frankreich, Italien, Spanien und haben Einfluss auf Regierungen und Finanzinstitutionen.
- Drittens sind BlackRock & Co Miteigentümer der Rating-Agenturen, die die Kreditkonditionen der Unternehmen und Staaten festlegen.
- Viertens sind die Unternehmen gleichzeitig von Dienstleistungen abhängig, die BlackRock & Co erbringen (Risikoanalysen, Finanzmanagement).
- Fünftens beeinflussen BlackRock & Co die Wertentwicklung der Unternehmensaktien und setzen damit auch die Vorstands- und Aufsichtsratsmitglieder unter Druck, deren Leistung am Aktienwert gemessen wird. Außerdem hängt davon der Wert der persönlichen Aktiendepots der Vorstände ab.
- Sechstens koordinieren vor allem die drei größten Kapitalorganisatoren – BlackRock, Vanguard, State Street –, auch genannt Big

Three, ihr Abstimmungsverhalten bei den Aktionärsversammlungen und ihre sonstigen Maßnahmen.[49]

Die Privatisierung von Renten und Immobilien

BlackRock & Co verwerten nicht nur die bestehende industrielle und finanzielle Substanz. Sie wollen möglichst viele menschliche Bedürfnisse zur monopolistisch und privat handelbaren Ware machen. Dazu sollen Formen der gemeinschaftlichen, kollektiven Organisation aufgebrochen werden.

BlackRock-Chef Fink gehört in den USA mit den Chefs von JPMorgan Chase und General Electric zur Fundamental-Lobby der Renten-Privatisierer. Fink selbst hat als besonders aggressive Variante vorgeschlagen, dass der Staat die Bevölkerung zum Sparen für die Rente zwingt: Zwangs-Sparen. Damit konnte sich die Lobby nicht durchsetzen, hat aber gelernt, sich vorerst mit einem ersten Schritt zu begnügen. Mehr war politisch nicht durchsetzbar, es soll aber den Einstieg bringen: Die Obama-Regierung führte gesetzlich das freiwillige private Sparen ein (myRA = myRetirementAccount = mein persönliches Rentenkonto). Es ist für diejenigen gedacht, für die die Arbeitgeber keine Renteneinzahlungen leisten. Es wird staatlich gefördert, etwa durch Steuervergünstigungen. Dafür werden nun handelbare Fonds eingerichtet.[50] »BlackRock verdankt seinen Aufstieg zum einen der Privatisierung der Altersvorsorge, wodurch Versicherungen und Pensionskassen hohe Zinsen suchten und ihre Milliarden zu BlackRock trugen.«[51]

Auch Wohnungen sind ein Objekt der Begierde. BlackRock kaufte den New Yorker Immobilienkomplex Stuyvesant Town mit 110 Gebäuden und 10.000 Wohnungen. Er war von der städtischen Lebensversicherung nach dem Zweiten Weltkrieg für Kriegsveteranen, Lehrer, Polizisten, Feuerwehrleute gebaut worden. BlackRock wollte vom Bestandschutz für die vielen langjährigen Mieter nichts wissen. Doch hier ging der Plan nicht auf. Mieter zogen vor Gericht und bekamen in 4.400 Fällen Recht. BlackRock machte Verluste.[52] In den USA gibt es nicht (mehr) viele Mietwohnungen. Aber, wie wir sehen werden: Nach dem Sprung über den Atlantik, nach Westeuropa, werden BlackRock & Co auf größeres Beutegut treffen.

Populistische Finanz-Häppchen

Mittlerweile haben BlackRock & Co auch etwas für das »Volk« entwickelt. Das Finanzprodukt heißt ETF, Exchange Traded Fund, börsengehandelter Fonds. Dieses Spekulations-'Wert'papier wurde während der Präsidentschaft von William Clinton 1993 an der Wall Street erfunden, und zwar vom heute drittgrößten Kapitalorganisator State Street. Es war für Großanleger gedacht, wurde aber von BlackRock zum Massenprodukt gemacht. Das ist keine Aktie, sondern ein Anteilsschein an einem Kapitalfonds, der in Unternehmen, Immobilien, Rohstoffe oder sonstwas investiert. Die Anteilsscheine werden an der Börse gehandelt.

iShares als Lenkungsinstrument | Als besonders »volksnahe« Variante von ETF wurde iShares entwickelt. Diese ETF-Untergruppe ist eine Wette auf die Entwicklung von Aktien-Indizes wie den deutschen DAX und den US-Index S&P 500 oder den New Yorker MSCI-Index, in dem 1.644 internationale Konzerne gelistet sind. Solche Scheine sind schon für ein paar Tausend Euro zu kaufen, die Gebühren sind sehr niedrig. BlackRock kaufte im Jahr 2000 die Abteilung der britischen Bank Barclays, die dieses Finanzprodukt entwickelt hatte. BlackRock & Co sind dazu übergegangen, iShares auch als Aktien einzelner DAX-Unternehmen wie etwa Bayer, BASF, Siemens, aber auch von Rüstungskonzernen wie Lockheed, Raytheon, Northrop Grumman, Safran zu verkaufen.[53] Wenn der Wert der Aktien mit dem DAX-Wert oder dem Wert der Lockheed-Aktie steigt, steigt automatisch der Wert der iShares mit.

Neben BlackRock handeln Vanguard und State Street ebenso im großen Stil mit ETF und iShares. Zusammen beherrschen diese Big Three dreiviertel des Weltmarkts mit einem geschätzten Volumen von 4 Billionen Dollar (Stand: 2017).[54] Sie steuern die Ausgabe, den Verkauf und Rückkauf von iShares nach Datum, Menge, Unternehmen und nationalen und anderen Einheiten aufgrund eines einzigartigen Insiderwissens. Zunehmend steuern Roboter mithilfe von Algorithmen die Indexfonds und beraten die Kunden »persönlich«.[55]

Über ETF und iShares sind die Big Three zusätzliche Aktionäre in den jeweiligen Unternehmen. So verschaffen sich die großen Kapitalorganisatoren eine zusätzliche Einnahme-, Operations- und Machtquelle. Sie lassen das kleine Volk am großen, volkswirtschaftlich unsinnigen, ja schädlichen Geschäft mitmachen. Das Volk bibbert und hofft dann mit, ob »die Aktienmärkte« und die anderen »Märkte« weiter steigen.

In der Finanzbranche geht man wie selbstverständlich davon aus, dass auch der anschwellende ETF-Handel zu einer neuen Blasen-Bildung beiträgt – und irgendwann bricht wieder eine Finanzkrise aus, auf deren marode Finanzprodukte die Insider, wie vor der letzten Finanzkrise, schon vorher Gegen-Wetten abschließen können.[56]

Staatsfonds

Auch Staaten haben das BlackRock-Muster übernommen und bilden Staatsfonds. Das tun mit ihrem Einkommen aus Öl- und Gasverkäufen einige Golfstaaten wie Kuwait, Katar, Vereinigte Arabische Emirate und Saudi-Arabien. China lässt von den beiden Staatsfonds CIC und SAFE die großen Devisenbestände verwalten und im Ausland Unternehmensanteile kaufen; sie sind jedoch in Banken und Unternehmen der USA und der EU bisher nur vereinzelt vertreten. In Deutschland haben Golfstaaten-Fonds größere Anteile: Katar bei VW, Siemens und Deutsche Bank, Kuwait bei Infineon (siehe Liste der 30 DAX-Konzerne, Seite 44).

Der norwegische Staatsfonds Norges

Am weitaus häufigsten ist der norwegische Staatsfonds Norges Miteigentümer in Unternehmen des westlichen Kapitalismus, in Deutschland sind es alle 30 DAX-Konzerne. Er ist der größte Staatsfonds überhaupt.

Weltweit agiert Norges in 9.000 Unternehmen in 72 Staaten als Miteigentümer. Der Schwerpunkt liegt auf USA, Europa und Asien/Pazifik. In Deutschland ist der Fonds über die 30 DAX-

Unternehmen hinaus an weiteren 167 Unternehmen beteiligt sowie an 79 Finanzierungsinstrumenten und an 16 Immobilien wie etwa dem Kranzlereck in Berlin und dem SZ-Tower in München. Das Gesamtvolumen aller Kapitalanlagen weltweit beträgt über eine Billion US-Dollar, also immerhin ein Sechstel von BlackRock. Die Rendite für das Jahr 2017 wird mit 13,7 Prozent angegeben.[57]

Der Fonds wurde 1990 gegründet und durch die Einnahmen des Staates aus dem Öl-Verkauf aufgebaut. Er wird von der norwegischen Zentralbank geführt. »Eines Tages wird das Öl erschöpft sein, aber die Einkommen des Fonds werden der Bevölkerung Norwegens zugutekommen.« Die Gelder sind, so die Selbstdarstellung, langfristig, verantwortlich und ethisch angelegt. Das klingt gut, ist aber unwahr. Zunächst trifft die Bezeichnung Pensionsfonds nur zum Teil zu. Neben Pensionszahlungen an ehemalige staatliche Angestellte können Erträge auch in den staatlichen Haushalt fließen. Norges verantwortet als Miteigentümer von BlackRock und zusätzlich als Miteigentümer von dessen Hauptaktionär PNC die Praktiken von BlackRock mit. So nutzt Norges für seine Aktien etwa von Allianz, VW, Vonovia, Deutsche Post DHL, Fresenius und Siemens Briefkastenfirmen in den Niederlanden. Auch Norges organisiert für seine Kunden weltweit die Steuerflucht.

Norges hat Kapital in führenden Konzernen der Umweltvergiftung angelegt, so bei Monsanto und RWE, beim Bergwerkskonzern Glencore, auch in den großen Ölkonzernen Exxon, Chevron, Royal Dutch Shell, Total und BP. Als Rüstungskonzerne wegen der Produktion von Atombomben kritisiert wurden, stieg Norges aus Boeing, Lockheed und anderen aus, blieb aber Miteigentümer etwa von Rheinmetall, Dassault, Raytheon, Daimler und Leonardo (der größte Rüstungskonzern Italiens), die sich am EU-Aufrüstungsprogramm gegen Russland, PESCO, beteiligen.[58] Norges ist Miteigentümer von Amazon und McDonald's und hat nie deren menschenrechtswidrige Arbeitsverhältnisse kritisiert.

Norges ist Miteigentümer der Deutschen Post DHL. Der Konzern prekarisiert die Postboten und scheinselbständigen Spediteure. 2015 gliederte er 10.000 Beschäftigte in 47 plötzlich und gegen das Abkommen mit der Gewerkschaft ver.di gegründete Tochterfirmen (DHL Delivery) aus, mit niedrigeren Löhnen und schlechteren Arbeitsbedingungen. Das ist die Norges-Ethik: Angestellten in einem anderen Staat werden Löhne und damit auch Rentenanteile weggenommen, und mit dem Gewinn daraus werden großmütig die Renten der Rentner in Norwegen finanziert.[59]

Top 20 der größten Kapitalorganisatoren des West-Kapitalismus

Die großen Finanzakteure sind weltweit Miteigentümer in jeweils einigen tausend bis 17.000 (BlackRock) Unternehmen, Banken und anderen Finanzakteuren und betreuen mit 20 bis 40 Niederlassungen in anderen Staaten jeweils zehn- bis hunderttausende Kapitalgeber/Anleger. Die Rangliste ändert sich von Jahr zu Jahr, vor allem in den unteren Rängen ab Platz 5 und besonders ab Platz 10. In der folgenden Tabelle ist der Stand (nach veröffentlichtem Wissen, das keineswegs zuverlässig ist) vom März 2018 abgebildet.* Die US-Dominanz zeigt sich auch in Kleinigkeiten: BlackRock-Chef Fink bekommt ein Grundgehalt von 25 Millionen Dollar, der Chef des größten europäischen Finanzakteurs Amundi, Yves Perrier, ein Zehntel davon: 2,5 Millionen.[60]

* Zahlreiche Fundstellen im Internet, gefunden über die Google-Suche, abgerufen 3.5.2018. Der Steuersitz der US-Unternehmen geht aus den Form-10-K-Pflichtmitteilungen bei der US-Börsenaufsicht SEC hervor; bei einigen US-Unternehmen konnte der Steuersitz nicht ermittelt werden. Bei den europäischen Unternehmen dürfte der Hauptsteuersitz mit dem operativen Hauptsitz übereinstimmen, schließt aber die sonstige Nutzung von Finanzoasen nicht aus; so hat Amundi auch Sitze in Delaware, Dublin, Luxemburg.

Top 20 der größten Kapitalorganisatoren

Name	Operativer Sitz	Steuersitz	Kap.*
BlackRock	New York/USA	Delaware	6,30
Vanguard	Valley Forge/USA	Delaware	5,10
State Street	Boston/USA	Massachusetts	2,80
Fidelity (FMR)	Boston/USA	Bermuda	2,50
Bank of NY	New York/USA	Delaware	1,90
PIMCO/Allianz	New York/USA	Delaware	1,75
Capital Group	Los Angeles/USA		1,70
Goldman Sachs	New York/USA	Delaware	1,50
PrudentialFinancial	Newark/USA	New Jersey	1,40
Amundi	Paris/F		1,20
Northern Trust	Chicago/USA	Delaware	1,20
Legal&General	London/New York		1,00
Wellington	Boston/USA		1,00
Wells Fargo	San Francisco/USA	Delaware	1,00
Natixis Global	Paris/F		0,99
T. Rowe Price	Baltimore/USA	Maryland	0,99
Nuveen	Chicago/USA	Delaware	0,97
Invesco	Atlanta/USA	Bermuda	0,93
AXA	Paris/F		0,75
FranklinTempleton	San Mateo/USA	Delaware	0,75

* eingesetztes Kapital in Billionen US-Dollar

Das Ende der Deutschland AG

Deutschland AG – das bedeutete bis zum Ende der alten Bundesrepublik: Die drei deutschen Großbanken Deutsche, Dresdner und Commerzbank zusammen mit der Allianz Versicherung und der Münchner Rückversicherung (die wiederum mit den drei Banken verflochten waren) sind die Haupteigentümer der großen Industrieunternehmen wie Bayer, BASF, Daimler, Hochtief, Holzmann, RWE, Siemens, Mannesmann usw.

Die Banken hielten hohe Eigentumsanteile – bis zu 40 Prozent – an den Unternehmen, verdienten an den Krediten und steuerten die deutsche Wirtschaft. Dazu besetzten etwa vier Dutzend Mitglieder der Bankenvorstände und -aufsichtsräte jeweils Dutzende von Aufsichtsratsmandaten in den Unternehmen. Die unbestrittenen Könige dieses inzestuösen Reiches waren die Chefs der Deutschen Bank von Hermann Josef Abs bis zuletzt Hilmar Kopper.[61] Das verstärkte sich sogar noch durch die »Wiedervereinigung« der beiden deutschen Staaten, d. h. durch die Ausweitung der Deutschland AG auf die ehemalige DDR, mithilfe der Treuhandanstalt.[62]

Regierungsprogramm »Entflechtung der Deutschland AG« | Dann legte Anfang der 2000er Jahre die SPD/Grünen-Regierung unter Kanzler Gerhard Schröder den erweiterten Wirtschaftsstandort Deutschland den neuen Investoren zu Füßen. Die CDU/CSU/FDP-Regierung unter Bundeskanzler Helmut Kohl hatte schon Vorarbeit geleistet. Der wichtigste Schritt zur US-geführten Globalisierung war die dominierende Rolle der US-Berater bei der Privatisierung der Unternehmen der Ex-DDR durch die Treuhandanstalt 1990 bis 1994.

Nach der Bundestagswahl 1998 polemisierte die angloamerikanische Wirtschaftspresse: »Germany – the sick man of Europe« – Deutschland, der kranke Mann Europas. Die führende Wall-Street-Bank Goldman Sachs kritisierte den allzu großzügigen Wohlfahrtsstaat und forderte die radikale Reform der Sozialsysteme, dazu die dezentrale Lohnfindung, Rentenkürzungen und weitere Privatisierungen. Zudem wurde betont, die ökonomisch zentrale, aber wachstumsschwache Bundesrepublik gefährde den Euro, wenn sie ohne »Reformen« so weitermache. Die EU sei dann für US-Investitionen und als Absatzmarkt für US-Produkte nicht mehr so attraktiv.[63] Die US-Handelskammer in Deutschland und die US-Rating-Agenturen setzten nach und forderten die weitere Deregulierung des Arbeitsmarkts.[64]

In den Jahren 1999 bis 2003 stand Schröder – von den staatlichen wie privaten Massenmedien unbemerkt – im engen Kontakt mit der Wall Street. Den hatte sein persönlicher Freund Sanford Weill organisiert, Gründer und Aufsichtsratsvorsitzender der Citigroup, des damals größten Finanzdienstleisters der westlichen Welt. Der deutsche Sozialdemokrat und »die graue Eminenz der Bankenwelt« verband »schon seit Jahren eine vertrauensvolle Männerfreundschaft«.[65]

Schröder durfte an der Johns Hopkins University die Lobrede auf seinen Freund Sandy halten, als der den Global Leadership Award (Preis für globale Führung) erhielt. Am nächsten Tag lud der zweitmächtigste Banker der Wall Street, Hank Paulson, Chef von Goldman Sachs, zum Treffen mit 17 ausgesuchten US-Bank- und Konzernchefs ein. Ergebnis: »Die US-Unternehmensführer halten es für äußerst wichtig, dass Deutschland die geplanten Reformen anpackt.«[66]

Die Entflechtung der Deutschland AG | Schröder stieß den kritischen Finanzminister Oskar Lafontaine aus der Regierung, ließ sich von McKinsey, Roland Berger und der Bertelsmann-Stiftung beraten. Dann brachte die Agenda 2010 Steuersenkungen für Unternehmen, die Arbeitsmarkt‚reform' durch die vier Hartz-Gesetze, die erhöhte Eigenbeteiligung der Versicherten in den Sozialsystemen. Für die Umgestaltung der Arbeitsämter wurden die Beraterfirmen Accenture, Ernst & Young (heute: EY) und Bearing Point herangezogen. Das übergreifende Motto war die »Entflechtung der Deutschland AG«.[67]

Ab 1999 hagelte es Investoren-Einladungs-Gesetze: Steuerentlastungsgesetz (1999, Senkung der Körperschaftsteuer für einbehaltene Gewinne); Steuerbereinigungsgesetz (1999, Senkung der Steuern auf ausländische Erträge); vor allem das Steuersenkungsgesetz (2000, Steuerbefreiung beim Verkauf von Unternehmensanteilen; Senkung der Körperschaftsteuer auf 25 Prozent); Investmentmodernisierungsgesetz (2003, Zulassung von Hedgefonds und Aktien-Leerverkäufen). Die vier Hartz-Gesetze ermöglichten die Verbilligung und Entrechtung der abhängigen Arbeit – Teilzeit, Leiharbeit, Befristung, Absenkung des Arbeitslosengeldes und Disziplinierung der Arbeitslosen.

2004 ließ die Bundesregierung mehrseitige Anzeigen veröffentlichen: »Deutschland bewegt sich. Deutschland ist Europameister als attraktivster Investitionsstandort«.[68]

Die Bundesregierung ernannte Hilmar Kopper, Ex-Chef der Deutschen Bank, zum Federal Commissioner for Foreign Investments, versorgte ihn mit einer mehrköpfigen Stabsstelle und einem jährlichen Budget von 5,5 Millionen Euro.[69] »Sensible« Großverkäufe deutscher Unternehmen wurden zuvor im Kanzleramt abgeklärt. Diese Geheimpolitik übernahm auch Schröders Nachfolgerin Angela Merkel (CDU): Im Kanzleramt, nicht im Bundestag wurde und wird über die wirtschaftliche Umgestaltung Deutschlands (mit)entschieden.

BlackRock-Chef gibt die Leitlinien vor | Mitte der 90er Jahre gehörten lediglich 20 Prozent aller Aktien der 30 DAX-Unternehmen ausländischen Investoren. Der Anteil stieg kontinuierlich an: auf 33 Prozent im Jahre 2001, auf 44 Prozent in 2005, auf 53 Prozent in 2007 und auf 58 Prozent in 2012. Acht Prozent der Aktien konnten national nicht zugeordnet werden, sodass nur noch 34 Prozent mit Sicherheit deutschen Eigentümern zugeordnet werden konnten.[70] Seitdem ging die Entwicklung weiter.

BlackRock-Chef Fink ist unangefochtener Sprecher der neuen Kapitalorganisatoren, wie schon seine Auftritte im Weltwirtschaftsforum in Davos zeigen. »Deutschlands Topmanager haben in dieser Woche Post vom mächtigsten Mann der Finanzmärkte bekommen«, rapportiert das *HB*. »BlackRock-Boss Larry Fink fordert die Topmanager auf, langfristiger zu denken.« Zu diesem Denken gehört es, dass den Beschäftigten keine längerfristigen Jobgarantien gegeben werden, betont Fink.[71]

Der deutsche Staat ist in Deutsche Telekom, Deutsche Post DHL und Commerzbank (noch) der größte Aktionär. Bei VW ist das Land Niedersachsen inzwischen (noch) drittgrößter Aktionär. Die Städte in NRW sind (noch) zweitgrößter Aktionär bei RWE. Aber in allen Fällen hat die öffentliche Hand seit dem Einstieg der Investoren darauf verzichtet, die Unternehmen mitzugestalten, sondern überlässt die Initiative ganz BlackRock & Co.

Der Einfluss von BlackRock & Co wird über die in der Liste genannten Beteiligungen noch dadurch verstärkt, dass BlackRock, JPMorgan Chase, State Street, Fidelity, Capital Group usw. gleichzeitig noch Mit-

BlackRock & Co als Miteigentümer der 30 DAX-Konzerne

Wirtschaftsmedien in Deutschland wie die *Süddeutsche Zeitung (SZ)*, das *Handelsblatt (HB)* und die *Wirtschaftswoche (WiWo)* geben seit 2016 gelegentlich die Anteile von BlackRock an den 30 DAX-Konzernen an. Es fehlen jedoch die gleichzeitigen Anteile der anderen großen Kapitalorganisatoren. Die oft hunderttausenden an Klein- und Belegschaftsaktionären besitzen zusammen meist zwischen 1 und 5 Prozent des Aktienvolumens. Die Konzerne selbst nennen keine Aktionärsnamen, sondern sprechen von »Streubesitz«. Neben den in der Tabelle genannten Großaktionären sind meist zwischen einem und vier weitere Dutzend »institutionelle Investoren« Miteigentümer, sie bleiben unterhalb der in Deutschland geltenden 3 Prozent-Meldeschwelle. Insbesondere die Anteile von BlackRock und der anderen großen Kapitalorganisatoren schwanken wegen ihres Geschäftsmodells der Aktienspekulation sehr stark. So schwankte der BlackRock-Anteil z. B. an adidas von 2009 bis 2015 zwischen 3, 15, 25 und liegt heute bei 5,65 Prozent. Prozentanteile der »anderen Eigentümer« in der Liste werden nur angegeben, wenn sie größer als die von BlackRock sind.

Konzern	BlackRock	Andere Eigentümer
Vonovia	8,30	Massachusetts Financial (9,3), Norges, Deutsche Bank, AXA, BNP Paribas
Fresenius Medical	7,37	Muttergesellschaft Fresenius SE (30), Norges, Allianz Global
Merck	7,20	Vanguard, College Amercia, Wellington, Fidelity, Norges
Deutsche Post DHL	7,11	deutscher Staat/KfW (20), Norges, Deutsche Bank, Vanguard, Invesco, Deka, Fidelity

Münchener Rück	7,11	SEB, Credit Suisse, Peoples Bank of China, Allianz, Berkshire Hathaway/ Warren Buffett, Norges
Allianz	7,05	Harris Associates, Morgan Stanley, Deutsche Bank, Vanguard, Norges, State Street
Bayer	7,00	Temasek (Staatsfonds Singapur), Sun Life, Capital World, Vanguard, Norges, Deutsche Bank
E.ON	6,75	Norges, Credit Suisse, Morgan Stanley, Société Générale
BASF	6,61	Norges, Vanguard, Amundi, Deutsche Asset, Franklin, State Street, Deka
Deutsche Bank	6,51	C-Quadrat/HNA (China, 7,9), Paramount+Supreme Universal/ Katar Staatsfonds, Norges, Cerberus
Deutsche Börse	6,45	Invesco, Capital Group, Dodge & Cox, Franklin Mutual, Royal Bank of Scotland, Norges, Baillie Gifford
Commerzbank	6,01	deutscher Staat/KfW (15), Cerberus, Norges, Capital Group
SAP	5,93	Gründer Hopp/Plattner/Tschira (23), Vanguard, Norges, Allianz, Deutsche Bank
Siemens	5,84	Siemensfamilie (6), Katar, Vanguard, Norges, Deutsche Bank, State Street, Deka
adidas	5,65	Groupe Bruxelles Lambert (Albert Frère), Elian, Fidelity, Norges, Capital Group
Linde	5,60	Norges, Sun Life, Massachusetts Financial, Dodge & Cox, Artisan Partners
Infineon	5,23	Allianz (5,7), Norges, Capital Group, Sun Life, Kuwait Staatsfonds

RWE	5,02	KEB+RW Holding (darin sind die ursprünglich in mehrfachem Umfang vertretenen Städte NRWs zusammengefasst), Vanguard, Norges, Dimensional Fund, JPMorgan, State Street
Fresenius	4,94	Familien-Stiftung (26), Allianz Global, Norges
Deutsche Telekom	4,92	deutscher Staat/KfW (32), Deutsche Bank, Norges, Vanguard, State Street, Deka, Lyxor
Covestro	4,81	Bayer AG (14), Bayer Pensionsfond (9), Goldman Sachs, Norges, Standard Life
Lufthansa	4,50	Société Générale (5,1), Lansdowne, Norges, Deutsche Bank, Templeton
Heidelberg Cement	4,49	Morgan Stanley, EuroPacific, Capital Group, Norges, Artisan Partners, First Eagle, Efiparind
Daimler	4,16	Geely (9,7), Kuwait (6,8), Renault-Nissan, Norges, Harris, Vanguard, Deutsche Bank
Volkswagen	3,58	Porsche SE (30), Katar Staatsfonds (14), Land Niedersachsen (12), Norges, Vanguard
Continental	3,22	Schaeffler-Familie (46), Harris, Vanguard, Norges, Deutsche Bank, Henderson Global, Oppenheimer, Allianz
BMW	3,10	Familien Quandt/Klatten (46), Capital Group, Norges, Crédt Suisse
Henkel	3,08	MFS Inernational (3,9), Vanguard, Henkel AG, Swedbank, Allianz Global, Artisan Partners, Norges
ThyssenKrupp	2,82	Krupp-Stiftung (21), Cevian (18), Elliott (3), Franklin Mutual, Norges
Beiersdorf	1,49	maxingvest/Familie Herz (51), Beiersdorf AG (10), Norges

Anteile in Prozent, Stand: Ende März 2018. Die Angaben stammen aus verschiedenen Quellen und gehen bis in die zweite Jahreshälfte 2017 eigentümer anderer in der Liste vertretenen Aktionäre sind, also bei Deutsche Bank, AXA, Allianz, Credit Suisse usw., und dass der norwegische Staatsfonds Norges sowie Wellington, Vanguard, State Street, Fidelity, JPMorgan Chase, Morgan Stanley, Capital World und Massachusetts Financial zugleich Miteigentümer von BlackRock sind.

Die DAX-Konzerne sind für BlackRock & Co strategische Anker. Darüber hinaus sind BlackRock & Co in hunderten weiteren Unternehmen in Deutschland Miteigentümer: BlackRock z. B. bei Rheinmetall, Hochtief, Rhön-Kliniken, Jenoptik, Dürr, Hugo Boss, Symrise, Delivery Hero, Kion, Morphosys, Lanxess, Scout24, Ceconomy (die von Metro ausgegliederten real-Supermärkte), Zalando, Scalable Capital, Kali und Salz, zooplus und ElringKlinger und sowieso in tausenden US-Konzernen, die auch in Deutschland und der EU die Branchen und Politiken mitgestalten, so Apple, Google, Microsoft, Coca-Cola, Amazon, Facebook, Hewlett Packard, IBM.

Anfang 2018 wurde die BlackRock-Niederlassung in Frankfurt auf 150 Mitarbeiter erweitert. Ein Topmanager der Deutschen Bank wurde als Chef installiert. Schon in den vergangenen Jahren habe man gerade in Deutschland kräftig investiert, erklärte er, und das soll weitergehen: »Der Ausbau unserer Geschäfte in Deutschland ist eine unserer strategischen Prioritäten«.[72]

Die größten Eigentümer von Mietwohnungen

Das Ende der Deutschland AG soll noch an einem bisher wenig beachteten Bereich verdeutlicht werden: BlackRock & Co sind die bei weitem größten Privateigentümer von Mietwohnungen.

Vonovia SE | Der größte Mietwohnungskonzern in Deutschland ist Vonovia. Ihm gehören 355.000 Wohnungen in allen größeren Städten. Zusätzlich werden 65.000 Wohnungen anderer Eigentümer verwaltet. Die Expansion ist damit keineswegs beendet. Ende 2017 wurde die österreichische Gesellschaft BUWOG mit 51.000 Wohnungen übernommen.

Der Konzern entstand durch die Vorarbeit von PE-Investoren (PE = Private Equity): 1. Terra Firma aus London hatte zunächst Wohnungen abziehender britischer Militärs in Deutschland, Eisenbahnerwohnungen des privatisierten Bahnunternehmens Deutsche Bahn AG und Werkswohnungen von RWE aufgekauft und sie unter Deutsche Annington AG zusammengefasst. 2. Fortress hatte die 145.000 Wohnungen der Bundesversicherungsanstalt sowie z. B. noch 48.000 Wohnungen der Stadt Dresden gekauft. 3. Cerberus hatte die kommunale Berliner Wohnungsgesellschaft GSW (65.000 Wohnungen) aufgekauft.[73] Alle Wohnungen gehören nun zu Vonovia.

Nach dem Börsengang 2015 wurde BlackRock mit gegenwärtig 8,3 Prozent der größte Vonovia-Aktionär, gefolgt von Norges mit 7,3 Prozent, Lansdowne Partners mit 5,1 Prozent und Massachusetts Financial Services mit 3 Prozent. Die neuen Eigentümer gründeten Vonovia aus einer deutschen Aktiengesellschaft in eine europarechtliche SE (Societas Europaea) um. Die Finanzoperationen wurden in die Tochtergesellschaft Vonovia Finance B.V. mit Sitz in der Finanzoase Amsterdam/Niederlande ausgelagert. Der Konzern zieht zur Absicherung zunehmend hochrangiges Personal aus Deutschland heran. So wurde der Ex-Vorstandschef der Deutschen Bank, Jürgen Fitschen, in den Vonovia-Aufsichtsrat berufen, weil er »erstklassig in der Politik vernetzt« sei.[74]

Deutsche Wohnen SE und LEG | Hinzu kommen noch die Wohnungskonzerne LEG Immobilien AG und Deutsche Wohnen SE. Deutsche Wohnen war zunächst eine 1998 gegründete Tochtergesellschaft der Deutschen Bank, die Werkswohnungen des Pharmakonzerns Hoechst aufgekauft hatte. Nach verschiedenen Zukäufen ging Deutsche Wohnen an die Börse. Das Unternehmen mit 160.700 Wohnungen, davon über 100.00 in Berlin, ist heute im Eigentum von Massachusetts Financial Services mit 9,94 Prozent der Aktien, BlackRock hat 9,5 Prozent und Norges 6,93. Schließlich ist BlackRock noch indirekt beteiligt, denn Vonovia hält 4,99 Prozent.[75]

Die Landesentwicklungsgesellschaft (LEG) des Landes Nordrhein-Westfalen mit 91.000 Wohnungen wurde 2008 von der CDU/FDP-Landesregierung zunächst an zwei Hedgefonds verkauft. Dann folgte der Einstieg von BlackRock & Co. Seitdem heißen die neuen

Eigentümer: BlackRock zu 11,6 Prozent, Massachusetts Financial zu 9,3 Prozent, Deutsche Bank zu 4,5 Prozent, AXA Versicherungen und BNP Paribas zu je 3 Prozent.[76]

»Schwarmstädte«: Gezielt auf Wohnungsknappheit setzen | Die Investoren haben viele Arbeitsplätze abgebaut. Ansprechpartner vor Ort gibt es nicht mehr, Mieter können bei entfernten »Hotlines« anrufen, die selten besetzt sind. Hausmeisterdienste wurden ausgedünnt, der Rest wurde an Subunternehmer mit Niedriglöhnen ausgelagert. Mit der Umgründung in eine SE wird das deutsche Betriebsverfassungsgesetz ausgehebelt: In einer SE besteht keine Rechtsvorschrift für einen Betriebsrat.[77]

Vonovia, Deutsche Wohnen und LEG vermieten und betreiben Wohnungen in den großen Städten, etwa in Köln, Dresden, Stuttgart, Berlin, Hamburg, Frankfurt und Düsseldorf. In Randgebieten lässt man Wohnungen eher verfallen – in den »Schwarmstädten« mit viel Zuzug wie etwa Berlin, in denen die Wohnungsknappheit groß ist, investiert man für Luxussanierungen, treibt die Mieten hoch und vertreibt Altmieter. Die 15.000 Wohnungen von Victoria Park in Schweden will Vonovia kaufen, weil dort »der Wohnungsmarkt tendenziell noch angespannter als in Deutschland« ist, so Konzernchef Buch.[78]

Deshalb ist Victoria nur der Türöffner für Schweden, das nach dem deutschen Muster aufgerollt werden soll. Und für den Einstieg in Frankreich wartet Vonovia-Chef Rolf Buch darauf, »dass Präsident Macron den Wohnungsmarkt weiter liberalisiert.«[79]

9 Prozent betrugen bei Vonovia die durchschnittlichen Mietsteigerungen im Jahre 2016. Für die ersten neun Monate des Jahres 2017 bilanzierte Vonovia einen Anstieg um 4,6 Prozent – in diesem Durchschnitt können Mietsteigerungen bis zu 40 Prozent stecken.[80]

Das Landgericht Bremen hat 2018 in zweiter Instanz einem Mieter recht gegeben: Vonovia wollte wegen Sanierung und energetischer Verbesserung die Miete um knapp 40 Prozent erhöhen. Der Anwalt des Mieters, Valentin Weiß, schätzt die Zahl der ähnlich betroffenen Mieter allein in Bremen auf 1.500. Vonovia versucht durch die Hintertür der Sanierung auch, die gesetzliche Mietpreisbremse auszuhebeln.[81]

Die Vermieter BlackRock & Co und ihre Vorläufer haben wesentlich zur Mieten-Explosion in deutschen Städten beigetragen. Der Gewinn steigt rasant. Für 2017 erhöht Vonovia die Dividende für die Aktionäre erneut, diesmal um 15 Prozent gegenüber dem Vorjahr.[82]

Zur populistisch-politischen Absicherung wird manches unternommen, je nach Zielgruppe. So wurde Hildegard Müller in den Aufsichtsrat gewählt – die CDU-Politikerin ist Mitglied im Zentralkomitee der deutschen Katholiken und Präsidentin der Deutsch-Israelischen Wirtschaftsvereinigung. Der operative Geschäftssitz von Vonovia ist in Bochum. Dem Unmut unter den Mietern soll die Massenunterhaltung abhelfen: Für den traditionsreichen Ruhrgebiets-Fußballclub VfL Bochum wird das »Vonovia Ruhrstadion« betrieben.

Der Staat überlässt BlackRock die Regie

Selbst da, wo der Staat der Hauptaktionär eines Unternehmens ist wie im Konzern Deutsche Post DHL, überlässt, wie bei Telekom, Commerzbank, VW und RWE schon erwähnt, die Bundesregierung alle unternehmerischen Entscheidungen den weiteren Aktionären, nämlich BlackRock, Capital Group, Norges, Lyxor, Vanguard. Das betraf etwa die überfallartige Ausgliederung von Postdiensten und bisherigen Beschäftigten in 49 Tochterfirmen: In diesen werden niedrigere Löhne bezahlt. Die Ausgliederung verletzte zudem die Vereinbarung mit der Gewerkschaft ver.di.[83]

Auf die Anfrage der Linkspartei nach den Arbeitsverhältnissen im Postkonzern antwortete das Finanzministerium: Aus der Stellung als Hauptaktionär »ergeben sich keine Rechte und Pflichten zur Erforschung der erfragten Sachverhalte.«[84]

Ähnlich verhält sich die Bundesregierung beim Konzern Deutsche Telekom AG und der Commerzbank AG. Auch hier ist der Staat Hauptaktionär, aber alle Entscheidungen werden den Miteigentümern BlackRock, Capital Group & Co überlassen, überhöhte Boni für das obere Management und Beauftragung der immer gleichen Rating-Agenturen und Wirtschafts‚prüfer' eingeschlossen.[85]

Selbstverständlich thematisieren die Bundesregierungen nicht die flächendeckend organisierte Finanz- und Steuerflucht von BlackRock & Co. Die Finanzaufsicht Bafin ist auch hier komplizenhaft überfordert.

Deutschland als Brückenkopf für die EU

Unternehmen, Banken und Berater aus den USA waren schon nach dem Ersten und nach dem Zweiten Weltkrieg und dann nach dem Zusammenbruch des Sozialismus in Kontinentaleuropa zunehmend präsent. Dabei war Deutschland immer der wichtigste Standort. Die SPD-Regierung eröffnete mit der Agenda 2010 zu Beginn des 21. Jahrhunderts einen noch massiveren, explizit gesetzlich geförderten Zugriff.

IWF und US-geführtes Militär hatten in den 1990er Jahren den Staat Jugoslawien zerschlagen,[86] US-PR-Agenturen hatten die nationalistischen und rassistischen Gefühle professionalisiert,[87] die deutsche Bundesregierung spielte in der EU den Vorreiter für die diplomatische Anerkennung rechtsradikal geführter sezessionistischer Staaten wie Kroatien. Westdeutsche Konzerne hatten sich die Unternehmen der Ex-DDR einverleibt. Der Standort Deutschland bildete damit den Brückenkopf für die neuen Finanzakteure, um in Osteuropa und auf dem Balkan Fuß zu fassen. Auf die Vorreiterrolle der PE-Investoren, die vor BlackRock da waren, werden wir noch eingehen (siehe S. 66 ff.).

BlackRock & Co waren in den 1990er Jahren noch nicht international aktiv. Aber VW, BASF, Bayer, Siemens errichteten in Ostdeutschland, dann in den anderen ex-sozialistischen Staaten wie Polen, Ungarn und Ukraine neue Produktionsbetriebe, um vor allem die hier möglichen niedrigen Löhne auszunutzen. Allein Polen hat dafür 300 Sonderwirtschaftszonen errichtet, mit besonderen Vorteilen für ausländische Investoren. Danach siedelten sich hier auch General Motors, UPS, Microsoft, Monsanto an.

Mit ihnen sind inzwischen auch BlackRock & Co hier präsent. Hier zeigt sich noch drastischer die Logik: Die vorhandene, von anderen geschaffene Substanz wird ausgezehrt, sei es die gut ausgebildete und erpressbare Arbeitskraft, sei es der modernisierbare industrielle Rest, sei es der trotz Armut noch erschließbare Konsummarkt. Aber der Status der ausgelagerten Werkbank bleibt mithilfe nationalistischer und rechtsgerichteter Regierungen erhalten. Die EU kündigt regelmäßig dort die Bekämpfung der Korruption an, duldet sie aber bei den geförderten nationalistischen Parteien und Regierungen.[88] Die Volkswirtschaften der EU-Peripherie verarmen, Millionen Einwohner pendeln als Arbeitsmigranten hin und her oder flüchten ganz. Diese Situation werden wir später mit der in mancher Hinsicht zunächst ähnlichen Situation in China vergleichen.

Das Ende der Frankreich AG

Im Oktober 2016 stellte ein Internetmedium in Frankreich die Preisfrage: »Wer ist der Hauptaktionär von AXA, Sanofi, Société Générale, Michelin, Vivendi?« Weiter hieß es: »Aha, nicht gewusst? Es ist BlackRock mit Chef Lawrence Douglas Fink. Noch nie gehört?«[89]

Auch in Frankreich, wo immer noch das Bild vorherrscht, dass die französische Wirtschaft französisch und vielfach staatlich sei, hat es sich ähnlich entwickelt wie in Deutschland, mit einem Jahrzehnt Verzögerung. Schon die »konservative«, rassistische Regierung unter Präsident Nicolas Sarkozy war ab 2007 US-Investoren zugeneigt. Seine Finanzministerin Christine Lagarde kam aus der Wirtschaftskanzlei des früheren US-Außenministers James Baker, Baker McKenzie. Sarkozy/Lagarde verschafften ausländischen Investoren hohe Steuervorteile, aber konnten keine Hartz-Gesetze durchsetzen.[90]

Erst unter dem »Sozialisten« François Hollande wurden die Finanz-, Steuer- und Arbeitsverhältnisse zugunsten der Unternehmer massiv dereguliert. Hollande ließ sich, während er im Wahlkampf gegen das »große Kapital« wetterte, gleichzeitig von Emmanuel Macron beraten, Partner der global agierenden Investmentbank Rothschild (siehe S. 140 f).[91] Macron wurde zunächst Vize-Generalsekretär der Regierung, dann Wirtschaftsminister.

So war Ende 2016 BlackRock Großaktionär von 18 der 40 Konzerne Frankreichs, die im Börsenindex CAC 40 gelistet sind, zum Beispiel: Lafarge Holcim (Baustoffe), Air Liquide (Industriegase), Vivendi (größter Medienkonzern Frankreichs), Michelin (Autoreifen), Accor

Hotels, die Großbanken Société Générale und BNP Paribas, Schneider (Elektronik), Total (Öl, Benzin), Valeo (größter Autozulieferer), Vinci (größter Baukonzern Europas), Saint Gobain (Industrieholding), Sanofi (Pharma), AXA (Versicherungen) und unibail rodamco (größter Immobilienkonzern Europas). Wie in Deutschland liegen die Aktienanteile in der Größenordnung zwischen 3 und 10 Prozent.

Engie ist mit 153.000 Beschäftigten weltweit der drittgrößte Energiekonzern außerhalb des Erdölsektors. Der Staat hatte 2008 die Fusion aus Gaz de France und Suez organisiert. Er hat noch 25 Prozent der Aktien. Capital Research und Dodge & Cox sind schon die nächstgrößeren Aktionäre, dann folgen Vanguard, Norges und BlackRock neben Führungskräften und französischen Aktionären. Man lagerte Dienste aus, senkte Löhne und ließ sich Dividenden auszahlen, die mit Krediten finanziert wurden. Die Regierung Macron will die staatlichen Anteile verkaufen.[92]

Aber auch die anderen Kapitalorganisatoren sind in den französischen Konzernen präsent. So sind beim Schienenfahrzeughersteller Alstom neben französischen Eigentümern wie dem Baukonzern Bouygues neben BlackRock auch Vanguard, Wellington und Schroders Investment Miteigentümer.[93] Beim größten Medienkonzern Vivendi folgen nach dem einheimischen Oligarchen Vincent Bolloré dann BlackRock, Lansdowne, Vanguard, Fidelity, State Street.

Während diese Finanzakteure auf Gewinn setzen, setzen chinesische Unternehmen auf den Erwerb von Kenntnissen. Deshalb suchen sie sich nur solche einzelnen Unternehmen aus, deren Potentiale sie für die eigene Weiterentwicklung brauchen können. So wurde der Autohersteller Dongfeng größter Miteigentümer von PSA (Peugeot, Citroën, Vauxhall, Opel), aber auch Miteigentümer von Nissan und Honda (Japan) und Kia (Südkorea).

BlackRock setzt auf Macron | BlackRock wurde in wenigen Jahren zum größten Kapitalisten Frankreichs. Der Wert des Eigentums an den 18 CAC-40-Unternehmen beträgt 35 Milliarden US-Dollar, während das gesamte Unternehmenseigentum von BlackRock in Frankreich 150 Milliarden wert ist (Stand: Ende 2016).[94]

Einige Monate nach seinem Wahlsieg lud Staatspräsident Macron die 21 größten Kapitalorganisatoren in den Élysée-Palast ein. Von Fink/BlackRock über Norges waren alle da. Mit seinen Steuer-, Arbeits- und Sozial‚reformen' forderte der Ex-Bankier zu Investitionen in Frankreich auf: »Choose France« – Wählt Frankreich! Auch die Staatsanteile wie bei der Bahn und bei Engie stehen zum Verkauf.[95]

Macron versteht sich gut mit US-Präsident Trump. In Trumps Lieblingssender *Fox* imitierte der französische Präsident Trumps »America First«: »I will make France great again!«[96] So baut BlackRock ab 2018 seine Europa-Zentrale in Paris aus, vertreibt Fonds für Infrastruktur und erneuerbare Energien, unterstützt Macrons Pläne für die finanzielle Zentralisierung der EU und für Bankenfusionen, auch gegen die deutsche Regierung.[97]

Großbritannien: Noch mehr im US-Eigentum

Kein kapitalistisches Land ist auch nur entfernt so weitgehend in ausländischer Hand wie Großbritannien. Bekannt ist, dass die einst umfangreiche britische Automobilindustrie ganz von ausländischen Konzernen aufgekauft wurde: Bentley, Jaguar, Vauxhall und all die klingenden Automarken gehören BMW, VW, Ford, Toyota, Honda, Nissan, PSA und Tata Motors. Aber auch die sonstige alte und neue Industrie, der Einzelhandel, die Infrastruktur mit Flughäfen, Häfen, Bahnen, Mautbrücken, Kraftwerken, Wasserwerken, Kliniken, Pflegeheimen, Medien sowie Grundstücke und großstädtische Immobilien gehören weitgehend Investoren, auch Oligarchen und Steuerflüchtern aus reichen und ausgebeuteten Ländern aller Kontinente.[98]

Nicht nur in Bezug auf die Lehre der neoliberalen »Chicago Boys«, sondern auch auf den Willen des christlichen Gottes (»Gebet des Heiligen Franziskus«) förderte die »konservative« Regierung unter Margaret Thatcher ab 1979 den Ausverkauf. Organisiert wurde er von den Investmentbanken wie Warburg, UBS, Rothschild und Schroders, den Kreditgebern wie HSBC, Goldman Sachs und Barclays sowie Beratern wie PwC und Allen & Overy. Sie residieren in der deregulierten City of London, einem Staat innerhalb der Stadt und des Staates, bzw. hatten aus New York hier Filialen gegründet.

Zusatzfaktoren waren die Entmachtung der Gewerkschaften und die staatlich geförderte Steuerflucht über das Dutzend Finanzoasen zwischen den Kanalinseln und den Virgin Islands, die organischer Teil des Finanzstandorts London sind.[99]

Schon nach dem Zweiten Weltkrieg hatten US-Investoren mit dem Kauf von Industrien, Banken und Versicherungen begonnen. Deshalb heißen die häufigsten Eigentümer der britischen Banken auch heute (noch) nicht BlackRock & Co, sondern Fisher, Dimensional Fund, Bank of America, Bank of New York Mellon und Cambiar Investors – sie sind die Eigentümer von HSBC, Barclays und Royal Bank of Scotland und alle haben ihren Sitz in den USA.

Auch etwa die Eigentümer der großen Bergwerkskonzerne Rio Tinto und Anglo American heißen nicht BlackRock, sondern CGM Realty, Comerca, Delaware VIP Emerging, PMC, Franklin, Goldman Sachs und Arrowstreet – auch sie haben ihren Sitz in den USA. Gleichzeitig stellt Großbritannien mehr als jeder andere Staat Direktinvestitionen in den USA.

BlackRock & Co haben allerdings in den letzten Jahren aufgeholt. Inzwischen sind sie Miteigentümer in traditionellen britischen Konzernen wie Royal Dutch Shell, British Petroleum, Astra Zeneca, Marks & Spencer. BlackRock kaufte die ETF-Abteilung der Bank Barclays, die die ETFs erfunden hatte und baute das zu einem Weltgeschäft aus. BlackRock selbst gehört zu den drei Investoren, die das meiste Eigentum an den 100 wichtigsten britischen Unternehmen des Börsenindex FTSE bei sich versammeln. BlackRock hat zudem den Smaller Companies Trust aufgelegt und kauft sich damit Anteile in zahlreichen Mittelstandsfirmen des Vereinigten Königreichs. BlackRock verstärkt den Zustand, dass die USA und Großbritannien die am engsten kapitalistisch verflochtenen Staaten sind.

BlackRock holt sich den Finanzminister | Die Tories waren auch für BlackRock die geborenen Komplizen. 2014 beförderte Finanzminister George Osborne die von der BlackRock-Lobby geforderte »Renten-Revolution«: Die Renten können seitdem auch in BlackRocks Spezialprodukt ETF angelegt werden. In seiner Amtszeit traf sich der Minister mindestens fünfmal mit BlackRock-Vertretern. Für Reden bei diversen US-Investoren verdiente er nebenbei: 85.000 Pfund bei der Citibank, 68.000 beim PE-Investor Centerbridge und 40.000 bei BlackRock.[100]

Osbornes Stabschef Robert Harrison bekam nach der Reform im April 2015 bei der britischen BlackRock-Tochter den Posten als Strategiemanager. Unmittelbar nach Osbornes Amtsende 2016 holte Fink Osborne in das BlackRock Research Institute als Ergänzung zum Ex-Chef der Schweizer Nationalbank, Hildebrand. Osborne bleibt weiter Parlamentsabgeordneter und bekommt von BlackRock für vier Arbeitstage im Monat 750.000 Euro pro Jahr. Seine Aufgabe: Die Rentenreform auch bei der Europäischen Kommission in Brüssel vorantreiben.[101]

BlackRock & Co in der Schweiz

BlackRock & Co dominieren auch die traditionelle Finanzoase Schweiz. Die beiden größten Schweizer Banken, die weltweit das Vermögen von Superreichen verwalten, gehören ganz den neuen Kapitalmächtigen. Die fünfzehn größten Eigentümer der United Bank of Switzerland (UBS) heißen, in dieser Reihenfolge: Massachusetts Financial Services, UBS, Wellington, Credit Suisse (CS), Vanguard, Capital Global Investors, Dodge & Cox, Franklin, Fisher, Schroder, Zürcher Kantonalbank, JPMorgan Chase, Fidelity, Invesco, Deutsche Bank. Dabei ist zu berücksichtigen, dass BlackRock, hier nicht direkt vertreten, Großaktionär der hier aufgeführten UBS-Miteigentümer Credit Suisse, JPMorgan Chase und Deutsche Bank ist.

Bei der Credit Suisse heißen die 15 größten Eigentümer, in dieser Reihenfolge: Bank of America, Earnest Partners, Morgan Stanley, Brandes, Allianz Asset Management, UBS, Northern Trust, Thornburg, Goldman Sachs, Parametric, Masters Capital, Renaissance Technologies, Dimensional Fund, Tocqueville Asset Management, SEI Investments. Auch hier ist BlackRock nicht direkt vertreten, aber Großaktionär bei Bank of America, Morgan Stanley, Allianz, UBS und Goldman Sachs.

Um nur bei BlackRock zu bleiben, hier nur Angaben zu den bekannten Schweizer Unternehmen, in denen BlackRock direkt Großaktionär ist: Nestlé, Lafarge Holcim (Baumaterialien), Adecco (weltweite Vermittlung von Leiharbeit), SwissLife (Lebensversicherungen), Swiss Re (Rückversicherer), GAM (globaler Vermögensverwalter), Rieter (Textilmaschinen), Barry Callebaut (Schokolade), VAT (Ventile), Georg Fischer (Präzisionstechnik), Temenos (Bankensoftware), Forbo (Bodenbeläge), Galenica (IT Healthcare) sowie neben den Großbanken UBS und CS auch in der führenden Privatbank Julius Baer.[102]

BlackRock & Co haben die Verwaltung des Vermögens der Schweizer Alters- und Invalidenversicherung AHV/AVS in den Griff bekommen. Sie gilt weltweit als Vorbild. Weil die Erträge bei BlackRock & Co höher sind oder als höher erwartet werden, hat BlackRock hier die beiden Schweizer Großbanken UBS und CS überholt und ist nun der größte AHV-Vermögensverwalter. Nach UBS und CS, die auf den zweiten und dritten Platz zurückgestuft wurden, folgen dann nur noch Mitglieder der BlackRock-Family: Schroders, Western Asset Management, Pramerica, Guggenheim Partners, State Street.[103]

Zudem beherrscht BlackRock auch in der Schweiz den iShares/ETF-Markt. Der Marktführer verkauft an der Schweizer Börse vier Index-Wertpapiere. Außerdem verkauft BlackRock in der Schweiz einen Fonds an Anleger, in denen die Anteile an führenden Schweizer Unternehmen wie Lonza, Partners Group, Schindler, Tecan, Sika und Straumann zusammengefasst sind.

BlackRock hat 2016 seine Schweizer Niederlassung in Genf vergrößert. Nachdem der Präsident der Schweizer Nationalbank, Philipp Hildebrand, wegen »Unregelmäßigkeiten« gehen musste, hatte er sofort seine Aufwertung als Europa-Repräsentant von BlackRock erhalten.

BlackRock & Co in Italien

Vergleichsweise wenig sind BlackRock & Co in Italien präsent: Hier sind noch einige Reste des alten Filzes mit Staat und reichen Familien vorhanden. In drei der zehn größten Konzerne ist noch untypisch der

Staat mit teilweise hohen Anteilen vertreten, im größten Rüstungskonzern Leonardo (30 Prozent) und in den Energiekonzernen Enel (23 Prozent) und Eni (4 Prozent). Ebenso haben noch Familienclans teilweise untypisch hohe Anteile, so Del Vecchio beim Luxuskonzern Luxottica (60 Prozent) und Benetton beim Baukonzern Atlantia (30 Prozent).

Die großen Kapitalorganisatoren sind vielfach in mehreren Unternehmen gleichzeitig vertreten, allerdings nicht so intensiv und flächendeckend wie in Deutschland und Frankreich. Sie konzentrieren sich auf sehr wenige Unternehmen, die technologisch eine führende Rolle spielen sowie auf die führende Versicherung Assecurazioni Generali und auf die beiden großen, international aktiven Banken Unicredit und Intesa Sanpaolo. Der große Rest der Volkswirtschaft wird großkapitalistisch nicht weiterentwickelt. Mittelstand und der Süden werden weiter abgehängt. Eine Mittelstellung spielt Telecom Italia. Der bestimmende Eigentümer ist der französische Medienkonzern Vivendi, an dem freilich BlackRock, Lansdowne, Vanguard, Fidelity und Lazard beteiligt sind; der US-Hedgefonds Elliott hält neun Prozent. Ein chinesisches Unternehmen ist ebenfalls an Telecom Italia beteiligt.

Um die wichtigen Teile des Restes kümmern sich seit der Finanzkrise, die Italien besonders traf, vor allem chinesische Unternehmen. Allen voran ist ChinaChem mit 26 Prozent Haupteigentümer des Reifen- und Chemiekonzerns Pirelli. Mit kleineren Anteilen partizipieren chinesische Unternehmen an den strategischen Möglichkeiten von Enel, Eni, Assecurazioni Generali und FiatChrysler und, wie schon erwähnt, von Telecom Italia. Die chinesische Zentralbank People's Bank of China (PBOC) kaufte sich in die drei geschwächten Banken Unicredit, Monte dei Paschi di Siena und Intesa Sanpaolo ein.[104]

Es ist anzunehmen, dass die alten und neureichen Familienclans, die zur kapitalistischen Unterentwicklung des Landes und damit auch zum politischen Populismus beitragen – Agnelli, Del Vecchio, Benetton, Armani, Berlusconi – ihr altes und neues Kapital BlackRock & Co anvertrauen, um es in profitableren Regionen still vermehren zu lassen.[105]

BlackRock & Co in den USA und weltweit

Vom Volumen her haben die Anteile von BlackRock & Co an Unternehmen und Banken im Standort USA naturgemäß einen ungleich größeren Umfang als in Europa. Dabei besteht innerhalb der etwa zwei Dutzend Kapitalorganisatoren eine heftige Konzentration: BlackRock, Vanguard und State Street dominieren als Big Three die Szene.

Unter den 500 größten US-Unternehmen, die zur Liste S&P 500 gehören, sind die Big Three in über 450 Unternehmen die größten Einzelaktionäre, also etwa bei Apple, Coca-Cola, Exxon, Ford, General Electric, General Motors, Google, Goldman Sachs, Amazon, Facebook und Microsoft (Stand: 2017). Als riesige Peanuts kommen die 1.200 weiteren der 1.700 größten US-Unternehmen hinzu, an denen BlackRock, Vanguard und State Street gemeinsam 40 Prozent der Eigentumsanteile haben (Stand: 2012). Die nächst größeren Anteile an den S&P 500 sind in der Hand der etwas kleineren Kapitalorganisatoren Capital Group, Wellington, Fidelity, Invesco, T. Rowe Price u. ä.[106]

Auch gefeierte Einzelinvestoren, die bisher erfolgreich waren, können sich dieser Entwicklung nicht entziehen. Während die populistischen Leitmedien diesseits und jenseits des Atlantiks immer noch die »Investoren-Legende« Warren Buffet feiern, ist dessen Holding Berkshire Hathaway längst im Griff von BlackRock & Co. Die beiden größten Eigentümer sind Vanguard und BlackRock, dann folgen u. a. die Gates Foundation, Northern Trust, Fidelity, Norges und Capital World.[107]

BlackRock & Co: Das Super-Kartell des westlichen Welt-Kapitals

BlackRock hat 70 Niederlassungen in 30 Staaten.[108] Der Schwerpunkt sind die USA und die EU, dann folgt mit Abstand Asien. Schon im Jahr 2012 war BlackRock gleichzeitig Großaktionär in 282 der 300 größten westlichen Kapitalgesellschaften (meist US-Konzerne), dicht gefolgt von Vanguard (267), State Street (247), Fidelity (239), JPMorgan Chase (219) und Capital Group (172).[109]

Damit wurde BlackRock Miteigentümer in 17.309 Unternehmen, Banken und anderen Kapitalorganisatoren weltweit, berichtete die Vizepräsidentin Ende 2017.[110] Bei den etwas kleineren der großen Kapitalorganisatoren ist die Zahl der Eigentümerschaften entsprechend geringer.

Zudem, wie gezeigt, sind Vanguard, Wellington, Fidelity, Capital World, Norges und JPMorgan Chase an BlackRock beteiligt. Die deutsche Monopolkommission merkte zudem an, dass BlackRock umgekehrt auch Miteigentümer bei State Street und Vanguard ist.[111] Dieses Super-Kartell wird aber von keiner westlichen Kartellbehörde als Kartell benannt, auch hier greifen die nostalgischen Begriffe und Regularien des alten Kapitalismus nicht, sondern beschönigen die Lage.

Zum Kartell gehört, dass BlackRock die US-Regierung, den IWF, die Federal Reserve, die Europäische Kommission, die EZB bei der Rettung von Banken und Staaten berät, also Regierungsaufgaben übernimmt. Die Vertreter von BlackRock »gehen in Finanzministerien ein und aus, sie beraten die führenden Notenbanken der (westlichen, WR) Welt. Fink kennt jeden Präsidenten (des Aufsichtsrats, WR) und jeden CEO (Vorstandschef eines Unternehmens, WR) persönlich.«[112]

In anderen wichtigen Regionen des westlichen Kapitalismus haben sich vergleichbare Finanzakteure nicht herausgebildet, auch nicht in den wichtigsten Staaten Deutschland und Japan. »Nennenswerte institutionelle Anleger haben wir in Deutschland nicht«, beklagt man im Deutschen Aktieninstitut.[113] Lediglich in Frankreich haben sich mit Amundi, Natixis und AXA und in Norwegen mit dem Staatsfonds Norges vergleichbare Kapitalakteure gebildet.

Erst die große Zahl des Investorentyps BlackRock, ihre gegenseitige Verflechtung, ihr Rückhalt im weltweiten US-System, die Zahl ihrer Eigentümerschaften und dann die Kombination mit der Insiderstellung, den Regierungsfunktionen und den Dienstleistungen für andere Finanzakteure – und dies in Verbindung mit den Beziehungen zu den selbst schon einflussreichen kapitalgebenden Kunden, der transnationalen kapitalistischen Klasse –, dies ergibt die Macht des neuen Super-Kartells von BlackRock & Co.

Aktionärs-Theater | Die jährlichen Aktionärsversammlungen der großen westlichen Konzerne sind so noch mehr als zuvor zu einem lächerlichen Spektakel geworden. Bekannte Traditionskonzerne in

Deutschland wie Siemens und Deutsche Bank haben mehrere hunderttausend deutsche Kleinaktionäre. Sie werden mit Würstchen und Glanzprospekten abgespeist. Erwartungsvoll bis empört lauschen sie den Worten des Vorstandsvorsitzenden, wie hoch denn diesmal die kleine, aber vielleicht doch erhöhte Dividende ausfällt. Einige größere der Kleinaktionäre oder Vertreter von Kritischen Aktionären melden sich mit teils heftiger Kritik. Doch ihre paar Prozent Stimmen sind machtlos. Die Vertreter von BlackRock & Co sagen gar nichts, stimmen kommentarlos den Vorstandsvorschlägen zu – sie haben die Entscheidungen hinter den Kulissen längst ausgehandelt.

Mit hohem Ethos gänzlich moralfrei

Natürlich hat BlackRock einen aufwendigen Moralkodex: *Code of Business Conduct and Ethics.* »Soziale Verantwortung« und »hohe Standards« sind großgeschrieben. Selbst Kritiker mit Renommee spenden für die Absichtserklärungen viel Lob, so der kritische Nobelpreisträger Joseph Stiglitz: »Larry ist überzeugt davon, dass sich der Kapitalismus neu erfinden muss … Er kämpft für die richtige Sache.«[114]

Aber im dritten Absatz des Moralkodex wird es konkreter: Das oberste Ziel ist es, »die Erwartungen unserer Kunden zu übertreffen.« Die Mitarbeiter werden als »Humankapital« behandelt, das mit spezialisierten Programmen zu »hoher Leistung« und »Leistungshaltung« angehalten wird. Dabei sollen »große Manager und Führer« herangebildet werden.[115]

Hohe Manager-Einkommen | So wie BlackRock im eigenen Unternehmen die Führungskräfte – scharf unterschieden nach der Hierarchiestufe – am Gewinn beteiligt, so wird das auch in den Unternehmen gefördert, an denen BlackRock & Co Miteigentümer sind.

Da mag etwa die Deutsche Bank seit Jahren weltweit hundertfach wegen Betrugs angeklagt werden, Milliarden an Strafen zahlen müssen, überschuldet sein und am Rande der Insolvenz stehen – seit der Finanzkrise stiegen die Einkommen ihrer Spitzenmanager immer schneller. So waren 705 Manager Einkommensmillionäre (Stand: 2017): Ein Jahr zuvor waren es mit 316 weniger als die Hälfte.

50 Deutschbanker verdienten im Jahr 2017 zwischen 3,5 und 8 Millionen Euro, mehr als der Vorstandsvorsitzende.[116]

Umweltvergifter | BlackRock & Co »wollen« nicht die Umwelt vergiften. Aber sie lassen es tun und lassen es geschehen, als Großaktionär bei den Unternehmen der Braunkohleverbrennung (RWE ...), des Einsatzes von Pestiziden (Bayer/Monsanto ...), der gefälschten Auto-Abgaswerte (VW ...), der Wasser-Privatisierung in Indien und Brasilien (Nestlé ...). Dass die UNO den kostenlosen Zugang zu sauberem Trinkwasser zu einem Menschenrecht erklärt hat[117] – BlackRock & Co lassen das Gegenteil zu.

Degradierung der abhängig Beschäftigten | Die »Menschenrechte« sind im Moralkodex ohnehin auf die wenigen selektiven Werte »Inklusion« und »Diversity« nach Art des Human-Ressources-Konzepts eingedampft.[118] Nationale Arbeitsrechte oder die ILO-Konventionen werden nirgends erwähnt. Auslagerungen wie bei der Deutschen Post, Einsatz von Leiharbeitern auf Abruf, Kündigung von Betriebsräten – das Gesetz des Schweigens über Arbeitsunrecht gehört zum Geschäftsmodell.

Der deutsche Baukonzern Hochtief und der französische Baukonzern Vinci: Sie bauen in Katar Anlagen für die Fußball-Weltmeisterschaft 2022. Dafür beuten sie seit Jahren die staatlich disziplinierten Billigstarbeiter unter unmenschlichen Arbeits- und Lebensbedingungen aus, keine der ILO-Konventionen etwa für freie gewerkschaftliche Betätigung, Schutz am Arbeitsplatz, Kündigungsschutz, Recht auf Sozialversicherungen, Recht auf bezahlten Urlaub wird eingehalten.[119] BlackRock als Großaktionär verdient mit und schweigt.

Rüstung und Krieg: Bewusste Schlafwandlerei | BlackRock, Capital Group, Vanguard und State Street sind mit jeweils über 30 Mrd. US-$ die größten Eigentümer in den Rüstungsfirmen, die an der Produktion von Atombomben beteiligt sind: Lockheed, Boeing, Honeywell, Northrop, General Dynamics, Airbus. BlackRock hat seinen Schwerpunkt in dieser Reihenfolge bei Boeing, Honeywell, Lockheed, Northrop (alle USA), Airbus (Europäische Union), General Dynamics (USA), Safran (Frankreich) und BAE Systems (Großbritannien).[120]

BlackRock & Co sind auch in weiteren Rüstungskonzernen präsent. In Deutschland ist BlackRock der größte Aktionär bei Rheinmetall. Der Konzern umgeht Exportbeschränkungen, die nach deutschem Gesetz bestehen, durch ausgelagerte Produktionsstätten etwa in Südafrika und auf Sardinien.[121] Panzer werden in Kriegsgebiete und an völkerrechtsbrüchige Kriegsparteien wie Saudi-Arabien (Krieg gegen Jemen) ausgeliefert. Der Vorstandsvorsitzende von Rheinmetall, Armin Pappberger, befürwortet die Aufrüstung der EU und der NATO gegen Russland: »Wir dürfen uns nicht nur auf Amerika verlassen oder warten, bis asiatische Kräfte hochwachsen – Europa muss eine Unabhängigkeit haben und auch Stärke zeigen.«[122] Rheinmetall kooperiert mit dem US-Rüstungskonzern Raytheon, wo BlackRock ebenfalls größter Eigentümer ist und zudem den Pensionsfonds verwaltet.[123]

Nach einem Massaker wurde öffentlich angeprangert, dass das von Smith & Wesson hergestellte Sturmgewehr M&P 15 die häufigste Waffe bei Amok-Massakern der letzten Zeit war: Daraufhin wurde Smith & Wesson unter BlackRock 2016 verharmlosend in American Outdoor Brand umbenannt.[124]

BlackRock & Co sagen nicht, dass sie Krieg führen und töten »wollen« – so funktioniert ihr Kapitalismus nicht. Sie verfolgen professionell ihr und ihres Klientels privatistisches Gewinn- und Selbstbereicherungsziel. Sie tun nichts gegen die inneren und äußeren Konflikte, sondern geben ihm einfach weitere Nahrung. Bewusste Schlafwandlerei.

Investieren in sich selbst | BlackRock & Co verwerten die bisherige Substanz der Unternehmen, in die sie einsteigen. Sie setzen die Gewinne ein, nicht um neue Substanz zu schaffen, sondern um ihren eigenen Wert und den ihrer Kapitalgeber weiter zu steigern. Die Konzerne, an denen BlackRock & Co beteiligt sind, kaufen von Kleinaktionären möglichst viele Aktien zurück und nehmen sie aus dem Markt. »Die Motive: Weniger Aktien verknappen das Angebot und treiben so den Kurs. Obendrein erhöht sich künftig der Gewinn je

Aktie, weil er sich auf weniger Anteilsscheine verteilt... Auch verteilt sich die Ausschüttung auf weniger Aktien, sodass die verbleibenden Aktionäre eine höhere Dividende pro Aktie bekommen.« Und so verfahren die Konzerne umso intensiver, je höher die Anteile von BlackRock & Co sind wie bei Vonovia, Fresenius, SAP, adidas, Allianz und Siemens.[125] Dies steigert den Aktienwert der Konzerne und zugleich die kartellartige, preistreibende Marktmacht von BlackRock & Co. Gleichzeitig schrumpft die Volkswirtschaft nach dem Motto »Abbau von Überkapazitäten«.

Fundamente der Marktwirtschaft aushöhlen | BlackRock & Co sind in vielen großen Unternehmen derselben Branche gleichzeitig Aktionäre. Fusionen und Übernahmen wie bei Bayer-Monsanto, Linde-Praxair und E.ON-RWE werden vorangetrieben, so auch bei den US-Chemiekonzernen Dow und DuPont, bei den Technologiekonzernen Siemens und Alstom, bei Nestlé und Pfizer, bei Nestlé und Starbucks, bei den Telekomkonzernen T-Mobile US und Sprint.[126]

Fusionen und Übernahmen führen zu Oligopolen und Monopolen. Die Macht von BlackRock & Co wird gelegentlich in der US-freundlichen *Frankfurter Allgemeinen Zeitung (FAZ)* kritisiert: »Die mit dem Wachstum der Fondsgesellschaften verbundenen Wettbewerbsbeschränkungen führen zu höheren Unternehmensgewinnen. Von diesen profitieren hauptsächlich die amerikanischen Investoren, die dadurch immer weiter wachsen können.« Diese »Großinvestoren« »höhlen die Fundamente der Marktwirtschaft aus«.[127] Aber wozu hat man die Funktion als Leitmedium der gebildeten akademischen Schichten und der regierungstauglichen Politiker, wenn man die selbst propagierten »Werte« dann doch zerstören lässt – es dient ja dem guten Zweck und dem mächtigen Herrn. Ein bisschen unterwürfig meckern – das ist die herrschende Meinungsfreiheit.

Europäische Union am BlackRock-Zipfel

BlackRock richtet regelmäßig Forderungen an die Europäische Union. Der europäische BlackRock-Vizepräsident Hildebrand bekräftigt: »Europa hat auch ein Strukturproblem. Arbeits- und Produktmärkte sind überreguliert. Investitionen lohnen sich zu wenig ... Da braucht es die Bereitschaft der Politik, bestehende Strukturen aufzubrechen.« Mit den Hartz-Gesetzen sei Deutschland vorbildlich gewesen, hat aber inzwischen in den strengen Augen von BlackRock nachgelassen: »Deutschland muss in Europa vorangehen. In den vergangenen Jahren hat Deutschland, was Strukturreformen angeht, seine Führungsrolle immer weniger wahrgenommen ... In einigen Bereichen ist man sogar rückwärtsgegangen, etwa bei der Rente mit 63.«[128]

Der Einfluss ist öffentlich unsichtbar, wirkt aber schnell und klar: Die deutsche Monopolkommission, die OECD und die EU-Kartellaufsicht kritisierten 2017 die gefährliche Machtkonzentration von BlackRock. Dagegen legte Christian Staub, Deutschland-Chef von BlackRock und auch zuständig für Österreich, die Schweiz und Osteuropa, bei der Bundesregierung Beschwerde ein. Das Wirtschaftsministerium bezeichnete danach die Kritik als rein »theoretische Vermutung« – Diskussion beendet.[129]

BlackRock berät die Europäische Kommission und Zentralbank | Keine der wichtigen Regierungen in der EU ist willfähriger als die deutsche, unabhängig von ihrer parteipolitischen Zusammensetzung. 2012 wurde Finanzminister Schäuble von Obamas Finanzminister Timothy Geithner während seines Urlaubs auf Sylt aufgesucht, um sich abseits von Berlin »bearbeiten« zu lassen. Geithner hatte BlackRock nach der Finanzkrise mit der Rettung von Banken und Versicherungen beauftragt. Im »egoistischen Interesse« der USA – so schrieb der *Spiegel*, solle die EZB nach US-Vorbild die EU-Finanzmärkte mit billigem Geld fluten. BlackRock wurde EZB-Berater. Kurz danach versprach EZB-Chef Mario Draghi, »alles Erforderliche zu tun«.[130]

So beriet und berät BlackRock die EZB beim Programm zum Aufkauf von Unternehmens- und Staatsanleihen. BlackRock organisierte im Auftrag der Europäischen Kommission den Stresstest für die 39 größten Banken in der EU – in denen BlackRock vielfach selbst Miteigentümer ist. BlackRock erstellte die Risikoanalysen für die Bankenrettungen in Irland, Griechenland, Großbritannien und Zypern.

Gleichzeitig mit der Troika war die BlackRock-Truppe unter Tarnung als »Projekt Solar« in Athen und unter dem Decknamen »Claire« in Zypern. Bei all diesen Einsätzen ging es für den Insider BlackRock direkt und indirekt auch um die Rettung eigener Engagements.[131] Die Beratung der EZB beim Umgang mit gefährdeten Krediten verschaffte BlackRock einen »exklusiven Zugang zu europäischen Unternehmensdaten«.[132]

»Den europäischen Sparern fehlen zuverlässige Daten und die Anleitung, wie man investiert und für die Zukunft plant«, verkündete Fink. Deshalb beauftragte er Ex-Finanzminister Osborne, der für BlackRock die »Renten-Revolution« in Großbritannien durchgesetzt hatte, nun mit Plan PEPP: *Pan European Personal Pension*. Mit Qualitätssiegel von BlackRock, aber ohne Auszahlungsgarantie sollen Beschäftigte auch in den anderen EU-Staaten die empfohlenen Finanzprodukte für die Altersvorsorge kaufen. Dafür macht Osborne nun Lobby in Brüssel und erhält seit 2017 von BlackRock ein jährliches Beraterhonorar von 780.000 Euro.[133]

Der andere BlackRock-Lobbyist, Hildebrand, fordert die grenzüberschreitende Fusion europäischer Banken, die Entmachtung der nationalen Finanzaufsichten und eine zentrale EU-Bankenaufsicht unter der Regie der EZB[134] – die ohnehin von BlackRock beraten wird. Hildebrand und BlackRock treffen sich in dieser Absicht mit Macron und Rothschild.

***

2. Private-Equity-Investoren: Die schnellen Verwerter

Nach ähnlichem Muster wie BlackRock & Co, aber eine Dimension kleiner, agieren die PE-Investoren. Auch sie organisieren das Ende der Deutschland AG, der Frankreich AG usw. Auch sie beschleunigen die extreme Ungleichverteilung des erarbeiteten Reichtums.

Auch sie sammeln Kapital bei schon sehr vermögenden Kunden,

bei Unternehmensstiftungen, Multimilliardären und Multimillionären und Unternehmensclans ein. Diese Kunden gehören aber mehrheitlich zu einer niedrigeren Klasse: Es sind nicht die Ultra High Net Worth Clients, sondern nur die High Net Worth Clients, also ohne Ultra. Sie bringen im Durchschnitt bei einer Einlage nicht 50 bis 100 Millionen Dollar oder Euro auf, sondern vielleicht 5 bis 50 Millionen. Die Kunden erwarten hohe Gewinne und zahlen den PE-Managern jährliche Gebühren zwischen 1,25 bis 2 Prozent des eingelegten Kapitals.

Das Geschäftsmodell

Die von den Investoren mit dem Kundenkapital gebildeten einzelnen Fonds heißen zum Beispiel Blackstone Real Estate Partners I, Blackstone Real Estate Partners II, III und IV und Blackstone Real Estate Partners Europe I–III. Bei Carlyle heißen sie ganz ähnlich Carlyle Europe Real Estate Partners I, II, III und so weiter. Sie sind allermeist wie bei BlackRock & Co in einer Finanzoase domiziliert.

Mit diesem versteckten Kapital kaufen die PE-Manager Eigentumsanteile von Unternehmen (equity = Unternehmensbeteiligung). Das Kapital der Kunden und die damit gekauften Unternehmensanteile verwalten die PE-Investoren »treuhänderisch«. Aber wie bei BlackRock & Co sind sie rechtlich selbst die Vertreter des Kapitals, nehmen mit diesen Sicherheiten im eigenen Namen bei Banken Kredite auf, kaufen die Unternehmensanteile und nehmen die Stimmrechte wahr. Auch hier bleiben die eigentlichen Kapitalgeber in der Öffentlichkeit, auch in den Unternehmen selbst, unbekannt.

Gekauft werden nicht die großen Aktiengesellschaften, sondern lukrative Mittelstands- und Familienunternehmen; die sind allermeist keine Aktiengesellschaften und nicht an der Börse notiert. »Uns interessieren reife, international tätige Firmen mit Umsätzen von ein bis zwei Milliarden Euro und stabilem Cash Flow«, so 2004 Thomas Middelhoff, der damalige Chef des in London ansässigen PE-Investors Investcorp.[135]

Es geht diesen Investoren nicht darum, marode Firmen auszuweiden oder zu sanieren, sondern sie suchen sich Schmuckstücke heraus, um sozusagen aus Silber Gold zu machen. Diese Unternehmen dann im Laufe von zwei bis sieben Jahren zu verwerten, umzubauen, dann weiterzuverkaufen oder an die Börse zu bringen – das ist das Ziel. Oder man partizipiert bei der Umstrukturierung großer Konzerne: »Veräußerung von Randaktivitäten großer Konzerne«, heißt das im Beratermilieu.[136] PE-Investoren kaufen sich nicht flächendeckend in möglichst viele Unternehmen ein wie BlackRock & Co, sondern beißen sich kurzfristig in einigen wenigen fest.

Vom Volumen her ist alles eine Nummer kleiner als bei BlackRock & Co. So hat der größte PE-Investor Blackstone gegenwärtig 333 Milliarden US-Dollar an verwaltetem Kapital, also ein Zwanzigstel im Vergleich zu BlackRock. Blackstone hat 2.200 Beschäftigte, also nur etwa ein Sechstel im Vergleich zu BlackRock. Man braucht aber vergleichsweise mehr Personal, denn mit weniger betuchten Kunden hat man mehr Arbeit.

Rendite zwischen 15 und 40 Prozent

Kleineres Volumen – aber höhere, kurzfristigere Gewinne. Diese Investoren wollen eine Gewinnrate weit oberhalb der traditionellen Formen der Kapitalverwertung erzielen, auch oberhalb von BlackRock & Co. Middelhoff nannte als bisherigen Erfahrungswert eine »durchschnittliche Rendite von 25 Prozent.«[137] Branchenführer Blackstone verkündete »30 Prozent Rendite«.[138] Der britische Investor Candover bilanzierte für die vergangenen Jahre »33 Prozent jährliche Rendite«.[139] Einzelne Fonds der Investoren, hier von Permira, brachten sogar Renditen von 85 Prozent.[140] Die Hochzeit mit solchen Renditen dauerte etwa bis 2007.

Die hohe Rendite soll mit einer Kombination verschiedener Instrumente erreicht werden. Der Kaufpreis soll möglichst niedrig sein. Das wird schon dadurch erleichtert, dass nur Firmen gekauft werden, die nicht an der Börse notiert sind und damit nicht der bei Aktiengesellschaften standardisierten Wertermittlung unterliegen. Bei den Preisverhandlungen werden bereits die zukünftigen Privilegien der bisherigen Eigentümer (zusätzliche lebenslange Rente, Beraterverträge) und der führenden Manager (sie bekommen Eigentumsanteile und Extra-Boni) mit einbezogen. So stimmen sie einem niedrigeren

Verkaufspreis leichter zu. Wirtschaftsprüfer und Wirtschaftskanzleien wie PwC, EY und KPMG und Wirtschaftskanzleien wie Freshfields, Allen & Overy und White & Case, die Dauerberater der Investoren, stellen gutachterlich niedrige Kaufpreise fest.

Dann zwingt der Investor das zu kaufende Unternehmen, Kredite aufzunehmen, damit der Investor den Kaufpreis aufbringen kann: Das Unternehmen wird verschuldet und unter Kostensenkungsdruck gesetzt.

Nach dem Kauf beginnt der »Verwertungszyklus«. Er soll maximal sieben Jahre dauern: Die Gewinne entstehen erstens durch Abbau von Arbeitsplätzen, Lohnkürzungen, Kürzung von übertariflichen Leistungen, durch Mehrarbeit bei gleichem Lohn, durch vermehrten Einsatz von Leiharbeitern und durch Auslagerung (outsourcing). Zweitens können Teile des Unternehmens, auch Grundstücke und Immobilien, verkauft werden. Drittens wird auch an der »Steueroptimierung« gearbeitet, etwa durch Gründung einer Holding in einer Finanzoase, in die der rechtliche und Steuersitz verlagert wird. Viertens entnimmt der Investor frühzeitig Gewinne, die auch mithilfe von Krediten finanziert werden: Die Branche spricht von »Recap«.

Der wesentliche Gewinn aber soll in der letzten Phase entstehen, durch den Exit nach drei bis sieben Jahren: Das verschlankte, restrukturierte Unternehmen wird an den nächsten Investor weiterverkauft oder an die Börse gebracht. Dieser Exit wird von vornherein mitgeplant. Er ist das wichtigste Ereignis, auf das alle Maßnahmen während des Verwertungszyklus ausgerichtet werden.[141]

New Yorker und Londoner Banker begründen den neuen Investorentyp

In den Wall-Street-Banken hatte während der 1980er Jahre die Kritik an den Regularien der Reformzeit (*New Deal,* Präsident Franklin D. Roosevelt, 1930er Jahre) an Fahrt aufgenommen. Einzelne Banker gründeten innerhalb oder auch außerhalb ihrer Banken PE-Abteilungen oder eigenständige PE-Firmen.

So gründeten Goldman-Sachs-Manager die PE-Tochter Whitehall. Aus der Investmentbank Citicorp heraus entstand Citibank Venture Capital, später firmierend als CVC. KKR wurde von den drei Managern Kohlberg, Kravis und Roberts aus der Investmentbank Bear Stearns heraus gegründet.

Aus der Barings Bank in London heraus wurde Barings Capital gegründet, später als BC Partners firmierend. So gründete auch die englische Zentralbank Bank of England 1986 zusammen mit den größten britischen Banken die PE-Tochter 3i. Die Londoner Investmentbank Schroders gründete 1985 Schroder Ventures und benannte sie 2001 in Permira um. Solche abstrakten Kunstnamen, die für die Öffentlichkeit nichts bedeuten (sollen), sind typisch.

Der US-Professor Myron Scholes bekam dafür 1997 die höheren Weihen des Wirtschafts-Nobelpreises, kurz bevor sein Hedgefonds Long Term Capital Management (LTCM) dann pleiteging und der Erfinder wegen Steuerhinterziehung verurteilt wurde. Aber er ist bis heute unangefochtener Direktor des PE-Investors Janus Capital,[142] und das Nobelpreis-Komitee hat ihn nie kritisiert.

Blackstone prägte das Geschäftsmodell

1985 gründeten Peter Peterson und Stephen Schwarzmann die PE-Firma Blackstone. Peterson war von 1973 bis 1984 Chef der New Yorker Investmentbank Lehman Brothers, Schwarzman leitete dort die Abteilung für Unternehmensfusionen. Den Namen Blackstone setzten sie aus ihren Namensbestandteilen Schwarz (black) und Peter (lateinisch petra, Stein = stone) zusammen. Peterson hatte schon als ehemaliger Handelsminister unter US-Präsident Richard Nixon vergeblich versucht, die Bankengesetze zu lockern, war nach kurzer Zeit frustriert in die Bank zurückgekehrt und nahm mit Blackstone die Deregulierung selbst in die Hand.

Mithilfe des Kundenkapitals und von Bankkrediten kaufte und verwertete Blackstone seitdem etwa 600 Unternehmen, zunächst in den USA. Das verwaltete Kundenvermögen von gegenwärtig 333 Mrd. steckt in 90 Unternehmen, in den USA, früh schon in Großbritannien und seit Ende der 1990er Jahre auch in Deutschland, in der EU und weltweit.[143] Die 2.200 Blackstone-Beschäftigten arbeiten in neun US-Büros sowie in London, Paris, Düsseldorf, Madrid, To-

Stephen Schwarzman / Blackstone

Schwarzman absolvierte sein Studium an den Eliteuniversitäten Yale und der Harvard Business School und wurde Direktor bei Lehman Brothers. 1985 war er Mitgründer von Blackstone. Vor dem Börsengang musste Schwarzman nach US-Gesetz zum ersten Mal sein Gehalt veröffentlichen: 2006 betrug es 398 Millionen US-Dollar. Das war viermal so viel wie die Einkommen aller Chefs aller 30 deutschen DAX-Konzerne zusammen.[144] Mit dem Börsengang blieb er mit 45 Prozent größter Eigentümer, die nächsten beiden Miteigentümer Jonathan Gray und Hamilton Kames verfügen nur über 8 bzw. 6,3 Prozent. Als zugleich führende Manager belohnen sie sich mit einer 20-Prozent-Dividende an den Gewinnen ihrer Firma, für Schwarzman waren das im Jahre 2015 etwa 640 Millionen Dollar, hinzukamen für ihn Boni von 160 Millionen Dollar.[145]

Sein Privatvermögen wird auf 10 Mrd. US-Dollar geschätzt. Sein Hauptwohnsitz ist ein 34-Zimmer-Appartment in New Yorks Park Avenue, das einst John D. Rockefeller gehörte. Villenartige Anwesen unterhält er auf Long Island, in St. Tropez (Frankreich), auf Jamaika und in Palm Beach/Florida. Politisch steht er extrem rechts, auf der rechten Seite der Republikanischen Partei, spendet aber auch für die Demokratische Partei. Seinen 60. Geburtstag feierte der »König der Wall Street« – er war noch nicht vom BlackRock-Chef in dieser Funktion abgelöst worden – mit der State-Department-Chefin Condoleezza Rice, deren Vorgänger Colin Powell, mit Finanzminister Henry Paulson (vorher Goldman Sachs), New Yorks Bürgermeister Michael Bloomberg und Erzbischof Edward Egan. Zu deren Unterhaltung kaufte Schwarzman die Starmusiker Rod Stewart und Patti LaBelle hinzu.[146] Als US-Präsident Barack Obama vorschlug, das Einkommen der PE-Manager nicht mehr mit der niedrigeren Kapitalertragssteuer zu besteuern (wie es für Unternehmen zutrifft), sondern mit der höheren Einkommensteuer, rastete Schwarzman aus: »Das ist wie Hitlers Angriff auf Polen.«[147] Der Blackstone-Chef verteidigte beim Weltwirtschaftsforum im Januar 2018 US-Präsident Trump, weil der die USA »zum vorbildlichen Platz der entwickelten Welt« mache, auch in Abgrenzung zum kommunistischen China.[148] Er organisiert mit anderen Unternehmen ein dreistelliges Millionen-Stipendien-Programm, damit tausende US-Bürger in Peking studieren können – China soll erobert werden.

kio, Hongkong, Singapur und Peking sowie in den Golfstaaten. Blackstone ist zugleich Eigentümer von Intertrust, der größten Firma für die Vermittlung von Briefkastenfirmen in den Niederlanden,[149] wobei die Niederlande wiederum die von US-Investoren am häufigsten gewählte EU-Finanzoase ist.

Blackstone war zunächst wie die allermeisten PE-Firmen eine Personengesellschaft mit wenigen Eigentümern (Limited Partnership). Als führender Investor dieses Typs konnte Blackstone im Unterschied zu den allermeisten anderen 2008 an die Börse gehen.

Eng vernetzt mit Regierung und Kapital | Der Aufstieg von Blackstone, aber auch des Geschäftsmodells überhaupt war und ist mit politischen Beziehungen auf höchster Ebene verbunden. Unter dem »demokratischen« Präsidenten William Clinton wurden seit Beginn der 1990er Jahre auch formell gesetzliche Beschränkungen aufgehoben. Einer der Blackstone-Mitarbeiter, Roger Altman, der ebenfalls von Lehman Brothers gekommen war, wurde 1993 in der Clinton-Regierung stellvertretender Finanzminister. Er spielte eine führende Rolle bei NAFTA (1994, USA mit Kanada und Mexiko), dem neuen, aggressiven Typ von Freihandelsabkommen.[150]

Peterson baute nach der Blackstone-Gründung das politische Netzwerk in eine andere Richtung aus. 1985 wurde er als Nachfolger von David Rockefeller Präsident des Council on Foreign Relations

(CFR), in dem Banker, Unternehmer, Wirtschaftsanwälte und PR-Agenturen in der US-Außenpolitik mitmischen. Von 2000 bis 2004 amtierte Peterson zugleich als Chef der Federal Reserve Bank of New York, der Aufsicht über die Wall Street. Seit 2007 widmet er sich dem Peterson Institute for International Economics. Obwohl er seit dem Börsengang nicht mehr Blackstone-Miteigentümer ist, wurde er als »der einflussreichste Milliardär der USA« bezeichnet.[151]

Großbritannien als Brücke

Diese Investoren begannen in den USA mit Kauf und kurzfristiger Verwertung dortiger Mittelstandsfirmen, die nicht an der Börse notiert waren. Gleichzeitig wurden diese neuen Investoren auch in Großbritannien aktiv, dem traditionell bevorzugten Anlagestandort des US-Kapitals in Europa. Während des Jahrzehnts bis etwa 1990 waren Blackstone, KKR und CVC praktisch nur in Großbritannien auf Einkaufstour. In der City of London gründeten sie Filialen. Allein CVC kaufte ab 1981 bis 1989 in Großbritannien 54 Unternehmen.[152]

Die ersten Käufe in Kontinentaleuropa machte CVC in Deutschland ab 1984 (HDI-Versicherung, Eisenwerke Kaiserslautern, Elogica), ab 1986 in Frankreich, ab 1988 in Italien, ab 1989 in Spanien, in den Niederlanden ab 1991, in Belgien ab 1996. Die Zahl der Käufe blieb gering. Natürlich war CVC auch in Asien auf der Suche, insbesondere in den besonders US-freundlichen Staaten Japan, Südkorea und Indonesien. Ähnlich agierten die anderen führenden Investoren wie Blackstone, Bain Capital, Cinven, 3i und KKR.

In Deutschland kauften die neuen Investoren im Jahre 1984 lediglich vier Unternehmen, 1985 waren es sechs, 1986 nur drei, 1987 waren es 14, 1988 waren es 23, 1989 waren es schon 25. Die Bundesrepublik Deutschland lag damit, weit hinter Großbritannien, aber weit vor anderen Staaten in Westeuropa an der Spitze.[153]

Deutschland: Aufschwung nach der Treuhandanstalt

Die CDU/CSU/FDP-Regierung unter Bundeskanzler Helmut Kohl holte US-Berater in die Treuhandanstalt. Sie sollten ab 1990 die etwa 8.500 ehemaligen DDR-Betriebe möglichst schnell privatisieren helfen: McKinsey, PwC, KPMG, Goldman Sachs, JPMorgan Chase. Als deutsches US-Imitat kam Roland Berger Consulting dazu.

Die US-Berater erledigten mit ihrem Know-how die rabiate Wertermittlung: Meist war ein Ex-DDR-Betrieb gerade mal eine D-Mark wert, und das auch nur, wenn er eine staatliche Anfangssubvention von 30 Millionen dazubekam. Aber: Wer nicht Mitglied im CDU-Wirtschaftsrat war, hatte als Käufer wenig Chancen. Die US-Akteure durften beraten, aber kaufen sollten und wollten sie nicht, Ex-DDR-Betriebe waren weder interessant noch erreichbar.[154]

Es bildeten sich vereinzelt auch deutsche PE-Firmen. Ein Ex-Manager von Morgan Stanley, der die Bank in Deutschland vertreten hatte, gründete 1995 Equity Capital Partners (ECM) (siehe S. 90ff.). Jens Odewald vom CDU-Wirtschaftsrat, der als Chef der Kaufhof AG von Kohl zum Vorsitzenden des Treuhand-Verwaltungsrates berufen worden war, gründete nach dem Ende der Treuhand 1996 seine PE-Firma Odewald & Compagnie.[155]

Nachahmer in Westeuropa und anderswo | So gründete die Allianz-Versicherung die Tochterfirma Allianz Capital Partners, die französische Versicherung AXA gründete AXA Private Equity. Aus der Enskilda-Bank heraus, die dem reichsten Unternehmensclan Schwedens gehört, Wallenberg, wurden sogar drei PE-Firmen gegründet: EQT, SAC (Scandinavian Acquisition Capital) und IK (Industri Kapital). Allerdings sind bis heute nur wenige dieser europäischen Firmen in die immer noch US-dominierte Liga aufgestiegen; EQT gehört zu diesen wenigen. Inzwischen wurden etwa auch von Staatsfonds in den arabischen Golfstaaten PE-Firmen gegründet, so Dubai International Capital (DIC).

Von 1990 bis 1998 kauften vor allem PE-Firmen aus den USA, einige aus Großbritannien und nur ganz vereinzelte aus Deutschland und Schweden Unternehmen in Deutschland. Die Zahl der Käufe stieg von 1990 (29 Unternehmen) bis 1998 (67 Unternehmen) beständig an. Insgesamt wurden 299 Unternehmen gekauft.[156]

Ähnliches spielte sich auch in anderen EU-Staaten ab. Die Regierungen und die Europäische Kommission begrüßten das, zogen aber nirgends Bilanz über die Folgen für Arbeitsplätze und Arbeitsverhältnisse, Verschuldung, Umwelt und die Volkswirtschaft. Diese Investoren brachen die bundesdeutsche und westeuropäische Wirtschaftskultur und auch die Gesetzeslage schrittweise auf und bereiteten den Boden vor für die viel Größeren und Mächtigeren, für BlackRock & Co, die nach der Finanzkrise von 2007 kommen sollten.

Mittlerweile tummeln sich im westlichen Kapitalismus etwa 6.000 PE-Investoren. New York ist der Standort der größten und meisten dieser Art. In Europa ist die City of London der weitaus begehrteste Standort.

Der neue Schub mit der SPD/Grünen-Regierung

Die SPD/Grünen-Bundesregierung unter Kanzler Schröder erfand also keineswegs die von ihr dann propagierte »Entflechtung der Deutschland AG«, sondern beschleunigte und vertiefte sie. Die westdeutschen Investitionen in der Ex-DDR in der Regierungszeit von Kohl (CDU) brachten in Ostdeutschland Arbeitslosigkeit, niedrigere Löhne und einen abhängigen Standort. Die vornehmlich US-amerikanischen Investitionen in der Ex-BRD, beginnend in der Regierungszeit von Schröder (SPD), brachten dann im vereinigten Deutschland höhere Arbeitslosigkeit, niedrigere Löhne und einen abhängigen Standort.

Zur Agenda 2010 der SPD/Grünen-Regierung gehörte 2002 – mit Zustimmung der ‚Oppositions'parteien CDU, CSU und FDP –, dass auch die Verkaufserlöse und auch die ausgeschütteten Gewinne der PE-Investoren steuerfrei gestellt wurden (Körperschaftsteuergesetz § 8b).[157]

Weil die Investoren sich nun in mehrfacher Hinsicht mehr leisten konnten und viel häufiger und rabiater zugriffen, wuchs auch die öffentliche Aufmerksamkeit. Gewerkschaften wachten auf, und auch die Leitmedien berichteten – zumindest in den ersten Jahren.

Die Fälle Bosch-Telenorma und Celanese

Besonders aktiv in Deutschland war ab 1999 zunächst der zweitgrößte PE-Investor, KKR. KKR ist, wie bereits erwähnt, die Abkürzung für die drei Gründer und Eigentümer Kohlberg, Kravis und Roberts. KKR kaufte u. a. die Siemens-Tochter Nixdorf, den Turbinenhersteller MTU, das Duale System Deutschland (DSD, Müllverwertung) und im Jahr 2000 die Bosch-Tochter Telenorma, spezialisiert auf Bau und Vermietung von Telefonanlagen.

Der Fall Bosch-Telenorma/Tenovis | Bleiben wir bei Telenorma. KKR verpasste dem gekauften Unternehmen den Kunstnamen Tenovis. Im Unternehmen wurden Fähnchen aufgehängt mit dem Motto »We create a common future«. Alle mussten sich duzen: Der US-Kapital-Populismus übernahm die Regie.

Nach dem Kauf gründete KKR für Tenovis auf der Kanalinsel Jersey die Tenovis Finance Limited. Bei dieser Briefkastenfirma nahm die operativ tätige Firma, die Tenovis GmbH & Co KG mit Sitz in Frankfurt/Main, einen Kredit über 300 Millionen Euro auf, um an KKR den Kaufpreis zurückzuzahlen. Für den Kredit verpfändete die Tenovis GmbH in Frankfurt ihre lukrativsten 50.000 Miet- und Wartungsverträge. Den Kredit wiederum lieh die Tenovis GmbH ihrem rechtlichen Eigentümer, der Tenovis Germany GmbH, die KKR gehörte. Damit wurden die KKR-Bankschulden abgelöst, KKR war schuldenfrei, die Schulden lagen nun beim gekauften Unternehmen.[158]

Einen weiteren Gewinn generierte KKR wie andere PE-Investoren mit folgender Operation: Der Investor verkaufte das Erbbaurecht am Firmengrundstück in Frankfurt an die eigene Tochtergesellschaft Tenovis Germany GmbH für 50 Millionen, die bei KKR landeten. Dafür musste Tenovis GmbH & Co KG 6 Millionen jährliche Miete an KKR zahlen. Für die Finanzoperationen mit der Briefkastenfirma in Jersey berechnete KKR 11 Millionen Euro. Des Weiteren schickte KKR zur Durchführung all dieser Operationen eigene Berater. Sie erhielten zusammen ein zweistelliges Millionenhonorar aus der Tenovis-Kasse.

Um den möglichen Widerstand gegen die Umstrukturierung zu brechen, machte der Investor 70 Manager mit zusammen 5 Prozent zu Mitaktionären, auch das ein übliches Verfahren.[159] Wenn die Manager zum Kauf der Anteile nicht genug Geld hatten, bekamen sie vom Investor günstige Kredite, wurden zu (kleinen) Mitunternehmern, aber auch abhängig und gefügig. 2002 rangen sie den Beschäftigten einen Lohnverzicht von 12,5 Prozent ab, mit dem Versprechen, die Arbeitsplätze zu erhalten. Aber von den 9.000 Beschäftigten wurden 3.600 entlassen. 2004 verkaufte KKR das skelettierte und überschuldete Unternehmen an den US-Konzern Avaya für 635 Millionen Dollar. Der Gewinn für KKR betrug insgesamt etwa eine halbe Milliarde.[160]

Von Mitte 2003 bis Ende 2004 schüttete KKR aus etwa einem Dutzend gekaufter Unternehmen an seine Kunden 9 (neun) Milliarden an Gewinnen aus.[161]

Vereinigtes Deutschland als Bananen-Republik: Der Fall Celanese | Der Fall des Chemieunternehmens Celanese ist besonders gut dokumentiert. Durch das Gerichtsverfahren, das ein Hedgefondsmanager gegen Blackstone durchzog, wurden ausnahmsweise viele Einzelheiten bekannt. Celanese »ist zum Synonym dafür geworden, mit welch fragwürdigen Methoden Finanzinvestoren hierzulande durch Kauf und Verkauf unterbewerteter Firmen Geld scheffeln«, bilanzierte das *manager magazin* den »Raubzug«.[162]

Das Magazin stellte Deutschland als »Bananenrepublik« dar, in der US-Investoren wildern. Auch die Vorstellung, die man mit der US-Wirtschaft verband, dass nämlich dort zwar nicht die Rechte der Arbeiter, aber doch die Rechte der Aktionäre geschützt werden (shareholder value), wurde über den Haufen geworfen: Deutsche Aktionäre wurden von Blackstone gnadenlos ausmanövriert.

Wie Blackstone einen niedrigen Kaufpreis erkaufte | 2002 kündigte der Celanese-Großaktionär Kuwait Petroleum seinen Ausstieg aus dem Unternehmen an. Da tauchte als Retter Blackstone auf: Wir steigen bei euch ein und ihr habt wieder einen starken Partner! Zwei Jahre lang pendelte der Celanese-Vorstand immer wieder zu Verhandlungen ins New Yorker Büro von Blackstone.

Um den Kaufpreis zu drücken, beauftragte der Investor ein Heer von teuren Beratern. Das waren wie in der Topliga der Investoren üblich die Wirtschafts‚prüfer' EY und PwC, die wichtigste deutsche

Wirtschaftskanzlei Hengeler Müller (Dauermandant u. a.: Deutsche Bank) und Goldman Sachs. Diese private Hilfsarmee ist mit den Investoren auf vielfache Weise vernetzt und von ihnen abhängig. EY, PwC und wechselweise KPMG und Deloitte sind Dauerberater, Dauergutachter und Dauerbilanztestierer. Kanzleien wie Hengeler Müller, Freshfields und White & Case und PR-Berater hoffen auf weitere Aufträge. Goldman Sachs hatte Blackstone Kredite für den Celanese-Kauf gegeben.

Der so erreichte sehr niedrige Kaufpreis hatte allerdings einen hohen weiteren Preis, der aber auch nur Peanuts darstellte: Je mehr Vorstand und Aufsichtsrat von Celanese einem niedrigeren Kaufpreis zustimmten, desto höher wurden sie belohnt. »Die Manager waren am Erfolg des Deals beteiligt. Sie verdienten umso mehr, je weniger der Finanzinvestor Blackstone für das Unternehmen bezahlte.«[163]

Extra-Belohnung der Manager | Wer nach der Übernahme ausschied, erhielt bis zu vier Jahresgehälter. So kassierte der ausscheidende Vorstandschef 3,8 Millionen US-Dollar, der neue Vorstandschef 8 Millionen. Die neu von Blackstone benannten Vorstandsmitglieder, die US-Manager David Weidman und Lyndon Cole, erhielten allein im ersten Jahr 2004 zwischen 5,6 und 10 Millionen US-Dollar, zusammengesetzt aus Grundgehalt, Boni und Aktienzuteilungen.

Celanese war in New York und Frankfurt als Aktiengesellschaft gelistet. Blackstone nahm Celanese in den USA sofort von der Börse und setzte in Deutschland einen neuen Aufsichtsrat ein. Der hatte nichts anderes zu tun, als nach deutschem Recht einen Aufsichtsrat zu simulieren und alle Blackstone-Entscheidungen abzunicken. Dafür wurde u. a. der Ex-Chef der Deutschen Telekom geholt, Ron Sommer: Der war 2002 wegen des privatisierten, dann aber überschuldeten Unternehmens zum Rücktritt gezwungen worden. Aber für ein paar hunderttausend Dollar spielen solche Leute gern das Theaterstück »Kontrollorgan«.

Die deutschen Kleinaktionäre, vielfach frühere Beschäftigte von Celanese, waren auf verlorenem Posten. Besser agierte der New Yorker Hedgefondsmanager John Paulson. Er hatte beim geplanten

Einstieg von Blackstone schnell 11,4 Prozent der Celanese-Aktien zusammengekauft. »Die große und die kleine Heuschrecke, wie Anlegerschützer die beiden New Yorker Investoren getauft haben«, so das *manager magazin*, fanden sich dann vor Gericht wieder. Paulson legte die Manipulationen des Aktien- und Unternehmenswertes offen und begründete vor der Hauptversammlung der Aktionäre am 19. Mai 2005 in Oberhausen seinen Gegenantrag auf höhere Aktionärsentschädigung.[164]

Paulson kam mit seinem Antrag nicht durch, denn die Mehrheit der Aktien war schon im Eigentum von Blackstone. Aber die öffentliche Auseinandersetzung mit der »kleinen Heuschrecke« war der »großen Heuschrecke« doch so unangenehm, dass Blackstone an Paulson im gerichtlichen Vergleich in New York 300 Millionen Dollar zahlte – die deutschen Aktionäre hatten nichts davon.

Der Raubzug | Blackstone hatte 650 Millionen US-Dollar für den Kauf von Celanese bezahlt. Bald nach dem Kauf hatte Blackstone sich eine »Sonderdividende« von 500 Millionen Dollar ausgezahlt. Für Beratungsdienste ließ sich Blackstone 110 Millionen Dollar auszahlen.

Blackstone brachte Celanese schon im folgenden Jahr in New York wieder an die Börse und kassierte für einen Teilverkauf der Aktien 800 Millionen Dollar. Die restlichen Aktien verkaufte der Investor bis 2007 für 1,7 Milliarden Dollar. Abzüglich des Kaufpreises betrug der Reingewinn innerhalb eines guten Jahres 2,9 Milliarden Dollar.[165]

Ein solches Ergebnis ist nur möglich, wenn viele mitspielen. Es handelt sich um ein »abgekartetes Spiel durch eine Allianz von Investor, Managern und Beratern zu Lasten der Aktionäre«, so das *manager magazin*.

Die deutsche Börsenaufsicht hat sich nicht um die Unterlagen gekümmert, die Spekulant Paulson mit dem Vorwurf des Betruges dem Gericht vorlegte und damit die 300 Millionen Dollar erstritten hatte. Die US-Börsenaufsicht SEC begann Ermittlungen, ließ sie aber im Sande verlaufen. Auch die vergleichsweise mächtige US-Börsenaufsicht war den Praktiken von Blackstone nicht gewachsen.

Aufstieg und erfolgreiches Verschwinden
In Großbritannien und Schweden feierten die PE-Investoren zunächst ihre größten Erfolge. Aber zwischen 1999 und 2005 kauften sie dann in Deutschland etwa 2.000 große Mittelständler und Konzern-Töchter. Die US-Finanzinvestoren waren die »Neuen Herren«, die »die Filetstücke der deutschen Wirtschaft« kaufen.[166]

Blackstone, KKR & Co, die zunächst von London und New York aus operiert hatten, gründeten nun Niederlassungen in der Bundesrepublik. Deutsche Topmanager wechselten zu den Investoren, so Heinz-Joachim Neubürger aus dem Siemens-Vorstand zu KKR.[167] Blackstone berief den führenden Unternehmens- und Regierungsberater Roland Berger in den Aufsichtsrat.[168]

Es hatte symbolische Bedeutung: 2004 verkaufte die Deutsche Bank 50 Bürogebäude an Blackstone und mietete sie zurück. Die Deutsche Bank verschaffte damit dem tonangebenden US-Investor Renditen zwischen 15 und 25 Prozent – eine Rendite, die Chef Ackermann als Ziel seiner Bank verkündete, aber selbst nie erreichte.[169]

In den Jahren des Einstiegs ab 1999 wurde in *HB*, *FAZ* und *Die Welt* über die Aufkäufe bekannter Unternehmen wie Telenorma, Celanese, Demag (Kranbau), ATU (Autoteile Unger), Rodenstock, Gerresheimer Glas, MTU, Dynamit Nobel, Tank & Rast usw. ausführlich berichtet. Vielfach skandalisierten sogar diese kapitalfreundlichen Medien die »Ausplünderung deutscher Unternehmen«. Trotzdem sollte es laut einer Studie von EY in Deutschland »ab 2005 erst richtig losgehen«.[170]

Die »Heuschrecken«-Kritik des SPD-Vorsitzenden Franz Müntefering | Aber dann gab es einen Bruch: 2005 veröffentlichte *BILD* eine Aussage des SPD-Vorsitzenden Franz Müntefering, der auch Arbeitsminister in der Großen Koalition war: »Manche Finanzinvestoren verschwenden keine Gedanken an diese Menschen, deren Arbeitsplätze sie vernichten – sie bleiben anonym, haben kein Gesicht, fallen wie Heuschrecken über Unternehmen her, grasen sie ab und ziehen weiter. Gegen diese Form des Kapitalismus kämpfen wir.«[171] Müntefering bezog sich auf das Alte Testament, wo Heuschrecken als Plagen Ägyptens und als Verwüster des Gartens Eden bezeichnet werden.

Müntefering hatte keine Investoren namentlich genannt. Aber der Anlass war klar: In Münteferings sauerländischer Heimat war der Badarmaturen-Weltmarktführer Grohe 1998 durch BC Partners aufgekauft und 2004 an Texas Pacific Partners (TPG) weiterverkauft worden. Beide weideten das Unternehmen brutal aus: »Der neu von TPG berufene Chef David Haines entließ knapp ein Viertel der Belegschaft, senkte die Zahl der Produkte um zwei Drittel, halbierte die Zahl der Lieferanten ... (und) lud Grohe Schulden von 1,1 Milliarden Euro mit einer jährlichen Zinslast von 80 Millionen Euro auf.«[172]

Das Magazin *stern* brachte dazu die Titelgeschichte »Kapitalismus brutal – Das große Fressen« und illustrierte die Titelseite mit einer Armee aufmarschierender Heuschrecken in Manageranzügen. Im Artikel »Die Namen der ›Heuschrecken‹« wurden folgende Aufkäufe genannt: Apax kauft Kabel Deutschland, BC Partners kauft Telecolumbus, Blackstone kauft Celanese und Sulo, CVC kauft Vitera Energy, KKR kauft Duales System Deutschland, MTU und Dynamit Nobel, Permira kauft Debitel, Cognis und Rodenstock. Genannt wurden noch die Unternehmen Siemens Nixdorf und Tenovis: »Wie eine Zitrone ausgepresst durch Briefkastenfirmen, Kreditbeschaffungen und -ablösungen, Mietzahlungen sowie Millionenhonorare für KKR-Berater«.[173] In den WSI-Mitteilungen der gewerkschaftsnahen Hans-Böckler-Stiftung war eine kritische Zusammenfassung erschienen.[174]

Die »Antisemitismus«-Kampagne | Der Historiker Michael Wolffsohn warf Müntefering vor, sich mit der Bezeichnung »Heuschrecken« der Rhetorik der Nazis bedient zu haben: »60 Jahre ›danach‹ werden heute wieder Menschen mit Tieren gleichgesetzt, die, das schwingt unausgesprochen mit, ›als Plage‹ vernichtet, ›ausgerottet‹ werden müssen ... Die ›Plage‹ nennt man heute ›Heuschrecken‹, damals ›Ratten‹ oder ›Judenschweine‹«.[175]

Der Vorsitzende der FDP, Guido Westerwelle, nahm die Polemik auf und geißelte auf dem FDP-Parteitag im Mai 2005 in Köln die Kritik an den Investoren als antisemitisch und antiamerikanisch.

Er bezeichnete seinerseits die Gewerkschaftsfunktionäre, die an den Investoren Kritik übten, selbst als »Heuschrecken« und als »Plage«.[176]

Danach zogen SPD und Müntefering ihre öffentliche Kritik zurück und sagten eine geplante Konferenz zum Thema ab. Der Vorwurf des Antisemitismus und Antiamerikanismus leitete das Ende der öffentlichen Befassung mit dem Thema ein. Müntefering und die SPD waren ohnehin nicht glaubwürdig: Die SPD-geführte Regierung hatte diese Investoren eingeladen, und Müntefering hatte als Minister die staatliche Tankstellenkette Tank & Rast selbst an den Investor Apax verkauft.

Bayerischer Staatsbeamter als »Antisemitismus«-Ankläger | Aufschlussreich ist allerdings folgender Sachverhalt: Der deutsch-israelische Historiker Wolffsohn hatte vorher zu den tatsächlich naziähnlichen Ausfällen des bayerischen Ministerpräsidenten Franz Josef Strauß vollständig still gehalten.

Strauß hatte seit den 1968er Jahren Intellektuelle, die damals der SPD und Willy Brandts Reform- und Versöhnungspolitik nahestanden, mit Tieren gleichgesetzt. Er beschimpfte sie im Wahlkampf 1978 als »rote Ratten« und »rote Wühlmäuse«, auch mal als »Ratten und Schmeißfliegen«. Nötig sei dagegen der mutige Bürger, »der die roten Ratten dorthin jagt, wo sie hingehören – in ihre Löcher«. Das war eine Tradition aus der Adenauer-Republik: Wirtschaftsminister Erhard hatte Intellektuelle als »Schmutzfinken und Pinscher« beschimpft.[177] Auch Strauß-Intimus und CSU-Generalsekretär Edmund Stoiber beschimpfte dann den PEN-Vorsitzenden Walter Jens, den Vorsitzenden des Schriftstellerverbandes VS, Bernt Engelmann und Martin Walser als »Ratten und Schmeißfliegen«.[178]

Strauß' und Stoibers Tiervergleiche aber hatte Wolffsohn niemals aufgegriffen. 1981, der Höhepunkt der »Ratten«-Diskussion war kaum vorbei, war er in der von Strauß protegierten Universität der Bundeswehr in München zum Professor ernannt worden. In seiner Familienbiografie beschreibt Wolffsohn, wie er sich in der Adenauer-Republik immer wohlgefühlt habe – an ihren ungezählten Ex-Nazis und Judenverfolgern in Regierung, Verwaltung, Unternehmen und Medien hatte man keinen Anstoß genommen.[179]

Merkel und Blackstone verändern den deutschen Kapitalismus

Die Antisemitismus-Polemik beendete schlagartig die öffentliche Kritik an den PE-Investoren. Da legten sie richtig los, jedenfalls bis zur Finanzkrise und einer kurzen Unterbrechung nach ihr wieder.

Blackstone steigt in Deutsche Telekom AG ein | Anfang 2006 kaufte Blackstone 4,5 Prozent der Aktien der Deutsche Telekom AG. Dieses kleine Aktienpäckchen löste eine weitere tiefgreifende Veränderung aus.

Nach einem Jahr bilanzierte die englische Ausgabe der *Financial Times*: Die gegensätzlichen »Kulturen« des räuberischen US-Kapitalismus neuerer Prägung und die deutsche soziale Marktwirtschaft waren bei der Deutschen Telekom so massiv aufeinandergeprallt wie bisher nirgends. Ergebnis des Konflikts: Die Bundesregierung, vertreten durch die Schröder-Nachfolgerin Angela Merkel, hatte zusammen mit Blackstone »den deutschen Kapitalismus verändert«.[180]

Das klang für manche unwahrscheinlich: Das ganze System des wichtigsten kapitalistischen Staates in Europa tiefgreifend verändern, durch einen 4,5 Prozent-Anteil an einem einzigen Unternehmen?

Hinter den Kulissen | Seit der Privatisierung der Deutschen Telekom 1995 hatte der Staat schrittweise Aktien an ausländische Investoren verkauft. »Streubesitz« hieß das. Nie wurden Namen genannt. Der Start war ja beschönigend mit dem Versprechen einer Volksaktie gemacht worden, die jedermann und jederfrau zugänglich sein sollte und auch eifrig und gläubig gekauft worden war. Das ergab dann zwar Verluste für die neugläubigen Volksaktionäre in der Ära des Bundeskanzlers Kohl, aber das war nun lange her.

Die Große Koalition aus CDU, CSU und SPD unter Merkel suchte 2005 nach einem gewichtigen Aktionär, der aus der Deutschen Telekom endlich einen richtigen Global Player machen sollte. Drei PE-Investoren – Apollo (USA), BC Partners (GB) und General Capital (D) machten zusammen ein nicht-öffentliches Angebot für ein 30 Prozent-Paket. Das hätte mindestens 16 Milliarden Euro in die Staatskasse gebracht.

Aber Merkel wollte die SPD und die Gewerkschaften nicht aufscheuchen. Zugleich hatte auf der anderen Seite des Atlantiks der Chef des einflussreichsten PE-Investors von dem Angebot gehört. Schwarzman rief, so einfach geht es in der westlichen Kapital-Demokratie zu, die Bundeskanzlerin in Berlin an und tauchte einige Tage später in ihrem Büro mit einer bunten Powerpoint-Präsentation auf.[181]

Schon eine Woche später war Finanzminister Peer Steinbrück zur Wall Street in New York »bestellt«. Die Citigroup arrangierte ein Dinner mit wichtigen Bankern, so wie es Citigroup-Chef Sandy Weil einige Jahre zuvor, vor Verabschiedung der Agenda 2010 im deutschen Bundestag, mit Bundeskanzler Schröder auch gemacht hatte. Der Sozialdemokrat Steinbrück und der Blackstone-Chef einigten sich schnell: Aus Rücksicht auf die traditionell starke Position der Gewerkschaft ver.di in der Telekom, die zudem ein urdeutsches Juwel sei, müsse der Blackstone-Anteil gering bleiben, sozusagen unauffällig. Dafür aber bleibe der deutsche Staat der bei weitem größte Aktionär, behalte die Sperrminorität mit über 25 Prozent und könne damit Blackstone als zweitwichtigsten Aktionär effizient unterstützen. Blackstone bekäme einen Sitz im Aufsichtsrat, und die Bundesregierung unterstütze Blackstones Reformen »im Stillen und hinter der Szene«. Außerdem werde die Bundesregierung Blackstone bei weiteren Investitionen in Deutschland und in der EU behilflich sein – Blackstone hatte sich vorher ergebnislos um einen Einstieg in Telekom-Unternehmen Italiens und Spaniens bemüht.

Die latente »Heuschrecken«-Frage | Dieser Einstieg bei der Telekom war für Blackstone ganz untypisch: vergleichsweise winziger Aktienanteil, ungewöhnliche Rücksichten auf Gewerkschaften und auch noch auf das Innenleben einer Regierung. Doch Schwarzman sah die Vorteile des Geheimbundes mit der wichtigsten Regierung in der EU. Die staatliche KfW-Bank, die die Verhandlungen im Einzelnen führte, ließ die Konkurrenten Blackstones absprachegemäß auflaufen.

Doch die Kennzeichnung der Investoren wie KKR und Blackstone als »Heuschrecken« durch Müntefering schien den abgebrühten Blackstone-Chef tief getroffen zu haben. Bei einem ihrer Treffen mit internationalen Spitzenmanagern lobte Merkel den Standort Deutschland als vorbildlich. Das fand allgemeine Zustimmung. Aber Schwarzman stand auf und fragte: Wie könne es dann sein, dass ein Mitglied ihrer Regierung ihn als Insekt titulieren dürfe? Merkel beruhigte ihn.[182] Müntefering hatte die Kritik nicht wiederholt, und die SPD-Linke hielt still.

Gewerkschaft entmachten, Löhne kürzen, Arbeitszeit verlängern | Blackstone kaufte die 4,5 Prozent der Aktien für 2,7 Milliarden Euro. Den größten Teil brachte der Investor auch hier mithilfe eines Kredits auf. Mehr als die Hälfte des Kredits durfte, das war Teil des Deals, die Deutsche Bank vergeben. Um Blackstone nicht ungebührlich mit den 5 Prozent Zinsen zu belasten, ließ die Bundesregierung 138 Millionen Euro aus der Telekom-Kasse an Blackstone überweisen – für die Zinszahlung an die Deutsche Bank für das ganze Jahr.

Blackstone entsandte Lawrence Guffey in den 20-köpfigen Aufsichtsrat der Telekom. Guffey steuerte von London aus die Telekommunikations-Beteiligungen der Blackstone Group. Im Aufsichtsrat sagte er so wenig wie möglich, bat aber freundlich darum, mit Larry angesprochen zu werden. Dafür stimmte er sich hinter den Kulissen mit Steinbrück und dem Kanzleramt ab. Als erstes verlangte er die Entlassung des Vorstandsvorsitzenden Kai-Uwe Ricke, des Finanzvorstands Karl-Gerhard Eick und des Aufsichtsratsvorsitzenden Klaus Zumwinkel. Vor allem die Gewerkschaftsmitglieder im Aufsichtsrat staunten: Wie konnte ein Minderheitsvertreter so frech sein? Bei diesen Forderungen sprach Guffey plötzlich sehr schnell und unfreundlich, und die Gewerkschafter nestelten an ihren Kopfhörern, um die Übersetzung mitzukriegen. Die Staatssekretäre, die den Bund vertraten, lächelten geheimnisvoll. Ricke und Eick mussten gehen. Zumwinkel durfte bleiben – als gleichzeitiger Chef der privatisierten Deutschen Post, ebenfalls mit dem Bund als Hauptaktionär, wäre seine Entlassung doch zu heftig gewesen.

Guffey und Steinbrück zauberten kurzfristig einen Ricke-Nachfolger aus dem Hut, einen strebsamen jungen Aufsteiger namens René

Obermann. Der stellte sich mit einem Restrukturierungsplan vor, den er kaum selbst hatte ausarbeiten können. Zu dem Plan gehörte vor allem eine Lohnsenkung um 12 Prozent für die Stammbelegschaft von 50.000 Mitarbeitern. Die Gewerkschaft ver.di organisierte einen wochenlangen Streik. Gegenpart war der Personalchef Thomas Sattelberger: Der ehemalige Mitbegründer des Kommunistischen Arbeiterbundes Deutschland (KABD) war Blackstone-Fan.[183] Ergebnis des Streiks: Die 50.000 Mitarbeiter werden in die Service-Tochter T-Service ausgelagert, der Lohn wird »nur« um 6,5 Prozent gesenkt, die Arbeitszeit wird um vier Stunden erhöht und flexibilisiert. An der Börse herrschte »helle Freude«.[184]

Damit war die Gewerkschaft in dem wichtigsten Unternehmen, in dem sie mit hohem Organisationsgrad vertreten war, entscheidend geschwächt. Klarer als zuvor wurde praktisch demonstriert: Der Staat vertritt nicht die Interessen der abhängig Beschäftigten, und ein SPD-Arbeitsminister ist kein Gewerkschaftsfreund. Die sogenannten Volksparteien hatten sich als Vertreter privater Minderheitsinteressen gezeigt.

Exit | Blackstone hatte sich verpflichtet, den Aktienanteil zwei Jahre zu halten. Das war genug. »In kaum einem anderen deutschen Unternehmen lässt sich die Geschichte der Globalisierung so gut verfolgen wie bei der Deutschen Telekom. Internationale Investoren haben den Konzernchef entmachtet.«[185]

Nach der »Heuschrecken«-Polemik und dem Einstieg von Blackstone in die Deutsche Telekom vergab Steinbrück 2006 den Auftrag, die bisherigen Erfahrungen mit Private Equity (PE) auszuwerten. Beauftragt wurde die Professorin Ann-Kristin Achleitner, Ehefrau von Paul Achleitner. Der hatte für Goldman Sachs die Treuhandanstalt beraten und war seit 1998 im Vorstand der Allianz, die mit der Tochtergesellschaft Allianz Private Equity Partners (APEP) selbst als einschlägiger Investor tätig war. Frau Achleitner war Direktorin des von der staatlichen KfW-Bank finanzierten Stiftungslehrstuhls für Unternehmensfinanzierung an der TU München. Den Auftrag führte sie zusammen mit der US-Wirtschaftskanzlei White & Case durch, die

PE-Investoren beriet. Ergebnis der Studie: Private Equity ist gut für Deutschland, aber die Regierung sollte den Investoren noch weitere Steuererleichterungen verschaffen.[186]

Die Investoren saßen nun in Deutschland fest im Sattel. Und die Kritik war beendet. Paul Achleitner wurde später Chef des Aufsichtsrats der Deutschen Bank und ebnete BlackRock den Einstieg.

Neuer Aufschwung nach der »Finanzkrise«

Nach dem Durchbruch Blackstones bei der Telekom kamen die Investoren 2007 und 2008 im Musterstandort Deutschland unbemerkt zu ihren Rekordjahren. Jährlich wurden zwischen 300 und 500 Firmen gekauft und verwertet.

Da der größere Teil der Kaufsumme, die von den Investoren aufgebracht wurde – 70 bis 80 Prozent –, aus Bankkrediten bestand, führte 2007 die Krise der kreditgebenden Banken wie Deutsche Bank, Goldman Sachs, Citigroup, UBS, Lehman Brothers und JPMorgan Chase zu einem kurzzeitigen Rückgang. Beide, diese Banken und die PE-Investoren, hatten durch diese hohen Kreditvergaben und -aufnahmen die Finanzkrise mitverursacht.

Nachdem die Banken trotz ihrer Markt- und Sozialschädlichkeit staatlich gerettet wurden, ging es auch mit PE ab etwa 2010 schnell wieder aufwärts. Die EZB förderte durch ihre Niedrigstzins-Kredite auch das PE-Geschäft.

Die internationale Private-Equity-Lobby

Der Schwerpunkt der Herkunftsstaaten der Investoren, die in den Jahren 2014 und 2015 in Deutschland tätig waren, hat sich in die EU verschoben: aus Deutschland selbst kamen 114, aus den USA 40, aus Österreich und der Schweiz 23, aus Großbritannien 22, aus Frankreich und Benelux 17, aus Skandinavien 4. Nach dem Finanzvolumen und nach der Größe der gekauften und verwerteten Unternehmen ist allerdings die Dominanz der in den USA und an zweiter Stelle in London ansässigen Investoren ungebrochen.[187]

In den USA bestehen zehn nach Branchen und Arbeitsweise spezialisierte Lobby-Verbände. Der wichtigste Verband ist der American Investment Council, in dem Blackstone, KKR u. ä. den Ton angeben.[188] In Großbritannien besteht seit 1983 mit der British Private Equity & Venture Capital Association (BVCA) der älteste Verband mit 700 Mitgliedern.[189] In Deutschland hat der Bundesverband deutscher Kapitalbeteiligungsgesellschaften (BVK) mehrere hundert Mitglieder, zu denen allerdings auch die deutschen Niederlassungen etwa von KKR, Permira, Bain und Advent International aus den USA und von Ardian aus Frankreich gehören, aber auch Berater wie Freshfields und PwC.[190]

Nach den USA, Großbritannien und Deutschland sind die Investoren aus Frankreich am aktivsten. Die Association Française des Investisseurs en Capital (AFIC) hat 480 Mitgliedsfirmen, die größte ist Ardian, wurde vom Versicherungskonzern AXA gegründet, hat Niederlassungen auf Jersey, in Luxemburg, Zürich, Frankfurt, London, New York und Peking. Das Kundenkapital von 60 Mrd. Euro ist vor allem in Unternehmen Westeuropas investiert, teilweise in den USA und in China. PE-Kapital steckt gegenwärtig in etwa 6.000 Unternehmen Frankreichs.[191]

Standort Deutschland am meisten begehrt

Im Jahr 2001 waren PE-Investoren in Deutschland bereits an 5.758 Unternehmen beteiligt. 2012 waren es 6.622. Da in der Zwischenzeit einige tausend Unternehmen weiterverkauft wurden oder die Investoren auf andere Weise ausgeschieden sind (Management Buy in, Börsengang), liegt die Zahl insgesamt höher und dürfte seit 1999 bis 2018 mindestens 10.000 betragen.[192]

2017 wurde zu einem von der Branche gefeierten Rekordjahr. Investoren kauften mit 11,3 Milliarden Euro Anteile in 1.100 Unternehmen und verdoppelten damit die Käufe gegenüber dem Vorjahr. Damit sind diese Investoren gegenwärtig »in mehr als 5.000 Unternehmen« Miteigentümer. Sie haben sich immer mehr auf kleinere Unternehmen konzentriert: neun Zehntel haben weniger als 500 Beschäftigte. Kleine Start-ups mit neuen Ideen sind begehrt.[193]

Die Investoren sind zudem etwas vorsichtiger geworden. Der Kreditanteil bei den Kaufsummen liegt durchschnittlich nicht mehr bei

70 Prozent wie in den Anfangszeiten, sondern bei 40 Prozent. Exits nach schon zwei oder drei Jahren sind weitgehend vorbei, man stellt sich auf längere Verwertungszeiten ein. Nicht zuletzt: Investoren aus China werden in Deutschland und in der EU immer beliebter, denn sie gehen konstruktiver vor (siehe S. 302 ff.).

Die Degradierung der Arbeit | Schon bis 2006 hatten ständig etwa eine Million Beschäftigte in Deutschland einen Arbeitgeber, der von einem PE-Investor dominiert wurde; es handelte sich um besonders produktive Bereiche, die 7 Prozent des Bruttoinlandsprodukts ausmachten.[194] Im neuen Aufschwung der Branche zwischen 2011 bis 2015 wechselten pro Jahr für durchschnittlich 115.000 Beschäftigte die Eigentümer.[195]

Betriebsrat raus! Löhne senken! | Die rabiate Ausplünderung, wie sie von Blackstone, KKR, TPG im ersten Jahrzehnt praktiziert wurde, wurde zunächst oft abgemildert. Aber unbemerkt, unwidersprochen können sich die Investoren inzwischen wieder viele Brutalitäten und Verletzungen von Arbeits- und Menschenrechten leisten. Dafür kommen den Investoren auch die ab 2005 schrittweise greifenden Hartz-Gesetze zugute.

Die geschwächten Gewerkschaften haben sich bisher mit den Praktiken weder von BlackRock noch Blackstone in der Weise auseinandergesetzt, dass nachhaltiger Widerstand möglich wurde. Widerstand, wenn er zustande kommt, ist nie grundsätzlich angelegt und versickert vor Ort.

In Deutschland besonders nachgiebige Arbeitnehmer | Der Europa-Chef von KKR erklärte zwar: »Wir haben gute Erfahrungen mit der betrieblichen Mitbestimmung«. Das relativierte er aber sofort. Zum einen beklagte er »die hohen Lohnnebenkosten« in Deutschland. Und die Mitbestimmung sieht er als Disziplinierungsinstrument, denn: »In Frankreich oder anderen Ländern ist das Konfliktpotential viel größer. In Deutschland kann man die Arbeitnehmer frühzeitig einbinden.«[196]

Wenn der Investor ein Unternehmen nach dem Verwertungszyklus zum Verkauf anbietet oder an die Börse bringen will, dann sind die Merkmale »betriebsratsfrei« und »gesenkte Löhne« gewinnsteigernd. Auf ein solches Ergebnis arbeitet der Investor nach dem Einstieg allmählich hin. Wie das geht, soll an drei neueren Fällen verdeutlicht werden.

Steakhauskette Maredo

Die Equity Capital Management GmbH (ECM) ist nach eigener Darstellung ein unabhängiger deutscher PE-Investor. Er hat seinen Sitz in Frankfurt/Main und ist auf den Kauf und Verkauf kleinerer, aber erfolgreicher mittelständischer Unternehmen vor allem im Lebensmittelbereich spezialisiert. Zu der Sammlung gehörte die Bäckereikette Kamps, die 2015 an den französischen Le-Duff-Konzern weiterverkauft wurde – von 1.000 Beschäftigten blieben 450 übrig.[197]

2008 kaufte ECM die gut gehende Steakhaus-Kette Maredo. Das seit 1973 aufgebaute Familienunternehmen bestand aus 60 Restaurants. Die 1.800 Beschäftigten waren meist Teilzeitkräfte mit unterschiedlicher Stundenzahl, viele Frauen und viele Ausländer.

Ein Betriebsrat fordert den Mindestlohn | Die gewerkschaftliche Organisierung bei Maredo war für den Investor ideal: Sie tendierte gegen Null. Das ist in der Gastronomie häufig so. Aber in einer Filiale, zudem in einer der größten, in der Frankfurter Einkaufsmeile »Fressgass«, bestand eine fast hundertprozentige Mitgliedschaft in der Gewerkschaft Nahrung Gaststätten Genuss (NGG). Zudem wurde hier seit zwanzig Jahren immer wieder ein dreiköpfiger Betriebsrat gewählt. Der setzte moderate Lohnerhöhungen durch, die leicht über dem sonstigen Niveau der Gastronomie und anderer Maredo-Filialen lagen. Aber die Belegschaft arbeitete gut. Die Filiale gehörte zu den bestbesuchten in Deutschland.

Doch dann wurde in der Bundesrepublik der Ruf nach einem Mindestlohn stärker. Der Maredo-Betriebsrat erfrechte sich schon 2011, einen Stundenlohn von 8,50 Euro zu verlangen. Das war drei Jahre bevor der Gesetzgeber 2014 endlich den Mindestlohn auf diesen kümmerlichen Betrag festlegte. Ein Mitglied des Betriebsrats war zudem Mitglied in der Tarifkommission der NGG für das Land Hessen. Hinzukam, dass sich in einem anderen Bundesland, in Niedersachsen, in der eher kleinen Filiale Osnabrück einige Beschäftigte zusammengetan und einen Betriebsrat gegründet hatten und ebenfalls eine Lohnerhöhung forderten.

Diese zarten Keime waren jedoch für den Investor zu viel. Da drohte eine Dynamik loszugehen, die das ganze System sprengen konnte. ECM hatte beim Kauf das dreiköpfige Management-Team mit zusammen 15 Prozent zu Miteigentümern gemacht.[198] Sie fochten zum ersten Mal die Wahl des Betriebsrats in Frankfurt und dann auch in Osnabrück an.

Die zivile Privatarmee des Investors | Da schickte der Investor eine zivile Privatarmee in den Kampf, die man für völlig unverhältnismäßig halten könnte. Aber im Konfliktfall stehen die Beschäftigten plötzlich einem ganz neuen Gegner gegenüber. Der Investor selbst tritt dabei nie in Erscheinung, wird auch in den ohnehin spärlichen Medienberichten nicht erwähnt.

Security und Anwaltskanzlei | Am 26. November 2011 um Mitternacht wurde in der Frankfurter Filiale die große Beleuchtung ausgeschaltet.[199] Kräftige Männer eines privaten Sicherheitsdienstes besetzten die Ausgänge. Die Beschäftigten mussten ihre Mobiltelefone abgeben und durften eine Stunde lang die Räume nicht verlassen. Der dreiköpfige Betriebsrat wurde hinausgedrängt und im Zimmer der Geschäftsführung festgehalten.

Ein Anwalt der auf Mittelstandsunternehmen spezialisierten Arbeitsrechtskanzlei Buse Heberer Fromm (Essen) verkündete den überraschten und erschreckten Beschäftigten: Es liegen Belege für wiederholten Diebstahl vor. Wer die vorgefertigte Kündigung bzw. den Aufhebungsvertrag jetzt nicht unterzeichne, erhalte eine Anzeige wegen Diebstahls. Die Beschäftigten, mehrheitlich prekäre Ausländer/innen, waren in Angst. Den entfernten Betriebsrat konnten sie nicht um Rat fragen, 13 unterschrieben, 19 unterschrieben nicht. Die 19 erhielten eine Strafanzeige wegen Diebstahls.

Zwei Wirtschaftsdetekteien | Dem war eine illegale Aktion der Geschäftsführung vorausgegangen. Sie hatte zwei Wirtschaftsdetekteien eingeschaltet. Der Betriebsrat hätte nach Gesetz zuvor gefragt werden müssen. Die Münchener Detektei EAAP installierte heimlich ein Video-Überwachungssystem. Die Mainzer Detektei Euro Team schickte einen Mitarbeiter als Spitzel, den die Geschäftsführung als kurzfristige Aushilfe tarnte.

Die Detekteien sollten Belege für Diebstahl beibringen. Das beruhte darauf, dass mit Unterstützung des Betriebsrats und Duldung der Filialleitung seit Jahren die Beschäftigten sich zwischendurch ein Mineralwasser zapfen konnten, ohne dafür einen Bon eingeben zu müssen. Sie konnten Baguette-Brotkanten essen oder mitnehmen, die den Gästen sowieso nicht serviert werden durften. Sie konnten Kartoffeln mitnehmen, die von der Norm abwichen und in der Küche nicht verwendet wurden.

Das war jahrelanges Gewohnheitsrecht. Die Geschäftsleitung erklärte es aber heimlich als Diebstahl. Der Detektiv-Spitzel protokollierte solche »Diebstähle« mit Täter, Uhrzeit, genauem Ort und Diebesgut. Die geheimen Kameras waren auf die vermeintlichen Diebstahlsorte gerichtet: Getränkezapfstellen, Brotschneideplatten, Küche, Spinde. Nach vier Wochen legten die Detektive die »Beweise« vor, der Rechtsanwalt wählte die passenden für jeden Beschäftigten aus. Gleichzeitig wurde auch die kürzlich gewählte Betriebsratsvorsitzende in der Filiale Osnabrück mehrfach mit verschiedenen Begründungen gekündigt.

Medienkanzlei, PR-Agentur | Der Betriebsrat informierte die Gewerkschaft NGG in Frankfurt. Es bildete sich ein Solidaritätskomitee, das eine eigene Website eröffnete und regelmäßig samstags vor der Filiale demonstrierte – anderthalb Jahre lang. Im April 2012 organisierte das Komitee einen bundesweiten Protesttag vor Maredo-Filialen. Mit einem TV-Bericht in *RTL* drohte die öffentliche Aufmerksamkeit aus linken und regionalen Medien in die überregionale Öffentlichkeit überzuschwappen.

Die meisten Beschäftigten, die im ersten Schreck Kündigung und Aufhebungsvertrag unterschrieben hatten, gingen in Widerspruch, ebenso die des Diebstahls Angezeigten. Die Gerichtsverhandlungen in Frankfurt und Osnabrück wurden zu öffentlichen Großveranstaltungen. Der Andrang vor dem Frankfurter Arbeitsgericht am 8. Mai 2012 war so groß, dass die vierstündige Verhandlung in den größten Saal des Gerichtsgebäudes verlegt werden musste.

Mit Michael Cramer holte die Geschäftsführung einen hochrangigen PR-Agenten zuhilfe. Er hatte sich als Chefredakteur der *ARD*-Polit-Talkshow »Sabine Christiansen« bewährt. Nach deren Ende richtete er nach US-Vorbild für die Bundeskanzlerin Angela Merkel (CDU) eine Tele-Townhall ein: Mitglieder fragen – die Kanzlerin antwortet. Cramer gründete die Agentur Alt/Cramer. So beriet er den Unternehmerverband der Systemgastronomie, Dehoga, beim kurzzeitig aufwallenden Skandal um die Millionenspende der Mövenpick-Hotelkette an die Regierungspartei FDP.[200]

Die Maredo-Geschäftsführung beauftragte Cramers Agentur mit der Mediensteuerung. Er war als *embedded public relations agent* schon zu Beginn bei der überfallartigen Einsperrung der Beschäftigten dabei gewesen. Er stellte mit der Geschäftsführung Pressemappen zusammen und verteilte sie an die Pressevertreter im Gerichtssaal. Er notierte sich deren Kontaktdaten, versprach ihnen exklusive Informationen und hielt anschließend Telefonkontakt. Hessische Politiker, die sich kritisch zu Maredo geäußert hatten, wurden bearbeitet, so der Abgeordnete Thorsten Schäfer-Gümbel und die Linken-Abgeordnete Janine Wissler: »Wir fordern Sie dazu auf, sich von diesen Machenschaften zu distanzieren und Ihre Solidaritätsbekundung zurückzunehmen.«[201]

RTL hatte am 12. Dezember 2011 in der Prime-Time-Sendung »explosiv« berichtet. Die Berliner Medienkanzlei Schertz Bergmann, die damals prominente Politiker und Unternehmer vertrat wie Joschka Fischer von den Grünen, die Bank Oppenheim und Daimler-Chef Jürgen Schrempp, erwirkte im Auftrag der Maredo-Geschäftsführung gegen *RTL* eine Einstweilige Verfügung: Die Sendung dürfe nicht, wie geplant, wiederholt werden. Dabei ging es u. a. um ein Statement eines Maredo-Beschäftigten, der seinen Stundenlohn um einige Cent falsch angegeben hatte. *RTL* wiederholte die Sendung nicht, berichtete auch später nicht mehr. Die Redaktion der Sendung WISO im *ZDF* hatte schon mehrere Interviews gemacht und einen Sendetermin angekündigt – die Sendung kam nie zustande.

Betriebsrat zermürbt | Die drei Mitglieder des Betriebsrats waren besonderen Attacken ausgesetzt. Wenn sie vor dem Arbeitsgericht Recht bekamen, erhielten sie die nächste Kündigung. Jede noch so kurze Aussage in Interviews noch so kleiner linker Medien führte zu mehrseitigen Schreiben der Geschäftsführung, in der die Aussagen als strafrechtlich relevante Verleumdung bezeichnet wurden.

Nach knapp zwei Jahren verglichen sich die Betriebsräte und mehrere der besonders attackierten Angestellten mit Maredo. Über die Höhe der Abfindungen durften sie bei Strafe der Rückzahlung keine Angaben machen. Keiner kehrte in die Filiale zurück. Einige waren psychisch und in ihren sozialen Beziehungen stark angeschlagen. Die Mehrheit der Beschäftigten wurde ausgetauscht.

Die vielgestaltige Privatarmee des Investors hatte eine jahrzehntelange gewerkschaftliche Bastion – sie hatte nichts anderes gemacht, als die bescheidenen rechtlichen Möglichkeiten auszuschöpfen – erfolgreich zerstört. Das hatte das Unternehmen hunderttausende Euro gekostet. Aber es ging dem Investor um eine Grundsatzfrage – und es ging um den möglichst lukrativen Exit.

Exit: Der nächste Investor | Der Verwertungszyklus dauerte neun Jahre. 11 Filialen wurden geschlossen, 300 Beschäftigte mussten gehen. Der »gefährliche« Betriebsrat war entfernt. So konnte ECM 2017 das verschlankte Unternehmen gut an den nächsten Investor weiterverkaufen. Neben den beiden Anwaltskanzleien, den beiden Detekteien und der PR-Agentur haben dann auch die Exit-Berater gut verdient beim Verkäufer wie beim Käufer, so die Wirtschaftsprüfer von Deloitte und die Wall-Street-Kanzlei Milbank Tweed, Hadley & McCloy.

Der neue Investor Perusa beauftragte die bewährte PR-Agentur Alt/Cramer mit der Ankündigung, dass es mit dem neuen Investor in eine neue strahlende Zukunft gehen werde.[202] Merkel oder Steakhaus, Politiker oder Private Equity – es ist im Prinzip dieselbe Art Ware.

DURA Automotive Systems

Selbst wenn es um tausende Arbeitsplätze einer Region geht – auch Landesregierungen und öffentlich-rechtliche Rundfunkanstalten halten sich Augen, Ohren, Nasen, Münder, Kameras und Mikrofone zu. Dies soll am Beispiel eines großen Autozulieferers verdeutlicht werden.

Der Investor Patriarch Partners | Dem US-Investor Patriarch Partners gehören 75 Unternehmen weltweit, breit gemischt: Zivile und militärische Hubschrauber, Mode, Kosmetik, Autoelektronik. In den USA, in Deutschland, Frankreich, Tschechien, Portugal, Rumänien, Indien, Japan, Korea und China kaufte er seit 2010 mehrere Autozulieferer und fasste sie in der Holding DURA Automotive Systems mit 12.000 Beschäftigten zusammen.

Chef von Patriarch ist die Milliardärin Lynn Tilton. Sie machte ihr Startkapital als Bankerin bei Goldman Sachs und Merrill Lynch. Sie gehört zum *Made in America Movement* (Produzieren in den USA). Die weibliche Trump-Version schnauzt laut US-Magazin *Forbes* ihre Angestellten vulgär an, hat Partys mit Silvio Berlusconi gefeiert und dem britischen Ex-Premier Anthony Blair den Hintern getätschelt. Sie hat Wohnsitze am Comer See/Italien, in Florida, Arizona, New Jersey und Hawaii.[203] Sie lobte Trump, weil er »die amerikanischen Arbeiter« zum Topthema mache und gegen die »Überflutung unseres Marktes« durch China vorgehe.[204] Allerdings: Auf der Website von Patriarch Partners werden anheimelnde Fotos von US-Arbeitern Arm in Arm mit Frau Tilton gezeigt – ihre Produktionsstätten in Indien, China und in der EU werden verschwiegen. Die Demagogie »America first« bedeutet auch hier: US-Investoren konzentrieren sich keineswegs auf die USA, sondern sollen weltweit profitieren.

Abbau von Arbeitsplätzen ohne Sozialplan | Die meisten Standorte von DURA liegen in Deutschland mit 4.000 Arbeitsplätzen: Düsseldorf, Daun/Eifel, Einbeck, Rotenburg, Selbecke und Plettenberg. Zu den belieferten Kunden gehören die bekanntesten Autokonzerne: Ford, General Motors, Daimler, BMW, Volvo, VW und andere.

Der größte Standort Plettenberg (Sauerland) hatte beim Kauf 2.600 Arbeitsplätze.

In den ersten zwei Jahren wurden vor allem in Plettenberg 570 Arbeitsplätze abgebaut. Danach sollten weitere 900 Beschäftigte entlassen werden. Tilton bot alternativ an, der Betriebsrat könne den Betrieb für 1 Euro kaufen. Weil der Betriebsrat für die Fortführung natürlich von keiner Bank Kredite bekommen würde und der Kauf nicht möglich war, drohte Patriarch mit den angekündigten Entlassungen, ließ sich aber auf keine Verhandlungen über einen Sozialplan ein. Gleichzeitig aber sollte am Wochenende gearbeitet werden: Der Betriebsrat lehnte unter diesen Umständen ab. Die Geschäftsleitung wollte zunächst Leiharbeiter holen, aber das lehnte das Arbeitsgericht ab: Da habe der Betriebsrat ein Mitbestimmungsrecht.[205]

Portugiesische Werkvertragler werden eingeflogen | Patriarch wollte die verbliebenen 1.400 Beschäftigten zermürben. Am 7. Oktober 2016 ließ Patriarch 280 Arbeiter seiner portugiesischen Filiale Carregado nach Plettenberg einfliegen. Die Portugiesen übernahmen ab dem folgenden Tag die Wochenend-Schichten.

Patriarch engagierte die Kanzlei Kliemt & Vollstädt. Das Team aus sechs Anwälten unter Dr. Markus Bohnau schusterte eine Werkvertrags-Lösung zusammen.[206] Sie wurde vom Landesarbeitsgericht Hamm akzeptiert: Durch den Einsatz der portugiesischen Werksvertragsarbeiter am Wochenende entstehe rechtlich ein neuer Betrieb mit anderen Arbeitnehmern. Der Werkvertrag gehöre zur unternehmerischen Freiheit. (LAG Hamm 13 TaBVGa 8/16) Der Werkvertrag galt knapp drei Monate bis zum 31.12.2016.

Das Urteil des Landesarbeitsgerichts Hamm ist aus verschiedenen Gründen ein rechtlicher Skandal: Es wird ein »neuer« Betrieb im alten Betrieb konstruiert. Die portugiesischen Arbeiter haben eine doppelte Identität: Sie sind Angestellte des Konzerns in Portugal, und gleichzeitig sind sie Werkvertragsarbeiter für denselben Konzern in Deutschland. Das rechtlich schnell gebildete neue Werkvertragsunternehmen hat kein eigenes Gerät, sondern benutzt die dieselben Werkzeuge und Maschinen wie die regulären Beschäftigten.

PR-Agentur: Desinformation | Der Investor kalkulierte keineswegs betriebswirtschaftlich, sondern zog ohne Ansehen der Kosten einen teuren Machtkampf durch.

Die portugiesischen Arbeiter durften nur am Samstag arbeiten, Sonntagsarbeit hatte das Regierungspräsidium verboten. Die Arbeiter waren in zwei entfernten Hotels untergebracht. Deshalb mussten sie die 76 bzw. 88 Kilometer jedes Mal anderthalb Stunden zur Arbeit hin- und wieder zurücktransportiert werden. Während der Woche und am Sonntag konnten die Portugiesen spazieren gehen, sich am Buffet bedienen und von der Sonne in ihrem Heimatland träumen. Sie arbeiteten mangelhaft, Kunden schickten Teile nach Plettenberg zurück.

Patriarch Partners engagierte die PR-Agentur Brunswick. Deren Mitarbeiter trat ab Sommer 2016 als DURA-Konzernsprecher auf. Er belieferte die örtlichen Medien mit Vorwürfen gegen die IG Metall.[207] Der Investor tauscht seine Manager vor Ort im Halbjahres-Rhythmus aus. Er hat mittlerweile Patente und Lizenzen an eine Firma in Großbritannien verkauft.[208] Die Auseinandersetzung zieht sich kräftezehrend und zermürbend hin.

In Plettenberg mit seinen 26.000 Einwohnern und in der Region herrscht seit Jahren Angst. Es geht um den größten Arbeitgeber. Im August 2016 verhinderten 150 Beschäftigte in einer nächtlichen Blockade den Abtransport einer Maschine nach Portugal.

Zynismus und öffentliches Schweigen | Von den anfänglich 2.600 Arbeitsplätzen in Plettenberg sind acht Jahre nach dem Patriarch-Einstieg nur noch die Hälfte übrig geblieben: 1.300. Das ist immer noch nicht das Ende. Die Firma bietet Zynismus an, verbunden mit dümmlicher Kumpelhaftigkeit: »Zur Zeit sind bei DURA Systems keine Stellen ausgeschrieben. Das Unternehmen freut sich jedoch über Deine Initiativbewerbung«.[209]

Die Gewerkschaft IG Metall wandte sich an die damals von der SPD und den Grünen geführte Landesregierung von Nordrhein-Westfalen – keine Reaktion. Auch die Frankfurter Zentrale der IG Metall lässt die Kollegen in der sauerländischen Provinz allein.

Median-Rehakliniken

Wiederholt hat McKinsey den Gesundheitsbereich in Europa als »goldene Gelegenheit für Private Equity« angepriesen.[210] Aktiv sind hier Advent, Cinven, CVC, EQT, Apax, Carlyle, BC Partners, IK Investment, Nordic Capital, Oaktree und weitere. Sie kaufen, verwerten, verkaufen in ganz Europa tausende von Pflegeheimen, Krankenhäusern, medizinischen Versorgungszentren, Rehakliniken, auch ambulante Pflegedienste und Homecare-Unternehmen und bilden Ketten – unbemerkt in der Öffentlichkeit. So hat etwa Bridgepoint (London) 340 Dialysezentren in 20 Ländern mit 10.000 Beschäftigten in der Luxemburger Holding Diaverum S.a.r.l. zusammengefasst.[211] Diese Investoren prägen weitgehend die Qualität der Krankenversorgung.

Wir betrachten im Folgenden den niederländischen PE-Investor Waterland B.V. Die Kapitalgeber des 1999 gegründeten Investors kommen vor allem aus den USA, aus Westeuropa, Asien und den Golfstaaten. Zu den Kunden gehören auch zwei Multimilliardäre aus Belgien: Marc Coucke, Gründer von Omega Pharma, sowie der Teppichhändler Filip Balcaen.[212]

»Waterland unterstützt Unternehmer in Wachstumsmärkten, die ihre bereits vorteilhafte Marktposition durch Akquisitionen und kräftiges organisches Wachstum weiter ausbauen möchten«, heißt es auf der Website. Waterland rühmt sich, seit der Gründung mehr Gewinne als vergleichbare Investoren erwirtschaftet zu haben (»überdurchschnittliche Performance«).[213] So hat Waterland seit der Gründung 400 verschiedenste Unternehmen gekauft und verwertet. Gegenwärtig ist Waterland Eigentümer von 35 Unternehmen, vor allem in den Niederlanden, Deutschland und Belgien, aber auch einigen in Polen und Großbritannien.[214]

Mit McKinsey das Gesundheitswesen umkrempeln | Seit 2011 kauft Waterland in Deutschland Kliniken verschiedener Träger. Die Kliniken sind auf Rehabilitation und Psychiatrie spezialisiert. Waterland fasste sie unter dem Namen Median zu einer Kette zusammen. Sie hat 15.000 Beschäftigte. Waterland rühmt sich, damit den größten Reha-Konzern und einen der fünf größten Krankenhauskonzerne in Deutschland geschaffen zu haben. Der Exit ist für 2020 vorgesehen.[215]

Dafür beschäftigt Waterland eine Reihe der teuersten Berater. Rechtliche Beratung liefert die Großkanzlei Hengeler Müller. Die Londoner Investmentbank Rothschild berät beim Kreditmanagement. Der weltgrößte Immobiliendienstleister CBRE aus Los Angeles prüft den technischen und finanziellen Wert der Gebäude. KPMG berät bei der Suche nach den günstigsten Steuer-Schlupflöchern.[216]

Der wichtigste Berater ist McKinsey. Der deutsche Chef von Waterland, Carsten Rahlfs, begann seine Karriere bei McKinsey. Rahlfs ist nicht nur Manager, sondern auch Miteigentümer von Waterland. Auch der CEO der Median-Kette, André Schmidt, hat bei McKinsey gelernt. McKinsey entwickelt in seinem McKinsey Hospital Institute Vorschläge zur Privatisierung des Gesundheitswesens. Als Vorbild gelten die USA. So sollen private Klinikketten gebildet werden. Outsourcing etwa soll nicht nur für Reinigung, Wäsche und Catering gelten, sondern auch für klinische Bereiche.[217]

Rahlfs und Schmidt folgen bei Median diesem Konzept. Dabei nutzen sie auch eine Folge der Krankenhaus-'Reform'. Die Einführung der Fallpauschalen für die einzelnen Krankheiten und Operationen hat die Kommerzialisierung der Krankenhäuser beflügelt;[218] die Patienten werden möglichst früh aus den stationären Krankenhäusern entlassen (»blutige Entlassung«): Deshalb steigt der Bedarf an nachstationären Reha-Plätzen.

Hundefutter, Casinos, arme und auch reiche Reha-Patienten | Für Waterland sind alle erreichbaren menschlichen Bedürfnisse Objekt der Verwertung. Reha-Patienten gehören genauso zur Zielgruppe wie Glücksspieler und hungrige Hunde. Die aufgekauften Unternehmen sind in folgenden Bereichen aktiv: Verwertung von Abfall und Rostasche, Sportnahrung, Trockenfutter für Hunde und Katzen, gefrostete Backwaren, Spielstätten, Schuldeneintreibung (Inkasso), Vermittlung von Versicherungen, Urlaubsreisen, Golfspiel.

Zum Gesundheitsbereich gehören auch Testlabore für Krebserkennung, Fertilitäts-, Reha- und Akutkliniken. Im Gesundheitsbereich baut Waterland auch das Luxussegment aus. Unter dem Label »Median Premium« wird »hochwertige medizinische Versorgung mit Ambiente eines First-Class-Hotels« angepriesen. Als Zielgruppe werden Privatpatienten und Selbstzahler »mit individuellem Anspruch« aus dem In- und Ausland umworben.

Verwertung der Krankenhaus-Gebäude | Waterland verkaufte 40 Median-Klinikgebäude für 770 Millionen Euro an den US-Immobilienfonds Medical Properties Trust (MPT). Median muss deshalb 27 Jahre lang die Gebäude von MPT zurückmieten. Median zahlt für die Kliniken eine jährliche Miete zwischen 8 und 11 Prozent des Kaufpreises plus einen jährlichen Inflationsaufschlag von einem Prozent. Im letzten Jahr der Laufzeit 2043 beträgt die Miete also zwischen 35 und 38 Prozent des Kaufpreises. Der Eigentümer und Vermieter MPT ist für die Instandhaltung nicht verantwortlich, die muss der Mieter übernehmen.[219]

Median und MPT bildeten für die Immobilienverwertung eine gemeinsame Tochtergesellschaft, an der MPT 5,1 % der Gesellschaftsanteile erwarb: Damit braucht MPT nach einer steuerlichen Sonderregelung keine Grunderwerbsteuer zu zahlen. Der deutsche Staat begünstigt zu seinem eigenen Schaden – allein in diesem Fall geht eine zweistellige Millionensumme verloren – solche volkswirtschaftlich schädlichen Transaktionen.

Neben dem Gewinn für Median und dessen Kapitalgeber müssen auch die überhöhten Mieten für MPT nun von den Median-Kliniken – also vor allem von den angestellten und outgesourcten Mitarbeitern und Rententrägern – zusätzlich aufgebracht werden.

Gewerkschaftsfrei, politisch rechts | Auch MPT, der Eigentümer von 40 Median-Gebäuden, ist kein Sozialunternehmen. Er nutzt ebenfalls Finanzoasen und hält sich gewerkschaftsfrei. Der gegenwärtig in Europa stark expandierende Konzern hat seit 2003 seinen operativen Sitz in Alabama, juristisch aber in der US-Finanzoase Delaware.[220] Im Bericht für die Börsenaufsicht heißt es: »Keine unserer Angestellten sind Mitglieder einer Gewerkschaft.«[221]

Der Gründer, Chef und Haupteigentümer von Waterland, Rob Thielen, positioniert sich politisch rechts. 2014 sponserte er in den Niederlanden den Wahlkampf des VVD-Politikers Hans van Baalen. Die VVD kritisiert den zu umfangreichen Sozialstaat, will die Einwanderung beschränken und wurde mit diesem Programm Regierungspartei.[222] Auch in Großbritannien mischt Thielen in der Politik mit: 2016 spendete er 50.000 Pfund an die britischen »Konservativen«. Die haben den *zero-hours contract* eingeführt: Das ist ein Arbeitsvertrag, wonach die Beschäftigten auf Abruf ständig bereit stehen müssen, aber keinen Anspruch haben auf eine bestimmte Zahl an Arbeitsstunden.

Betriebsräte raus! | Die Wirtschaftskanzlei Beiten Burkhardt (Düsseldorf) hat mit drei Arbeitsrechtsanwälten einen Dauerauftrag für die Zermürbung von Betriebsräten und aufmüpfigen Beschäftigten sowie gegen die Gewerkschaft ver.di. Die Waterland-Geschäftsführer kündigten sofort mit dem Einstieg den Manteltarifvertrag und verweigerten Verhandlungen mit ver.di.[223] Mit »flexiblen Lohnmodellen« sollen vor Ort in jeder einzelnen Klinik die Einkommen der abhängig Beschäftigten der jeweiligen Marktlage angepasst werden.

Die Geschäftsführung schloss zum 30.6.2016 ohne ökonomische Notwendigkeit eine ganze Klinik, die Weserklinik in Bad Oeynhausen. Der vermutliche Grund war der erfahrene und kämpferische Betriebsrat. Dessen Vorsitzender war auch Mitglied des Gesamtbetriebsrats der aufgekauften Quellenhof-Kliniken in Bad Salzuflen.[224]

Der Zwangsverrentung widersprach der Betriebsratsvorsitzende vor dem Arbeitsgericht und bekam Recht. Das Gerichtsurteil ist aber für den Investor kein Grund, es anzuerkennen. Als der 63-Jährige seinen Arbeitsplatz aufsuchen wollte, ließ ihm die Geschäftsführung die Schlüssel abnehmen und ihn wegen Hausfriedensbruchs anzeigen.[225]

Niedriglöhner rein! | Über das Vermittlungsprogramm *Expert Migration Healthcare* der Unternehmensberatung DEKRA lässt sich Median Niedriglöhner/innen aus Albanien, Montenegro, Bosnien-

Herzegowina, Ukraine und Serbien heranschaffen. Die bekommen in Schnellbleiche von der DEKRA-Akademie das Zertifikat »Deutsch B 2 + Pflege« mit den nötigsten deutschen Formeln und einer kurzen Pflegeeinweisung.[226]

Verschlechterte medizinische Qualität | Während die McKinsey-Schüler die Premium-Angebote für die vermögende internationale Kundschaft ausbauen, kürzen sie die Ausgaben für die Standardleistungen.[227]

Die Patienten werden für die Physiotherapie in Großgruppen zusammengefasst. Da turnen dann 20-jährige mit 60-jährigen Patienten, die ganz unterschiedlichen Rehabilitationsbedarf haben. Wunden, die nicht zum engen Behandlungsprofil gehören, bleiben unversorgt.

Der Laborbetrieb mehrerer, auch voneinander entfernter Kliniken wird zentralisiert. Dadurch bleiben Blutproben teilweise so lange liegen, dass sich die roten Blutkörperchen zersetzen und die Testergebnisse unzuverlässig werden. Ein Laborassistent, der damit nicht einverstanden war, verlor seinen Arbeitsplatz.

Kranker Gesundheitsbetrieb | So trägt der Investor zur Monopolbildung im Krankenhausbereich bei, zur Tarifflucht, zur Senkung der Arbeitseinkommen, zur Arbeitsmigration in der Europäischen Union, zur zusätzlichen Belastung durch überteuerte *sale and lease back*-Transaktionen mit den Immobilien und nicht zuletzt zur Steuerflucht. Wie sich unter diesen Bedingungen der extremen Kapitalisierung der Rehabilitation und der Psychiatrie die medizinische und psychische Behandlungsqualität entwickelt, ist bisher nur ansatzweise öffentlich und wissenschaftlich untersucht worden.[228]

WMF und Gesellschaft für Konsumforschung (GfK)

Es ist bezeichnend, wie selbst rabiate Maßnahmen bekannter Investoren lautlos über die Bühne der westlichen Demokratie gehen. Dies sei kurz anhand zweier großer deutscher Unternehmen dargelegt. Selbst die Gewerkschaften, auch wenn sie jeweils vor Ort kurzzeitig verzweifelt kämpfen, bleiben insgesamt stumm.

Der Fall WMF | 2012 kaufte KKR den deutschen Marktführer für Bestecke und Küchengeräte WMF AG: Die Württembergische Metallwarenfabrik war 1853 gegründet worden. Im Hauptstandort Geislingen und in der umliegenden Region war WMF mit gut 6.000 Beschäftigten der prägende Arbeitgeber. Allerdings war das traditionsreiche und lukrative Unternehmen schon mit Beginn der »Entflechtung der Deutschland AG« ins Visier von kleineren PE-Investoren geraten, so zuletzt Capvis aus der Schweiz.

Erst KKR machte Nägel mit Köpfen. 400 Arbeitsplätze wurden gestrichen, Verkaufsfilialen in verschiedenen Städten wurden geschlossen, die Traditionsmarken Auerhahn und Alfi wurden verkauft. Dem Unternehmen drückte KKR den Kaufpreis von 600 Millionen Euro als Schulden auf. 2015 nahm KKR die WMF von der Börse und gründete sie über eine Briefkastenfirma in eine GmbH um.[229]

2016 verwandelte KKR die GmbH wieder in eine Aktiengesellschaft und verkaufte sie über eine Briefkastenfirma auf den Cayman Islands an den französischen Küchengerätehersteller SEB: Verkaufspreis 1,6 Mrd. Euro. Gewinn für KKR: eine knappe Milliarde. Die Schulden sind noch nicht getilgt und halten beim neuen Eigentümer den Druck auf Kostensenkungen aufrecht.[230]

KKR trägt damit auch zur weiteren Monopolbildung in der EU bei. SEB konnte durch den Kauf von WMF seine Sammlung erweitern, zu der aus Deutschland schon die bekannten Marken Rowenta, Krups und Moulinex gehören. Die Namen bleiben wie WMF alle erhalten – und die Öffentlichkeit soll sich in der Illusion wiegen, dass alles so ist wie seit 150 Jahren.

Gesellschaft für Konsumforschung (GfK) | Einer der größten Deals des Jahres 2017 war der Kauf der GfK durch KKR. Sie war 1935 u. a. vom späteren bundesdeutschen Wirtschaftsminister Ludwig Erhard gegründet worden und hat ihre hohe ideologische Bedeutung behalten. Der rechtliche Eigentümer ist der KKR-Fonds Acceleratio Capital N.V. in der Finanzoase Niederlande. Der Investor nahm das Unternehmen sofort von der Börse und schränkte damit die Informationspflichten ein. Die bisherige Geschäftsführung wurde fast komplett entlassen. Die Führung hat jetzt Peter Feld, der gerade die Verwertung von WMF beendet hatte. GfK hatte 13.000 Beschäftigte weltweit. Von den 13.000 Beschäftigten sollen in den nächsten zwei Jahren 7.000 entlassen werden.[231]

Private-Equity-Deals in Deutschland 1999-2018 (Auswahl)

Die Anteile, die von den Investoren erworben werden, schwanken in der Regel zwischen 30 und 70 Prozent, oft sind es 100 Prozent. Die Höhe richtet sich danach, wie am besten und zugleich am billigsten bestimmender Einfluss ausgeübt werden kann. In manchen Fällen tun sich zwei oder mehr PE-Investoren zusammen. Die Daten sind der Wirtschaftspresse, Mitteilungen der Investoren, Unternehmen sowie regionalen Medien entnommen; die Daten sind nicht immer ganz zuverlässig.

Die Auflistung enthält nur eine winzige Auswahl aus den etwa 10.000 Transaktionen seit Ende der 1990er Jahre in Deutschland, soll aber die Vielfalt der Branchen und Unternehmen erahnen lassen. Zudem wird deutlich, dass auch die PE-Investoren keineswegs fiktive Gelder »sinnlos« um den Globus schicken, sondern die Realwirtschaft konkret und porentief durchdringen. Chinesische Aufkäufer sind hier nicht enthalten, da sie anders vorgehen.

Gekauftes Unternehmen	**Käufer**
1999	
Siemens Nixdorf	KKR
Bosch Telenorma	KKR
Honsel (Leichtmetallbau)	Carlyle
Asbach Uralt/Metaxa	CVC
Weru (Fensterhersteller)	Triton (Bank Sal. Oppenheim + IKB)

2000	
Flender (Getriebehersteller)	CVC
Beru (Auto-Zündkerzen)	Carlyle
Vinnolit (PVC-Hersteller)	Advent International
Bundesdruckerei	Apax
Fairchild Dornier	Allianz Capital + Clayton Dubilier & Rice
Kiekert (Schließsysteme)	Permira (Bank Schroders, London)
2001	
Messer Griesheim	Allianz + Goldman Sachs
Gate Gourmet (Catering)	Texas Pacific Group (TPG)
Cognis (Spezialchemie)	Permira
Kabel Baden-Württemberg	Blackstone
Klöckner Pentaplast	Cinven + JPMorgan Chase
Sanitec (Badezimmer)	BC Partners
Symrise (Aromastoffe)	EQT (Wallenberg, Schweden)
2002	
Landis+Gyr (Stromzähler)	KKR
DEMAG (Industriekräne)	KKR
Stabilus (Gasdruckfedern)	Montagu Private Equity
HDW (Deutsche Werft)	One Equity Partners
Edscha (Autozulieferer)	Carlyle
2003	
Gerresheimer Glas	Investcorp + JPMorgan Chase
Rodenstock (Brillen)	Permira
Mauser (Verpackungen)	One Equity Partners
Moeller (Schaltanlagen)	Advent Inbternational
MTU (Triebwerke)	KKR
SULO (Abfallentsorgung)	Blackstone + Apax Partners
Bertelsmann Springer (Verlag)	Cinven + Candover
Kabel Deutschland[232]	Providence + Apax + Goldman Sachs

Unity Media (Telekabel)	BC Partners
2004	
Grohe Armaturen	Texas Pacific Group TPG + Credit Suisse
Isola (Leiterplatten)	Texas Pacific Group
Ruhrgas Industries (E.ON)	CVC
Viterra (150.000 Wohnungen)	Terra Firma
GSW (65.000 Wohnungen)	Cerberus + Whitehall (=Goldman Sachs)
GEHAG (17.000 Wohnungen)	Oaktree Capital
Gagfah (81.000 Wohnungen)	Fortress
WCM (31.000 Wohnungen)	Blackstone
Klöckner & Co (Stahlhandel)	BVT
Zanolli (Buchgroßhandel)	3i
Betapharm (Pharma)	3i
Duales System (Grüner Punkt)	KKR
ATU (Autowerkstattkette)	KKR
Dystar (Textil)	Platinum Equity
Acetex (Essigsäure)	Blackstone
Celanese (Chemie)[233]	Blackstone
Bayer-Blutplasma	Cerberus
Beru/Carlyle	Ripplewood Holdings
Debitel (Mobilfunkprovider)	Permira
HT Troplast (Kunststoffe)	Carlyle + Advent International
Sportfive (Sportrechtehandel)	Advent International
Landis+Gyr/KKR	Bayard Capital (Australien)
CBR (Modekette)	Apax+Cinven
Peguform (Autozulierer)	Cerberus
Dynamit Nobel[234] (Rüstung)	KKR
2005	
NILEG (28.000 Wohnungen)	Fortress
Formel 1/Bayerische LB	CVC/Bambino*
Gerresheimer Glas/Investcorp	Blackstone

Mobilcom Freenet	Texas Pacific Group
Aldiana (Ferienclubs)	Advent International
Paion (Pharma)	3i
Wendt (Schleifmaschinen)	3i
Südchemie	One Equity Partners
ThyssenKruppMarineSystems	One Equity Partners
Francotyp (Frankiermaschinen)	Quadriga Capital
Moeller (Schaltanlagen)	Doughty Hanson
Tommy Hilfiger (Mode)	Apax Partners
M+W Zander (Mikrochips)	Springwater Capital (Schweiz)
Sanitec/BC Partners	EQT
AHBR (Hypothekenbank)	Lone Star
Berliner Verlag (Zeitungen)	Mecom + Veronis Suhler Stevenson
Versatel (Internetdienste)	Apax
Carl Zeiss Vision (Optics)	EQT
Nordsee/Apax	Kamps (Bäckereikette)
Trans-o-flex (Spedition)	Odewald & Cie.
2006	
Woba (48.000 Wohnungen)	Fortress
ZPF International	Auctus
Deutsche Telekom	Blackstone
Brenntag (Chemiehandel)	BC Partners
Schleich (Spielwaren)	HG-Capital
CABB (Chemiekonzern)	AXA Equity Partners
Iglo (Tiefkühlkost)	Permira
Alno (Küchenhersteller)	German Capital
Kabel BaWü/Blackstone	EQT
Märklin (Modellbau)	Kingsbridge
Kion (Gabelstapler)[235]	KKR + Goldman Sachs
ProSiebenSat.1 (TV-Sender)	KKR + Permira
OranginaSchweppes	Blackstone + Lion Capital
Eurotax Glass (Autohandel)	Candover

Tognum (Dieselmotoren)[236]	EQT
Pfaff Silberblau	EQT
H.C. Starck (Seltene Metalle)[237]	Advent International + Carlyle
RWE Solutions (Atomtechnik)	Advent International + Carlyle
Europcar (Autovermietung)	Eurazeo
Altana (Pharma)	Nordic Capital + Blackstone
Nukem[238]	Advent International
WMF (Küchengeräte)	Capvis
Pfaff (Industrietechnik)	EQT
Kiekert/Permira	Bluebay + SilverPoint + Morgan Stanley
Atotech (Chip-Chemie)	Carlyle
2007	
Hugo Boss	Permira
Mauser (Verpackungen)	Dubai International Capital
HAT Troplast/Carlyle/Advent	Arcapita (Bahrain)
Symrise/EQT	Verkauf an Börse
Klöckner Pentaplast/Cinven	Blackstone
Interhotel (10 Hotels aus DDR)	Blackstone
CBR/Apax+Cinven	EQT
Baubecon (27.000 Wohnungen)	Cerberus
Lahmeyer (Ingenieurdienste)	Capiton
Takko/Permira	Advent International
Kampa (Fertighäuser)	Triton (Bank Sal. Oppenheim)
Czewo (Kosmetikabfüller)	Argantis (Bank Sal. Oppenheim)
Schenck (Messtechnik)	IK (Wallenberg, Schweden)
Bavaria (Yachtbau)	Bain Capital
2008	
LEG (93.000 Wohnungen)	Whitehall (Goldman Sachs)
Immobilien Woolworth Dtl.	Cerberus
Alloheim (Seniorenresidenzen)	Star Capital Partners
Debitel/Permira	Freenet

Techem/BC Partners	Macquarie (Australien)
Gerresheimer Glas/Blackstone	Verkauf an Börse
Jost (Lastwagenteile)	Cinven
Tognum/EQT	an die Börse
Peguform/Cerberus	Polytec (Österreich)
Rütgers (Chemie)[239]	Triton (Bank Sal. Oppenheim)
Pfaff/EQT	Columbus McKinnon
Strauss Innovation	EQT
2009	
BertelsmannMusicRights	KKR
Schülerhilfe (Nachhilfekette)	Paragon Partners
Orangina/Blackstone + Lion	Suntory Holdings (Japan)
Unity Media/BC Partners	Liberty Global
W.I.S. (Sicherheitsdienst)	Argantis (Bank Sal. Oppenheim)
Bavaria/Bain Capital	Oaktree+Anchorage
2010	
Synlab (Laborkette)	BC Partners
Dystar/Platinum Equity	Kiri Industries (Indien)
DURA Automotive Systems	Patriarch Partners (USA)
IKB (Pleitebank)	Lone Star
Cognis/Permira	BASF
Wild (Capri-Sonne, Zentis)	KKR
Beluga (Reederei)	Oaktree
Springer/Cinven+Candover	EQT
Kamps/Apax	ECM
Hansa Metallwerke	IK Investment
Duales System/KKR	Solidus Partners + HIG Capital
2011	
Jack Wolfskin Dtl. (Outdoor)	Blackstone
Leica (Optik)	Blackstone

Kabel BaWü/EQT	Liberty Global (London)
SLV (Leuchtmittel)	Cinven
Peguform/Polytec	Motherson (Indien)
RHM (Rehakliniken)	Waterland (Niederlande)
2012	
Pfleiderer (Holzverarbeitung)	Atlantik S.A. (Luxemburg)
BSN Medical (Leukoplast)	EQT
Douglas (Handelskonzern)	Advent International
TLG (Bundesimmobilien)	Lone Star
WMF/Capvis	KKR
HT Troplast/Arcapita	Hidden Peak Capital
Ameos (Kliniken)	Carlyle
KlöcknerPentaplast/Blackstone	Strategic Value Partners (Hedgefonds)
1 & 1 Versatel/Apax	KKR
Oberbergische Klinik	Odewald & Cie.
Strauss Innovation/EQT	Sun Capital Partners
2013	
Springer Science/EQT	BC Partners
ista (Ablese-/Abrechendienst)	CVC Capital
Aenova	BC Partners
Fitness First	Oaktree
Plus Server (Firmen-Cluds)	Cinven
Ceramtec (Industriekeramik)	Cinven
ProSiebenSat.1/KKR+Permira	Verkauf an Börse
Conergy (Solartechnik)	Kawa (USA)
Alloheim (Seniorenresidenzen)	Carlyle
Studienkreis (Nachhilfekette)	Aurelius
NKD (Textildiscounter)	Op Capita
Hugo Boss/Permira	Verkauf an der Börse
Heidelberger Lebensversich.	Cinven
Kabel Deutschland/Apax	Vodafone (Großbritannien)

Carl Zeiss Vision/EQT	Carl Zeiss AG
2014	
Kion Group	KKR + Goldman Sachs
LEG/Whitehall	BlackRock u. a.
Grohe	Lixil (Japan)
Mauser/Dubai Capital	Clayton, Dubilier & Rice
ATU/KKR	Centerbridge + Babson Capital
Capri-Sonne, Zentis/KKR	Archer Daniels Midland (USA)
CABB (Chemiekonzern)	Permira
Vinnolit (PVC-Hersteller)	Westlake Chemicals (USA)
Median (Reha-Klinikkette)	Waterland (Niederlande)
Arago (Künstliche Intelligenz)	KKR
Fotolia (Fotobörse)	KKR
Trainline (Zugticketbuchung)	KKR
Hertha BSC (Fußballclub)	KKR
Loewe (TV-Geräte)	Stargate Capital
Sivantos (Siemens Hörgeräte)	EQT
Siemens Water Technologies	American European Associates (AEA)
Ada Cosmetics	Ardian
Weru/Triton	HIG Capital
Duales System/HIG+Solidus	HIG + Bluebay
Backwerk (Bäckereikette)	EQT
2015	
Tank & Rast (Raststätten)	Allianz Capital u. a.
Synlab/BC Partners	Cinven
Iglo/Permira	Nomad Foods (USA)
Douglas/Advent International	CVC
Parship (Paarvermittler)	Oakley Capital
ElitePartner (Paarvermittler)	Oakley Capital
Chal-Tec (e-Commerce)	Ardian (Frankreich)
Kamps/ECM	Le Duff (Frankreich)

Zanders (Papiere, Etiketten)	Mutares (Deutschland)
Otto Bock (Orthopädie u. a.)	EQT
2016	
Office First/IVG (Immobilien)	Blackstone
Solvay Acetow (Zellulose)	Blackstone
Interhotel/Blackstone	Starwood Capital + i-Star
Host Europe (Domaindienste)	Go Daddy
Plus Server (Firmenclouds)	Go Daddy
ATU/Centerbridge	Mobivia (Frankreich)
Atotech (Chemie)	Carlyle
KAP Beteiligung AG[240]	Carlyle
Klenk Holz AG	Carlyle
Balcke-Dürr (Filtersysteme)	Mutares (Deutschland)
BSN (Leukoplast)/EQT	SCA (Schweden)
SLV/Cinven	Ardian
WMF/KKR	SEB (Küchengeräte, Frankreich)
GetYourGuide (Reiseführer)	KKR
Neuraxpharm (Arzneimittel)	Apax
Clinical Supplies Management	Great Point Partners
Gimborn (Tierfutter)	Hillhouse Capital Group
Welcome Hotels	Terra Firma
Schön (17 Kliniken)	Carlyle
Parship-Elitepartner/Oakley	ProSiebenSat.1
d&b (Audiotechnik)	Ardian
Böllinger (Qualitätssicherung)	Ardian
AHG (Rehakliniken)	Waterland
2017	
Stada	Bain Capital + Cinven + Elliott
Völkl (Ski-Hersteller)	KKR
Airbus Defense Electronics	KKR
Hensoldt (Rüstung-Avionik)	KKR

GfK (Ges. f. Konsumforschung)	KKR
Plus Server/Cinven	BC Partners
Ceramtec/Cinven	BC Partners
Vitanas (Pflegeheimkette)	Oaktree
Alloheim/Star Capital Partners	Nordic Capital (Schweden)
Jack Wolfskin Dtl./Blackstone	Bain Capital + CQS
Studienkreis/Aurelius	IK
Cloudreach (Cloud Operations)	Blackstone
frostkrone (Tiefkühlkost)	Emeram Capital
Utimaco (Cyber security)	EQT
Sivantos (Hörgeräte)	EQT
Ostertag Solutions (Internet)	Triginta Capital
infinigate (IT security)	H.I.G. Europe Capital
transporeon (Cloudlogistik)	TPG
Concardis (Zahlungsverkehr)	Advent International + Bain Capital
Xella (Baumaterialien)	Lone Star
Gemaco (Werbung)	capiton
Backwerk/EQT	Valora (Backketten Ditsch, Servicestore)
Schenck/IK	Blackstone
Klenk Holz/Carlyle	Binderholz (Österreich)
2018	
Biontech (Krebstherapien)	Redmile u. a.
Techem (Strom-/Gasablesung)	Partners Group (Schweiz)
HSH Nordbank (Pleitebank)	Cerberus + Goldentree + Flowers
coeo (Inkasso)	Waterland
Swyx (Software Mittelstand)	Waterland
Springer Nature/BC Partners	Börsengang

* Briefkastenfirma von Bernie Ecclestone in Liechtenstein

Die 50 größten Private-Equity-Investoren (2017)[241]

Die etwa 6.000 PE-Investoren weltweit verwalten das Kapital von hunderttausenden, vielleicht sogar Millionen vermögenden Kunden aus allen Kontinenten – darüber gibt es keine öffentlichen Angaben. Sogar in den Unternehmen, die von den Investoren aufgekauft werden, sind die Kapitalgeber nicht bekannt. Die großen und älteren Investoren wie Blackstone und KKR haben jeweils eine dreistellige Milliardensumme zur Verfügung, die beim Unternehmenskauf durch Bankkredite aufgestockt wird, haben bisher jeweils mehrere hundert Unternehmen gekauft und verwertet und sind aktuell jeweils in etwa 100 Unternehmen bestimmende Miteigentümer. Die größten Akteure aus Kontinentaleuropa stehen an Stelle 24 (Ardian, Frankreich), 31 (EQT, Schweden) und 33 (Partners Group, Schweiz).

Name	**Standort**
Blackstone	New York
KKR	New York
The Carlyle Group	Washington D.C.
Texas Pacific Group (TPG)	Fort Worth, Texas/USA
Warburg Pincus	New York
Advent International	Boston/USA
Apollo Global	New York
EnCap Investments	Houston/USA
Neuberger Berman	New York
CVC Partners	London
Bain Capital	Boston/USA
Thoma Bravo	Chicago
Vista Equity Partners	San Francisco
Apax Partners	London
Clayton Dubilier & Rice	New York
Cinven	London

Leonard Green & Partners	Los Angeles
Ares Management	Los Angeles
BC Partners	London
Permira Advisers	London
Riverstone Holdings	New York
Goldman Sachs Principal	New York
Silver Lake	Menlo Park/USA
Ardian	Paris/Frankreich
Hellman & Friedman	San Francisco
MBK Partners	Seoul/Südkorea
Stone Point Capital	Greenwich/USA
General Atlantic	New York
Platinum Equity	Beverly Hills/USA
NGP Energy Capital	Irving/USA
EQT	Stockholm/Schweden
L Catterton	Greenwich/USA
Partners Group	Baar-Zug/Schweiz
Bookfield Asset Management	Toronto/Kanada
Energy & Minerals Group	Houston/USA
Inventis Investment	Shanghai/China
American Securities	New York
Russian Direct Investment	Moskau/Russland
RRJ Capital	Hongkong
Insight Venture Partners	New York
The Abraaj Group	Dubai/Vereinigte Arabische Emirate
Cerberus Capital	New York
Bridgepoint	London
HgCapital	London
Alpinvest Partners	Amsterdam/Niederlande
Onex	Toronto/Kanada
TA Associates	Boston/USA
Energy Capital Partners	Short Hills/USA
BDT Partners	Chicago

Bilanz: Die Wirkungen von Private Equity

Noch mehr als BlackRock&Co agieren Blackstone&Co im medialen, politischen und gewerkschaftlichen Halbdunkel. Weil das Zielobjekt mittelständische, nicht börsennotierte Unternehmen sind, ist Öffentlichkeit ohnehin schon sehr viel weniger präsent als bei den bekannten Aktiengesellschaften. Deshalb können die Investoren vielfach extrem brutal und auch rechtswidrig vorgehen, etwa mit den Mitteln des Union Busting (Zerstören von gewerkschaftlichen Vertretungen im Betrieb).

Steuer-Verluste für die Staaten | Wie BlackRock&Co haben Blackstone&Co ihre operativen Sitze in den Bankenstädten New York, London, Frankfurt, Paris, Mailand, Stockholm, Zürich, Wien. Aber ihre rechtlichen Sitze haben sie in einer der Finanzoasen. Hier sind auch die Fonds rechtlich angesiedelt, in denen das Kapital der vermögenden Kunden versteckt ist. Blackstone ist zugleich Eigentümer der größten Firma für die Vermittlung von Briefkastenfirmen in der EU, Intertrust (Amsterdam).

Der Staat verliert in mehrfacher Hinsicht Steuern. Zum einen nutzen die Investoren wie auch ihre Kapitalgeber flächendeckend Finanzoasen. Und durch die Belastung der gekauften Unternehmen mit den Kaufkrediten der Investoren generieren die meisten Unternehmen während des Verwertungszyklus keine Gewinne und zahlen keine Steuern. PE-Investoren können Zinsen steuerabzugsfähig geltend machen.[242]

Verarmung und Bereicherung | Wie BlackRock&Co befördern auch Blackstone&Co in den gekauften und verwerteten Unternehmen den Abbau bisheriger vollgültiger Arbeitsplätze. Die Maßnahmen (Auslagerungen, Leiharbeit) können in manchen Fällen der Zahl nach zu »mehr Arbeitsplätzen« führen, aber verbunden mit mehr Unterbeschäftigung und weniger Arbeitsrechten.

Dagegen wird für eine kleine Minderheit von Topmanagern, die an den gekauften Unternehmen als Miteigentümer beteiligt werden, hohes, allerdings hierarchisch abgestuftes Einkommen geschaffen, ebenso für die zahlreichen Berater, also Kanzleien, Wirtschafts‚prüfer', Unternehmensberater, PR-Agenturen. Für die PE-Investoren und ihre Kapitalgeber sah es im Jahr 2016 für Deutschland so aus: Die Rendite des eingesetzten Kapitals lag durchschnittlich bei 14 Prozent. Die Investoren gaben davon an ihre anonymen Kapitalgeber im Durchschnitt etwa die Hälfte ab (7,8 Prozent).[243]

So vermehren sich die transnationale kapitalistische Rentiersklasse und ihre hochbezahlte Privatarmee weiter. Die lukrative Selbststeigerung der schon Superreichen ist das oberste Ziel.

Belohnung von Schlechtleistung und Raub | Die PE-Investoren – zusammen mit den Hedgefonds – führen bei der Belohnung ihrer Topmanager, selbst wenn diese für die Kunden Verluste produzieren. PE-Investoren führen bei Intransparenz und Betrug bei der Gebührenerhebung gegenüber den Kunden und bei der Zuteilung von Boni an die eigenen Manager und Miteigentümer. Auch Pensionsfonds für Beschäftigte der öffentlichen Verwaltung und von Unternehmen werden so betrogen. Der Eindruck des »legalisierten Raubs« sei begründet, so der Wirtschaftsprofessor Ludovic Phalippou, das System müsse endlich geändert werden.[244]

Gewerkschaften und Betriebsräte schwächen | Die Investoren haben die ohnehin geringe Mitbestimmung der Beschäftigten in den Mittelstands-Unternehmen weiter eingeschränkt. Die Investoren informieren die Betriebsräte – soweit vorhanden – über ihre strategischen Absichten unvollständig und schwächen sie durch Abspalten und Verkaufen von Unternehmensteilen und Outsourcing weiter. Dazu trägt auch bei, dass immer mehr gekaufte Unternehmen vor einem Exit immer häufiger an den zweiten, dritten oder auch vierten Investor weiterverkauft werden, der solche Maßnahmen fortsetzt.[245]

Trotz der zwei Jahrzehnte rabiater Praktiken, befassen sich die deutschen Gewerkschaften kaum damit. Gelegentlich wie im regelmäßigen PE-Monitor der Hans-Böckler-Stiftung wird gemäkelt, dass die Mitbestimmung eingeschränkt werde. Aber ein gegenwirkender Gestaltungswille erscheint hier nicht.

Volkswirtschaftliche Schädlichkeit | Das Geschäftsmodell folgt wie bei BlackRock dem Prinzip: Die Verwertung der vorhandenen unternehmerischen Substanz geht vor Schaffung neuer Substanz. Die Art der Investition zielt nicht auf Vollbeschäftigung. Zudem wird der Wettbewerb auch im Mittelstand weiter abgebaut. »Wenig Wettbewerb ist immer gut«, hatte der KKR-Europachef frühzeitig erklärt.[246]

Zwischen 40 und 70 Prozent des für den Kauf der Unternehmen notwendigen Kapitals stammt aus Krediten, die auf die gekauften Unternehmen übertragen werden. Dies hat mit zur Überschuldung der gekauften Unternehmen wie der kreditgebenden Banken und damit zur Finanzkrise beigetragen und bereitet die nächste Finanzblase mit vor.

Zu viel gewinngieriges Kapital | Ratlos berieten sich 2.300 Private-Equity-Profis bei ihrer jährlichen Investorenmesse, die auch 2017 unter dem Motto »Super Return« ablief: »Die Finanzinvestoren ringen mit einem Luxusproblem: zu viel Geld. Viel zu viel. Mussten sie früher mühsam um Mittel für die Geldtöpfe werben, aus denen sie Unternehmensübernahmen finanzierten, so sind ihre neuen Fonds heute oft überzeichnet.«[247]

Wie erste und zweite Liga zusammenwirken

BlackRock und Blackstone sind zwar unterschiedliche Welten, aber sie sind sich keineswegs fremd. In zahllosen, jedenfalls bisher von niemandem gezählten Unternehmen sind sie gleichzeitige Miteigentümer.

Der Fall Zalando

Zalando ist nach eigener Darstellung »Europas führende Online-Plattform für Mode«. Die Versandhandelskette wurde in Deutschland gegründet, hat hier 11.000 Beschäftigte; in der Schweiz, in Dänemark, Österreich, Großbritannien, Belgien, Schweden, Polen kommen noch 4.000 hinzu. Die deutschen Beschäftigten sind im Umland von Berlin und im Lager Brieselang (Brandenburg, 1.250 Beschäftigte) konzentriert. Zalando expandiert weiter, mithilfe großer Geldgeber.

Die Eigentümer | Die Eigentümer von Zalando stellen eine Mischung verschiedener Typen dar. Den größten Anteil haben drei PE-Investoren: Der größte ist Investment AB Kinnevik. Er gehört zu Kinnevik, einem der reichsten Unternehmen in Schweden und hält 31 Prozent der Aktien. Der zweitgrößte ist Baillie Gifford aus London: 6,8 Prozent. Der drittgrößte ist die Zerena GmbH, hervorgegangen aus Global Founders Capital, einem Konstrukt der Brüder Samwer, die Zalando gegründet haben: 4,99 Prozent.

Die nächstgrößere Eigentümergruppe besteht aus zwei Familienunternehmen: Tengelmann/Haub (4,97 Prozent) und Bestseller, eins der größten Bekleidungsunternehmen Europas mit Sitz in Dänemark (10 Prozent). Ihre Eigentumsanteile haben die Eigentümer jeweils in Briefkastenfirmen untergebracht. Die größte von Kinnevik heißt Vendere S.a.r.l. in Luxemburg.

Aber auch aus der ersten Liga sind zwei Eigentümer vertreten: Vanguard und Allianz Global mit 3,03 bzw. 3,02 Prozent.

Arbeitsverhältnisse | Wie bei Amazon weigert sich die Geschäftsführung, die Beschäftigten nach dem Tarifvertrag des Handels zu bezahlen. Die meisten Beschäftigten suchen in riesigen Lagerhallen die jeweils bestellten Waren zusammen. Diese Arbeit mit bis zu 20 Kilometer Fußweg täglich, verbunden mit der geforderten und elektronisch überwachten Schnelligkeit, belastet Körper und Seele stark.

Dafür zahlt Zalando gegenwärtig pro Stunde 10,12 Euro. Das ergibt bei einem Vollzeitjob mit 40 Wochenstunden 1.754 Euro brutto pro Monat. Armut jetzt und vor allem im Alter ist vorprogrammiert. Nach dem Tarifvertrag des Handels müsste für Lagerarbeit 11,99 Euro bezahlt werden, das ergäbe immerhin 1.978 Euro pro Monat. Aber die Geschäftsführung weigert sich, darüber überhaupt zu verhandeln. Wiederholte Streiks der Beschäftigten haben daran bisher nichts ändern können. Die gut bezahlten Hiwis der Eigentümer boten bisher nur die Beibehaltung der bisherigen Bedingungen an, forderten eine weitere Flexibilisierung sowie 96 verpflichtende Mehrarbeitsstunden pro Jahr.[248]

Dabei ist zu berücksichtigen, dass die Geschäftsführung schon eine vielgestaltige Flexibilisierung durchgesetzt hat: Ein Drittel der Beschäftigten bekam nur einen befristeten Vertrag. Je nach kurzfristigem Bedarf werden Leiharbeiter herangezogen und weggeschickt.

Auch auf noch schlechteren Arbeitsverhältnissen weltweit bestehen die Zalando-Investoren. Zalando weigert sich hartnäckig, der von der Bundesregierung initiierten, gewiss nicht strengen Allianz zur Verbesserung der Arbeitsbedingungen in der internationalen Lieferkette beizutreten.[249]

Staatsknete abgreifen | Während die Eigentümer ihre Freiheiten gegenüber allen staatlichen Regelungen verteidigen, nutzen sie den Staat gleichzeitig so weit wie möglich aus. Sie sind ungemein findig, um die Notwendigkeit staatlicher Fördermittel zu begründen. So bekamen sie vom Land Berlin 10,6 Millionen Euro, vom Land Thüringen 22,4 Millionen, von Brandenburg 2,5 Millionen und auch die 0,2 Millionen in Irland verschmähten sie keineswegs.

Begründet werden die Anträge meist mit der Schaffung von Arbeitsplätzen. Dabei definiert die Geschäftsführung allein, was ein Arbeitsplatz ist, wie die Arbeitsverhältnisse und die Bezahlung sind. Beantragt und genehmigt wurden auch staatliche Gelder für diverse Forschungen. Dabei wird gern mit *greenwashing* (besonders herausgestellte ökologische Tupfer) gearbeitet: Ein gegenwärtiger Antrag zielt auf die Forschung zum Thema *Smart Green Warehouse*.[250] Das ist vermutlich eine riesige Lagerhalle mit viel grünen Zutaten auf dem Dach und um die Halle herum, in der die Arbeitshetze ökologisch gesteigert wird.

Von der WG zur SE | Modisch, billig, jugendlich, ökologisch – alle leicht zustimmungsfähigen Gefühle der Konsumenten werden angesprochen. Der arbeitende Mensch wird, möglichst lautlos, niedergedrückt – der konsumierende Mensch wird umgarnt, hochgejubelt.

Gleichzeitig wird eine andere Legende gepflegt. Die Idee zur Gründung von Zalando sei in einer Wohngemeinschaft entstanden, im Jahre 2008, ganz spontan, ganz basisdemokratisch. Das kann durchaus sein. Wie schnell aus netten, intelligenten jungen Menschen in unserer Gesellschaft, mit staatlicher und medialer Förderung, asoziale Hyänen werden können, kann man an dieser Legende ebenfalls ablesen.

Man gefällt sich in Kritik der staatlichen »Bürokratie«, wenn es sich in Wirklichkeit um demokratische Regelungen und Arbeitsrechte handelt. Wenn es den Gewinninteressen dient, bedient man sich selbst einer intransparenten, teuren Bürokratie: Die Gründer-Brüder und die anderen Eigentümer bezahlen ihren Anwälten und Treuhändern viel Geld, um die jeweils geeigneten Briefkastenfirmen in der jeweils geeigneten Finanzoase zu betreiben.

Aus jeder noch so kleinen Filiale – z. B. Zalando Content Creation SE & Co KG in Erfurt mit 52 Beschäftigten – wird hochbürokratisch ein eigenes Rechtskonstrukt gebildet. Die Sponti-Gründer rühmen sich, wie sie so erfolgreich und clever aus ihrer Wohngemeinschaft etwas viel größeres gemacht haben: eine SE (Societas Europaea). Mit dieser Aktiengesellschaft nach EU-Recht kann man u. a. das deutsche Betriebsverfassungsgesetz umgehen. Im Aufsichtsrat der Zalando SE agieren sechs Mitglieder der Kapitalseite und nur drei der Arbeitnehmerseite. Auch das widerspricht dem deutschen Mitbestimmungsgesetz. Und der Betriebsrat hat nur Anhörungs- und Informationsrecht, kann z. B. bei Überstunden und Schichteinteilung nicht mitentscheiden.

Nachtrag: Trotzdem Betriebsrat | Als Vorsitzenden des Konzern-Betriebsrats lancierte die Geschäftsführung den leitenden Manager Michael Lindskog. Das verletzt deutsches Recht. Nur ein Viertel der Beschäftigten nahm an der Wahl teil. Lindskog bedient sich des rechtlich unverbindlichen, geschmeidig scheinenden Manager-Sprechs: »Ich möchte den offenen und konstruktiven Dialog« mit dem Management[251] – also mit sich selbst.

In dieses Geschwätz lassen sich manche Beschäftigte doch nicht einbinden. Nach Brieselang 2014 und zwei anderen Standorten wurde auch in Erfurt ein Betriebsrat gewählt, nach dem geltenden Recht: 48 der 52 Beschäftigten nahmen an der Wahl teil.[252]

3. Hedgefonds: Die Plünderer

Hedgefonds arbeiten wie BlackRock und Blackstone ebenfalls mit dem Kapital vermögender Kunden, Stiftungen und mit zusätzlichen Bankkrediten. Sie sind allerdings auf ganz punktuelle Eingriffe in Einzelunternehmen und auf gezielte, zeitlich begrenzte Einzelspekulationen mit Aktien, Unternehmens- und Staatsanleihen, Rohstoffen und Devisen spezialisiert. Dabei gehen Hedgefonds besonders hohe Risiken ein und pervertieren damit den Begriff *hedge*, der das Gegenteil bedeutet, nämlich Risiken absichern, einhegen. Die Methoden werden auch diffus als »alternative Investments« bezeichnet: Das bedeutet, dass sie von traditionellen Methoden besonders stark abweichen.

George Soros: Quantum Fonds | Öffentlich bekannt ist vor allem der Hedgefonds-Betreiber George Soros. Mit der Spekulation auf die Abwertung des britischen Pfunds verdiente der US-Bürger 1992 seine erste Milliarde. Seinen Quantum Fonds und andere Fonds domizilierte er in Finanzoasen wie Curacao und Virgin Islands.

Soros spekulierte auch in anderen Staaten erfolgreich, so auch in der Finanzkrise 2007. Er geht öffentlich gegen Regulierungen vor, die die Freiheit von Finanzakteuren behindern. Gelegentlich wird er z. B. wegen Insiderhandels verurteilt.[253] Er überhöht sein Vorgehen ideologisch durch das Konzept der »offenen Gesellschaft« des Philosophen Karl Popper. Er bekam dafür die Ehrendoktorwürde der Eliteuniversitäten Oxford (Großbritannien) und Yale (USA). Er gründete die Stiftung Open Society/Renaissance Foundation. Mit zahlreichen nationalen Tochterstiftungen fördert er »Bürgerinitiativen« und staatliche Einrichtungen, die den Finanzakteuren freie Bahn verschaffen, so in der Ukraine.[254] Als Stiftungsfinanziers beteiligt er auch andere Finanzakteure und im Fall der Ukraine auch die Öffentlichkeitsabteilung der NATO.[255]

Auch Hedgefonds als Nicht-Banken

Hedgefonds sind ebenfalls Akteure und Ergebnis der Deregulierungen der 1990er Jahre in den USA. Betrug im Jahre 2000 der Geschäftsumfang der Hedgefonds weltweit etwa 500 Milliarden US-Dollar, so betrug er 2014 schon das Sechsfache: 3 Billionen.[256]

Wie BlackRock und Blackstone haben auch Hedgefonds keinen genau definierten rechtlichen Status und unterliegen deshalb kaum gesetzlichen Regulierungen. Die britische Finanzaufsicht bezeichnet Hedgefonds holprig und rechtlich ungenau als »Nicht-Bank- und Nicht-Versicherungs-Finanzinstitutionen mit globaler systemischer Bedeutung«.[257]

Seit 2006 müssen sich die Hedgefonds, die ihren operativen Sitz in den USA haben, bei der Börsenaufsicht SEC registrieren lassen. Das betrifft aber nur die größeren. Die Auflagen sind gering. Vor allem soll vermieden werden, aufgrund vorheriger Erfahrungen, dass Anleger betrogen werden, die ihr Kapital zur Verfügung stellen.[258] Wie die Hedgefonds das Kapital einsetzen, ist nicht reguliert.

In Deutschland wurden Hedgefonds 2004 von der SPD/Grünen-Regierung zugelassen: Das Investmentmodernisierungsgesetz bezeichnet sie verschwommen als »Sondervermögen mit zusätzlichen Risiken«, erlaubt z. B. Leerverkäufe von Wertpapieren und macht einige Auflagen für die Aufnahme von Krediten. Allerdings gelten die ohnehin nur leichten Einschränkungen für ausländische Hedgefonds nicht.

Das Bundesfinanzministerium sieht die Merkmale der Hedgefonds darin, dass sie »grundsätzlich keinen oder geringen Anlagerichtlinien unterliegen und alle Formen der Kapitalanlage nutzen. Außerdem bedienen sie sich der Techniken des Leerverkaufs und/oder des Leverages (hohe Kreditaufnahmen, WR). Beides führt dazu, dass diese Investmentvermögen regelmäßig einem höheren Risiko als normale Investmentfonds unterliegen, verbunden mit der Möglichkeit des Erzielens einer höheren, ›absoluten‹ Rendite.« So wiederholt die deutsche Regierung unkritisch die Selbstdarstellung der Hedgefonds.[259] Zuständig ist die Finanzaufsicht Bafin, die wie bei BlackRock und Blackstone bisher nicht dadurch aufgefallen ist, dass sie eine Aufsicht führt.

Die Richtlinie der EU 85/611/EWG aus 1985 hatte *Organismen für gemeinsame Anlagen in Wertpapieren (OGAW)* legitimiert – diese sehr abstrakte Formulierung ließ auch Hedgefonds zu. Schon ein Jahr vor dem deutschen Gesetz haben Dresdner Bank, Deutsche Bank und die feine und als Kunstmäzen bekannte Privatbank Metzler Hedgefonds-Zertifikate im Umfang von etwa 10 Mrd. Euro verkauft.[260]

Kleine und große Hedgefonds | Die mehreren hundert Hedgefonds werden meist von Einzelpersonen geführt, die nur ein paar Dutzend Manager um sich scharen. Aber auch traditionelle Banken wie Goldman Sachs, JPMorgan Chase und Deutsche Bank haben die Hedgefonds-Methoden übernommen und entsprechende Abteilungen eingerichtet. So ließ die Deutsche Bank in New York während der Finanzkrise ihre Hedgefondsmanager unter Greg Lippman Wetten auf die abstürzenden Hypothekenkredit-Wertpapiere verkaufen. Nachdem Lippman für die Deutsche Bank »Milliarden Dollar verdiente«, machte er 2010 sich mit dem eigenen Hedgefonds Libre Max Capital selbständig.[261] Und auch BlackRock & Co bedienen sich mit eigenen Abteilungen der Praktiken. Auch Blackstone gründet laufend kleine Hedgefonds.[262]

Die Eigentümer und die wenigen Führungskräfte entnehmen für sich selbst persönlich einen noch höheren Anteil der Gewinne als dies bei BlackRock und Blackstone der Fall ist. Die Verwaltungsgebühren für die Anleger liegen mit zwei Prozent beim Doppelten im Vergleich zu BlackRock, dazu kommen Erfolgsgebühren zugunsten der Fondsmanager bis 20 Prozent – das ist der Preis für die erhofften, weit überdurchschnittlichen Gewinne. Die Transparenz ist noch geringer. Das ermöglicht extreme Insidergeschäfte und Übervorteilung von Kunden – aber das ist zulässig und den Beteiligten bekannt. Einzelne Gründer und Chefs wurden auf diese Weise schnell zu Multimilliardären.[263]

Auch hier beherrschen wenige Große die Szene. Die 10 größten haben 83 Prozent des Marktes in der Hand, die 20 größten beherrschen 92 Prozent.[264] Die Gewinne vermehrten sich im Jahr 2016 beim Marktführer Bridgewater um 17 Prozent, bei Two Sigma um 28 Prozent und bei Renaissance Technologies sogar um 42 Prozent.

Das größte Dutzend der Hedgefonds (2016)

Name	Chef/Gründer	Operativer Sitz	Kap.
Bridgewater	Ray Dalio	Westport/USA	122
AQR	Cliff Asness	Greenwich/USA	69
JPMorgan Chase	Mary Erdoes	New York	45
Renaissance Tech	James Simons	East Setauket/USA	42
Two Sigma	David Siegel	New York	39
D. E. Shaw	David Shaw	New York	35
Millennium	Israel Englander	New York	34
Man Group	Luke Ellis	London	34
Och-Ziff	Daniel Och	New York	33
Winton Group	David Harding	London	32
Elliott	Paul Singer	New York	31
BlackRock	Laurence Fink	New York	28

Kap. = eingesetztes Kapital in Milliarden US-Dollar; die Angaben stammen aus folgenden Quellen: www.businessinsider.de, 26.6.2017; Pensions & Investments www.pionline.com, 19.9.2016; www.investopedia.com, 5.7.2017, abgerufen 10.3.2018. Die Zahlen können sich schnell ändern. So gibt die *Forbes*-Liste für 2018 für Bridgewater 160 Mrd. eingesetztes Kapital an.

Da zugleich die Risiken sehr hoch sind, sind die Verluste teilweise sehr hoch, das eingesetzte Kapital kann sehr stark schwanken, einige Fonds gehen bankrott. Deshalb tauchen in der Rangliste auf dieser Seite einige bekannte und zeitweise sehr erfolgreiche Hedgefonds wie Paulson nicht auf.

Der Apple-Hedgefonds | Auch Konzerne betreiben Hedgefonds. So gründete Apple 2005 den Hedgefonds Braeburn (wie der Konzern wurde er nach einer Apfelsorte benannt). Der Fonds hat seinen Sitz nicht weit vom Konzern-Hauptsitz Cupertino in Silicon Valley entfernt, aber im benachbarten US-Staat Nevada, einem der innerstaatlichen US-Finanzparadiese. Dort wird auf Unternehmensgewinne keinerlei Steuer erhoben, im Unterschied zum Bundesstaat Kalifornien, der 8,84 Prozent erhebt.

Apple verschiebt in seiner globalen Steuer-Verkürzungs-Strategie Gewinne, die nicht an die Aktionäre wie BlackRock ausgeschüttet werden, in den Braeburn-Apfel. Der »erwirtschaftet« mit 268 Mrd. Dollar an verwaltetem Kapital (Stand: 2017) nach Hedgefonds-Methoden Gewinne, vor allem verkürzt er die jährlichen Steuerzahlungen des Mutterkonzerns um eine zweistellige Milliardensumme. Die Steuerverluste für die betroffenen Staaten fallen in 20 US-Bundesstaaten und in den meisten EU-Staaten an.[265]

Hedgefonds in Deutschland und in der EU | 2013 waren in Deutschland aufgrund des Gesetzes 36 kleine deutsche Hedgefonds zugelassen. Aber im Bundesverband Alternativer Investments (BAI), bereits im Vorgriff 1997 gegründet, sind 178 Mitglieder versammelt. Da sind nicht nur die Commerzbank, die Deutsche Bank, die Hessische Landesbank und die Evangelische Bank vertreten, die Hedgefonds-Produkte verkaufen. Auch die Versicherungskonzerne Allianz und Talanx sind Mitglied.

Aber auch ausländische Großbanken mit ihren Hedgefonds-Abteilungen sind Mitglied, so Goldman Sachs, JPMorgan Chase, United Bank of Switzerland, BNP Paribas, Rothschild und Schroders (beide London/New York). Auch der größte PE-Investor Frankreichs, Ardian, ist mit seiner Hedgefonds-Abteilung dabei. Aber auch BlackRock, Wellington und Amundi aus der ersten Liga legen Wert auf die Mitgliedschaft.[266]

Finanzoasen-Schwerpunkt: Cayman Islands | Wie BlackRock und Blackstone haben auch die Hedgefonds ihre operativen Sitze in den Finanzzentren New York, London, Paris, Frankfurt, Mailand. Aber die mit dem Kundenkapital bestückten einzelnen Tochter-Fonds haben ihren rechtlichen Sitz in einer Finanzoase.

Allerdings haben die Hedgefonds eine Vorliebe für ein Finanzparadies: 69 Prozent aller Fonds sind auf den Cayman Islands domiziliert. Auch der fiktive Staat Cayman Islands, der als britisches Überseegebiet die Queen als Oberhaupt hat, die vor Ort gegenwärtig von einer Gouverneurin vertreten wird – weibliche Emanzipation und monarchische Unterwerfung können gut kombiniert werden –, ernährt sich im Wesentlichen durch die Versteck-Gebühren.

Ray Dalio / Bridgewater

Ray Dalio, »der erfolgreichste Hedgefondsmanager der Welt«,[267] gründete schon 1975, nach dem Studium an der Harvard Business School, den Hedgefonds Bridgewater Associates. Er prägte diesen Investorentyp und fand viele Nachahmer. Für ihn haben Investitionen am wenigsten mit dem zu tun, was der gemeine Mensch unter Investition versteht. Es sollen keine Arbeitsplätze geschaffen werden, es werden keine Unternehmen gekauft, gegründet oder erweitert. Vielmehr wird mit diversen Finanzinstrumenten auf jede Bewegung auf dem Markt der Aktien, Derivate, Rohstoffe, Edelmetalle, Staatsanleihen gewettet. Diese Wetten werden als Wertpapiere verkauft. Diese Operationen finden keineswegs im »luftleeren Raum« statt. Dalio erklärte es bei einem seiner seltenen öffentlichen Auftritte: Er »sorgt sich um Europa«, wie das *HB* mitsorgend wiedergab. Denn: »Arbeitskraft ist in der EU im Schnitt zweimal so teuer wie in den Vereinigten Staaten … Deshalb muss Europa dringend wettbewerbsfähiger und weniger bürokratisch werden.«[268]

Die Grundlage auch für die Hedgefonds-Wetten ist die Ausbeutbarkeit der konkreten menschlichen Arbeitskraft. Dafür sollen die Regierungen sorgen. So wettete Dalio mit seinem Pure Alpha Fonds im Jahr 2017 mit 22 Milliarden US-Dollar auf das Absinken von Aktien von Unternehmen in Europa, die besonders mit dem Abbau von Arbeitsplätzen befasst waren, so Deutsche Bank, Siemens, Allianz, BASF. Bridgewater verdiente seit der Gründung 50 Milliarden US-Dollar, was den Hedgefonds-Spekulanten George Soros, der nur 44 Milliarden verdiente, schlecht aussehen lässt, wie die *FAZ* rapportiert.[269]

Nach der Wahl Trumps war Dalio begeistert. Die Regierung des neuen Präsidenten könne die Welt tiefergehend prägen als die Politikergeneration von Reagan, Thatcher und Kohl: Die haben zwar verdienstvoll »sozialistische Regierungen abgelöst«. Aber Trump könne noch weitergehend »tierische Stimmungen (animal spirits) entzünden und produktives Kapital anziehen«. Diese Pro-Business-Regierung schaffe »mit politischer Stabilität, dem Schutz von Eigentumsrechten und günstigen Unternehmenssteuern einzigartig attraktive Bedingungen für diejenigen, die Geld machen oder Geld haben.«[270]

In Westport, nahe New York, beschäftigt Dalio 1.500 Mitarbeiter. Er führte sie bis 2018 als eine auf seine Person eingeschworene Sekte. Er ließ alle Gespräche im Unternehmen aufzeichnen und praktizierte eine »totale Überwachung der Mitarbeiter«.[271] So erklomm er mit 17,7 Milliarden Privatvermögen Platz 67 auf der *Forbes*-Liste der reichsten Menschen der Erde und Platz 26 der reichsten US-Individuen,[272] also weit vor BlackRock-Chef Fink und vor Blackstone-Chef Schwarzman, obwohl die viel mehr Kapital unter ihrem Kommando haben. Aber die Zeiten haben sich geändert. Dalio will mit Bridgewater nun auch im bösen, aber starken kommunistischen China expandieren. Deshalb kritisierte er nun Trumps Ausstieg aus dem Klimaabkommen und dessen übertriebenen Konflikt mit China. Dalio erkennt: Chinas Führer denken längerfristiger und strategischer als der gegenwärtige US-Präsident.[273] Deshalb wird die Führung von Bridgewater um einige Miteigentümer erweitert, und nicht nur der Staatsfonds von Singapur steigt ein, sondern auch der IWF: Im Kampf um, in und gegen China bündeln Teile der transnationalen kapitalistischen Klasse auch hier ihre Methoden und Potentiale.[274]

»Am Scheitern von Staaten Geld verdienen«

Gerade das Schwanken zwischen möglichem Scheitern und der vielleicht möglichen Rettung von insolvenzbedrohten Staaten und Unternehmen ist ein lukratives Geschäftsfeld: Da schwanken die Kurse wie wild, da kann man wetten. Der *FAZ*-Investoren-Anbeter Dennis Kremer beschreibt bewundernd, wie Hedgefonds »am Scheitern von Staaten Geld verdienen.«[275]

Und das ging und geht zum Beispiel mit Griechenland so: Wenn die griechische Regierung mit den EU-Finanzministern und der Troika monatelang über die Rettung oder Nicht-Rettung verhandelt, schlägt die Stunde der Hedgefonds. Solange die Auszahlung der nächsten Kredittranche noch unklar ist, bleibt auch unklar, ob die bisherigen Kredite bedient werden können oder (teilweise) abgeschrieben werden müssen. Da kaufen und verkaufen die Hedgefondsmanager die maroden Staatsanleihen und die bedrohten Kreditversicherungen. Sie sind billig zu haben, solange die Insolvenz Griechenlands möglich ist oder scheint. Dann aber wird nach Monaten der »harten Verhandlungen« der Staat (vorläufig) gerettet, die Staatsanleihen und Kreditversicherungen sind plötzlich viel mehr wert – und die Hedgefonds haben Milliarden Euro gewonnen.[276]

So wurde das vor und mit und nach jeder Zitterpartie der Troika mit Griechenland durchgespielt – 2010, 2012, 2015 usw. Einige Hedgefonds machen dasselbe auch mit Anleihen gefährdeter griechischer Unternehmen und Banken. Zwischendurch drohen beteiligte Hedgefonds mit einer Klage gegen Griechenland vor dem Europäischen Gerichtshof für Menschenrechte (EGMR), um beim erzwungenen Schuldenschnitt zumindest einen Kompromiss zu erzwingen[277] – was für ein Hohn! Hedgefonds und Menschenrechte! All dies hilft weder dem Staat noch den Unternehmen, sondern fesselt sie noch enger an das endlose internationale Kredit- und Spekulationskarussell. »Am Niedergang Griechenlands haben Hedgefonds in großem Maße verdient«, konstatiert der Experte der Baader-Bank.[278]

Und es geht immer weiter. 2016 hat der Hedgefonds RBR einen Griechenland-Fonds aufgelegt, nachdem er 2012 mit dem verschuldeten Staat Spanien schon eine 30-Prozent-Rendite rausgeholt hatte.

2016 stiegen auch die Hedgefonds Worldview, Jabre, PVE und VR in Griechenland ein.[279] Dabei kann man sich auch verspekulieren wie der Schwiegersohn des Ex-US-Präsidenten Clinton, Marc Mezvinsky, dessen Hedgefonds Eaglevale Hellenic Opportunity 2016 in den Bankrott ging.[280]

Nach Griechenland auch die Ukraine | Auch der von EU und NATO gehätschelte Krisenstaat Ukraine wird den Spekulanten ausgeliefert, obwohl ihm doch angeblich geholfen werden soll, gegen die bösen Russen. Aber die Ukraine eröffnet im gleichen Spiel zwischen möglicher Insolvenz und dann doch wieder (vorläufiger) Rettung ähnliche Gewinnmöglichkeiten wie Griechenland.

Hier spielen übrigens die verschiedenen Klassen der neuen Finanzakteure arbeitsteilig auf demselben Feld. Der große Kapitalorganisator Templeton holt sich einen Kredit zum Nullzins bei der EZB und kauft damit ukrainische Staatsanleihen, auf die er vom ukrainischen Staat 12 Prozent Zinsen bekommt, so im Jahre 2014. Es war aber unsicher, ob der Staat mit seiner abstürzenden Wirtschaft und den hohen Militärausgaben die Zinsen auf Dauer zahlen kann. Hedgefonds wie Greylock und Golden Tree und auch der PE-Investor Carlyle kauften deshalb solche Staatsanleihen im Wert von 45 Milliarden Euro. »Chancen für die Ukraine« heißt es dazu in der Wirtschaftspresse.[281] Richtig wäre: Chancen für die Hedgefonds.

Greylock rühmt sich übrigens, das Geschäft seit 2002 schon mit mehreren gefährdeten Staaten durchgezogen zu haben, mit Argentinien, der Elfenbeinküste, den Philippinen. Der Autor der *FAZ*, der diese Erfolgsspur nachzeichnet, kommt zu cooler Bewunderung: »Dies mag man verwerflich finden, in der Welt der Hedgefonds dagegen ist das eine anerkannte Anlagekategorie.«[282]

Wadenbeißer für die Großen

Die Stada AG ist ein erfolgreiches Arzneimittel-Unternehmen mit dem operativen Hauptsitz in Bad Vilbel/Deutschland. Die 11.000 Beschäftigten produzieren und vertreiben Markenmedikamente und Generika in 30 Staaten. Vielverkauft sind etwa Grippostad und Ladival. Die beiden etablierten PE-Investoren Bain und Cinven, beraten von der Bank Rothschild, kauften für 5,4 Milliarden Euro 64 Prozent der Aktien. Um die üblichen gewinnsteigernden Praktiken durchziehen zu können, mussten aber weitere Aktionäre – insgesamt 75 Prozent – einem Gewinnabführungs- und Beherrschungsvertrag mit der Stada-Obergesellschaft Nidda Healthcare GmbH zustimmen.

Da die meist deutschen Aktionäre zurückhaltend waren, war der Hedgefonds Elliott des Multimilliardärs Paul Singer das Zünglein an der Waage: Er hatte im Windschatten von Bain und Cinven schnell 15 Prozent der Aktien zusammengekauft. Er konnte die beiden Großen erpressen und holte eine zweistellige Millionenzahlung heraus: So kam bei der außerordentlichen Aktionärsversammlung am 2. Februar 2018 die erforderliche Mehrheit zustande. Unwillige Kleinaktionäre konnten mit diesem *Squeeze out* rausgequetscht werden.[283] Nun können Bain und Cinven nach ihren PE-Methoden Stada in Ruhe verwerten. Mitprofiteure sind Mitglieder der BlackRock-Family, Norges und die Bank of America, die nach Bain und Elliott die dritt- bzw. viertgrößten Stada-Miteigentümer sind. Nach dieser Operation wird Elliott seine im Wert gestiegenen Aktien mit Gewinn verkaufen und die nächste Beute ausspähen. Elliott spielt die Avantgarde der »aktivistischen Aktionäre«: So werden die Wadenbeißer in der Wirtschaftspresse genannt. Sie kaufen schnell verdeckt Aktienpakete in Konzernen, die vor der Aufspaltung oder Fusion stehen, spielen das Zünglein an der Waage und lassen sich dann von den Großen belohnen. So verfährt Elliott gegenwärtig, zudem in Arbeitsteilung mit dem schwedischen PE-Investor Cevian, bei ThyssenKrupp. Der Erfolg ermutigt: »Aggressive Hedgefonds haben Deutschland für sich entdeckt.«[284]

Bilanz | Noch aggressiver als die PE-Investoren operieren die Hedgefonds. Da wird selbst einem Bewunderer und Profiteur des US-Wirtschaftsmodells unheimlich, ein bisschen jedenfalls. Siemens-Chef Joe Kaeser formuliert »seinen Zorn auf den Casino-Kapitalismus« so: »Siemens macht mit 377.000 Menschen, die hart und gut arbeiten, derzeit rund sechs Milliarden Euro Gewinn. Es gibt Hedgefonds, die den gleichen Gewinn mit 100 Leuten schaffen. Welche sechs Milliarden sind eigentlich die besseren? Unsere, weil wir zugleich Jobs und einen gesellschaftlichen Mehrwert schaffen. Den haben die Hedgefonds nicht. Sie machen ihre reiche Anleger-Klientel noch reicher.«[285]

»Zukunftsfonds« nach *BILD*-Zeitungs-Art

BlackRock hat vorgemacht, wie Kapitalorganisatoren mit dem Billig-Massen-Finanzprodukt ETF auch ärmere Einkommensschichten beteiligen und daraus Gewinn und Macht schlagen können.

Wenn man jahrelang als *BILD*-Chefredakteur den »Anwalt des kleinen Mannes« gespielt und zugleich den Glanz der High Society verbreitet hat, dann kann man auch einen »Volksfonds« gründen. Ex-*BILD*-Chefredakteur Kai Diekmann, der gegen Hartz-IV-Empfänger hetzen ließ, eine neue »Volksbibel« herausgab und sie in Rom dem erzreaktionären Papst Benedikt überreichte, tat sich mit einem abgehalfterten Ex-Banker zusammen. Sie gründeten als in der Wirtschaftspresse gelobtes »Dreamteam« einen »Zukunftsfonds«.[286]

Auch Kleinvieh macht Großauflage: Das ist die Erfahrung des Millionen-Gossenblattes. Der »Zukunftsfonds« will nun das Geld der kleinen Leute einsammeln, die seit Jahren frustriert auf den Null-Zinsen ihrer Sparbücher herumsitzen. »Kampf gegen Altersarmut« ist ein konjunkturfähiges Argument, mit dem Diekmann und sein Banker-Freund werben.

Der Banker heißt Leonhard Fischer, in der Werbung für den Fonds kumpelhaft »Lenny« genannt. Er versuchte seinen Aufstieg bei J.P. Morgan, dann in der Dresdner Bank, dann in der Credit Suisse, kam immer fast bis ganz nach oben, aber nur fast. Nun versucht er sich am Volk. Lenny & Kai haben schon als clevere Knirpse in der katholischen Marienschule in Bielefeld zusammen die erfolgreichste Schülerzeitung Deutschlands produziert – solche Erzählungen sollen dem Kleinvieh-Einsammel-Milliardenprojekt des »Zukunftsfonds« aufhelfen. Mit 1,4 Prozent Jahresgebühr soll jeder Dumme und jede Dummin dabeisein können.[287] Als Berater des digitalen Taxi-Dienstes Uber (siehe S. 207) sorgt Silicon-Valley-Fan Diekmann nebenbei auch schon weltweit für schlechte Arbeitsverhältnisse und für gegenwärtige und zukünftige Armut.

4. Elitäre Investmentbanken: Die Arrangeure

Eine besonders lichtscheue Branche sind die elitären Investmentbanken. Auch sie bekamen nach der letzten Finanzkrise weiteren Auftrieb. Sie konzentrieren sich auf den Umbau von Unternehmen und Staaten und mehren dabei auf ihre Weise die Selbstbereicherung und die Macht der transnationalen kapitalistischen Klasse.

Lazard Ltd.

Lazard mit operativem Hauptsitz in New York, Niederlassungen in 26 Staaten und mit 2.500 Beschäftigten gilt als Erfinder des wichtigsten Investment-Spezialgebiets, *Mergers & Acquisitions*: Kauf und Fusion von Unternehmen. Nach der gesetzlichen Trennung des krisenverursachenden Investmentbanking vom Kleinkundengeschäft in den USA – Roosevelts *New Deal* in den 1930er Jahren, als Konsequenz aus dem Bankrott der Wall-Street-Banken – zog sich Lazard ganz auf das Spezialgebiet zurück. Während der Staat die Kleinkunden und Konsumenten schützte, ließ und lässt er den Investmentbanken freien Lauf.

Unternehmen und marode Staaten | In den letzten Jahren beriet Lazard etwa die Hauptaktionäre des französischen Luxuskonzerns L'Oreal beim Kauf einer Modefirma, Nippon Steel beim Kauf der Ovaco Group, den Chemiekonzern Sanofi beim Kauf neuerer Biochemie-Aufsteiger und den größten Baukonzern der westlichen Welt, Vinci, beim Kauf von Infratec, dem Betreiber von Stromnetzen in Skandinavien.[288]

Daneben beriet Lazard auch PE-Investoren wie Blackstone beim Kauf von Supermärkten in Italien, die überschuldete italienische Bank Monte dei Paschi di Siena beim Verkauf von Abteilungen. Lazard organisierte den Börsengang der Restaurantkette Vapiano. Aber auch der belgische, südkoreanische, marokkanische und australische Staat wurden bei Käufen und Verkäufen beraten.

Ein besonders lukratives Geschäft ist die Beratung von überschuldeten Staaten, denen rigorose Kürzungs- und Privatisierungs-

John Kornblum und Felix Rohatyn / Lazard

John Kornblum

John Kornblum verkörpert die enge Verbindung elitärer Investmentbanken mit Konzernen, Regierungen, Militär und Geheimdiensten. Von 1997 bis 2001 war er US-Botschafter in Deutschland. Vorher war er US-Botschafter bei der NATO. Im Krieg gegen Jugoslawien war er an der Osterweiterung der NATO beteiligt. Mit dem damaligen US-Botschafter Richard Burt handelte er 1985 den Austausch von DDR-Bürgern aus, die vom CIA als Informanten angeworben und enttarnt worden waren.

Nach seiner Botschafter-Funktion wurde er Aufsichtsratsmitglied in deutschen Konzernen, die umstrukturiert wurden, etwa bei ThyssenKrupp und Bayer sowie bei Motorola Europe. Dabei konnte der Ex-Botschafter seine Verbindungen spielen lassen: Er agierte gleichzeitig als Präsident von Lazard Deutschland. Er half der Bank, »zu einer der führenden Investmentbanken in Europa zu werden.«[289]

Er berät das Center for Strategic and International Studies (CSIS, Washington) und ist in den Vorständen und Beiräten der US-Handelskammer in Deutschland, der Berliner American Academy und des American Council on Germany.[290] Er berät die US-Konzerne Boeing, Pfizer und Accenture.[291] Seit 2015 gehört er zum Team des Immobilienentwicklers BEWOCON, der »exklusive Wohnimmobilien in Berlin« betreut, so Living Spree, das Stadtpalais Wilmersdorf, die Tiziangärten (»Ein Stück vom Himmel inmitten von Seen und Innenstädten«), die Blücherhöfe und den Diplomatenpark: Kornblum soll mit seinen Kontakten das reiche Klientel aus den USA und Asien nach Berlin holen. Als Kulturfreund und Wohltäter fördert er die Deutsche Oper Berlin, das Frankfurter Senckenberg-Museum und die Martin-

Luther-King-Stiftung. Die transatlantische Arbeitsteilung sieht er so: »Die EU mit ihrer Softpower ist nur in Verbindung mit der US-Hardpower erfolgreich.«

Kornblum wird bis heute von den deutschen Leitmedien als wichtigster Experte für die Beziehungen USA – Europa herangezogen; dabei wird aber nur genannt, dass er US-Botschafter in Deutschland war – seine Funktion bei Lazard bleibt dem Publikum unbekannt.

Felix Rohatyn

Gleichzeitig mit Kornblum in Berlin war der Lazard-Banker Felix Rohatyn US-Botschafter in Paris für Frankreich und Monaco (1997-2000).

Er beriet bei zahlreichen Fusionen, etwa von Daimler mit Chrysler und half General Motors bei der Ausgliederung von Zulieferern ins Ausland. Er beriet die Stadt New York bei der Sanierung des Haushalts durch Lohnstopps und Entlassungen. 2010 schied er bei Lazard aus, ist aber weiter Mitglied im Council on Foreign Relations und mit Kornblum im CSIS. Die Kooperation zwischen Militär und Unternehmen im Rahmen der NATO gehört zu seinem Arbeitsgebiet.[292] Als Botschafter in Paris organisierte Rohatyn den French American Business Council, in dem er die Präsidenten der USA und Frankreichs (Clinton, Bush, Chirac, Sarkozy) mit Konzernchefs zusammenführte.

maßnahmen aufgezwungen werden: Griechenland, Kroatien und die Ukraine haben Regierungen, denen das Wasser bis zum Hals steht. Hier vertritt Lazard zusammen mit BlackRock im Auftrag der Troika, abgeschirmt von der Öffentlichkeit, die Interessen der Kreditgeber, die ebenfalls selbst lieber im Hintergrund bleiben. Um an Aufträge zu kommen, hält die Bank enge Beziehungen zu den wichtigen Eigentümern von Unternehmen und zu Regierungen.

Im Eigentum von BlackRock | »Lazard rekrutiert mit Vorliebe Charakterköpfe, die ein gutes Netzwerk mitbringen«. So berief Lazard den Ex-Chef der Staatskonzerns Deutsche Bahn, Rüdiger Grube, 2017 zum Chairman von Lazard Deutschland. Die Bank hatte von Grube den Auftrag für die Teilprivatisierung der Bahntöchter Schenker und Arriva bekommen.[293] 2016 hatte Lazard den ehemaligen Mitarbeiter des französischen Finanzministeriums Matthieu Pigasse zum Chairman in Frankreich berufen, er ist zugleich Aktionär bei *Le Monde* und *Huffington Post*. Ebenso berief Lazard den deutschen Ex-Staatssekretär im Finanzministerium und späteren Direktor der EZB, Jörg Asmussen, zum Leiter des Europa-Geschäfts.

Politisch stand die Bank traditionell auf der Seite von Regierungen, die Kriege führten. Die politische Richtung spielte eine untergeordnete Rolle: Im 19. Jahrhundert kreditierte sie die US-Nordstaaten im Bürgerkrieg; mit ITT unterstützte sie den Putschistengeneral Pinochet in Chile.[294] Inzwischen ist die verfilzte Privatbank in die souveräneren Hände der heute Finanzmächtigen geraten. Ihre Hauptaktionäre heißen Vanguard, BlackRock …[295] Der juristische Sitz ist in der Finanzoase Bermuda: In der Hauptstadt Hamilton treffen sich jährlich zur Hauptversammlung ganz entspannt die Vertreter von Vanguard, BlackRock …[296]

Rothschild & Co

»Wir haben das Vertrauen von Regierungen, großen Institutionen, Familien und privaten Kunden, die zu den glücklichsten der Welt gehören.«[297] Das englische *fortunate* bedeutet »glücklich«, aber auch »vermögend«. Das stimmt übrigens mit der Verfassung des Staates überein, in dem die Bank die meisten Geschäfte macht: Die US-Verfassung garantiert das Recht auf das individuelle Glück, das vor allem im individuellen Genuss des möglichst großen Reichtums besteht. Mit 3.400 Beschäftigten in 63 Niederlassungen in 44 Staaten berät die Bank Regierungen und Unternehmen bei Käufen, Verkäufen, Fusionen, Krediten. Dabei kann sie auf die »Glücklichen« aus dem Milieu der HNWI (High Net Worth Individuals) und UHNWI (Ultra High Net Worth Individuals) zurückgreifen.

»Nummer 1 in der Welt« | Unter der Rothschild Continuation Holding mit Sitz in der winzigen Finanzoase Zug (Schweiz) sind die global tätigen Rothschild-Filialen und zahlreichen Tochterunternehmen in Paris, London, New York, Frankfurt, Dubai, Bukarest, Tokio, Peking usw. rechtlich zusammengefasst. Großaktionär neben den Familienstämmen sind die Jardine Matheson Holdings – ein Welt-Misch-Konzern mit operativem Sitz in Hongkong und rechtlichem Sitz in Hamilton/Bermuda.

So präsentiert sich die Bank für M&A als »Nummer 1 in Europa und der Welt«, und zwar seit 2006. Im Jahre 2017 seien 650 Transaktionen im Gesamtwert von 560 Milliarden Dollar durchgeführt worden. Im Jahresbericht werden einige Beratungsmandate genannt: Koch Equity Development, eine Tochterfirma von Koch Industries, die einer der reichsten und politisch reaktionärsten Oligarchen-Familien der USA gehören; die französischen Luxuskonzerne Arnault/Christian Dior; Metro Group bei der Aufspaltung des Konzerns (Deutschland); Vivendi beim Kauf des Medienkonzerns Havas (Frankreich); Royal Dutch Shell (Niederlande/Großbritannien); US Steel und Avaya (USA); die Pharmakonzerne Boehringer Ingelheim und Sanofi (Deutschland/Frankreich); Intel beim Kauf von Mobileye (USA/Israel). Beraten wurden auch die PE-Investoren Bain Capital und Cinven beim Kauf des Chemiekonzerns Stada (Deutschland), Waterland beim Klinikkauf in Deutschland sowie die PE-Investoren Cerberus und Golden Tree für den Börsengang von Bawag (Österreich). Die überschuldete Regierung der Ukraine wurde beraten bei der Ausgabe von Eurobonds, die überschuldete Regierung Irlands bei der Privatisierung der maroden Allied Irish Bank. So habe man gegenüber dem Jahr 2012 den Umsatz verdoppeln können, der Gewinn 2017 sei auf 1,18 Mrd. Dollar gestiegen.[298]

Privatisierungen in ganz Europa | Rothschild rühmte sich 2007, seit den 1980er Jahren als Berater von mehr als 60 Regierungen mehr Privatisierungen in Europa und weltweit durchgezogen zu haben als jede andere Investmentbank. Zu den Privatisierungen zählen der Flughafen Fraport und die Deutsche Flugsicherung in Deutschland, das Telefonnetz der Türkei (Verkauf an Vodafone) und Serbiens (Verkauf an Telenor), die portugiesische Fluglinie TAP, in Dänemark das Elektrounternehmen DONG (Verkauf an Vattenfall) und die Fährengesellschaft Scandlines, in Frankreich der Stromkonzern EdF und die Telefongesellschaft France Telecom.[299]

Rothschild beriet nicht nur die christlich lackierte Thatcher-Regierung, sondern dann Ende der 1990er Jahre genauso die sozialistisch lackierte Regierung von New Labour unter Anthony Blair beim neuen Privatisierungsmuster Public Private Partnership (PPP). Über den britischen Premier kam Rothschild als PPP-Berater des damaligen Bundeskanzlers Gerhard Schröder auch nach Deutschland.[300]

Inzucht mit Regierungspersonal | Solche Privatisierungen erweisen sich als Mechanismus des *revolving door* (Drehtür) zwischen Staat und Privat. Sie mögen den Steuerzahlern schaden, aber den Beratern und ihren »glücklichen« Kunden nützen sie. Dafür versammelt und alimentiert Rothschild hunderte von hochrangigen Politikern und Funktionären in seinen internationalen, regionalen und nationalen Beiräten. Dort bekommen sie zwar in der Regel für zwei bis drei Sitzungen im Jahr weniger als 100.000 Dollar, aber dieses »(a)soziale Kapital« ist offensichtlich mehr wert.

So wurde Ex-Kanzler Schröder nach seiner Amtszeit für ein Jahrzehnt in den Europa-Beirat berufen, um als Türöffner vor allem in Russland und Osteuropa zu dienen. Weitere Beiratsmitglieder waren bei der Aufnahme Schröders die ehemaligen Chefs von Coca-Cola, Volvo und der englischen Zentralbank sowie Klaus Mangold von DaimlerChrysler, der auch heute noch Beiratsvorsitzender der Rothschild Deutschland GmbH ist und mit dieser zusätzlich einen noch besser bezahlten Beratervertrag hat.[301]

Auch die Regierung von Schröder-Nachfolgerin Angela Merkel (CDU) verlor nicht die Verbindung. Für den Bankenrettungsfonds SoFFin holte Finanzminister Schäuble Rothschild als Berater, im üblichen Geleitzug mit der US-Kanzlei Mayer Brown und deren Miteigentümer Friedrich Merz, dann noch KPMG, PwC, Freshfields und Goldman Sachs.[302]

Rothschild-Heirat im Weißen Haus | Lady Lynn Forester de Rothschild, Chefin der Zeitschrift *The Economist*, Mitglied des CFR, war Beraterin von US-Präsident Clinton und hat alle Wahlkämpfe der beiden Clintons mitfinanziert. Ihre Heirat wurde bei den Clintons im Weißen Haus gefeiert. Als sich in der Demokratischen Partei Barack Obama gegen Hillary Clinton durchsetzte, unterstützte die Rothschild-Lady allerdings cool den republikanischen Rechtsaußen McCain.[303]

Die Drehtür-Kultur der »Glücklichen« hat viele Formen. So amtierte Paul Volcker nach seiner Amtszeit als Chef der US-Zentralbank umgehend als Chef von Rothschild USA.[304] Lord Nathanael Rothschild ist Mitglied im International Advisory Board von Blackstone.[305] Man verwaltet das Vermögen der Allerglücklichsten, aber man ist sich dabei, wie auch die Kollegen von Lazard, neben BlackRock & Co nicht zu schade, als Aktionär auch bei einem Konzern der extremen Lohndrückerei wie Ryanair auf möglichst hohen Gewinn zu pochen.

Wilbur Ross –
Vom Rothschild-Banker zum US-Wirtschaftsminister

Wilbur Ross begann 1976 seine Bankerkarriere in der New Yorker Niederlassung von Rothschild, bevor er 2000 seine eigene Investmentfirma gründete. Die Verbindungen gingen aber nicht verloren. Als Rothschild 2011 den irischen Staat bei der Bankenrettung beriet, kaufte Ross mit einer US-Investorengruppe ein Drittel der Aktien der Bank of Ireland, nachdem die Troika die Garantie übernahm. Deshalb stieg danach der Aktienwert auf das Dreifache und Ross konnte seinen Gewinnanteil vom 500 Millionen Dollar einstreichen. Ähnlich verfuhr er in den von Rothschild, Lazard & Co beratenen EU-Krisenstaaten Griechenland, Portugal, Spanien und Italien.[306] Mit dieser Schädigung der irischen Steuerzahler hatte Ross sich für die Position als Handelsminister in der Trump-Regierung qualifiziert.[307] Über eine Kette von Briefkastenfirmen ist Ross an der Reederei

Navigation Holdings beteiligt, die ihren rechtlichen Sitz in Panama hat: Er wettete auf den Verfall des Aktienwertes, weil er als US-Handelsminister und damit als Insider wusste oder annehmen konnte, dass wegen des von ihm selbst mitbeschlossenen Embargos gegen Russland die Aufträge für Transporte aus Russland zurückgehen.[308] Ross als Mitglied der transnationalen kapitalistischen Klasse demonstriert, wie mit »America first« die Selbstbereicherung global organisiert wird.

Emmanuel Macron –
Vom Rothschild-Banker zum Staatspräsidenten Frankreichs

Der wohl größte M&A-Deal der Bank Rothschild der letzten Jahre war folgender: Der Miteigentümer Emmanuel Macron beriet den Nahrungsmittelkonzern Nestlé bei der Übernahme der Babynahrungssparte des US-Konzerns Pfizer. Nestlé bezahlte 11,8 Mrd. Dollar, der Bonus für Macron betrug eine Million.[309]

Macron war in dieser Zeit auch Wirtschaftsberater des rechtsradikalen Nicolas Sarkozy. Weil dessen Wiederwahl aussichtslos war, wechselte Macron gnadenlos opportunistisch als Berater ins Wahlkampfteam des Sozialistenführers François Hollande. Macron verkörpert die politische Haltung der neuen Finanzakteure: »konservativ« oder »sozialistisch« oder dann »überparteilich« – egal. Demagogie gehört zum Geschäftsmodell: Während Hollande gegen »die Finanzwelt« wetterte und einen Spitzensteuersatz von 75 Prozent forderte, bereitete Macron das Gegenteil vor.

Als Wirtschaftsminister privatisierte er einen Teil des Transportwesens (Bus-Fernverkehr), schied aber aus, als er mit der »Reform« der Arbeitsverhältnisse nicht weiterkam. Weil die Wiederwahl der Sozialisten aussichtslos und die bisherigen populistischen Parteien korrupt und verwirtschaftet waren, förderte sein Milieu eine Form des Sekundär-Populismus, in oberflächlicher Distanz zu den bisherigen kapitalverträglichen Parteien: Mit der Bewegung »En Marche« wurde Macron Frankreichs Präsident. Wegen seines Aufstiegs wurde er als »der neue Sarkozy« bezeichnet.[310] Nun privatisiert der vermögende Opportunist und Populist die Unternehmen weiter, die dem Staat gehören wie die Bahn SNCF, ebenso die Unternehmen mit Staatsanteil wie den Energiekonzern Engie. Er hat die steuerliche Belastung der »Glücklichen« drastisch reduziert: Die Vermögensteuer schaffte er ab, ebenso die Besteuerung der Dividenden.[311]

Für die staatlich mitorganisierte Selbstbereicherung der »Glücklichen« verwandelt sich der globalisierende Bankier nicht nur in einen Nationalisten; er will auch die mittelalterliche Einheit von Nation und katholischer Kirche wieder herstellen. Vor den versammelten Bischöfen Frankreichs beschwor er gegen die Aufklärung »die unzerstörbaren Bindungen zwischen der französischen Nation und dem Katholizismus ... die katholische Kraft muss wieder und immerdar unsere Nation zum Leben erwecken.«[312]

Die Propheten des moralisch und demokratisch abgewirtschafteten Kapitalismus beleben jedes erreichbare und passende Symbol, jede erreichbare Religion, jede noch so finstere Tradition, jeden glänzenden Palast.

Schroders PLC

Auch die Bank Schroders, die lange wegen der deutschen Gründer Schröder hieß, hat wie Lazard und Rothschild eine Tradition, die in den Anfang des 19. Jahrhunderts zurückreicht. 1863 finanzierte sie mit der Pariser Bank Erlanger die Konföderierten im amerikanischen Bürgerkrieg. Vor dem Ersten Weltkrieg kreditierte sie den deutschen Überseehandel, der im Krieg zusammenbrach; nach dem Krieg beriet sie die deutsche Regierung und gehörte mit Barings und Rothschild zu den größten Banken in London.

Schroders zog sich wie Lazard auf die strategische Beratung von Unternehmen und Regierungen zurück. 2017 verwaltete sie 447 Mrd. Pfund Kapital von UHNWI. Ein Teil des Kapitals steckt die PE-Tochter Permira in Firmenaufkäufe. Die Bank mit Hauptsitz in London, Filialen in 29 Staaten und mit 4.600 Beschäftigten ist vor allem in den USA, Deutschland, den Golfstaaten und China aktiv. Die Nutzung der britischen Finanzoasen Gibraltar, Jersey und Guernsey sowie der Finanzoasen Luxemburg, Niederlande und Schweiz gehört zum Handwerkszeug. Auch diese traditionelle Familienbank gehört seit kurzem den neuen Finanzakteuren. Es dominieren PE-Investoren, aber auch Vanguard und Fidelity sind Miteigentümer.

Die Bank pflegt kaum sichtbare Beziehungen zu Spitzenpolitikern und den wichtigsten Finanzinstitutionen. So hatte sie ab den 1980er Jahren hinter Rothschild eine führende Rolle bei den Privatisierungen in Westeuropa, so mit der Investmentbank SG Warburg bei der Privatisierung des Wassers unter der Regierung von Margaret Thatcher. Große Aufträge waren auch die Privatisierungen der französischen Staatsbank Crédit Lyonnais und der Deutschen Telekom.[313]

Mit Gordon Richardson stellte Schroders den Gouverneur der englischen Zentralbank, mit James Wolfensohn von 1995 bis 2005 den Präsidenten der Weltbank. Schroders-Chef Geoffrey Bell gründete 1978 mit Unterstützung der Rockefeller Foundation die *Group of Thirty*: Diese exklusive Kapital-Lobby aus immer nur 30 Mitgliedern wird gegenwärtig vom Präsidenten der Wall-Street-Bank JPMorgan Chase geleitet. 13 Mitglieder wie der Ex-Chef der US-Zentralbank, Ben Bernanke, kommen aus den USA. Weitere Mitglieder kommen aus großen Zentralbanken und der Weltbank. Mario Draghi, Präsident der EZB, der von Goldman Sachs kam, ist ebenso vertreten wie neuerdings Philipp Hildebrand, der Vizechef von BlackRock.[314]

Macquarie Group LC

In Australien nahmen Banker, in enger Beziehung zu den Vorbildern in New York und London, die Deregulierung frühzeitig selbst in die Hand, noch bevor sie gesetzlich legitimiert war. So wurde schon 1969 in Sydney die neue Investmentbank Macquarie gegründet. Sie ist heute mit Sitzen in New York, London, Paris, Frankfurt, Abu Dhabi, Hongkong, Peking usw. und mit 14.500 Beschäftigten der weltweit größte private Finanzier von Infrastruktur. Macquarie arrangiert M&A und platziert ihre Fonds, in denen Kapital von HNWI, Versicherungen und Unternehmen gesammelt wird, in privatisierter oder privat neu errichteter Infrastruktur: Häfen, Flughäfen, Mautstraßen und -brücken, Tunnel, Krankenhäuser, Trinkwasser- und Abwasseranlagen, Kraftwerke. Macquarie berät auch andere Investoren wie Bain Capital, Bridgepoint, Odewald und Permira beim Kauf und Verkauf von Unternehmen nach der PE-Methode.[315]

Zunächst in Australien trieb die Bank für den Staat und Regionalbehörden Privatisierungen voran. Mit dem hier erworbenen Handwerkszeug wurde sie in den 1990er Jahren auch in Europa aktiv. So arrangierte sie in Deutschland mit dem französischen Baukonzern Bouygues und den Kreditgebern Deutsche Bank und HSH Nordbank den Bau und Betrieb des Warnow-Tunnels bei Rostock. Der ging nach dem PPP-Muster 2003 an den Start, noch bevor der Bundestag das PPP-Gesetz beschlossen hatte. Der Tunnel sollte während 30 Jahren durch Pkw-, Bus- und Lkw-Maut refinanziert werden. Doch die von Macquarie beschafften Gefälligkeitsgutachten zur Wirtschaftlichkeit bewahrheiteten sich nicht. Die Maut wurde verdreifacht, die Laufzeit auf 50 Jahre verlängert.[316]

Während der Regierungszeit von Anthony Blair in Großbritannien kaufte Macquarie das Wasser- und Abwassersystem von London, Thames Water. Mithilfe von Krediten, die Thames Water aufnehmen musste, generierte Macquarie für seine Anleger eine Jahresrendite zwischen 15,5 und 19 Prozent. 2017 verkaufte die Bank ihre letzten Anteile und hinterließ ein mit zwei Milliarden Pfund überschuldetes Unternehmen.[317]

Perella Weinberg

Die jüngsten Neugründungen dieses Banktyps werden gerne lässig als Investment-‚Boutiquen' bezeichnet. Eine davon ist Perella Weinberg, 2006 gegründet und inzwischen schon auf 650 Mitarbeiter angewachsen, mit den Hauptniederlassungen in New York und London und weiteren Filialen in San Francisco, Abu Dhabi, Dubai, Denver. Europa-Chef Dietrich Becker, der bei Merrill Lynch und Morgan Stanley gelernt hat, skizziert die neuen Aufgaben: Wir expandieren jetzt in der EU, nicht nur wegen des Brexit. Über die einzelnen Mandate schweigt er. Aus anderen Quellen wurde bekannt, dass Perella Weinberg E.ON bei der Übernahme der RWE-Tochter Innogy berät.[318]

Bei der Beratung des Industriegaseherstellers Linde wurde bekannt: Perella Weinberg erhält 36 Millionen Euro Honorar. Während der Vorbereitung der Fusion mit dem US-Konkurrenten Praxair war der Linde-Aufsichtsratschef Wolfgang Reitzle gleichzeitig Miteigentümer von Perella Weinberg und der wichtigste Antreiber der Fusion. Erst nach Beginn der offiziellen Fusionsverhandlungen und nach öffentlicher Kritik ließ Reitzle seine Partnerschaft »ruhen«.[319] »Beraten« ist auch hier ein anderer Begriff für koordinierte, privilegierte Selbstbedienung.

***

5. Privatbanken: Diskretes Vorfeld der Großen

Dem allgemeinen Publikum ebenfalls so gut wie unsichtbar agieren, mit neuem Aufschwung nach der Finanzkrise, die kleinen, feinen Privatbanken. Diese »stille Branche« ist in den letzten Jahren »zügig gewachsen«, heißt es im Elitereport 2018.[320] Wir betrachten die Situation in Deutschland.

Der Elitereport stellt 66 solche Banken vor. Sie verwalteten im Jahr 2017 ein Vermögen von über einer Billion Euro – im Jahr zuvor waren es noch knapp 900 Milliarden gewesen. Diese Banken bekommen das Kapital von mittelständischen Unternehmer-Familien, vermögenden Freiberuflern, Senioren und Erben, auch von katholischen Bistümern und evangelischen Einrichtungen.[321] »Unsere Zielgruppe sind die 10.000 reichsten Deutschen, die über 50 Prozent des gesamten Vermögens der deutschen Bevölkerung verfügen«, hatte Matthias Graf von Krockow, Chef der damals noch größten dieser Banken, Sal. Oppenheim*, zu Beginn des 21. Jahrhunderts verkündet.[322]

Diese Banken haben meist ein regionales Haupteinzugsgebiet, insbesondere Großstädte wie München, Hamburg, Köln, Frankfurt, Berlin und Stuttgart, aber auch regionale Oberzentren wie Düsseldorf, Bielefeld, Nürnberg, Münster, Hannover, Dortmund, Bremen und Augsburg. Die Banken suchen sich in der über das ganze Land verteilten Zielgruppe, die seit der Aussage des Oppenheim-Chefs sich inzwischen etwa vervierfacht haben dürfte, ihre Untergruppen aus. So kann man bei der DZ Privatbank schon ab 250.000 Euro Einlage beginnen, während man bei ODDO BHF ab 25 Millionen besonders willkommen ist.

Bekanntere Namen sind Merck Finck, Berenberg, HSBC Trinkaus & Burckhardt, Fürst Fugger Privatbank, Weberbank, Bethmann, Metzler, Hauck & Aufhäuser. Auch ausländische Privatbanken betreiben Filialen in Deutschland, aus der Schweiz etwa Pictet und Julius Baer sowie Liechtenstein Global Trust LGT aus dem Fürstentum Liechtenstein. Gleichzeitig haben die größeren der Privatbanken auch selbst Niederlassungen im Ausland, in Chicago, New York, San Francisco, Luxemburg, Wien, Genf und Zürich.

Diese »stille Branche« gibt als eine Art Vorfeldorganisation das gebündelte Vermögen ihres Klientels teilweise zur Vermehrung an die Großen, verkauft BlackRocks Finanzprodukte und beteiligt sich als Kapital- und Kreditgeber für PE-Investoren. Sie sind dabei besonders diskret und lautlos. Darin sind die Privatbanken, die einen hohen Anteil adligen Personals beschäftigen, teilweise schon seit Jahrhunderten geübt.

In Westeuropa ist immer noch die Schweiz der führende Standort. Allein die beiden größten, Pictet und Julius Baer, verwalten fast so viel Kundenvermögen wie die genannten deutschen Privatbanken zusammen: knapp 800 Mrd. Euro. Beide weiten seit einigen Jahren ihre Nie-

* Die Bank ging 2009 bankrott, die Abteilung Wealth Management wurde von der Deutschen Bank aufgekauft.

derlassungen in der nach arm und reich zerfallenden EU aus. Und auch sie sind Profis der organisierten Steuerflucht: »Deutschland ist nach der Schweiz, Guernsey, Hongkong, Monaco, Singapur und den Bahamas eines von sieben Buchungszentren der Julius Baer Gruppe.«[323]

***

6. Venture Capitalists: Die Vorbereiter

Die Risiko- oder Wagnis-Finanziers sind ständig auf der Suche nach kleinen Start-ups, die noch wenige Mitarbeiter haben, aber eine große Zukunft versprechen. Dann steigen die Venture Capitalists schrittweise ein. Das kann mit 100.000 Dollar oder Euro beginnen und ist bis zu einer dreistelligen Millionensumme nach oben offen. Oft tun sich mehrere Venture-Firmen zusammen, um einen Start-up gemeinsam zu finanzieren.

Nach zwei bis vier Jahren gelingt dann entweder der Börsengang, die Übernahme durch einen Konzern oder der Weiterverkauf an den nächsten Venture- oder PE-Investor. Meist bleiben die Start-up-Gründer als leitende Manager mit einem Aktienanteil zwischen 5 und 10 Prozent im Unternehmen, während die Venture Capitalists nach wenigen Jahren ihren Aktienanteil gewinnbringend verkaufen; beim großen Erfolg steigen schließlich BlackRock & Co ein, wie wir bei Facebook & Co sehen werden.

Entstehung in den technologie-intensiven Branchen | Die Methode entstand in den 1960er Jahren in den USA. Schwerpunkt war die Datenverarbeitung im Umkreis der Stanford University und der dortigen Rüstungsfirmen wie Lockheed. Auch General Electric, IBM, die Telefongesellschaft AT&T und die Autokonzerne Ford und General Motors waren ständig auf der Suche nach neuesten Technologien. Nachdem dies lange auf die Rüstungsindustrie und die traditionellen Großkonzerne begrenzt blieb, griff es auf selbständige Neugründungen über.[324] Allein im Jahr 1983 finanzierte Hambrecht & Quist aus San Francisco 66 Neugründungen. Jährlich wurden hunderte Software- und Chipentwickler sowie Datenanalysten gefördert. So konnten ab Anfang der 1980er Jahre innerhalb weniger Jahrzehnte und dann immer schneller auch Weltkonzerne wie Apple, Microsoft, Amazon, Google, Facebook, Uber und Spotify entstehen.

Auch Banken und Konzerne | Auch die Venture Capitalists sind meist Ex-Banker. Ihre Firmen bleiben klein und haben in der Regel nur wenige Angestellte, zwischen fünf und 50. Aber auch Banken bedienen sich der Methode und gründen Venture-Capital-Tochterfirmen. Dies tun ohnehin Konzerne wie Google, die selbst so entstanden sind und dann durch den ständigen Aufkauf von Start-ups weiter expandieren.

Auch andere Konzerne tun das, so etwa der Chiphersteller Intel, Siemens, BASF, der Brillenverkäufer Fielmann, Bosch, Evonik und die Deutsche Lufthansa. Die Unternehmensberatung Boston Consulting Group (BCG) gründete BCG Digital Ventures. Die Digital-Venture-Tochter des Axel-Springer-Verlags förderte mit der Digital-Venture-Tochter des Autokonzerns Porsche das gemeinsame Start-up-Unternehmen Accelerator.

Schließlich schaffen sich auch die großen Kapitalorganisatoren der ersten Liga wie BlackRock, Fidelity und Wellington solche spezialisierten Tochterfirmen – bei Private Equity tun sie das ja auch.

... und auch Geheimdienste | Auch Geheimdienste, die ständig auf der Suche nach noch besseren Überwachungstechnologien sind, unterhalten Risikokapital-Töchter: Die Firma des CIA heißt In-Q-Tel.[325] Sie investierte zum Beispiel in den Aufstieg von Palantir. Dieses Unternehmen expandierte schnell auf jetzt 2.000 Beschäftigte in 15 weltweiten Standorten. CIA, NSA, US-Innenministerium und US-Militär sind die Hauptkunden.

Biotechnologie, Klima, Medien, Social Media ... | Unter den Finanzstars des Silicon Valley steht gegenwärtig Brian Singerman ganz oben. Er ist mit Peter Thiel Mitbegründer von Founders Fund. Er förderte den Start-up Stemcentrx, Hersteller eines Medikaments zur Krebs-Bekämpfung. Founders Fund investierte 300 Millionen und konnte die Firma schon zwei Jahre später an den Pharmakonzern AbbVie mit einem Gewinn von 1,4 Milliarden verkaufen. Zuvor hatte Singerman den Start-up Climate Corporation gefördert (Wetter- und Bodenmessungen) und an den Agrarkonzern Monsanto weiterverkauft. Ähnlich wurde DeepMind gefördert und an Google verkauft. Founders Fund finanzierte auch den Aufstieg des Vermittlers von Privat- und Hotelzimmern AirBnB.

Sequoia Capital investierte in den Messenger WhatsApp und konnte ihn für 3 Milliarden an Facebook verkaufen. Baseline Ventures investierte in den 2009 gegründeten Foto/Video-Onlinedienst Instagram und konnte ihn schon drei Jahre später für eine Milliarde Dollar ebenfalls an Facebook verkaufen.[326]

Die größten Risikokapital-Firmen residieren in den USA, in den Silicon-Valley-Hochburgen San Francisco, Palo Alto und Menlo Park, einige in New York, Boston und Texas. Die größte ist die Tochterfirma des Chipherstellers Intel mit einem Kapitalvolumen von 9 Milliarden Dollar, dann folgen Oak Investment, Insight, IDG, Accel, Draper Fisher, Intellectual, Vantage Point, die schon genannten Founders Fund (3 Milliarden) und Sequoia, dann Austin Ventures, Highland, General Catalyst bis runter zu Google Ventures mit 1,6 Milliarden Dollar.[327]

Auch in China, Asien, Südamerika, Europa bedient man sich der Methode. In Deutschland sind einige Dutzend Risikokapital-Finanziers aktiv. Das Feld beherrschen allerdings Google Ventures, Intel Capital, Comcoast, Salesforce und Cisco Investments. Die ersten deutschen Firmen sind Töchter von Konzernen und stehen in Deutschland auf Platz 26 (Einzelhändler Tengelmann), Platz 36 (Bertelsmann Digital Media) und Platz 49 (Pharmakonzern Boehringer).[328]

Silicon Valley comes to Europe | Die Silicon Valley Bank (SVB) hat seit 1983 nach eigener Aussage schon 30.000 Start-ups finanziert. Sie macht das direkt, aber auch durch Kredite an PE-Investoren, Hedgefonds und andere Venture Capitalists. Ihren Kapitalgebern verspricht die SVB eine zweistellige Rendite.

Peter Thiel / Founders Fund

Peter Thiel ist der bekannteste Venture Capitalist in Silicon Valley. Er studierte in Stanford. Er arbeitete danach in der Wall-Street-Kanzlei Sullivan & Cromwell; die ist bekannt als Ausgangspunkt für Allen und John F. Dulles, die seit den 1920er Jahren deutsche und US-Konzerne gleichzeitig vertraten; Allen Dulles wurde nach 1945 CIA-Chef, John F. Dulles wurde US-Außenminister. Thiel machte sich als Venture Capitalist selbständig und brachte PayPal, YouTube, LinkedIn an die Börse. Er gehörte 2004 zu den ersten Investoren von Facebook. Er gründete die Venture-Capital-Firma Founders Fund, die etwa 100 Start-ups hochbrachte, darunter Spotify, Palantir, Lyft und SpaceX. Daneben ist Thiel im Aufsichtsrat von Facebook und agiert als Präsident des New Yorker Hedgefonds Clarium Capital und von Palantir Technologies. Alles, was sich in der Finanzwelt bewegt, ist Spekulationsobjekt: So verdiente er mit Wetten auf die Kryptowährung Bitcoin einige hundert Millionen Dollar.[329] Palantir (sehender Stein) ist einer der wichtigsten Softwarezulieferer für die US-Geheimdienste FBI, CIA und NSA, aber auch für das Department of Home Security, für FBI, Air Force, Marines und die US-Katastrophenschutzbehörde. Dafür holte Thiel die Ex-Außenministerin Condoleezza Rice und Ex-CIA-Chef George Tenet in den Beraterkreis.[330] Die US-Regierung beauftragte Palantir, die Veröffentlichung geheimer Militär- und Diplomatendaten durch *wikileaks* zu neutralisieren. Palantirs Big-Data-Systeme werden nicht nur in Kriegsgebieten wie Afghanistan zur Suche und Tötung von Zielpersonen eingesetzt, sondern etwa auch zur Überprüfung von Muslimen, die in die USA einreisen, aber auch zum Betrieb automatisierter Wertpapier-Handelssysteme.[331] Wie die meisten Silicon-Valley-Stars vertritt Thiel ein diffuses rechtsextremes Menschen- und Weltbild. 2009 bezeichnete er sich wie Amazon-Chef Bezos als einen »Libertär«: Für die »authentische menschliche Freiheit als höchstes Gut« müsse sich die Menschheit politik- und staatsfreie Zonen schaffen, im Cyberspace/Internet, im Weltraum und mit Ansiedlungen auf dem Meer. Die Freiheit des Individuums sei mit Demokratie, Wohlfahrtsstaat und Frauenwahlrecht nicht vereinbar. »Ich glaube nicht, dass Freiheit und Demokratie vereinbar sind.«[332] Außerdem versteht sich Thiel noch als Christ.

Der libertäre Visionär bespendete den rechtsradikalen Politikdarsteller Donald Trump mit 1,25 Mio. Dollar und ließ sich zum Delegierten für die Republican National Convention 2016 wählen.[333] Dort warb er in seiner Parteitagsrede für Trump, der Amerika wieder zu »einer strahlenden Zukunft« führe und den Kalten Krieg fortführe, den die USA gewonnen hätten. Thiel brachte den teilweise zunächst etwas verdutzten Parteitag zu stehenden Ovationen, als er ausrief: »Ich bin stolz, schwul zu sein. Ich bin stolz, ein Republikaner zu sein. Vor allem bin ich stolz, Amerikaner zu sein.«[334] Nach Trumps Wahl ließ er sich mit den Chefs von Amazon, Facebook, Google, Apple, Cisco, Tesla und Uber in die Gruppe der Wirtschaftsberater des neuen US-Präsidenten berufen. Der Mehrfach-Milliardär gründete mit dem Tesla-Chef Elon Musk das Unternehmen SpaceX, um die US-Raketentechnik auf einen neuen Stand zu bringen und mit einer reichen Elite zunächst den Mars, dann weitere Bereiche des Weltraums zu kolonisieren. Er fördert Seasteading, den Aufbau von Siedlungen für reiche Individuen auf dem Meer außerhalb der Reichweite bisheriger Staaten. Mit dem Blut jüngerer Menschen wolle er 120 Jahre alt werden, erklärte er. Und er ließ forschen, wie das biologische Altern der reichen Menschen aufgehalten werden kann.*

* Der Silicon-Valley-Venture-Capitalist Thomas Weisel sponserte neben vielen Start-ups das Team des Radrennfahrers Lance Armstrong, der zwischen 1999 und 2005 sieben Mal die Tour de France mithilfe modernsten Dopings gewann. 2006 erhielt Weisel den Preis der National Venture Capital Association für seine Lebensleistung. Armstrong gestand das Doping erst nach langem Leugnen 2013.

Seit 2004 hat die SVB in Großbritannien, Israel, Hongkong und China Niederlassungen eröffnet, jetzt sind Deutschland und Kanada dran. Im Mai 2018 wurde die Niederlassung in Frankfurt/Main eröffnet. Die Investitionen gelten wie bei Amazon, Facebook, Microsoft & Co den Schwerpunkten Künstliche Intelligenz, Life Science und Medizintechnik. Die Wirtschaftspresse interpretiert die Eröffnung der Frankfurter Niederlassung als »Ritterschlag« des bewunderten Silicon-Paradieses für den Standort Deutschland.[335]

***

7. Traditionelle Banken als Dienstleister

Die traditionellen Großbanken wurden nach der Finanzkrise von 2007 staatlich gerettet und ein bisschen reguliert. Sie haben gegenüber den neuen Finanzakteuren ihre bisherige Stellung eingebüßt. Zum einen sind BlackRock & Co nun die Eigentümer dieser Banken. Zweitens gestalten BlackRock, Blackstone, Bridgewater, Founders Fund und Rothschild die bestehenden Unternehmen, Banken und Staaten um. Drittens verfügen die neuen Finanzakteure über mehr Kapital-Rückhalt durch ihre vermögenden Kunden. Trotzdem beherrschen die traditionellen Banken immer noch das öffentliche Bild.

Dienstleister der neuen Finanzakteure | Sie schlagen sich darum, den neuen Finanzakteuren für deren Operationen Kredite zu geben. Die Banken schleppen zwiespältig die Millionen Kleinkunden als Laufkundschaft mit sich herum: Im Vergleich zu den Kapitaleinlagen der reichen und institutionellen Kunden bei den neuen Finanzakteuren sind die Gehalts- und Sparkonten und kleinen Wertpapierdepots der »Normalverdiener« und Empfänger staatlicher Transfers und Renten kümmerlich und in der Verwaltung konkurrenzlos teuer. Da wird nun nachträglich rationalisiert, automatisiert, digitalisiert und immer noch bringt das nicht viel. Filialen schließen oder doch nicht?

Mit ihrer Kreditvergabe an die neuen Finanzakteure tragen die traditionellen Banken wieder zur nächsten möglichen Finanzkrise bei. Möglicherweise werden sie dann nicht mehr gerettet – »systemrelevant« sind dann BlackRock & Co.

Zwei-Klassen-System USA – Westeuropa | Die Großbanken handeln weiter mit Wertpapieren aller Art. Ein gutes Geschäft ist die Organisation von Börsengängen, wenn also ein von den neuen Finanzakteuren hochgepäppeltes Start-up-Unternehmen reif ist für den Börsengang. Dabei verdienen die Banken zwischen 5 und 7 Prozent des Aktienvolumens.

Allerdings beherrschen hier und mehr als bisher die US-Banken das Geschäft auch in Europa. In Deutschland sieht heute die Reihenfolge bei der Organisation von Börsengängen nach Aktienvolumen inzwischen so aus: Goldman Sachs, JPMorgan Chase, Credit Suisse, Deutsche Bank, UBS, Citibank, BNP Paribas, Bank of America Merrill Lynch, Berenberg Bank, Morgan Stanley.[336]

Bei M&A spielen »deutsche« Banken keine Rolle. Hier führt die Investmentbank Rothschild.[337] Nach Rothschild folgen Citibank, BNP Paribas, Bank of America Merrill Lynch, Perella Weinberg, JPMorgan Chase, D'Angelin, Catalist Partners, Goldman Sachs. Bei den Infrastruktur-Wertpapieren führt Lazard.[338] Zudem bauen Goldman Sachs & Co ihre Niederlassungen in den EU-Staaten und insbesondere in Deutschland weiter aus.

Die ehemals größte Bank in Deutschland, die Deutsche Bank, ist in der internationalen Rangliste weiter nach unten gerutscht. Zudem wurden 2018 aus dem Aufsichtsrat zwei verbliebene deutsche Mitglieder entfernt und durch zwei Wall-Street-Banker ersetzt.[339]

»Europas Banken hecheln der US-Konkurrenz hinterher. Der Vorsprung der Wall-Street-Häuser wird immer größer«, Ergebnis ist eine »Zweiklassen-Gesellschaft«.[340] Während BlackRock & Co dem Chef der Deutschen Bank nur ein Jahresgehalt von 3 Millionen genehmigen, genehmigen sie dem Chef von JPMorgan Chase das Zehnfache, nämlich 30 Millionen.[341]

8. Internet-Kapitalisten: Google, Facebook, Amazon & Co

Das Internet wurde vom US-Militär nach dem Sputnik-Schock 1957 gegründet. Nach dem Zusammenbruch der sozialistischen Staaten ab 1990 wurde es für die kommerzielle Nutzung freigegeben. Durch die neuen Finanzakteure wurde es zum unverzichtbaren Wirtschaftsmedium. Die Führungsfunktion des Militärs galt, von wenigen tapferen Friedensaktivisten wie dem Lockheed-Ingenieur Robert Aldridge abgesehen, als selbstverständlich.[342] Eine vielfältige Zusammenarbeit, Geheimdienste eingeschlossen, besteht bis heute.

Leitfragen | Die öffentlichen Kenntnisse über die fünf »digitalen Vampire« oder »apokalyptischen Reiter« des Internets – Google, Amazon, Microsoft, Facebook, Apple (GAMFA)[343] – und über die Plattform-Ökonomie sind weit verbreitet, aber bruchstückhaft. Die folgende Analyse gilt deshalb anhand exemplarischer Darstellungen folgenden Fragen: Rolle der neuen Finanzakteure, Arbeitsverhältnisse, volkswirtschaftliche und Umwelteffekte, Verhältnis zu Politik und Staat, Verflechtung mit Geheimdiensten und Militär, schließlich Widerstand und Alternativen.

Pioniere des digitalen Alltags: Apple und Microsoft | Für die heutige Digitaltechnologie spielten neben den von Anfang an militärisch eingebundenen Konzernen wie Hewlett Packard, IBM, Texas Instruments, Motorola und Intel die neuen Computer- und Softwareunternehmen Microsoft und Apple (gegründet 1975 und 1976) eine vorbereitende Rolle. Dann expandierte die Plattform-Ökonomie mit Amazon und Google (gegründet 1994 und 1997), dann Facebook (gegründet 2004) und danach mit dem noch schnelleren Aufstieg von Uber, AirBnB, Netflix, Parship & Co. (gegründet ab 2009).

Apple: Personal Computer und noch viel mehr

Mitte der 1970er Jahre war die Herstellung von immer leistungsfähigeren, immer kleineren Halbleitern so weit gediehen, dass sie wegen der

Massenfertigung immer billiger wurden. Ab 1972 stellte Texas Instruments auch Chips für Taschenrechner her. Tausende von Technikern, darunter ehemalige Militäringenieure bastelten erste Heimcomputer.

Erfindung und Vision | Am 5. März 1975 fanden sich 32 solche Tüftler in Menlo Park/Silicon Valley zusammen. Sie gründeten den *Homebrew Computer Club*. Homebrew – »wir brauen unsere Computer selbst«, so wie man zuhause auch Bier selbst brauen kann. Danach traf man sich zweimal monatlich in einem Hörsaal der Stanford University/Palo Alto. Man stellte sich gegenseitig die zusammengesuchte Hardware und Software vor. 1976 protestierte ein gewisser William Gates, der damals in einem kleinen Softwarezulieferer in der zweitwichtigsten Rüstungs-High-Tech-Region – Seattle mit dem Flugzeug- und Rüstungskonzerns Boeing – arbeitete, dass der Club sein Programm geklaut habe.

Club-Mitglied Steve Jobs hatte kurz bei der 1972 gegründeten Firma Atari gearbeitet, die erste Heimcomputer, Computerspiele und Spielkonsolen herstellte. 1974 tourte er wie viele US-Hippies durch Indien und sog schnell einige Elemente des Hinduismus und Buddhismus auf. Im Club stellte der 21-Jährige dann mit dem Freund Steve Wozniak den selbstgebastelten Apple I vor – ein kleiner Tischcomputer im Holzgehäuse. Den Namen Apple (Apfel) nahm Jobs, weil er überzeugter Frutarier (eine Art Vegetarier) war. Mehrere Exemplare wurden verkauft. Jobs gründete mit dem Freund 1976 die *Apple Computer Company*. Bei einem Computermarkt 1977 in San Francisco stellten sie schon den Apple II vor.

Kommunitaristische Techno-Welt | Bis zu seinem Tod 2011 spielte der geniale Gründer-Tüftler Steve Jobs den frutarischen Visionär und Menschenfänger. 2001 hatte er seine Anfangsvision weiter ausgebaut: Das digitale Gerät – nach dem Edelcomputer Macintosh nun die jeweils letzte Version des Smartphone – soll Zentrum des Lebens werden. Die digitale Technologie durchdringt mit Musik, Bild, Sprache und Peripheriegeräten den Alltag und macht das Leben, ja die Menschheit besser. Das verkündete der sensible Visionär auf großen

Bühnen, angetan mit verwaschenen Jeans, Sandalen, Schlabberpulli und Nickelbrille.

Jobs und tausende seiner Altersgenossen wie William Gates waren von den *New Communalists* inspiriert: Die Kommunitaristen verkündeten ein egalitäres, freiheitliches, hierarchiefreies Gegenmodell zur »fortgeschrittenen Industriegesellschaft«, die von der »Kritischen Theorie« auch als »Spätkapitalismus« bezeichnet bzw. erhofft wurde.[344] Die neue, saubere Technologie ermögliche den Zugang zu allen Informationen unabhängig von Geschlecht, Rasse, Glaube und Kaufkraft. Teilweise überschnitt sich das mit »*New Left*« und war etwas diffus gegen Kirche, Tradition, Big Business und die Regierung in Washington gerichtet.[345]

Anfangs träumte Jobs sogar von einem *corporate socialism*: Ein Unternehmen wie Apple stelle den Mitarbeitern alle Annehmlichkeiten bereit, die nicht einmal der Sozialismus verspreche: Kinderversorgung, Fitness-Pausen, begeisterte Arbeit an luftigen Arbeitsplätzen, Kultur, vegetarische Kantine, kostenlose Anfahrt zum Arbeitsplatz – alle Mitarbeiter sind gleich, alle reden sich mit Vornamen an.[346] Den Zusatz *socialism* ließ er mit dem Erfolg schrittweise fallen, übrig blieb das corporate und die Unterstützung für den General-Electric-Pressesprecher und US-Präsidenten Ronald Reagan.[347]

Geplante Obsoleszenz mit Microsoft | Als der Verkaufserfolg sich andeutete, stiegen 1978 nacheinander die Wagniskapital-Firmen Davis & Rock, Venrock Associates, Sequoia und Singleton ein. Den nächsten Sprung ermöglichte der Kopiergeräte- und Bürotechnikkonzern Xerox. Der hatte 1970 im Industriepark der Stanford University ein Forschungszentrum eingerichtet. Hier wurde zunächst für das Militär die dann auch für Apple wichtige Benutzeroberfläche entwickelt, auf der man mit einer »Maus« Symbole anklicken und im Computer einfach und schnell zu Spielen oder anderen Programmen gelangen kann.

Der Xerox-Konzern machte zur Bedingung, dass er vor dem anstehenden Börsengang Apple-Vorzugsaktien erhielt. Nach dem Börsengang 1980 wurde der Marketingchef von Pepsi-Cola Apple-

Chef. Die alternative Klitsche wurde schrittweise zum normalen US-Konzern.

1997 begann die Zusammenarbeit Apples mit dem gleichzeitig gegründeten und ebenfalls schnell aufgestiegenen Softwarekonzern des William Gates, Microsoft. Man vereinbarte Überkreuz-Lizenzen und baute ein Kartell auf. Die Obsoleszenz der Digitalprodukte wurde generalstabsmäßig geplant, jede neue Version einer Software, eines Computers wurde mit einigen neuen Eigenschaften (Speicherplatz, Installation von Dritt-Software, GPS) ausgestattet, aber nicht mit allen, die möglich waren – die kamen dann erst in der nächsten und übernächsten Version. Um den öffentlichen Hype auf die nächste Version zu inszenieren, wurden die Nutzer und Fans gezielt ausgespäht. Ohne die Tiefe der Ausspähung offenzulegen, hieß es anschmiegend »Wir wollen euch besser verstehen«. So wurde Hysterie erzeugt, man müsse die neueste Version kaufen, um »dabei« zu bleiben. Apple und Microsoft wurden führend bei der geplanten psychisch-technologischen Obsoleszenz.[348]

Der ganz gewöhnliche Silicon-Valley-Kapitalismus | Die Apple-Führung tat allmählich das, was US-Großkonzerne tun: Die Gründer und Topmanager verschaffen sich mit Vorzugsaktien, Nebengeschäften und Boni die großen Vorteile – allerdings hierarchisch scharf gegliedert.

Jobs verzichtete seit 2001 populistisch auf ein Gehalt und ließ sich einen symbolischen Dollar pro Jahr auszahlen – und akkumulierte nebenbei ein Milliardenvermögen. Im Jahr 2006 kassierte Jobs allein bei Apple 657 Millionen Dollar aus Aktienoptionen. Er lag damit um ein Mehrfaches vor den bestbezahlten Chefs der Wall-Street-Banken und der größten Ölkonzerne.[349] Das war aber nur ein Teil seiner Einkommen: Nebenbei war er seit 2006 größter Aktionär der Walt Disney Company.

Kartellbildung, Kundenausspähung, Gesetzesverstöße: Apple organisiert wie jeder US-Konzern auch die Steuerflucht mithilfe hintereinander geschalteter Briefkastenfirmen etwa in Irland und den Niederlanden.[350] Apple verkaufte in der EU seine Mobiltelefone mit einer Gewährleistung für ein Jahr und mit einer Zusatzversicherung für eine längere Gewährleistung – obwohl in der EU eine zweijährige Gewährleistung gilt.[351]

Die Apple-Manager werden je nach Hierarchiestufe mit zwei- und einstelligen Millionenbeträgen belohnt, und manchmal durften sie in dem für Steve Jobs von Apple bereitgestellten Privatjet mitfliegen. Die meisten Beschäftigten strampeln sich mit Überstunden ab – einige gern, einige weniger gern. Für die Sauberkeit der Bungalows, Swimmingpools und Vorgärten der Mittelschichtsverdiener auf den Berghöhen des Silicon Valley sorgen schwarze und mexikanische Tagelöhner/innen.

Niedriglohn-Heere zwischen Asien und Irland | Fern in Asien lässt Apple in der mörderischen und selbstmörderischen Tretmühle des Subunternehmers Foxconn die harte Arbeit ausführen, die man im kalifornischen Paradies nicht sehen kann.[352] Die Produktion der im Silicon Valley designten Luxuscomputer, später der MP3-Player, Peripheriegeräte, Notebooks, Smartphones, Tablets wurde und wird in arbeits- und umweltrechtlich dubiose Regionen ausgelagert. Mittlerweile schuften etwa eine Million Menschen in 12-Stunden-Schichten in Niedriglohnstaaten rund um den Globus.

Eine ehemalige Beschäftigte in der Europa-Zentrale von Apple in Cork/Irland hat ihre Erfahrungen zusammengefasst: 5.000 niedrig bezahlte Telefonberater, eingeteilt in Großgruppen à 500, werden ständig durch Vorgesetzte geratet und haben pro Tag 8 Minuten Zeit für Toilettengänge, deshalb trinken sie möglichst wenig. Die Selbstmordrate liegt sechsmal höher als in der übrigen irischen Bevölkerung. Beschwerden bis hinauf zu Chef Tim Cook änderten nichts. Der Standort Hollyhill heißt deshalb in der Belegschaft Hollyhell.[353]

Den Beschäftigten in den deutschen Apple-Stores wird schon mal nachgespäht, wie oft sie die Toiletten aufsuchen und was sie in den Pausenräumen tun. Eine gemeinschaftliche Vertretung in Gestalt eines Betriebsrats gilt als Störung.[354] Aber jeder Beschäftigte soll sich mit Apple-Shirt mit dem Unternehmen identifizieren und in großen Versammlungen die Menschheits-Rettungs-Visionen des jeweiligen Chefs beklatschen.

Im Schoße des ordinären Großkapitals, NSA inklusive | Der Digital-Populismus von Apple landete schließlich im Schoß des neuen Großkapitals. Die größten Aktionäre von Apple sind Vanguard, BlackRock, State Street, Berkshire Hathaway, Fidelity, T. Rowe Price, Northern Trust, Geode Capital, Bank of New York Mellon, Norges, Invesco, Morgan Stanley, Bank of America, Goldman Sachs.[355]

Zwischen 2012 und 2017 konnten sie die jährlichen Apple-Nettogewinne zwischen 50 und 71 Milliarden Dollar[356] – entspricht einer Gewinnrate zwischen 20 und 30 Prozent – von den weltweiten Apple-Briefkästen auf ihre eigenen weltweiten Briefkästen und dann in die Briefkästen ihrer Kunden weiterverteilen.

Hunderte Millionen Apple-Geräte sind zwar gegen den Zugriff kleiner Krimineller geschützt, aber nicht gegen den Zugriff von US-Geheimdiensten. Apple-Geräte – wie die entsprechenden Geräte vergleichbarer Hersteller – sind die modernen Wanzen im privaten, auch gesellschaftlichen und unternehmerischen Raum der Bürger. Diese Wanzen müssen nicht mehr umständlich wie früher durch Geheimdienst-Schlapphüte heimlich in den Wohnungen, unterm Bett und im Telefonhörer installiert werden – Apple & Co liefern sie als schönen Alltag.[357] Auch Apple unterwirft sich seit 2001 ohnehin dem *Patriot Act* (Heimatschutz-Gesetz) und dem regierungsoffiziellen »Kampf gegen den internationalen Terrorismus«.

Selektive Frauenförderung | Seit 2011 wird der Aufsichtsrat schrittweise bestückt mit Vertretern des US-Top-Business, so mit den Ex-Chefs der Rüstungskonzerne Northrop Grumman und Boeing und von Walt Disney. Aber auch die neueren Pflichtwerte sind nun präsent: Um die umweltgerechte Beschaffung und Entsorgung der für Apple-Geräte notwendigen Seltenen Erden kümmert man sich nicht – aber für ein softes Umwelt-Image holt nun Ex-US-Vizepräsident Al Gore seine Tantiemen im Aufsichtsrat ab.

Die jungen Frauen in fernen armen Ländern ließ man ungesichert schuften – aber zeitgeistig wurde die Abteilung »erfolgreiche Frauen« ausgebaut. So kam die BlackRock-Mitgründerin Susan Wagner in den Apple-Aufsichtsrat, ebenso die junge Andrea Jung: Sie ist die

Chefin von Grameen America. Diese »Bank der Armen« vergibt nach der Erfindung des Nobelpreisträgers Muhammad Yunus Mikrokredite an arme Frauen in den USA für die Gründung kleiner Unternehmen.[358] Allerdings ist diese Bank inzwischen verbunden mit den beiden großen PE-Investoren Apax und Pomona Capital, mit Morgan Stanley und dem größten Hedgefonds Bridgewater.[359] Und Andrea Jung sitzt gleichzeitig in den Aufsichtsräten von General Electric und Daimler.

Die Aufnahme der BlackRock-Frau dient der weiteren Eroberung des Weltmarkts, so Apple-Vorstandschef Cook: »Wagner hat Erfahrungen bei Übernahmen und dem Aufbau globaler Geschäftsnetzwerke in entwickelten wie aufsteigenden Märkten.«[360]

Microsoft: Das Software-Monster

Der mit Apple-Gründer Jobs gleichaltrige William Gates hatte ebenfalls sein Studium abgebrochen und die Firma Microsoft gegründet: Micro = klein, soft = Software. Für die damals viel gebastelten Heim- und Personal Computer bastelte Gates mit Freunden die Software. Bald produzierte Microsoft auch Software für Unternehmen und Staaten, wurde der größte Softwarehersteller und ist es mit weltweit 120.000 Beschäftigten, davon 74.000 in den USA, und zahlreichen Zulieferern und Tochterfirmen bis heute geblieben. Auch hier geht es nicht ohne die Mission der Weltverbesserung: »Unsere Mission ist es, dass jede Person und jede Organisation auf dem Planeten mehr erreichen kann«.

Der Durchbruch gelang wie bei Apple mithilfe eines Großkonzerns. IBM baute nun ebenfalls Personal Computer und übernahm dafür 1981 von Microsoft das Betriebssystem MS-DOS. Mit Windows, zunächst die grafische Erweiterung des Betriebssystems, wurden die Bürosoftware Microsoft Office und viele weitere Anwendungen entwickelt. Damit wurde Microsoft Marktführer für die nun auch in allen Büros aufgestellten Personal Computer. Damit konnte das Unternehmen schon 1986 an die Börse gehen.

Microsoft durchdrang wie Apple den Arbeits- und Lebensalltag noch weiter mit Programmen für Mobilfunk, Tabellenkalkulation, Textverarbeitung, Power Point, Internetzugang und Internettelefonie, mit Hardware wie Tastaturen, Spielkonsolen, Musikgeräten.

Monopol- und Kartellbildung | Früh baute Microsoft seine Monopolstellung aus. Die einzelnen Produkte wie Internet Explorer wurden mit Betriebssystemen und Programmen zu Produktbündeln zusammengefasst. Konkurrenten wurden aufgekauft, deren Programme wurden verändert. Gelegentlich klappte eine feindliche Übernahme doch nicht, wie im Falle Yahoo. Der Einsatz von Software anderer Hersteller wurde erschwert oder unmöglich gemacht. Computerhersteller wurden gezwungen, Programme und Betriebssystem von Microsoft vorzuinstallieren. Die Nutzer wurden ausgespäht, um die Einhaltung der Microsoft-Regeln zu kontrollieren.

1998 reichten das US-Justizministerium und 19 US-Bundesstaaten eine Anti-Trust-Klage ein. Das Urteil ein Jahr später lautete: Um das Monopol aufzubrechen, muss Microsoft aufgespalten werden. Doch hier kam die Regierung von US-Präsident George W. Bush zu Hilfe. Der Konzern, der mit Bushs Wahlkampfagentur Century Strategies zusammengearbeitet hatte, errichtete in Washington mit einem Wahlkampfberater Bushs eine Lobby-Organisation und spendete 4,6 Millionen Dollar an ein Dutzend republikanische und demokratische Abgeordnete. Bush ließ 2001 durch den neu eingesetzten Chef des Kartellamts das Urteil aufheben.[361]

Europäische Union als Microsoft-Kolonie | Zwischen Helsinki, Lissabon und Bukarest bezahlen staatliche Verwaltungen, Kommunen, Polizeien, Unternehmen, Militärs, Organisationen weiter die teuren und exklusiven Microsoft-Programme, auch wenn sie gar nicht so gut funktionieren. Nur Microsoft-Experten kennen den Quellcode.[362] Das verstößt gegen EU-Vergaberecht, blockiert technischen Fortschritt, hält die Preise hoch. Obwohl Städte wie Rom und Barcelona, die Gendarmerie Nationale Frankreichs und sogar das italienische Militär die Fesseln sprengen wollen – die Europäische Kommission, die Regierungen von Macron und Merkel und auch die CSU in Bayern festigen die Microsoft-Kolonie. Microsoft kooperiert mit dem Geheimdienst NSA. Man lässt sich ausspähen und weiß nicht einmal, wo in den USA die Daten landen.[363]

Die vielbeschworene Transparenz zerfällt zu Staub, wenn es um

»Microsoft First«, verbunden mit »America First« geht. Gates hasst es, wenn US-Kriegsverbrechen an die Öffentlichkeit kommen. Den Whistleblower Edward Snowden hält er für einen Gesetzesbrecher, der keine Unterstützung verdient.[364]

Private Wohltäter | Auch in weiterer Hinsicht sind für Microsoft Gesetze zur Umgehung da, und überall werden Schlupflöcher und Sonderregionen genutzt. Operations Centers werden ausgelagert: die Billigproduktion von Geräten in die US-Kolonie Puerto Rico und Asien; die Steuerflucht nach Delaware, Irland, auf die Bahamas usw.; Staatssubventionen werden in strukturschwachen Regionen wie Reno/Nevada abgegriffen. Der so agierende Menschheitsbeglücker Gates beglückte sich vor allem selbst: Von 1994 bis 2014 stand er mit zuletzt geschätzten 90 Milliarden Dollar Privatvermögen 15 Mal in der *Forbes*-Liste an der Spitze der reichsten Individuen der Menschheit.

1999 gründete das Ehepaar Gates die Bill und Melinda Gates Foundation. »Alle Leben haben den gleichen Wert«, heißt das Motto, »Den Ärmsten, vor allem Frauen und Mädchen, die Chance geben, ihr Leben zu ändern«, heißt die Mission.[365] Mit einem Stiftungskapital von 43 Milliarden Dollar werden tausende Gesundheits- und agrarische Projekte in 100 Staaten, vor allem den ärmsten in Afrika und Asien, unterstützt.

Die Stiftung mit ihren 1.300 Beschäftigten arbeitet in »philanthropischen Partnerschaften« mit Eliteuniversitäten ebenso wie mit der Rockefeller Foundation und der OECD zusammen. Der Unternehmer-Club Rotary International bekam 255 Millionen Dollar. Die Stiftung trägt 11 Prozent des Budgets der UN-Gesundheitsorganisation WHO und ist in deren Verwaltungsrat vertreten.

Nach milieuüblicher Distanz zum neuen Präsidenten Trump freundete sich auch Gates nach dessen Wahl schnell mit ihm an: Unter Trump könnten durch die Beseitigung regulatorischer Hindernisse Innovationen freigesetzt und die USA wieder zur führenden Weltnation werden.[366] Die größte private Stiftung der Erde will ohnehin den Staat und die UNO ersetzen und »Entwicklungshilfe« und Weltgesundheit selbst organisieren.

Um diese Art Wohltätigkeit zu finanzieren, legt die Stiftung ihr Kapital auch bei den Verursachern der Probleme an, die man bekämpfen will, so etwa bei Monsanto, Bayer, BASF, Exxon, BP, Shell, Glencore, Rio Tinto, Coca-Cola, Merck, Novartis, SmithKline und Pfizer. Da trifft man sich mit BlackRock & Co. Nach öffentlicher Kritik hat die Stiftung einige Aktien verkauft, wobei unklar ist, ob sie Aktienpakete unterhalb der gesetzlichen Meldeschwelle behalten hat.[367]

Während der Gründerchef noch 6 Prozent der Microsoft-Aktien hält, gehört auch Microsoft den großen Kapitalorganisatoren. Es sind fast dieselben wie bei Apple und mit nur leicht veränderter Reihenfolge: Vanguard, BlackRock, State Street, Capital World, T. Rowe Price, Fidelity, Wellington, Bank of New York Mellon, Northern Trust, JPMorgan Chase, Geode Capital, Invesco, Bank of America und auch noch Norges.[368]

Die Plattform-Ökonomie

Das Internet wurde zur Basis neuer Unternehmensmodelle. Die digitalen Techniken werden mit populistischer Begleitmusik zur massenhaften Manipulation von Konsumenten eingesetzt sowie zur Degradierung der abhängig Beschäftigten. Militärs und Geheimdienste und Digitalkonzerne kooperieren.

Amazon: Das Handels-Monster

Amazon mit operativem Hauptsitz in Seattle, rechtlichem Hauptsitz in Delaware und mit 560.000 Beschäftigten weltweit wurde in zwei Jahrzehnten zum größten westlichen Konzern für Online-Versandhandel. Sein Gründer Jeffrey Bezos wurde 2018 mit 147 Milliarden Dollar Privatvermögen zum reichsten Individuum der USA und des Planeten Erde.

Militärisches Internet, Wagniskapital | Bezos begann nach dem Studium in Princeton an der Wall Street und wechselte 1990 zum Hedgefonds D. E. Shaw. Dessen Gründer Professor Shaw hatte an der Stanford University und dann an der New Yorker Columbia University mit ARPANET gearbeitet, der militärischen Vorform des Internets (siehe S. 236 ff.). Er übertrug die dort entwickelten Formen der digitalen Kommunikation, auch in Gestalt der e-mails, nun auf die Finanzbranche. Bezos arbeitete in der Abteilung für Online-Einzelhandel, stieg auf zum Vizepräsidenten und machte sich 1994 mit Amazon selbständig.[369]

Das Unternehmen begann mit dem Handel von Büchern. Die Familien-Stiftung seiner reichen Eltern, Bezos selbst, Freunde und der Venture Capitalist Kleiner Perkins Caufield & Byers investierten.[370] Das war so schnell erfolgreich, dass Amazon mit nur 256 Beschäftigten schon 1997 an die Börse gehen konnte. Allerdings gelang das nur, weil die Leitmedien Amazon als den kommenden größten Buchhändler der Welt feierten und weil drei erfahrene Finanzakteure den Börsengang organisierten: Deutsche Morgan Grenfell, Hambrecht & Quist und Alex. Brown & Sons.

Morgan Grenfell war die Filiale der Deutschen Bank in London. Der Venture Capitalist Hambrecht & Quist aus San Francisco hatte seit den 1980er Jahren schon Börsengänge wie die von Apple, Genentech und Adobe organisiert. Alex. Brown & Sons war die älteste Investmentbank der USA und wie die für BlackRock wichtige Riggs Bank (siehe S. 29) aufs engste mit dem Establishment in Washington liiert; Bank-Präsident Alvin Krongard kooperierte damals mit der CIA. Er wurde 1998 deren stellvertretender Direktor und verschaffte dem privaten Söldner-Konzern Blackwater den ersten großen Staatsauftrag: »Der Schritt von Alex. Brown zur CIA ist nicht weit«, erklärte er.[371]

Deregulierung, innere und äußere Expansion | Neugründer wie Bezos wurden durch die von Präsident Clinton begonnene Deregulierung des Finanzsystems beflügelt. 1994 wurde mit dem neuen Typ von Freihandelsabkommen, NAFTA (USA-Mexiko-Kanada), eine noch aggressivere Runde der Deregulierung befördert, auch die Auslagerung von Arbeit in Niedriglohnstaaten. Im selben Jahr wurde den Arbeitgebern erlaubt, Streikende durch Leiharbeiter zu ersetzen.[372] Unter dem Nachfolge-Präsidenten George W. Bush expandierte Amazon wie Microsoft in den USA und weltweit.

Mithilfe des explodierenden Börsenwerts und der schrittweise einsteigenden Kapitalorganisatoren wie BlackRock kaufte Amazon Konkurrenten und Zulieferer auf – mindestens 128: Zuerst andere Online-Buchhändler wie Telebook in Deutschland, digitale Antiquariats-Plattformen, *on demand*-Verlage, digitale Adressenverwerter, Chip-, Touchscreen- und Mikrofonhersteller. Hinzugekauft wurden Firmen für digitale Haus- und Küchenüberwachung, für Garagentorsteuerung, Bezahlsysteme, Übersetzungsmaschinen, Sprechautomaten, Daten-Management (Amazon Web Services, AWS), Kinderbekleidungsfirmen, elektronische Alltagsüberwachung, Essensauslieferung, Streaming- und Produktionsdienste für Musik, Videos, Spiele, Hörbücher, Filme und TV. Zuletzt wurde die Lebensmittelkette Whole Foods gekauft. Mit eigener Fluglinie und Drohnen und mit Höchstrabatt-Verträgen mit großen Speditionen wie DHL, UPS und US Postal Service wird eine eigene Lieferlogistik aufgebaut.[373] Besonders wichtig ist die Künstliche Intelligenz (KI).*

Bezos finanzierte mit seiner Wagniskapital-Firma Bezos Expeditions Start-ups wie Lookout, Juno Therapeutics, Workday, Twitter und Rethink Robotics, die zur Expansion von Amazon beitragen sollen.[374] Bezos Expeditions finanzierte auch das Raketenunternehmen Blue Origin und den Kauf der Tageszeitung *Washington Post*.

Topmanager disziplinieren das Heer der Prekären | Die Beschäftigten der unteren Ränge werden je nach Region, Staat und Kräfteverhältnissen extrem ausgepresst. Befristete Verträge, Teilzeit-, Leih- und Saisonarbeit mit möglichst niedriger Bezahlung herrschen vor. In allen Staaten lehnt Amazon Tarifverträge mit Gewerkschaften ab. Die großen Lagerhallen werden in strukturschwachen Regionen mit billiger und (vermeintlich) williger Arbeitskraft angesiedelt. Die Chefs fördern gegenseitige Denunziation der Beschäftigten untereinander,

* Zu KI gehören u. a. Erkennen und Auswerten von Absichten, Gefühlen, Stimmungen, sprachlichen und nichtsprachlichen Äußerungen, Texten, Fotos, Gesichtern, Gegenständen, Bewegungen von Menschen (Individuen, Gruppen, Massen; auch Bewegungen von Augen und Lippen), Stimmen, Geräuschen, Musik; Übersetzungen, Texterstellung.

Minderleister (*low performer*) und Kranke werden hinausgemobbt, fand ein Reporterteam in aufwendiger Recherche heraus.[375] Der Krankenstand bei Amazon ist höher als im Durchschnitt der Branche; deshalb führte die Geschäftsleitung einen Gruppen-Bonus ein: Wenn in einer Gruppe sich während des Monats niemand krank meldet, kann der Bruttolohn um 10 Prozent steigen – aber eine einzige Krankmeldung macht den Bonus zunichte.[376]

Dabei werden erstmal Rechtsbrüche einkalkuliert, solange Beschäftigte und Behörden keinen Widerstand leisten. So zahlte Amazon im Niedriglohngebiet Polen bei Krankheit keinen Lohn, Überstunden wurden nicht bezahlt, Lohn wurde zu spät ausgezahlt, Arbeitsunfälle wurden nicht angezeigt.[377]

Global organisierte Prekarität | Amazon führt mit digitalen Mitteln das Geschäftsmodell des größten traditionellen Einzelhändlers fort: WalMart expandierte in wenigen Jahrzehnten mit 1,5 Millionen Beschäftigten in den USA und 2,3 Millionen Beschäftigten weltweit zum größten Supermarktkonzern. Die Methoden: Möglichst niedrige Bezahlung der möglichst vielen Teilzeit-, Leih- und Saisonarbeiter, Bekämpfen der Gewerkschaften, ständige weltweite Suche nach noch günstigeren Zulieferern, tägliche Sonder- und Tiefstangebote, Abgreifen staatlicher Subventionen. Viele Vollzeitbeschäftigte verhungern nur deshalb nicht, weil sie staatliche Essensmarken bekommen.[378]

WalMart kaufte schon in den 1980er Jahren massenhaft Billigprodukte in China und weltweit und fand bei immer mehr *working poor* in den USA eine ständig wachsende Käuferschicht. Wegen der Marktmacht übte WalMart auf hunderttausende Zulieferer in den USA und dann weltweit Druck aus, die Konsumgüter immer noch billiger zu liefern. Flächendeckende Lohnsenkungen waren und sind die Folge: Noch mehr *working poor* weit über WalMart hinaus.[379]

So verfährt auch Amazon: Gewerkschaftsfeindlichkeit, prekäre Arbeitsverhältnisse, Rabatt-Erpressung von Zulieferern, Ausnutzen von strukturschwachen Regionen weltweit, Abgreifen von Subventionen des ansonsten verhassten Staates.[380] So kämpfen Amazon-

Beschäftigte auch in den europäischen Staaten um Tarifverträge, Festanstellungen, Einhaltung von Arbeitsrechten.[381] Bezos selbst investierte in digitale Plattform-Unternehmen wie AirBnB und Uber, deren Geschäftsmodell ebenfalls auf der Ausbeutung von prekären Dienstboten-Heeren beruht.

In den USA verhungert ein Teil auch der Amazon-Beschäftigten nur deshalb nicht, weil sie Essensgutscheine aus dem Armutsbekämpfungsprogramm *Supplemental Nutrition Assistance Program* (SNAP) erhalten. Und auch daraus macht Amazon noch ein Geschäft: Der Konzern erlaubt seinen Beschäftigten, die Gutscheine bei Amazons Essenslieferdienst einzulösen.[382]

Zivile und geheimdienstliche Überwachung der Beschäftigten und Konsumenten | Mit der sekundengenauen, disziplinierenden Überwachung der unteren Ränge der Beschäftigten führt Amazon die Wal-Mart-Praxis mithilfe der neuesten Digitaltechnologie verschärft fort.

Mit derselben Technologie späht Amazon auch seine Konsumenten aus. So durchdringt die Sprachassistentin Alexa den Alltag. Das Smarthome-Gerät Amazon Echo ermöglicht im Haushalt und an jedem beliebigen Standort das Abrufen von Musik, TV, Wetter, Verkehrs- und Sportnachrichten und Heimkino, ermöglicht auf Zurufe wie »Schalte das Licht im Keller ein!« die Regelung von Licht, Heiztemperatur, Außenkamera, Kühlschrankbestand, Telefonaten, Medikamenteneinnahme – Amazon wertet ohne Beteiligung der Ausgespähten deren intimstes Privatleben aus und baut darauf seine Strategien der weiteren Alltags-Durchdringung auf, übrigens ähnlich wie die Programme Apple Siri, Google Assistant und Microsoft Cortana.[383]

Alexa ist cloudbasiert. Die Cloud von Amazon dient auch der US-Armee und den US-Geheimdiensten. Es sind keine Maßnahmen bekannt, die deren Zugriff auf die Konsumentendaten verhindern.

Innovationsfeindliches Monopol | Amazon kooperiert mit WalMart, beide beschleunigen nun mit ihrer kombinierten Marktmacht das globale Lohndumping. Wie Microsoft strebt auch Amazon nach einem Monopol. Wettbewerber müssen aufgekauft oder ausgeschaltet werden.

Amazon zwingt die zwei Millionen externen Händler, deren Produkte vermittelt werden, sie nirgendwo billiger anzubieten (Preisparitätsklausel). Zugleich müssen die Händler alle monopolistischen Amazon-Dienstleistungen (Produktbeschreibung, Werbung, Logistik usw.) akzeptieren.[384]

Amazon greift alle erreichbaren Daten der Beschäftigten, Vertragspartner, individuellen und unternehmerischen Kunden und deren Drittkontakte ab. Die Algorithmen des intransparenten Datenmonsters optimieren die Daten ständig durch interaktive Mechanismen (Kombination der unterschiedlichen Käufe und Reaktionen, zusätzliche Angebote, Nachfragen nach Zufriedenheit). So werden die Identitäten der ausgeforschten Individuen, Organisationen, Unternehmen seziert und neu zusammengesetzt, Amazon-gängig gemacht.

So wird das kreative Potential der neuen Technologien in riesigen Geheim-Silos (KI-Silos, Silos der Künstlichen Intelligenz) monopolisiert.[385]

Genom-Revolution statt kurativer Medizin | Anfang 2018 kündigten Amazon, Berkshire Hathaway und die größte US-Bank JPMorgan Chase an: Wir gründen ein gemeinsames Unternehmen, um das überteuerte und ineffektive Gesundheitssystem aufzubrechen.[386]

Das US-Gesundheitssystem, das teuerste und ungerechteste der Erde, ist ein Filz aus Pharmaindustrie, Versicherungen, privaten Krankenhäusern und reichen Ärzten. Es schließt auf der einen Seite Millionen unversorgte Bürger aus und treibt auf der anderen Seite die Versicherungsprämien viel schneller in die Höhe, als die Einkommen steigen. Diesen Filz aufzubrechen, gibt es gute Gründe. Das Aufbrechen war aber schon Präsident Clinton und im nächsten Anlauf auch Präsident Obama mit seiner Reform des Affordable Health Care for America Act (2009) nicht gelungen.

Bezos, Buffett und JPMorgan-Chef Dimon erklärten, das neue System solle gut sein zunächst für die eigenen Beschäftigten und ihre Familien, dann aber auch für alle Bürger der USA. Aber soll gerade Amazon, wo Beschäftigte ohnehin als zu teuer und auf Verschleiß behandelt und Kranke aussortiert werden, hier eine bessere Lösung bringen?

Auch aus anderen Gründen ist nichts Gutes zu erwarten. Amazon investiert in Gentechnik. Die Studie »The Genome Revolution« der Bank Goldman Sachs besagt: Kurative Medizin, also die Heilung auch chronischer Krankheiten, ist »kein nachhaltiges Geschäftsmodell«. Denn wenn eine Krankheit etwa durch ein wirksames Medikament geheilt wird, sinkt die Zahl der Patienten und damit der Gewinn.[387]

Organisierte Steuerflucht: international und national | Amazon nutzt ebenso exzessiv die Möglichkeiten, in den USA, in der EU und in allen Staaten die Besteuerung seiner Gewinne zu umgehen. Den juristischen Sitz verlegte Bezos kurz vor dem Börsengang wie üblich nach Delaware. 2004 wurde die Europa-Zentrale unter dem Namen Goldcrest (Goldhähnchen) nach Luxemburg verlegt: Hier wird der Großteil des Umsatzes und Gewinne in den EU-Staaten angemeldet und minimal versteuert. So betrug 2016 der Umsatz in Deutschland 13 Milliarden Euro; in diesem Staat wurden aber nur 1,5 Milliarden Umsatz angegeben und versteuert. In den USA, Großbritannien, Frankreich und in der EU ermittelten Steuerbehörden. Amazon beauftragte für günstige Gegengutachten die Wirtschaftsprüfer Deloitte und PwC. Die Verfahren ziehen sich jahrelang hin und sind noch nicht endgültig entschieden.[388]

Der Konzern erpresst in strukturschwachen US-Regionen und in anderen Staaten öffentliche Zuschüsse und Steuerbefreiungen, mit dem Versprechen, in den riesigen Fulfillment Centers viele unbefristete Arbeitsplätze zu schaffen. Doch die Versprechen werden vielfach nicht eingehalten. Gegenwärtig organisiert Bezos einen Wettbewerb unter 20 US-Städten: Wer bietet für die Ansiedlung einer neuen Konzernzentrale die meisten Vergünstigungen? Detroit hat bereits eine 30-jährige Steuerbefreiung angeboten.[389]

Beihilfe zur Steuerflucht für andere | Amazon leistet anderen Unternehmen Beihilfe zur Steuerflucht. Über Marketplace Fulfillment by Amazon (FBA) wickeln 64.000 Händler aus aller Welt Verkäufe ab, für die Amazon gegen Gebühr Werbung, Lagerung, Lieferung und Zahlungsverkehr erledigt. Dabei wird keine Umsatzsteuer fällig, FBA operiert als konzerninterne Finanzoase. Auch deshalb können bei Amazon die Waren billiger angeboten werden. Der deutschen Steuerfahndung verweigerte Amazon lange jede Auskunft mit Hinweis auf die europäische Muttergesellschaft in Luxemburg, wonach alle Kundendaten geheim zu halten seien.

Der Bundesfinanzhof urteilte 2016 nach einem jahrelangen Verfahren, dass Amazon die Daten herausgeben muss, allerdings nur für die ursprünglich geforderten Jahre 2007-2009. Die Steuerfahndung muss diese Daten nun erst prüfen, z. B. auf Vollständigkeit. Und für die Folgejahre stehen neue jahrelange Verfahren an. Amazon lässt sich von der Lobby-Kanzlei Hengeler Müller vertreten.[390]

Beihilfe zur Verbrauchertäuschung | Über den Marketplace vermittelt Amazon auch den Verkauf von Produkten, deren Qualität nicht geprüft wird. Der Großhändler verpflichtet zwar nach eigenen Angaben die Anbieter, die lokalen und nationalen Verkaufsbedingungen einzuhalten. Solche formalen Zusicherungen gehören aber zum westlichen Täuschungsstandard in den transnationalen Lieferketten und den Subunternehmer-Systemen.

Das Prüfunternehmen Sefiro bestellte und analysierte 24 Kosmetikartikel, die über Marketplace angeboten wurden. Dabei stellten sich 93 Einzelverstöße gegen die EU-Kosmetik-Verordnung heraus. Nur zwei der 24 Produkte waren danach ordnungsgemäß verkaufsfähig. So enthielt das *Honolulu Bronzing Powder* Konservierungsstoffe, die über der zulässigen Höchstkonzentration lagen. Im *Arganöl Shampoo gegen Haarausfall* war überhaupt kein Arganöl enthalten. Nur wenn in Einzelfällen Verbraucher oder Behörden mit gesicherten Laboranalysen kommen, nimmt Amazon schon mal ein Produkt aus dem Angebot.

Amazon nutzt die bekannte Tatsache aus, dass überall in der EU die Kontrollbehörden, auch in den Bereichen der Kosmetik, der Chemie und der Nahrungsmittel, bei weitem nicht so ausgestattet sind, dass sie die Einhaltung der Gesetze und Verordnungen kontrollieren können.[391]

Für Demokraten, für Republikaner | Wie die anderen Internet-Giganten fügt sich auch Amazon in das politische Establishment ein. Nur die beiden etablierten Parteien werden bespendet. Amazon unterhält ein eigenes Lobby-Büro in Washington. 2015 wurde Jay Carey angeheuert, der 2011 bis 2014 Sprecher von Präsident Obama war.[392]

Lange Zeit bevorzugte auch Bezos wie Gates und Jobs die Clinton- und Obama-Demokraten. Aber Spenden gehen immer auch an Republikaner, vor allem, wenn es um einschlägige Entscheidungen im Kongress geht, zum Beispiel um die Zulassung von Drohnen für die Auslieferung von Waren. In das unternehmenseigene Spendenkomitee zahlen Manager von Amazon-Tochterfirmen standardisierte, regelmäßige Spenden ein, etwa jeweils 5.000 Dollar. Beim Amazon Corporate LLC Separate Segregated Fund mit Sitz in Washington kamen so im Januar/Februar 2018 1,2 Millionen Dollar herein. In diesem Zeitraum wurden davon 718.000 Dollar an etwa 50 Abgeordnete verteilt. Seit Trumps Wahlsieg werden die Spenden zwischen den Abgeordneten der beiden Monopol-Parteien etwa jeweils zur Hälfte aufgeteilt.[393]

Arme reiche Topmanager und Großaktionäre | Um Beschäftigte, Zulieferer, Kommunen und Staaten auszupressen, holt Amazon sein Führungspersonal – wie das McKinsey, BlackRock, Goldman Sachs, Google und Microsoft ebenfalls tun – von den renommiertesten Business Schools: von Harvard Business School, London Business School, INSEAD (Paris), IESE (Barcelona) und ESMT (Berlin). Amazon lockt die allerbesten Absolventen im ersten Jahr mit 173.000 Dollar.[394]

Der Gewinn wird in strenger Hierarchie verteilt. Bezos hält 17 Prozent der Aktien. Seine 16 Spitzenmanager werden kurz gehalten – sie haben zwischen 1.000 und 85.000 Aktien. Das sind zusammen nicht einmal ein Prozent.

Das ganz große Eigentum liegt aber woanders. Die größten Aktionäre, die die Expansion finanziert haben und weiter mitorganisieren, sind, ganz klischeehaft und auch schon wieder langweilig, fast aufs Haar genau dieselben wie bei Apple, Microsoft, Coca-Cola, General Electric: beginnend mit Vanguard, dann BlackRock, Fidelity, T. Rowe Price, State Street, Capital World, Capital Research, Baillie Gifford,

Invesco, Northern Trust, Morgan Stanley, Geode Capital, Bank of New York Mellon, Norges, JPMorgan Chase … mit zusammen 60,5 Prozent.[395]

Jeffrey Bezos / Amazon

Der Amazon-Gründer Jeffrey Bezos, geboren 1964, wurde 2017 mit 130 Milliarden US-Dollar Privatvermögen das reichste Individuum der bisherigen Menschheit. Er versteht sich als »libertär«. Das ist eine Steigerung von »liberal« in Richtung noch größerer Aggressivität gegenüber Staaten, Gewerkschaften und überhaupt jeder Form verbindlicher Gemeinschaftlichkeit. Er will die Grenzen der Menschheit sprengen. 2000 gründete er das Raumfahrtunternehmen Blue Origin: Vermögende Individuen sollen mit neu entwickelten, wiederverwendbaren Raketen, die besser sind als die der NASA, im Weltraum, zunächst einmal in unserem Sonnensystem, spazieren fliegen und nach neuen Investitionen Ausschau halten. In Seattle, der Amazon-Zentrale, bespendete Bezos die Initiative gegen ein Gesetzesvorhaben, das Obdachlosen durch eine ganz moderate Besteuerung der lokalen Konzerne Wohnraum verschaffen wollte; er bespendete eine Initiative für die Anerkennung der Schwulenehe; er bespendete eine Initiative, die sich für die staatliche Förderung von Privatschulen (charter schools) einsetzt; er spendete auch für die Clock of the Long Now, die die Zeit der nächsten 10.000 Jahre anzeigt. Auch für die gegenwärtig 566.000 Beschäftigten gibt es keine Vergangenheit, nur Zukunft. Die Bürohochhäuser in Seattle tragen die Bezeichnung Day1 South, Day1 North: Jeder Tag ist der erste bei der weiteren Expansion im Dienste des von den Leitmedien hochstilisierten allmächtigen Chefs. Der Aufsteiger war durch seinen exilkubanischen Stiefvater Mike Bezos, Manager bei Exxon in Houston/Texas, an die Welt des Großkapitals gewöhnt worden. Nach dem Studium in Princeton wurde er Banker in New York. 1990 wechselte er in den kurz zuvor gegründeten, geheimdienstnahen Hedgefonds D. E. Shaw (siehe S. 234 ff.). Die meisten Beschäftigten des heutigen Weltkonzerns können sich mit Teilzeit-, Saison- und Leiharbeit nur prekär über Wasser halten. Trotzdem sind sie für den Libertär-Ideologen ein störender Kostenfaktor. Selbst wenn sie, bescheiden wie sie im US-geführten Kapitalismus geworden sind, auch in Deutschland nur »*living wage*« verlangen (Lohn, der zum Überleben gerade reicht), sind sie ihm ein Gräuel. Deshalb fördert er die weitere Automatisierung und Roboterisierung. Riesige fensterlose Hallen, betrieben von Robotern, sind Bezos' Vision. Mit seiner Firma Nash Holdings kaufte er die Tageszeitung *Washington Post* für 250 Millionen Dollar. Sofort stellte er sie auf digitale Dienste um und kürzte die Betriebsrenten und das Recherche-Budget. Die politische Richtung braucht er nicht zu ändern. Die Zeitung, die zum Regierungsbetrieb der Hauptstadt gehört, ist besonders »konservativ« und mit den Geheimdiensten mindestens genauso eng liiert wie die *New York Times*, die über Amazon schon mal kritische Reportagen veröffentlichte.

Alphabet/Google/XXVI: Die zivil-militärische Suchmaschine

»Unsere Mission besteht darin, dass Informationen jedem dienen und nicht nur einigen wenigen … Wir wollen die Welt zu einem besseren Ort machen.« So wiederholt der Prophet Sundar Pichai die basisdemokratische Digitalbotschaft. Auf der weiten Bühne steht er 2017 zum Beispiel in Pittsburgh allein im Scheinwerferlicht vor großem abgedunkeltem Publikum, angetan mit der seit Steve Jobs ritualisierten Klischee-Bekleidung aus verwaschenen Jeans und offenem Hemd ohne Krawatte. Zum Mythos gehört: Aus ärmsten indischen Verhältnissen ist der Visionär aufgestiegen zum Chef des weltgrößten Suchmaschinen-Betreibers und Werbekonzerns Google.[396] Schnellaufsteiger, die von ganz unten kommen, können zu den besonders gewissenlosen und zynischen Exekutoren werden.

Stanford und früher Börsengang | Wie Apple und Facebook wurde Google in Stanford ausgebrütet. Die Studenten Larry Page und Sergey Brin arbeiteten zunächst im Stanford Digital Library Project. Das von der National Science Foundation geförderte Projekt sollte mit digitaler Technik eine integrierte universelle Bibliothek erstellen, mit vollständigem Archiv, Such- und Bestellfunktionen. Die erste Nutzung lief auf der Website der Universität.

Schnell überführten Page und Brin 1998 ihre wissenschaftliche Tätigkeit in Unternehmensform. Die erste finanzielle Starthilfe für Google Inc. lieferte ein Mitgründer des Computerherstellers Sun Microsystems: Auch dieses Unternehmen – Sun ist die Abkürzung für Stanford University Network – verdankt seine Entstehung der wissenschaftlichen Vorarbeit in der Universität. Schon ein Jahr später schalteten sich die Venture Capitalists Kleiner Perkins Caufield & Byers und Sequoia ein. 2003 erkannte Microsoft die Zukunftsträchtigkeit und wollte Google entweder aufkaufen oder fusionieren. Doch Morgan Stanley und Goldman Sachs nahmen 2004 den Börsengang in die Hand.

Der Börsengang war unter dem üblichen Motto gelaufen: »Das Unternehmen, das gute Dinge für die Welt tut.« Zunächst hatten Page und Brin nur inhaltlich klar definierte Textwerbung zugelassen, erkannten aber bald, dass mit bunter Produktwerbung im Auftrag großer Unternehmen das große Geld zu machen war.

Partnerschaften mit Konzernen, NASA, Vatikan | So schloss Google ab 2005 Partnerschaften mit Konzernen verschiedener Branchen und entwickelte mit ihrer Hilfe und für sie neue Programme: Video-Suche und Werbeplatzierung mit News Corporation/Fox, AOL/Time Warner und British Sky Broadcasting; Google Earth und YouTube mit America Online; Software mit Sun Microsystems; Google Maps mit den Autokonzernen KIA und Hyundai. 2009 vereinbarte Google mit dem Vatikan einen eigenen YouTube-Kanal für den um Popularität ringenden Papst Benedikt XVI., damit er in den Leitmedien platziert wird.[397]

Eine besonders enge Kooperation entstand mit der Weltraumbehörde NASA. Google-Ingenieure unterhalten Labors, Büros und

Wohnungen im NASA Ames Research Center. Es geht wie bei Bezos/Blue Origin um die Entwicklung privater Raumfahrt und Raumerkundung. Verwandte Bereiche sind Klimaentwicklungen auf der Erde und auf den Planeten des Sonnensystems. Gemeinsam hat man einen achten Planeten entdeckt, der um den sonnenähnlichen Stern Kepler-90 kreist. Dafür wurden seit 2009 mithilfe neuraler Datenverarbeitung und eines neuen, superschnellen Quantencomputers Signale von 150.000 Sternen verarbeitet.[398]

Transhumanismus | Google forciert mit der NASA, unterstützt von anderen transhumanen Technologie-Anbetern wie Peter Thiel und Elon Musk (Tesla) das Forschungsparadigma Nano-Bio-Info-Cogno: Verbindung von Mikroprozessen, Veränderung von lebenden Organismen, Informationstechnologie und Künstliche Intelligenz.[399]

An der von Google auf dem NASA-Campus mitgegründeten *Singularity University* können sich Manager, Investoren, Erfinder und Studenten für 25.000 Dollar in 10-Wochen-Kursen mit Google-Referenten und anderen Spezialisten über das neue Paradigma informieren. Es geht bis zu Fragen, wie durch die Verbindung von menschlichem Körper und Gehirn mit den neuen Technologien das Leben einzelner Individuen auf hunderte von Jahren verlängert oder gar der Tod überwunden werden kann: »Transhumanismus«.[400]

Durchdringung des Alltags | Wie Apple, Microsoft und Amazon durchdringt auch Google den Alltag. Zu den Instrumenten gehören das Betriebssystem Android, der Browser Chrome, Übersetzungsprogramme, der digitale Assistent Google Home, der Kartendienst Maps, der e-mail-Dienst Gmail, die Video-Plattform YouTube. Je weiter oben Unternehmen und Individuen bei Suchergebnissen platziert werden wollen, desto mehr müssen sie bezahlen: So zahlt das Zimmerbuchungs-Unternehmen Booking.com jährlich 2,3 Milliarden Dollar, um durch Google bei Suchanfragen ganz oben platziert zu werden.[401]

Immer mehr Bereiche entwickelt der Konzern nicht mehr selbst, sondern lässt sie entwickeln. Die eigenen Wagniskapital-Firmen GV und CapitalG haben bisher mindestens 25 Start-ups befördert, u. a.

SpaceX, Magic Leap, Symphony Communication, DocuSign, Robinhood, Carbon3D, Slack Technologies, Nextdoor, Credit Karma, CrowdStrike, Glassdoor, AirBnB, Thumblack, Stripe, Gusto, Zscaler, CloudFlare (mit Microsoft). CapitalG investiert wie Amazon zunehmend im Gesundheitsbereich, so in die Unternehmen Outcome Health (Vermittlung von Arztpraxen), Oscar Health, 23andMe, Flatiron Health und Clover Health.[402]

Holding Alphabet | Für den ausufernden Konzern wurde 2015 die Holding Alphabet Inc. gegründet, die 2017 in XXVI Holdings Inc. überging. Die römische Ziffer XXVI symbolisiert die 26 Buchstaben des lateinischen Alphabets. Google wurde in einzelne, rechtlich selbständige Unternehmen aufgespalten. Die neue Dachgesellschaft ist alleiniger Eigentümer von Access & Energy (Netzwerke), Calico (Bio- und Gentechnik), Chronicle (Sicherheit), DeepMind (Künstliche Intelligenz), Jigsaw (Think Tank für die Bekämpfung von Extremismus), Sidewalk (Verkehrsmanagement), Verily Life Science (Biowissenschaften), Waymo (selbstfahrende Autos) und X (Google Glass, Project Loon).

Das vom Umsatz her größte Tochterunternehmen bleibt Google. Aber Google wurde von der Börse genommen und wie die anderen Tochterunternehmen in eine LLC, ähnlich wie eine deutsche GmbH, verwandelt. Alphabet/XXVI sehen darin eine größere Transparenz, wobei das Gegenteil der Fall ist. Denn alle Tochterfirmen haben nun eine eingeschränkte Berichtspflicht.[403] Zudem ist auch für Alphabet und XXVI mit operativem Sitz in Mountain View/Silicon Valley der Bundesstaat Delaware der rechtliche und Steuersitz.

XXVI/Alphabet umfasst 75.000 Beschäftigte, agiert in 173 Sprachen, generiert vor allem mit Werbung einen Umsatz von 120 Mrd., einen Nettogewinn von 23 Mrd. Dollar und beherrscht mit täglich 3 Mrd. Suchanfragen den Markt in der EU zu 92 Prozent (Stand: 2017).[404]

Patientendaten nun geschützt? | Die Reorganisation mit Alphabet war teilweise ausgelöst durch die Anti-Kartell-Ermittlungen der EU. Google hatte eine Strafe von 2,7 Mrd. Euro bezahlt. Die Ermittlungen gehen aber weiter.

Ein anderer Auslöser war die britische Datenschutzbehörde. Die Google-Abteilung DeepMind, zuständig für KI, hatte einen Vertrag mit dem britischen Nationalen Gesundheitsdienst. Dabei hatte DeepMind Daten von Millionen persönlich identifizierbarer Patienten heimlich an die Google-Werbeabteilung weitergegeben und das britische Datenschutzgesetz verletzt.

Ob Patientendaten nun besser geschützt sind, ist fraglich. Die Gesetzesverletzung war auch möglich geworden, weil die Verantwortlichen im britischen Gesundheitswesen keine ausreichende Kontrolle ausgeübt hatten. Und ob nun zwischen den rechtlich getrennten Alphabet/XXVI-Unternehmen in den USA keine Daten weitergegeben werden – wer kontrolliert das?[405] Google spioniert nach seinem Geschäftsmodell grundsätzlich seine Nutzer und Kunden aus und ist ein führender Akteur des Überwachungs-Kapitalismus.[406]

Digitaler Wohltäter | Google hat eingesehen, dass die bisherige Digital-Weltbeglückungs-Botschaft nicht mehr so einfach geglaubt wird. Deshalb bietet Google an wichtigen Standorten kostenlose Digitale Bildung an. Dazu kooperiert der Konzern in Deutschland mit Industrie- und Handelskammern (IHK). In »Zukunftswerkstätten« sollen bis 2020 zwei Millionen junge Deutsche, vielfach unterstützt durch Stipendien, digitale Fertigkeiten erwerben.[407]

Mit dem Bertelsmann-Konzern gründete Google 2016 die digitale Lernplattform Udacity. Sie vergibt 75.000 Stipendien für die Einweisung in das Google-Produkt Android, in Datenanalyse und Web-Entwicklung. 20.000 Stipendien sind für erfahrene Programmierer reserviert. Das Programm erstreckt sich auf ganz Europa und wurde 2017 ausgeweitet auf Israel, Ägypten, Rumänien und die Türkei.[408]

Medienförderung | Google will auch die Medien in Europa günstig stimmen. Deshalb richtete der Konzern 2015 die mit 150 Millionen Dollar bestückte Digital News Initiative (DNI) ein. Ausgesuchte Medien in Europa sollen mit Google-Hilfe innovative, digitale Medienprojekte entwickeln.

Im ersten Jahr wurden 27 Millionen ausgeschüttet. 2016 erhielten 124 Medien insgesamt 24 Millionen. Der Schwerpunkt lag vor allem auf Deutschland, dann auf Frankreich, Großbritannien, Norwegen, Portugal, Griechenland und Italien sowie in den osteuropäischen Staaten Rumänien, Polen und Ungarn. Fünf Medien in Deutschland erhielten über 300.000 Dollar: *Correctiv*, *Rheinische Post*, *Spiegel Online (SPON)*, *Schwäbischer Verlag*, *Der Tagesspiegel*. Weitere Empfänger waren u. a. *WiWo*, *Deutsche Welle* (staatlich), *taz* und der *Mittelbayerische Verlag*. Mithilfe von Algorithmen präsentiert Google ausgesuchte Artikel etwa aus der *FAZ* unter »Faktencheck« als Hintergrundmaterial.[409] Das ist keineswegs inhaltsneutral, vielmehr werden Medien gefördert, die Russland und China kritisieren.

Wie Google täuscht und täuschen lässt | Die Google-Täuschung besteht nicht unbedingt darin, dass bewusst Fake News verbreitet werden. Die Täuschung besteht darin, dass man das, was man im partikularen Unternehmensinteresse sagen und verbreiten möchte, durch bezahlte Veröffentlichungen mit wissenschaftlichem Image erstellen lässt. Dabei muss man keine Anweisungen geben.

Google finanziert Think Tanks, Lehrstühle und Studien je nach Bedeutung des Marktes und je nachdem, wo Kritik aufkommt. Das kritische *Google Transparency Project* in Washington dokumentiert unwidersprochen: Zwischen 2005 und 2017 wurden 330 »wissenschaftliche« Veröffentlichungen finanziert. In der EU hängt Google sich an renommierte Hochschulen – z. B. Technische Universität München, HEC Business School (Paris) – und gründet Institute nach dem Muster des in Stanford finanzierten Instituts Internet & Society. Als Ziele werden benannt etwa »Internet Freedom« und »Open platform for debate«. Das klingt soft, aber in der Praxis sind »Internet« und »Society« identisch mit Google. Das Berliner Humboldt-Institut erhält 11,25 Millionen Euro bis 2019, das sind 65 Prozent des Haushalts, der Rest kommt von Cisco, Deutsche Bank und anderen, an denen BlackRock ebenfalls Miteigentümer ist. Bei wichtigen Regierungschefs wie Merkel und Macron geht man ein und aus, wirbt für »Digital Women« und mehr Arbeitsplätze.[410]

Das Lobby-Büro in Brüssel präsentiert der Europäischen Kommission Studien gegen die beabsichtigten Regulierungen – die Studien werden von Google finanziert, was aber auf ihnen nicht unbedingt vermerkt ist. Nachdem EU-Wettbewerbskommissar Joaquim Almunia einige Einschränkungen gegen den Konzern hatte durchsetzen wollen, landete er im Brüsseler Center for European Policy Studies (CEPS), mitfinanziert von Google.[411]

Revolving door in Washington | Bis zum Börsengang 2004 lautete das Glaubensbekenntnis der Google-Gründer wie bei Donald Trump: Halte dich vom etablierten Politikbetrieb in Washington fern!

Nach dem Börsengang richtete Google ein Lobby-Büro in eben diesem Washington ein. Mit NetPAC wurde das für Konzerne übliche PAC (Political Action Committee) eingerichtet, in das auf ungesagten Druck hin Beschäftigte einzahlen. Bis 2013 wurde das Büro auf über 100 Mitarbeiter erweitert. 2012 wurde die langjährige Kongressabgeordnete Susan Molinari zur Cheflobbyistin ernannt. Schon in ihrem ersten Jahr verteilte sie 18,2 Millionen Dollar an Abgeordnete, z. B. an den Vorsitzenden des für Google wichtigen Ausschusses für Kommunikation und Technologie.[412]

Während der damalige Chef Eric Schmidt öffentlich für Obamas Demokraten warb, holte er mit Molinari lieber eine Republikanerin. Die verstieß zwar mit ihrer fundamentalistischen Ablehnung der Abtreibung gegen liberale Grundsätze des Silicon-Valley-Milieus. Aber ihr Einfluss in der Republikanischen Partei war wichtiger. Die Washingtoner Vertretung wurde auch durch Ex-Mitarbeiter des republikanischen Hardliners John McCain aufgestockt.

Google wurde Teil des zuvor kritisierten Politikbetriebs. 2013 waren von den über 100 Mitarbeitern in der Washingtoner Vertretung 14 offiziell als Lobbyisten registriert – 11 von ihnen kamen aus dem republikanischen und demokratischen Regierungsapparat. Google überholte traditionelle Großspender wie den Rüstungskonzern Lockheed und den Konkurrenten Microsoft. 2017 stand Google dann ganz an der Spitze derer, die in Washington mit Geld politische Entscheidungen zu beeinflussen suchen.[413]

Social Media in der US-Außenpolitik | Schmidt holte 2010 vom State Department Jared Cohen. Der war nach dem Studium in Stanford im Planungsstab des State Department bei Condoleezza Rice und Hillary Clinton dafür zuständig, Social Media in die US-Außenpolitik zu integrieren, etwa bei der Organisation von Oppositionsbewegungen in US-Zielstaaten. Cohen war schon in jungen Jahren Mitglied des CFR. 2010 gründete er mit diesen Erfahrungen Google Ideas, den konzerneigenen Think Tank, der später in Jigsaw umbenannt wurde. Mit Google-Chef Schmidt schrieb er u. a. das Buch »Die Vernetzung der Welt«, in dem sie für die Vernetzung der Digitalkonzerne und der Schwarmintelligenz mit dem Militär eintreten.[414]

Schmidt holte 2012 vom Technologie-Forschungszentrum DARPA des Pentagon die Direktorin Regina Duncan. Sie setzte ihre Arbeit als Chefin der Advanced Technology and Projects Group (ATAP) in Google fort, bevor sie 2016 für denselben Arbeitsbereich zu Facebook wechselte.

Vanguard, BlackRock & Co | Die beiden Gründer Page und Brin und der langjährige Chef Schmidt haben mit ihrem prozentual niedrigen Aktienanteil und ihren Nebengeschäften ein zweistelliges Milliardenvermögen erwirtschaftet, während der neue Chef Pichai noch auf einem einstelligen Milliardenvermögen sitzt.

Neben 2.000 weiteren Kleinaktionären beherrschen die großen Kapitalorganisatoren mit zusammen 70 Prozent das Unternehmen. Hier steht Vanguard an der Spitze, dicht gefolgt von BlackRock, Fidelity, State Street, T. Rowe Price, Capital World, JPMorgan Chase, Northern Trust, Bank of New York Mellon, Invesco.[415]

Facebook: Die Datenräuber

Die geschilderten Internetkonzerne versprechen die Verbesserung des menschlichen Lebens und der Menschheit. Sie schöpfen dafür erlaubt und unerlaubt die Daten ihrer Kunden aus. Facebook stellt dabei die besondere Variante als »soziales Netzwerk« dar. Gründer Mark Zuckerberg spielt sich als sozialer Liebes- und Gemeinschafts-Apostel auf: Facebook sei »ein mächtiges neues Werkzeug, um mit den Menschen verbunden zu bleiben, die man liebt, um ihre Stimmen hörbar zu machen und Gemeinschaften und Unternehmen zu bilden«, so bei einer Anhörung im US-Kongress.[416]

Anbiedern an »die Menschen« | Nach jedem größeren Datenskandal, der diese Versprechen entlarvt, umschmeichelt der Facebook-Chef die ausgespähten Kunden kumpelhaft mit ganzseitigen Anzeigen in den Leitmedien der westlichen Welt: »Menschen verwenden Facebook, um mit Freunden und Familien in Kontakt zu bleiben. Aber vielleicht möchtest du nicht, dass jeder auf Facebook alles von dir sieht. Deshalb haben wir mithilfe von Datenschutzexperten Privatsphäre-Einstellungen entwickelt, die auf deinem Feedback basieren. So wählst du, was für dich richtig ist. Weitere Informationen findest du unter fb.me/meineprivatsphäre«.[417]

Eigentlich gab Zuckerberg damit zu, dass Facebook bisher »alles von dir sieht«. Und ach, wie nett, jetzt holt Facebook sogar »Datenschutzexperten« – gab es die denn bei einem der größten Daten-Weltkonzerne vorher nicht? Und ist die Absichtserklärung, er wolle jetzt die Privatsphäre schützen, nicht das Eingeständnis, dass er vorher diese Absicht folglich nicht hatte?

Einige Wochen danach setzte der Facebook-Chef mit persönlicher Unterschrift in einer anderen Großanzeige nach: »Du hast vermutlich gehört, dass die Quizz-App eines Wissenschaftlers im Jahr 2014 unerlaubt die Facebook-Daten von Millionen Menschen weitergegeben hat. Das war ein Vertrauensbruch und ich möchte mich dafür entschuldigen, dass wir damals nicht mehr dagegen getan haben … Ich verspreche, dass wir unsere Arbeit in Zukunft besser machen. Mark Zuckerberg.«[418]

Gigantische Manipulationsmaschine | Doch die Entschuldigung des jungen Multimilliardärs ist demagogisch, sein Versprechen irreführend. Denn das Geschäftsmodell lautet: Hole so viele Nutzer und Daten auf die digitale Facebook-Infrastruktur wie nur möglich, schöpfe sie aus, verwerte sie und zwar so schnell und tief wie möglich. Wenn später ein Missbrauch bekannt wird, dann haben wir das

Wichtigste schon geschafft und können eine paar Löschungen vornehmen – und neue Instrumente schaffen, um weitere Nutzer einzubeziehen. Facebook kalkuliert cool, dass die Mehrheit der Nutzer die theoretisch mögliche Ablehnung bestimmter Nutzungen – etwa durch eine neue EU-Regelung – nicht beachtet, die dafür notwendigen *tools* nicht sucht oder nicht findet.

Selbst US-freundliche Kapitalmedien, hier das *HB*, gestehen ein: Facebook ist eine »gigantische Manipulationsmaschine«.[419] Facebook, so die *WiWo*, das ist »die generalstabsmäßig organisierte Kommerzialisierung der menschlichen Privatsphäre.«[420]

2007 wurde die Facebook-Plattform so erweitert, dass sich nicht nur einzelne Menschen präsentieren können. Auch Unternehmen können sich nun präsentieren, können hier Apps für soziale Netzwerke entwickeln und betreiben, z. B. Fotoprogramme, Spiele und Kalender mit den Geburtstagsdaten der Freunde. Die Unternehmen können dabei auf die Daten von dritten Personen zugreifen. Die Unternehmen müssen zwar zusichern, dass sie die Daten nicht missbrauchen, aber das ist wie bei Apple, Microsoft, Google eine reine Formsache, und »Missbrauch« ist nicht genau definiert. Eine staatliche Kontrolle findet ohnehin nicht statt.[421]

Heute hat Facebook in über 80 Sprachen über zwei Milliarden individuelle Abonnenten mit persönlichem Profil, täglich sind eine Milliarde Nutzer auf der Plattform. Nicht nur ihre Daten und Kontakte, auch ihre Käufe und Verhaltensweisen, ihre wechselnden Aufenthaltsorte werden erfasst, ausgewertet, an zehntausende Unternehmen und Werbeagenturen weiterverkauft.

Wie Amazon, Microsoft und Apple hat Facebook Dutzende anderer Unternehmen aufgekauft (WhatsApp, Instagram …), vermittelt Dienste für (Video)Telefonie, Videokonferenzen, Stellensuche, Opfersuche bei Katastrophen, Musik- und TV-Nutzungen. Prominente und Künstler können Fangemeinden unterhalten. Unternehmen können werben und Rabatte und Gutscheine anbieten. Werbung ist die Haupteinnahmequelle.

Die Infrastruktur für das notwendige Datenmanagement ist aufwendig, möglicherweise noch mehr als für BlackRocks Aladdin.

Facebook unterhält, verteilt über das US-Territorium, zehntausende Server in Server‚farmen'. Für Europa wurde die erste Serverfarm 2013 im eisigen Nordschweden eingerichtet, weil dort für die aufwendige Kühlung der heißlaufenden Geräte viele Millionen Dollar eingespart werden können. Mit Microsoft verlegt Facebook das leistungsstärkste transatlantische Unterseekabel.

Die Gründung | Mark Zuckerberg besuchte ein Eliteinternat und studierte standesgemäß in Harvard. Dort war gerade die Mode entstanden, dass Studenten Jahrbücher mit ihren Fotos (= facebook) veröffentlichten. Einige mit Zuckerberg befreundete Studenten hatten die Idee: Das Facebook *HarvardConnection* könnten wir auch über das Internet präsentieren und ein Geschäft daraus machen! Zuckerberg, der programmieren konnte, übernahm die Idee und meldete 2004 das Unternehmen thefacebook.com an.

Später bestritt Zuckerberg die Plagiatsvorwürfe, zahlte aber den Ideengebern 65 Millionen Dollar. Seine ehemaligen Kompagnons charakterisierten ihn als »komplett skrupellos«; Menschen, die ihr Leben freiwillig auf Facebook offenlegen, nannte Zuckerberg »Vollidioten« (dumb fucks).[422] Das ist sein Geschäftsmodell: Die Gutgläubigkeit von »Vollidioten« skrupellos ausnutzen, ihre geheimen Wünsche herauskitzeln, bestätigen, verstärken, bündeln und sie zur Grundlage eines ganz anderen Geschäfts machen.

Börsengang und Aufstieg eines sozialen Netzwerks | »Google organisiert die Informationen der Welt, Facebook aber organisiert die Menschen der Welt.« So erkannte auch der Wagnis-Finanzier Thiel frühzeitig das Potential des sozialen Netzwerks und stieg zunächst mit 500.000 Dollar ein, holte Zuckerberg ins Silicon Valley und sitzt bis heute im Facebook-Aufsichtsrat. Zu den ersten Finanziers gehörten dann auch die Venture Capitalists Accel, Greylock, die deutschen Samwer-Brüder, General Atlantic und Li Kashing aus Hongkong. Schon 2006 stieg Interpublic (IPG) ein, eine der größten Holdings von Werbeagenturen (McCann Erickson u. a.).

Kurz vor dem Börsengang 2012 begannen auch die großen Kapitalorganisatoren einzusteigen: Zunächst Fidelity, T. Rowe Price und Goldman Sachs. Der Börsengang wurde ein großer Erfolg. Facebook konnte sich Topmanager von anderen Unternehmen holen. Die Harvard-Absolventin Sheryl Sandberg, zunächst Büroleiterin des US-Finanzministers Lawrence Summers, dann Vizechefin bei Google, wurde 2008 Chief Operating Officer von Facebook. Aus der Regierung von George W. Bush, wo er Büroleiter des Justizministeriums war, kam Theodore Ullyot und wurde Chef der Rechtsabteilung.

Es ging auch in die andere Richtung: 2007 übernahm Facebook-Mitgründer Chris Hughes mit My.BarackObama.com die kuschelige Online-Wahlkampfleitung für den schließlich auch mithilfe dieses Instruments dann gewählten US-Präsidenten. Die »yes we can«-Parole war eine geniale Menschenfängerei nach der Facebook-Methode: Sprich die tiefen Wünsche der großen Menschenmenge einfach, aber auch vieldeutbar und unverbindlich an, und mache dann was ganz anderes draus! (Noch mehr Niedriglöhne, noch mehr staatliche Bankenrettungen, noch mehr Drohnen-Morde.)

Facebook als NATO-Instrument | So war Facebook nicht nur im Kapital, sondern auch in der Politik innerhalb weniger Jahre ganz oben angekommen. Politiker, die gute Werbung brauchen, ließen sich öffentlich mit Zuckerberg sehen, nicht nur US-Präsident Obama. Auch Merkel und Macron und ihre Minister buhlten darum, an ihrem Regierungssitz von Zuckerberg aufgesucht und mit ihm fotografiert zu werden. Als Kritik an Facebook aufkam, meinte Merkel lediglich, man müsse sich mit den Praktiken von Facebook »beschäftigen.«[423]

Obwohl das tägliche Abschöpfen und Verwerten von Milliarden Kundendaten und die Weitergabe an »viele tausend Unternehmen« allgemein bekannt war,[424] wurde erst 2018 die Weitergabe der Daten einiger Millionen Kunden an die Agentur Cambridge Analytica (CA) zum (kurzzeitigen) Skandal. Die Agentur erstellt psychometrische Profile von Individuen sowie von kleinen und großen Menschengruppen. Das Instrument wurde, soweit bisher bekannt, seit 2014 für Wahlkämpfe eingesetzt, zum Beispiel in den USA (Präsident Trump) und Indien (Präsident Modi).[425] Die Weitergabe hatte schon 2015 stattgefunden, Facebook hatte öffentlich nichts dazu gesagt.

»Wir sind für alle Menschen offen«: Diese populistische Lüge zeigt sich beim Abkommen mit dem *Digital Forensic Research Lab.* Es gehört dem *Atlantic Council* der NATO und beobachtet weltweit das Wahlverhalten. Dazu hat die NATO mit Facebook eine »Partnerschaft« vereinbart: Es soll eine weltweite »digitale Solidaritätsbewegung für Demokratie und Wahrheit« aufgebaut werden.[426] Der Atlantic Council hat seit 1961 die Aufgabe, die Begründungen für Militärstrategie und Militäreinsätze der USA und der NATO für Leitmedien zu verbreiten – Facebook als NATO-Instrument.

Komplizenhafte Regierungen | Facebook hat die Erfahrung gemacht: Auch mit den mächtigsten Regierungen kann man fast beliebig umspringen. Die EU-Verantwortlichen können »mit kleineren Veränderungen weitestgehend ruhig gehalten« werden. Facebook kann Vorschriften der EU auch »einfach ignorieren«.[427] Facebooks Kerngeschäft bleibt erhalten, ebenso der Zugriff der US-Geheimdienste.

2012 hatte Facebook auf Betreiben der Europäischen Kommission die Gesichtserkennung seiner Nutzer abgeschaltet. 2018 schaltete Facebook sie wieder ein. So sollen Nutzer wiedererkannt werden, wenn irgendwo im Datendschungel Fotos oder andere Abbildungen auftauchen.

Andere Staaten haben zumindest zeitweise Facebook gesperrt, so Saudi-Arabien und Brasilien. Aber nur China bleibt seit 2009 beim Verbot, solange Facebook – wie auch Alphabet/Google und Twitter – sich nicht an die Regeln der Volksrepublik halten.[428]

Prekäres Schuften für simulierte Meinungsfreiheit | Facebook lässt auf seiner Plattform alle ankommenden Einträge herein: Je mehr Daten, desto größer das Geschäft. Als zunehmend kritisiert wurde, dass dazu auch Kriegsmassaker, Foltervideos von ‚Rebellen'gruppen, Unfalldarstellungen, Demütigungen, persönliche Beschimpfungen, Hassausbrüche, Exhibitionismus, Pornos, Tierquälerei, sexuelle Belästigungen und Fake News gehören und dass deren Verbreitung nicht zur

Meinungsfreiheit gehöre, wiegelte Zuckerberg ab: Man sei doch keine Zeitung und kein TV-Sender, sondern nur ein neutraler Vermittler, eine technisch neutrale Plattform. Aber weil die Kritik nicht nachließ, richtete Facebook eine komplizierte Prozedur ein: Nutzer können über einzelne Facebook-Einträge eine Beschwerde einreichen. Dazu richtete Facebook Kontrollteams ein: Sie sollen die Beschwerden prüfen und über Löschungen entscheiden.

Wie bei anderen Dienstleistungen beauftragt Facebook auch dafür Subunternehmer, in Deutschland die Bertelsmann-Tochter Arvato und Competence Call Center (CCC). Sie stellten bisher in verschiedenen Ländern 20.000 Content-Moderatoren mit 40 verschiedenen Sprachen ein, teilen sie in Teams mit 500 bis 1.000 Mitarbeitern auf, bringen sie in Berlin, Essen oder Casablanca/Marokko in Großraumbüros unter. Die Anstellung ist meist befristet, das Einkommen in Deutschland liegt knapp über dem Mindestlohn.[429]

Die Moderatoren sollen pro Tag zwischen 1.300 und 2.000 Datenpakete – Texte, Fotos und Fotoserien, Videos mit Texten und Musik – auf die Verletzung der Meinungsfreiheit überprüfen und über Löschung entscheiden. Die Löschkriterien sind vordergründig und am Silicon-Valley-Weltbild orientiert: Keine Kinderpornos! Keine Hasspredigten! Keine Enthauptungen! Dagegen gehören Arbeitsrechte und das Völkerrecht ebenso wenig zu den Kriterien wie jeweilige nationale Straf- und Medienrechte, höchstens eine unklare Auswahl daraus.

Die Vordergründigkeit zeigte sich beispielsweise hier: Wegen Verbots der Nacktheit von Kindern wurde das weltberühmte Foto des 9-jährigen Mädchens Kim Phuc gelöscht, das während des Vietnamkrieges vor der US-Napalm-Bombardierung flüchtete. Das Profil des norwegischen Fotografen, der das Foto reproduzierte, wurde ebenfalls gelöscht. Die norwegische Zeitung *Aftonbladet*, die über die Löschung berichtete, wurde ebenfalls gelöscht. Der Kommentar der schwedischen Ministerpräsidentin dazu wurde ebenfalls gelöscht.[430]

Facebook lebt von gefühlsbeladenen, ja gefühlsüberfrachteten Ausbrüchen, Regelverletzungen, Grausamkeiten. Denn gerade sie verhelfen zu längeren Aufenthalten bei der Plattform, steigern die Kundenbindung und den Werbewert. Die teuren Löschaktivitäten sind ein populistisches Ablenkungsmanöver.

Schuften im digitalen Lösch-Proletariat | Viele Moderatoren sind nach einiger Zeit frustriert und zermürbt ausgeschieden. Sie haben aus der Prüf- und Löscharbeit ihres »digitalen Proletariats« berichtet: Die wenigen Sekunden Prüfzeit reichen in der Regel für eine fundierte Entscheidung nicht aus. Zudem ändert Facebook die Löschregeln ständig. Die Arbeit im Schichtdienst ist mit Pausen von wenigen Minuten streng reglementiert. Viele Sequenzen sind ekelerregend und erschütternd, die Moderatoren müssen abstumpfen, um seelisch zu überleben und um die zahlenmäßigen Löschvorgaben zu erfüllen.

Facebook verklebte die Fenster der Großraumbüros der Löschteams, damit niemand hineinschauen konnte. Auch Regierungsbeauftragte bekamen keinen Zutritt. Die Beschäftigten durften nicht mit Journalisten sprechen. Das Unternehmen, das möglichst alles über die Menschen veröffentlicht und Transparenz fördern will, zeigt sich selbst als »eines der verschlossensten Unternehmen der Welt.« Subunternehmer wie Arvato verteidigen diese Praxis.[431]

Facebook, wie auch Amazon, möchte die lästige Beschäftigung lebendiger, selbständig nachdenkender Menschen überwinden. Zuckerberg rechnet damit, dass in spätestens 10 Jahren Roboter die Löscharbeit übernehmen.[432] Die Kriterien werden aber kaum andere sein.

Geschichtsvergessene Asozialität | Facebook fördert ein menschliches Verhalten, das von individualistischen Sofort-Reaktionen auf extrem verkürzte Emotionsimpulse geprägt ist. Dies ist verbunden mit automatisierter, roboterisierter Bekräftigung und Steuerung eines solchen Verhaltens. Sowohl die individuelle wie kollektive Geschichte wird ausgelöscht. Der langjährige Facebook-Topmanager Chamath Palihapitiya bestätigte das vor großem Auditorium in der Stanford University: Solche sozialen Netzwerke »zerstören Kooperation und zivile Diskussion, fördern Desinformation und Lügen.«[433]

Sean Parker, der den Konzern mit aufbaute, erklärt die bewusste Konstruktion des Konzepts: Wir wollten »eine Schwäche der menschlichen Psychologie ausnutzen. Uns war das bewusst. Und wir haben es trotzdem gemacht. Gott weiß, was das mit den Gehirnen unserer Kinder anrichtet.«

Andreas Weigend, Ex-Chefwissenschaftler von Amazon, bestätigt, dass viele Beschäftigte des Milieus die irreführende Haltung, die der Facebook-Chef verkörpert, durchschaut haben: »Ich wie viele Kollegen im Silicon Valley glauben Mark Zuckerberg kein Wort von seinem ›We at Facebook care …‹. Ihm ist doch der Einzelne total egal … Das ist eine unerträgliche Arroganz gegenüber Menschen und eine Missachtung der sozialen Strukturen.«[434]

Facebook löst auch die zivilisatorische Errungenschaft auf, dass Medien eine rechtliche und damit auch sanktionierbare Verpflichtung auf Wahrhaftigkeit haben. Die technologische Entfesselung, dass »jeder Mensch« erstmal alles ungeprüft in die Öffentlichkeit bringen kann, erweist sich unter Führung von Facebook & Co als Tod jeder demokratischen Öffentlichkeit.

Herrschaft im Weltraum und im Atlantik | Unbeeindruckt von »Skandalen« kann Facebook den Konzern weiter ausbauen. Mit Google und dem japanischen Elektronikkonzern Softbank, der auch in Plattform-Taxidienste wie Uber investiert, bereitet man Internet-Stationen (Satelliten) im Weltraum und die weitere Erkundung und Besiedlung des Weltraums vor.

Mit Microsoft baute Facebook von 2016 bis 2018 das bisher leistungsfähigste Unterseekabel der Erde, zwischen den USA und Europa. Marea verläuft 6.400 Kilometer zwischen Virginia Beach und Bilbao in Spanien, beteiligt ist der Telefonica-Konzern. Von Spanien aus sollen die schnellen Verbindungen auch nach Afrika, Asien und in den Mittleren Osten ausgebaut werden. In einer Sekunde kann der gesamte Datenbestand der US-Library of Congress durchgejagt werden, so wird gerühmt: 160 Terabyte pro Sekunde. Es geht um die täglichen Daten der Milliarden individueller Nutzer, vor allem aber um die Datenbestände global agierender Unternehmen (»Internet der Dinge«).[435]

Das ist der Anfang der weiteren Privatisierung des transatlantischen Kabelsystems, das bisher 1,3 Millionen Kilometer lang ist und dessen Zugang bisher noch von den Telekommunikationskonzernen vermarktet wird. Facebook & Co wollen den Zugang für den schnellsten und wichtigsten Internetverkehr direkt kontrollieren.[436]

Angekommen in Washington und bei BlackRock | Die Präsenz in Washington wird laufend ausgebaut. Das unternehmenseigene PAC verteilt nicht nur Millionen Dollars an Spenden in Wahlkampfjahren, sondern kauft auch laufend einzelne Abgeordnete, wenn es um einschlägige Entscheidungen im Kongress geht. Im Wahljahr 2016 gingen 55 Prozent der Gelder an die Republikaner, 44 Prozent an die Demokraten. 2018 wertete Facebook die Demokraten ein bisschen auf: 52 Prozent an republikanische Abgeordnete, 47 Prozent an demokratische.[437]

Als die Kritik am Datenmissbrauch zunahm, holte sich Facebook als Leiterin der Vertretung am Regierungssitz die Anwältin Erin Egan von Covington & Burling.[438] Diese Kanzlei ist die größte in Washington und eng mit dem Regierungs- und Finanzapparat verfilzt. Sie vertrat und vertritt z. B. Apple, Microsoft und General Electric, aber auch Konzerne, die mit besonders schweren Anklagen konfrontiert werden, so Xe Services (Nachfolger der privaten Söldnerfirma Blackwater), Chiquita (Einsatz von Paramilitärs in Kolumbien), Southern Copper (Umwelt- und Gesundheitsschäden in Peru).[439] Obamas Generalstaatsanwalt Eric Holder – er legitimierte Folter und die Nichtverfolgung von Unternehmenskriminalität, wenn dies im nationalen Interesse sei[440] – war und ist Miteigentümer der Kanzlei. Facebook holte sich zur Verstärkung in die Washingtoner Vertretung noch Louisa Terrell, Ex-Special-Assistant des US-Präsidenten im Weißen Haus. Wie Amazon kann auch Facebook durch die Politiknähe hohe Staatssubvention abgreifen: So subventioniert der Staat Texas ein Data Center in Fort Worth mit 150 Millionen Dollar.[441]

Wie Apple, Microsoft, Amazon und Google ist auch Facebook im Eigentum der großen Kapitalorganisatoren gelandet. Neben den Mehrfach-Milliardären wie Zuckerberg (Privatvermögen etwa 60

Milliarden Dollar) sind über 70 Prozent der Aktien im Eigentum der Kapitalorganisatoren (in dieser langweiligen Reihenfolge) Vanguard, BlackRock, Fidelity, State Street, T. Rowe Price, Capital World, Northern Trust, Invesco, Geode Capital, Morgan Stanley, Bank of New York Mellon, JPMorgan Chase, Norges, Goldman Sachs, Baillie Gifford …

Das Werbemonopol von Facebook und Google

Die Werbung in Printmedien, TV, Radio, Plakaten und Telefonbüchern geht seit etwa 2010 stetig zurück. Die Digitalwerbung über Laptops und Personal Computer stagniert. Nur die Werbung im Internet über Handy wächst, und zwar immer schneller.

Facebooks jährliche Werbeeinnahmen pro Nutzer stiegen im Durchschnitt weltweit von 2015 bis 2017 von 21 auf 36 Dollar, in Europa von 24 auf 46 Dollar, in den USA von 67 auf 136 Dollar. Das allermeiste an Zuwachs landet bei Facebook – Werbung macht 98 Prozent des Umsatzes aus, bei Google 86 Prozent.[442]

Die beiden Werbegiganten treiben deshalb durch immer mehr zunächst kostenlose Zusatzdienste die Nutzerzahlen hoch, verwischen nebenbei die schon traditionell zunehmend verwischte Trennung zwischen Werbung und Information noch weiter ins Unkenntliche.

In Israel: Abschöpfen der Besatzungs-Technologie

»Die jungen Soldaten, sie sind 18 oder 19 Jahre alt, erhalten in den riesigen Entwicklungsabteilungen, die das Militär gegründet hat, alle Freiheiten, um in der digitalen Welt an der Spitze zu sein.« So berichtet der israelische Autor Ronen Bergman über seine mehrjährigen Recherchen in der Digitalindustrie Israels.[443]

Israel ist das höchstentwickelte Digitallabor der westlichen Welt für die Bekämpfung von Aufständen und die Tötung von Menschen, die von Geheimdiensten ohne Gerichtsurteil als Terroristen bezeichnet werden. Amazon, Facebook, Microsoft, Google, Apple kaufen in Israel laufend Start-ups auf, z. B. Anobit, LinX, PrimeSense, Slick-Login, Waze, Annapurna. Mit bisher 5.000 Start-ups, die mehrheitlich von US- und anderen Westkonzernen gekauft wurden, hat Israel die höchste Start-up-Dichte pro Einwohner. Die Firmen werden meist von Ex-Offizieren der israelischen Armee hochgezogen, oft beginnen sie schon in der Armee damit. Hier setzen sie ihre Erfahrungen bei der Fern- und Naherkennung, Bekämpfung und Tötung von Palästinensern in »ziviler« unternehmerischer Form ein. Die israelischen Soldaten und Soldatinnen werden als Helden und nationale Elite gehätschelt. Das Militär ist der »Innovationstreiber«. »Wer in einer der bekannten Eliteeinheiten dient, bringt wertvolles Wissen mit und macht sich damit nicht selten ein paar Jahre später selbständig.«[444]

Die völkerrechts- und menschenrechtswidrige Praxis des jahrzehntelangen Besatzungsregimes ist ein Trainingscampus der moralfreien Disruption. »You break things«, »You are software Ninjaneers«, heißt es lobend. Seit dem Einsatz ferngelenkter Tötungs-Drohnen gegen die Intifada entwickelt der militärisch-industrielle Digital-Komplex Israels immer neue und bessere Technologien, um alle Arten von Daten, die mit Menschen verbunden sind – akustische, optische, sprachliche, nichtsprachliche, farbliche, haptische, gestalt- und bewegungsförmige, interaktionelle, umgebungsbezogene, elektronische, digitale – zu erfassen und nach Zieleingaben integriert und in höchster Geschwindigkeit auszuwerten.[445]

Keine Wirtschaft und Medienbranche der Welt ist so militarisiert wie die israelische. Abitur, Universitätsexamen – in Israel zählt für Positionen in der Wirtschaft vor allem der Offiziersrang.[446] Der Chiphersteller Intel war vor vier Jahrzehnten als erstes Unternehmen aus dem Silicon Valley gekommen – als dort noch vorrangig für das US-Militär produziert wurde. Heute beschäftigt Intel in Israel 11.000 Mitarbeiter, darunter viele Ex-Militärs. Seit einigen Jahren erweitern die fünf GAMFA-Giganten die gekauften Start-ups auf bis zu 1.000 Mitarbeiter und vergeben Aufträge.

Google unterhält auf dem Universitäts-Campus des Stanford-Imitats in Tel Aviv eine eigene Start-up-Area. Kein Staat sonst subventioniert die digitale Forschung und Entwicklung so hoch wie Israel. Die Produkte und Dienstleistungen gehen vor allem in den Export, in die USA und die EU. Schon bevor Trump die Mauer zu Mexiko ausbauen ließ, holte sich die Obama-Regierung israelische Erkennungs- und

Abwehrtechnologie für tausende Kilometer des High-Tech-Zauns zu Mexiko, der schon unter Präsident Clinton begonnen worden war.

So wurde auch die Cyberkriegs-Software Stuxnet nach Genehmigung durch Obama gemeinsam von US- und israelischen Stellen unter dem Microsoft-Betriebssystem Windows entwickelt. Stuxnet wurde als Zerstörungs-Wurm in der Kontrollanlage des iranischen Atomzentrums Natanz platziert und führte zur ›Selbst‹zerstörung der Zentrifugen.[447]

Digitaler Wissens-Populismus: Wikipedia

»Die größte Enzyklopädie der Menschheit«, »das größte kollaborative Projekt der Menschheit«: So lobt sich Wikipedia selbst. 2001 gegründet, umfasst Wikipedia gegenwärtig 39 Millionen Artikel in 300 Sprachen. Nach Google, YouTube (gehört zu Google), Facebook und Baidu (China) folgt Wikipedia nach eigener Aussage als am häufigsten genutztes Internetportal. Die Enzyklopädie ist kommerziell und eng mit GAMFA verbunden: Man finanziert und begünstigt sich gegenseitig.

Mit der Agentur des »freien Wissens« könne jeder und jede sein und ihr Wissen einbringen und Artikel schreiben. Für die basisorientierte Schwarmintelligenz arbeiten zehntausende Studenten, Wissenschaftler und andere mit – freiwillig, freudig und kostenlos, heißt es. Der Untergang etwa des Brockhaus-Lexikons braucht tatsächlich nicht bedauert zu werden. Aber ist Wikipedia die freie, wissenschaftliche Alternative?

Die vorletzte Ebene des Beherrschungswissens | Wikipedia ist ein privater US-Konzern. Er organisiert Herrschaftswissen der neuen Kapitalisten. »Wiki« bedeutet »schnell«. Wikipedia organisiert und repräsentiert das heute vorherrschende Quickie-Wissen für die mehr oder weniger bürgerlich gebildeten bzw. verbildeten Schichten der Bevölkerungen.

95 Prozent aller westlichen Abiturienten und Studenten nutzen Wikipedia, bei Journalisten dürften es mindestens fünf Prozent mehr sein. Auch »Normalbürger« freuen sich über das schnell konsultier-

bare, kostenlose Lexikon. Der »Normalbürger« kann das Gefühl haben – die Hoffnung und der Anspruch darauf sind ja begründet! –, am bisher exklusiven Universitätswissen teilzuhaben. Viele Artikel und Artikelteile auf der Ebene der Tatsachenaufzählung (Jahreszahlen über historische Ereignisse, Biografien von Persönlichkeiten, Einwohnerzahlen, personelle Zusammensetzung von Regierungen und Organisationen, chemische und physikalische Formeln, Literaturangaben usw.) sind korrekt und für erste schnelle Orientierungen nützlich. Aber – welche Tatsachen, welche Literaturangaben fehlen?

Das entscheidende Wissen im westlichen Kapitalismus wird aber intern entwickelt, z. B. im BlackRock Research Institute und für Aladdin, in Think Tanks, in PR-Agenturen, in unternehmensfinanzierten Hochschulinstituten, in zentralen staatlichen Verwaltungen und von Regierungsberatern, von den professionellen Insidern der Rating-Agenturen, der Wirtschaftskanzleien, der Unternehmensberater, der Wirtschafts‚prüfer' und nicht zuletzt, damit vernetzt, in Geheimdiensten und der NATO – das hier akkumulierte, interne, strategisch entscheidende Wissen taucht in Wikipedia nicht auf. Auch das interne Wissen, das Google, Facebook, Microsoft, Apple und Amazon aus ihren Kunden abschöpfen, geht in Wikipedia nicht ein. ‚Meinungs'freiheit ja, so viel ihr Wikipedia-Schreiberlinge wollt – aber sie ist abgetrennt von der Informationsfreiheit, die nur für untergeordnete Bereiche gilt.

Wikipedia ist somit der Teil des erlaubten, öffentlichen Wissens, der für die ideologische Beherrschung des modernen Internet-Prekariats geeignet ist. Die Bezeichnung als Prekariat erscheint sicher vielen Wikipedia-Nutzern und vor allem den vielen engagierten, »normalen« Wikipedia-Autor/inn/en als Beleidigung. Aber es ist so: Gerade die freie Zugänglichkeit und vor allem die Möglichkeiten des Mitgestaltens von Wikipedia-Einträgen täuschen darüber hinweg, dass man sich auf der untersten Ebene der Wissenschaft bewegt – wenn man Wissenschaft so versteht, dass sie auf harten Fakten beruhen, vom unbedingten, nicht käuflichen Wahrheitsinteresse geprägt und an den langfristigen Überlebensinteressen der Mehrheit orientiert sein sollte.

Die harten Fakten des gegenwärtigen Kapitalismus sind aber sowohl den normalen Wikipedia-Mitarbeitern wie auch Journalisten und akademischen Wissenschaftlern gar nicht zugänglich – außer sie werden von dafür zuständigen Agenturen und Öffentlichkeits-Zubereitern gezielt und selektiv versorgt und wie vielfach üblich zur Geheimhaltung verpflichtet. Wie viele universitäre Forschungen, vor allem die von Unternehmen, Staat, Militär finanzierte, unterliegt der Geheimhaltung oder wird durch sie deformiert, greift aber unerkannt in das Alltagsleben ein?!

Die Selbsttäuschung der prekären Wikipedia-Wissensarbeiter wird dadurch befördert, dass Wikipedia in mancher formalen Hinsicht und in vielen Texten herkömmlicher wissenschaftlicher Methodik genügt und das Wissen, das nicht unmittelbar herrschaftsrelevant ist, auch vollständig enthält. Die Selbsttäuschung wird auch dadurch gefördert, dass die meisten und angesehensten Zitatquellen bei Wikipedia die Leitmedien des akademischen Publikums sind – in Deutschland also *Spiegel, FAZ, Zeit, Welt, Süddeutsche Zeitung, ARD, ZDF, tagesschau.de* sowie die Bücher der »renommierten« Verlage. Dass die Glaubwürdigkeit dieser Leitmedien längst erschüttert ist, ist bei Wikipedia noch nicht angekommen.

Nicht Originaldokumente – Verträge, Gerichtsurteile, Parlamentsbeschlüsse – tauchen an vorderer Stelle in den Suchmaschinen auf. Die eng mit den neuen Finanzakteuren verbundenen Leitmedien – geschmeidig angepasst an jede Situation in der jeweiligen Sprachregion, im jeweiligen Staat – sind die wichtigste Zitatquelle für Wikipedia-Artikel. Denn diese Medien und Verlage sind zugleich die wichtigen Kunden und großen Zahler der Internetkonzerne wie GAMFA, die zudem Wikipedia finanzieren. Medien und (Fach)Verlage, die keine marktmächtigen Kunden sind oder als »links«, »antisemitisch«, »antiamerikanisch« gelten, sind als Zitatquellen verpönt.

Der Wahrheitsbegriff wird zerstört | Auf unterschiedliche Weise wird der Begriff, damit auch die Möglichkeit der Wahrheit zerstört. Wahrheit ist nichts absolut Feststehendes, sondern ein Prozess der Auseinandersetzung. Es kommt aber darauf an, wie er organisiert wird und sich entfalten kann.

Erstens: Autoren und Autorinnen arbeiten unter Pseudonym. Auch alle Redakteure und Redakteurinnen arbeiten unter Pseudonym. Die persönliche Verantwortung bei der Erarbeitung des Wissens wird wegorganisiert.

Zweitens: Spielball der Public-Relations-Industrie: Weil das Image von Unternehmen, Staaten, Städten, Regionen, Urlaubsorten, Parteien, Politikern, Kirchenführern, Prominenten, Autoren, Rennfahrern inzwischen auch davon abhängt, was über sie in Wikipedia steht, beauftragen sie vielfach PR-Agenturen, um die Einträge dauerhaft überwachen zu lassen und unliebsame Einfügungen zu neutralisieren. Derjenige Autor oder diejenige PR-Agentur setzt sich im monate- und oft auch jahrelangen Hin und Her der Änderungen und Löschungen durch, der und die über die meiste Zeit und das meiste Geld verfügt.

CDU und SPD verschönten ihre Einträge, das FDP-Plappermaul Christian Lindner ließ über eine IP-Adresse im Düsseldorfer Landtag seinen Eintrag 40 Mal ändern. BMW, Ebay, Dell, die CIA und der Vatikan manipulierten Einträge. Spezialisierte PR-Agenturen überwachen unter unscheinbaren Pseudonymen im Dauerauftrag gegen Honorar Wikipedia-Artikel, fügen etwas ein, ändern, streichen.[448]

76,9 Prozent der 20.000 Autoren des deutschen Wikipedia haben seit ihrer Anmeldung höchstens neun Mal etwas in einen Artikel eingefügt. Sie stehen für die freiwillige, hochmotivierte und unbezahlte Schwarmintelligenz. Dagegen hat der Mitbegründer der Wikimedia-Stiftung, die das deutsche Wikipedia finanziert, Achim Raschka, über ein Pseudonym bisher 78.000 Bearbeitungen vorgenommen. Es war keine Schwarmintelligenz, sondern bezahlte Auftragsarbeit: Das Ministerium für Verbraucherschutz förderte das Wiki-Projekt »Nachwachsende Rohstoffe« (318 Einträge) mit 234.000 Euro. Der pseudonyme Autor 7Pinguine, der von einer IP-Adresse des Leibinger-Konzerns arbeitet und dafür offensichtlich freigestellt ist, hat es seit 2007 auf 15.000 Bearbeitungen geschafft, mit Manipulationen zugunsten von Nestlé und der FDP. Auf Nachfragen wegen der Manipulationen gibt Wikimedia keine Antwort: keine Transparenz, keine Basisdemokratie, kein Meinungsstreit.

»Die freie Enzyklopädie Wikipedia wird von ehrenamtlichen Autorinnen und Autoren geschrieben«, verkündet Wikimedia.[449] Das ist unwahr: Wenn es um Wichtiges geht, schreiben bezahlte Profis. Die Arbeitsvermittlung von Amazon, Mechanical Turk (MT), bietet u. a. das Verfassen von Wikipedia-Artikeln an.[450] So wurde die digitale Basisdemokratie ein Spielball der PR-Industrie. »Public Relations und Manipulation sind in Wikipedia allgegenwärtig«.[451]

Drittens: Machtgestützte »Neutralität«: Der Wahrheits-Begriff selbst wird als unzulässig, als unwissenschaftlich diskreditiert. Für Wikipedia gibt es nur »Meinungen«. Der Ersatz für Wahrheit ist »Neutralität« (Neutral Point of View, NPOV) und das Verbot der Theoriefindung (No original research). Diese Kriterien für das Verfassen von Wiki-Texten soll zwischen verschiedenen ausgewählten Meinungen nicht irgendeine, sondern eine kapitalkompatible Mitte finden. Die bisher wichtigsten Ausschlusskriterien sind Scientology und Nacktheit des menschlichen Körpers; auch Antisemitismus ist wichtig – allerdings nicht Antiislamismus. Die universellen Menschenrechte, die Arbeitsrechte der ILO und das Völkerrecht sind keine Kriterien. Aussagen von Behörden gelten als grundsätzlich neutral – allerdings nur, wenn es »westliche« Behörden sind. Wikipedia bewegt sich bei den heute brisanten Konflikten der Außenpolitik, etwa bei Russland, China, Iran, Israel, Syrien, Kuba, Ägypten in der Regel im Spektrum der US-Außenpolitik, freilich inklusive ihrer sich liberal gebenden Varianten à la *NYT*.

Die Artikel reproduzieren in der Regel zunächst die offizielle Selbstdarstellung von Staaten, Unternehmen, Behörden, Parteien, Prominenten, Organisationen und die offizielle Version von Finanzprodukten, Medikamenten usw. Bei Russland, China, Kuba, Venezuela u. ä. ist dagegen – in Übereinstimmung mit der US-Außenpolitik – die Kritik bereits in der Einleitung enthalten. Bei den anderen Artikeln folgt erst am Ende der gesonderte Abschnitt »Kritik«. Die beschränkt sich auf das, was in großen Medien veröffentlicht wurde und deshalb als zitierfähig gilt bzw. auf Medien, die im Ranking des Wikipedia-Sponsors Google weit oben stehen und dafür bezahlen, z. B. *Spiegel Online*, *Zeit Online*, *NYT*.

Viertens: Undurchsichtiges Redaktionssystem: Wikipedia unterhält ein undurchsichtiges Redaktionssystem. Es besteht aus einer sechsstufigen Hierarchie: Die unterste Ebene bilden, so fand Marvin Oppong für die deutsche Version heraus, 24.411 passive Sichter, über ihnen stehen 14.232 aktive Sichter, über ihnen 260 Administratoren, diese unterstehen wiederum 6 Bürokraten (so heißen sie wirklich), auf der vorletzten Etage oben rangieren 5 Oversighter, ganz oben dann die 5 Checkuser (Stand: 2014). Sie alle sind anonym. In diesem namenlosen Dschungel fallen die Entscheidungen, welche Artikelversion genehmigt wird und welche nicht.

Digitale Vernichtung | Der schon zitierte Ex-Chefwissenschaftler von Amazon, Andreas Weigend, hatte die Möglichkeit tiefer Einblicke in die Digitalwirtschaft, die Wikipedia finanziell direkt fördert. »Google und Facebook können die Identität von Menschen vernichten. Wenn Sie etwas schreiben und veröffentlichen, das dem Konzern oder einem Staat nicht passt, ändert der Konzern den Algorithmus so, dass Sie in den Suchergebnissen nicht mehr auftauchen. Und dann sind Sie weg vom Fenster.«[452]

Kapitalistischer Zentralismus | Der als gemeinnützig anerkannte Verein Wikimedia Deutschland, Betreiber des deutschen Wikipedia, wurde bis 2016 von Christian Rickerts geleitet: Der bildete den Vorstand, der nur aus ihm selbst bestand. Er war Chef der damals 60 hauptamtlichen Angestellten. Der hochbezahlte Manager (Gehalt und erfolgsabhängige Boni) kam vom Unternehmensberatungskonzern Capgemini. Neben seiner Funktion bei Wikimedia agierte Rickerts gleichzeitig als Vice President für Corporate Communication bei der Bertelsmann-Stiftung. Und gleichzeitig war er alleinvertretungsberechtigter Geschäftsführer des Wikimedia-Fördervereins, der die Spenden eintreibt; 2015 waren es 11 Millionen Euro. Es wird betont, dass 422.000 Menschen dazu im Durchschnitt 25 Euro gespendet haben. Namen größerer Spender werden nicht genannt.

Wikimedia Deutschland, die zweitgrößte Sektion nach der US-amerikanischen und die erste ausländische, die von der übergeordneten Wikimedia Foundation Inc. in San Francisco genehmigt wurde, muss die Spenden vom kapitalistischen Zentralkomitee in Kalifornien verwalten und zuteilen lassen. So wird mit allen nationalen Wikipedia-Vereinen verfahren: »America First«.

Groß-Sponsoren Apple, Google, Microsoft… | Die Wikimedia Foundation Inc. beschäftigt gegenwärtig über 300 Angestellte und verfügt über 91 Millionen Dollar Einnahmen jährlich (2016/17). Die Hauptfinanziers (*major benefactors*) sind Unternehmensstiftungen und Unternehmer: Apple, Google und Microsoft; die Google-Gründer Sergey Brin und Anne Wojcicki; Alfred Sloan-Stiftung (Sloan, Ex-Chef von General Motors); Lisbet Rausing, Vice President der Vermögensverwaltung der Harvard University und Erbin des TetraPak-Konzerns; Teterev-Stiftung (Autogroßhändler und Filmproduzent aus Lettland); Cards Against Humanity (»party games for horrible people«); Craig Newmark (Werbeagentur Craiglist); Siegel-Stiftung (Hedgefonds Two Sigma); Charina Endowment (Goldman-Sachs-Partner Richard Menschel); Humble Bumble (Videospiele); Mathworks (Software); Richard Seidel (Musikproduzent).

Als Paradiesvögel unter den regelmäßigen Hauptfinanziers erscheinen Antoine Bello, Ayn-Rand-Fan (siehe S. 201) und Unterstützer des französischen Politikers Nicolas Sarkozy, die Prinzessin von Asturien und Frau des spanischen Thronfolgers sowie die Erasmus Foundation, die sich für spirituelle Heilungen und Reinkarnation einsetzt.[453] Diese Sponsoren – Wikimedia nennt nicht die Spendenhöhe –, zahlen, soweit durch andere Quellen bekannt, jährlich zwischen 500.000 Dollar (Brin/Wojcicki) und einer Million (Sloan Foundation, Craig). Zur nächsten Kategorie der Sponsoren (*patrons*), die bis 49.000 Dollar jährlich zahlen, gehören u.a. William und Melinda Gates, Boeing, Goldman Sachs, Intel. In der nächsten Kategorie (*leading donors*), die bis 14.999 Dollar zahlen, finden sich u.a. die Bank of America, Adobe und Chevron.

Popular Economics | Besonders aufschlussreich ist die Alfred Sloan Foundation. Sie ist der größte und Dauersponsor. 2008 hatte sie für den schnellen Ausbau drei Millionen Dollar gespendet.[454] Sloan war von 1923 bis 1956 die bestimmende Figur bei General Motors. Er gilt als Erfinder der geplanten Obsoleszenz, also des eingebauten, vorfristigen Verfalls technischer Produkte sowie der technisch unnötigen, schnellen Modellerneuerung.[455] Die Gewinne des Konzerns wie sein persönliches Vermögen mehrte Sloan auch durch die Rüstungsproduktion zunächst für die Hitler-Wehrmacht (nicht nur über die deutsche GM-Tochter Opel), dann gleichzeitig für das US-Militär, und dies auch während des Zweiten Weltkriegs.[456]

Sloan gründete seine Stiftung 1934. Sie war gegen die Reformpolitik Franklin D. Roosevelts gerichtet und finanzierte Bildungsprojekte für die breite Masse der Bevölkerung mit Schulprogrammen, billigen Schulheften, Trickfilmen. Zur wissenschaftlichen Begründung gab sie die Zeitschrift *Popular Economics* heraus. Ziel: Die Prinzipien des *Free American Business* in leicht verständlicher, schneller, kostenloser Form unters Volk bringen[457] – also das, was Wikipedia mit heutigen technologischen und ideologischen Mitteln macht.

Bilanz GAMFA

Die Prophetie der digitalen Befreiung der Individuen und der technologischen Weltverbesserung wird pervertiert in die gnadenlose Tiefen-Ausspähung und automatisierte Alltagslenkung von Menschenmassen. Die Menschen werden als Kunden und Konsumenten hochgejubelt und als Arbeitende entwürdigt, ausgebeutet und verarmt, während die Großaktionäre einen bisher unbekannten privatistischen Reichtum ansammeln.

»Wir verbinden alle Menschen miteinander« – aber auch mit der »America first«-Politik. Wenn ein Europäer auf Besuch in Kuba per Internet bei Amazon Deutschland ein Buch zur Lieferung nach Deutschland bestellt, wird die Bestellung nicht ausgeführt. Begründung: Aufenthaltsort Kuba.[458]

Die Digital-Populisten, die sich innovativ, jung und modern und anti-establishment geben, erkaufen sich nach traditioneller Art den Einfluss auf die ältesten und korruptesten Parteien des westlichen Kapitalismus und mischen im Establishment von Washington mit.

Die Anti-Staats-Polemiker/innen schöpfen staatliche Subventionen ab und kooperieren eng, offen und auch heimlich mit den US-Geheimdiensten und Militärs.

Die Simulanten der Basisdemokratie zielen darauf ab, den Wettbewerb auszuschalten und Monopole zu bilden. Sie sind Teil des größten je bestehenden kapitalistischen Kartells und bauen exklusive Infrastrukturen auf. Sie beginnen mit wettbewerbswidrigen Dumpingpreisen, um sie bei der ersten Gelegenheit durch marktwidrige Höchstpreise abzulösen.

Die Menschheits-Verbesserer organisieren mithilfe der gekauften Politik Steuer- und Tarifflucht. Sie organisieren sich kollektiv, während sie alte und neue Formen der Kollektivität der abhängig Beschäftigten gnadenlos zerstören. Die Menschenmassen können umso leichter und lukrativer manipuliert werden, je vereinzelter die Individuen in ihren Körpern und Zimmern digitalisiert vernetzt herumhocken.

Die selbstsüchtigen Reichtums-Anhäufer praktizieren technologischen Kolonialismus nach innen und außen. Menschliche Arbeit ebenso wie Rohstoffe und Naturressourcen werden ohne Beachtung der Folgen für Dritte gnadenlos ausgebeutet. Völkerrechtswidrige Kriege und deren Ermöglichung sind selbstverständliche Implikationen der GAMFA-Herrschaft.

Die Gründerchefs wie Zuckerberg werden als mediales Aushängeschild gefeiert, während die Konzerne ohne Hedgefonds und Venture Capitalists nicht aufgestiegen wären und nun in der Hand von BlackRock & Co sind.

Westliche Regierungen partizipieren am Geschäftsmodell. Aber Gewerkschaften und andere emanzipatorische Assoziationen organisieren sich national und inzwischen weltweit dagegen.[459]

Share Economy: Weltkonzerne mit Tagelöhner-Armee

Aggressiver noch als die »fünf apokalyptischen Reiter« des Internets wollen Uber & Co bisherige Gesetze und Regeln brechen. *Disruptive innovation* ist das Motto: Bisherige Gesetze, Regeln, Verfahren, Produkte, Dienstleistungen sollen unterbrochen, gestört, vollständig verdrängt werden: »Wir wollen nicht nur technische Innovationen. Wir wollen den Bruch. Wir wollen die alte Ordnung stürzen. Wir wollen den Weg der Menschheit ändern.«[460]

Zugleich verbinden die Plattform-Kapitalisten, die das von GAMFA entwickelte Muster weitertreiben, es mit der noch softeren Ideologie der *Share Economy.* Das basisdemokratische Versprechen »Wir teilen alles« soll für alle Lebenslagen gelten, und dies auch noch billiger, schneller, angenehmer, ohne Bürokratie.

Uberisierung | Im englischen und französischen Sprachraum hat sich der Begriff *uberisation* durchgesetzt, deutsch: Uberisierung. Er bezeichnet Unternehmen, die mithilfe Internet, Smartphone, Tablet den Kontakt zwischen Verbrauchern und Anbietern von Produkten und Dienstleitungen vermitteln. Am bekanntesten sind der namensgebende Vermittler von Taxidiensten Uber, der Vermittler von Privatwohnungen und Hotelzimmern AirBnB, die Essensauslieferer Deliveroo und Delivery Hero, die Streamingdienste Spotify und Netflix, die Arbeitsvermittler Upwork, Wework und Amazon Mechanical Turk, der Reisevermittler Booking.com, der Partner-Vermittler Parship/Elite Partners und der Busfahrtenvermittler FlixBus.

Solche Unternehmen entstehen wie Apple & Co meist als Startups und meist durch junge Absolventen der Eliteuniversitäten, vor allem Stanford, inzwischen auch aus verwandten Milieus in London, Berlin und Paris – in China sowieso. Auch diese Firmen bekommen, sobald sie eine gewisse Marktgröße erreichen, Kredite von Venture Capitalists, später von Großbanken und anderen Digitalkonzernen wie Facebook, Google sowie von Industriekonzernen wie Toyota, Daimler und General Electric. Dabei werden mehrere Jahre mit hoher Verschuldung in Kauf genommen, damit Konkurrenten ausgeschaltet werden und weltweit expandiert wird.[461]

Der größte Taxidienst der Erde: Uber

Uber, 2009 in New York gegründet, vermittelt Fahrdienste an private Autobesitzer und professionelle Mietwagen- und Taxifahrer. Uber legt die Fahrpreise fest und kassiert Gebühren. Die Fahrgäste zahlen an Uber über Bezahldienste wie PayPal.

Die Taxidienste werden in den großstädtischen Ballungsräumen aufgebaut. Nach New York und US-Großstädten expandierte Uber in Paris, dann London, Sydney, Singapur, Kapstadt, Seoul, Neu-Delhi und Peking, dann Großstädte in Osteuropa (Warschau, Kiew, Moskau) und Afrika (Lagos/Nigeria). Danach wurden in Westeuropa bisher zum Beispiel Zürich, Wien, Berlin und München erschlossen. 2017 war Uber in 70 Staaten präsent, auch mit dem 2014 gestarteten Essenslieferdienst UberEATS.

Wildwest-Kapitalismus | Die Gesetze und Regularien des eigenen und anderer Staaten gelten für Uber erstmal nichts. Wie andere Gründerstars und wie Peter Thiel berief sich auch Uber-Gründer Travis Kalanick auf die Tea-Party-Heilige Ayn Rand. Sie war als junge Frau 1926 aus der Sowjetunion in die USA geflüchtet. In ihrem 1943 erschienenen Hauptwerk *The Fountainhead* (Der ewige Quell) und anderen Büchern propagierte sie den »rationalen Egoismus« der Individuen, die sich gegen alle Vergemeinschaftungen und den Staat wehren müssen, um zu ihrem Glück zu kommen. Dafür müssen die vielen Individuen von besonders starken »Führern« mit »Führermentalität« angeführt werden. Rand bekämpfte in den 1930er Jahren wie ein Großteil der US-Business-Community den reformerischen *New Deal* Roosevelts und seine Förderung der Gewerkschaften als »Kommunismus«.

Kalanick förderte den Personenkult um sich selbst – die Leitmedien halfen ihm dabei wie auch bei den anderen Digital-Gurus. Er verschaffte sich mit Mehrfachstimmrecht seiner Aktien und extremer Hierarchie eine Stellung als Alleinherrscher[462] – eine missionarische Führungsrolle, wie sie auch die Gründerchefs von Silicon-Valley-Unternehmen zelebrieren.

Globale Steuerflucht | Uber übernahm auch die Praktiken der extremen Steuerflucht. Die Dachholding Uber Technologies Inc. hat ihren Sitz in Delaware, sie hat 60 Tochterfirmen in den USA und 75 in anderen Staaten, in Europa vor allem in den Niederlanden.

Wenn ein Fahrgast in Kuala Lumpur/Malaysia nach Bestellung per iPhone mit dem Uber-Taxi gefahren und per Kreditkarte bezahlt hat, dann lenkt die Uber-Firma Raiser Operations B.V. in Amsterdam den Betrag auf ein Konto von Uber B.V., ebenfalls in Amsterdam, und überweist anschließend 80 Prozent des Betrags auf das Konto des Fahrers in Kuala Lumpur und die 20 Prozent für Uber in ein kompliziertes Uber-Briefkastenfirmen-Netzwerk. Uber B.V. ist eine Tochterfirma der Uber-Tochterfirma Uber International C.V., die ihren Sitz auf den Bermudas hat.

Uber betreibt in der zweitgrößten Finanzoase der EU, den Niederlanden, 10 Firmen, wobei nur die eine, Uber B.V., einige Angestellte hat, die anderen 9 Firmen sind von Uber B.V. mitverwaltete Briefkastenfirmen, d.h. sie sind auf einem Computer des Amsterdamer Handelsregisters in digitaler Form vorhanden, und schleusen aus etwa 70 Staaten Millionenbeträge hindurch. Der komplizenhafte Staat Niederlande hat dieses Arrangement im Intangible Property License Agreement legalisiert. Er verdient mit, weil er schließlich etwa ein Prozent Steuern einzieht.[463]

Verschwörung gegen Staaten | Nationale Regeln werden weltweit gezielt verletzt: Transportregularien, Wettbewerbsgesetze, Arbeits- und Sozialrechte. Man kann im Sinne des US-Straftatbestands der *conspiracy* von Verschwörung sprechen: Geheime Absprachen von mehr als zwei Beteiligten mit Einsatz illegaler Mittel zum Zwecke des privaten Gewinns.[464]

Uber begann die Installation seiner Taxidienste, ohne die städtischen Behörden zu informieren oder gar eine Genehmigung zu beantragen. So ließ Uber in San Francisco 16 selbstfahrende Autos kursieren[465] – bis eins dieser Autos eine rote Ampel überfuhr. Im März 2017 rammte in Arizona ein selbstfahrendes Uber-Auto ein anderes Auto. Danach wurden die verfrüht begonnenen Tests eingestellt.[466] Aber dann gingen die Tests wieder weiter und wurden erst wieder eingestellt, als ein automatisches Uber-Auto in Tempe/Arizona eine Fußgängerin tötete.[467]

Schon in den Anfangsjahren versuchten deshalb die Behörden mehrerer Städte, in den USA wie in anderen Staaten, den Taxidienst zu regulieren. Man bemerkte, dass Uber in den Genehmigungsanträgen falsche Angaben machte. Um die wirklichen Praktiken kennenzulernen, bestellten Behördenmitarbeiter Uber-Taxis. Dagegen ließ die Konzernleitung das Programm VTOS (*Violation of Terms of Service*) entwickeln. Damit sollten, so die offizielle Beschreibung, Personen erkannt werden, die unsaubere Geschäfte machen und Uber schaden wollen. Diese Personen sollten von der Nutzung ausgeschlossen werden.

In Wirklichkeit richtete sich die VTOS-Software *Greyball* gegen Behördenmitarbeiter. Die Programmierer beschafften sich deren private Daten über Kreditkarten und Social Media sowie die Adressen der Behörden. Wenn die Mitarbeiter ein Taxi bestellten, wurden ihnen Geisterautos gezeigt, die nicht kamen, oder die Information lautete: Kein Taxi verfügbar! Das Programm war 50 Personen im Konzern bekannt und vom Ethikrat unter Vizepräsident Ryan Graves abgesegnet. Uber setzte das Fake-Programm zunächst in mehreren US-Städten ein.[468]

Wenn Kritik und Widerstand zu groß werden, macht Uber einige Zugeständnisse – manchmal widerwillig, manchmal mit übertriebener Selbstkritik. Nachdem Uber *Greyball* in den USA löschen musste, wurde es in anderen Staaten weiter verwendet.

Arbeitsplätze: So wenig wie möglich, am besten gar keine | Der inzwischen weltweit größte Taxibetrieb besitzt kein einziges Taxi, sondern wälzt die Kosten der Fahrzeuge auf die Fahrer und Eigentümer ab. Millionen Freizeit- wie professionelle Taxifahrer zwischen New York und Sydney sind gegenüber Uber Scheinselbständige, so war jedenfalls das Anfangskonzept. Sie werden so knapp und rechtlos gehalten wie möglich: Kein einziger hat ein Arbeitsverhältnis mit dem Konzern. Uber meldet die Fahrer bei keinem Finanzamt und keiner Sozialversicherung an. Sie müssen das Auto selbst stellen und alle Risiken übernehmen.[469] Die Autos der privaten Fahrer müssen keinen geeichten Kilometerzähler haben. Mal bekommen diese Fahrer fünf, mal 10 Dollar in der Stunde, die Durchschnitts-Bruttoeinnahme pro Stunde beträgt in den USA gegenwärtig 8 Dollar.[470] Mit dem prekären Status der Fahrer hat Uber, so das Selbstverständnis, nichts zu tun – man vermittle ja nur. In New York kleben manche Fahrer einen Bettelbrief an den Rücksitz: Bitte Trinkgeld![471]

Zur automatisierten Überwachung der Fahrer und Fahrgäste lieferte Microsoft das Programm *Cognitive Services*. Damit werden die akustischen, optischen und körperlichen Äußerungen erfasst und auf Wünsche, Gewohnheiten und Gefühle hin ausgewertet.[472] Die Fahrer wurden auch in der Zeit überwacht, wenn sie nicht für Uber im Einsatz waren: Uber überprüfte, ob sie für andere Fahrdienste arbeiteten oder ob sie sich Demonstrationen anschlossen.[473]

Kalanick bekämpfte alle Versuche von Fahrern und Angestellten, sich zu organisieren. Uber gab Millionen Dollar aus, um mit Anwaltskanzleien Organisierungsversuche zu zerstören.[474] Angestellte, die oft schnell ausscheiden, beschrieben die Arbeitsbeziehungen als chaotischen Dschungelkampf aller gegen alle. Der Weltkonzern kommt mit lediglich knapp 7.000 eigenen Angestellten aus. Er lässt wie andere Unternehmen der Plattform-Ökonomie forschen, wie der Betrieb am besten ohne menschliche Arbeitskräfte aufrechterhalten werden kann. »Robotaxi« heißt die Vision.[475] Mit der Tochterfirma Uber Freight sollen selbstfahrende Lkw entwickelt werden.[476]

Subventionierte Kampfpreise und Monopolbildung | Uber ist in wenigen Jahren in die globale Finanz-Topliga aufgestiegen. Der Konzern hatte 2017 einen Marktwert von 70 Milliarden, also mehr als das Doppelte der Deutschen Bank und das Zehnfache der Deutschen Lufthansa.

Für diese Expansion bekam Uber zunächst Kapitaleinlagen von Silicon-Valley-Venture-Capitalists wie Menlo Venture und Lowercase Capital, von PE-Investoren wie General Atlantic, aber auch von großen Kapitalorganisatoren wie Fidelity, Wellington und BlackRock. In einer zweiten Phase kamen Goldman Sachs, Morgan Stanley und Saudi Public Investment hinzu. 2017 stieg auch der Medienkonzern Axel Springer aus Deutschland ein.[477]

Als im selben Jahr der skandalträchtige Chef Kalanick abgelöst werden musste, schieden Google und andere Silicon-Valley-Investoren aus, weil sie um ihren Ruf fürchteten. Nun ist der japanische Elektronikhersteller Softbank der größte Aktionär, ihm folgen Dragoneer Investment, Tencent (China), Texas Pacific Group und der Venture Capitalist Sequoia. Der ausgeschiedene Gründer Kalanick behält 10 Prozent.[478]

»Die meisten begeisterten Uber-Kunden wissen nicht, dass das Unternehmen jede einzelne Fahrt bezuschusst. Wer in einen Uber-Wagen einsteigt, zahlt nur die Hälfte der Kosten. Die andere Hälfte wird von Ubers reichen Risikokapitalgebern getragen. Aufgrund dieser Subventionen schreiben alle Fahrdienstvermittler tiefrote Zahlen:« Ubers Verlust für 2017 ist auf 4,5 Milliarden US-Dollar angestiegen, nachdem er 2016 bereits drei Milliarden betrug.[479] Die Investoren setzen auf das schließlich gesicherte Monopol, das dann dauerhaft Gewinne einfährt.

Auch kurzfristig wird jede Situation zur Monopolbildung genutzt, wenn etwa Streiks und Katastrophen zu Engpässen führen. So nutzte Uber die Notsituation einer Geiselnahme in Australien, als Bürger evakuiert werden mussten, um Fahrpreise zu verdreifachen.[480]

Umweltvergiftung: Uber-Stau | Die neuen Fahrdienste werben mit »Smart City«. US-Forscher haben die Auswirkungen der Fahrdienste von Uber und des Konkurrenten Lyft untersucht. In den Großstädten Boston, New York, San Francisco und London gibt es inzwischen doppelt bis dreimal so viele »freie« Fahrer im Vergleich zu den professionellen Taxis.

Die bequeme Abholung von zuhause erspart den Weg zur Haltestelle von Bus, Metro und Straßenbahn und dann auch den Weg von der Ausstiegshaltestelle zum endgültigen Ziel. Das verspricht Komfort und Zeitersparnis. Verbunden mit den subventionierten Fahrpreisen schafft das einen neuen Bedarf. Die Nutzung der öffentlichen Verkehrsmittel in den Uber-Städten geht seit 2010 zurück. Seitdem hat sich zugleich der Innenstadtverkehr um 15 bis 23 Prozent verlangsamt: »Uber-Stau«, noch mehr Schadstoffe in der Luft.[481]

Uber & Co konzentrieren sich auf die größten Städte. Aber der wachsende Mobilitätsbedarf gerade in den weltweit wachsenden Großstädten kann durch die Erweiterung des raumfressenden Auto-

Individualverkehrs nicht sinnvoll erfüllt werden. Der für 2023 geplante Einsatz von *Uber Air* würde auch noch den städtischen Luftraum verstopfen: Die fünfsitzigen Drohnen-Taxis für den Personen-Lufttransport, für eine Fluggeschwindigkeit von 240 bis 320 Stundenkilometern vorgesehen, sollen von innerstädtischen Plattformen und Hausdächern starten.[482]

Die angepriesene *disruptive innovation* erweist sich als Innovations-Hindernis. Denn die notwendige Innovation bestünde in neuen Formen des kollektiven und öffentlichen Nahverkehrs. Die Silicon-Valley-‚Kultur' folgt auch hier dem Leitbild des rundum versorgten, gut zahlenden Einzelwesens.

Hilfe von Obamas Wahlkampfleiter und von EU-Kommissarin | Bei aller (scheinbar) prinzipiellen Anti-Staatlichkeits-Ideologie und der Verachtung »der Politik« holt sich auch Uber Hilfe bei Politikern und Medienstrategen. Schon kurz nach dem Start gab Uber mehr Geld für Lobbying aus als die etablierten Großkonzerne. Uber holte sich Barack Obamas Wahlkampfleiter David Plouffe direkt aus dem Weißen Haus und warb städtische Behördenmitarbeiter ab.[483]

»Renommierte« Politiker gaben sich gern als Berater her, so Neelie Kroes, die ehemalige EU-Wettbewerbskommissarin, der Ex-US-Verkehrsminister Ray LaHood und der peruanische Ex-Premier Roberto Donino. Sie bekamen Unternehmensanteile und sollen die öffentliche und staatliche Legitimation des Konzerns aufbessern.[484] Kroes berät gleichzeitig die Investmentbank Merrill Lynch; bevor sie ihr Amt in der Europäischen Kommission antrat, hatte sie für den Rüstungskonzern Lockheed Martin und für McDonald's lobbyiert. Auch die neuen Aufsteiger, die angeblich den großen Bruch mit der alten Ökonomie vollziehen, suchen die enge Beziehung zu ihr – und umgekehrt suchen die Vertreter der alten Ökonomie die enge Beziehung zu den neuen Gewinnern.

Deshalb wurde auch Prinzessin Reema bint Bandar Al Saud Beraterin von Uber, nachdem der saudische Staatsfonds Saudi Public Investment Fund sich mit 3,5 Mrd. Dollar in den Weltkonzern eingekauft hatte.[485]

BILD-*Chefredakteur, Daimler, NASA* | Nach dem Einstieg des Springer-Konzerns bei Uber wurde der langjährige Chefredakteur des Springer-Leitmediums *BILD*, Kai Diekmann, in das Beratergremium berufen.[486]

Der Autokonzern Daimler schloss ein Kooperationsabkommen mit Uber, um Autos ohne Fahrer zu entwickeln. Die US-Weltraumbehörde NASA will mit Uber fliegende Taxis entwickeln. Uber versäumt nicht den Hinweis, dass dies umweltfreundlicher sei als der städtische Taxitransport.[487]

Auch damit soll die Expansion vor allem in ganz Asien intensiviert werden, erklärte nach der Ablösung Kalanicks der neue Chef Dara Khosrowshahi – weiter mit Kampfpreisen, die von den neuen Investoren subventioniert werden.[488]

Weltweiter Protest | In den meisten Staaten, auch in den USA, haben private wie professionelle Fahrer gegen die Uber-Praktiken protestiert. Behörden und Gerichte haben Auflagen durchgesetzt. Der Konzern hat sich angepasst. In einzelnen Staaten wie Deutschland wurde der Dienst UberPop mit privaten Fahrern ganz beendet. Es operieren nur die Dienste UberX (Mietwagen mit lizenzierten Fahrern), Uber Black und Uber SUV.

Ende 2017 hat der Europäische Gerichtshof (EuGH) entschieden: Die Uber-Taxidienste stellen keine Vermittlung dar, sondern fallen unter die Verkehrsdienstleistungen. Die Fahrer sind somit keine Selbständigen, sondern müssen als abhängig Beschäftigte bezahlt, versichert, besteuert werden. Damit ist allerdings für die EU nur ein Grundsatzurteil gefällt. »Die Mitgliedstaaten können daher die Bedingungen regeln, unter denen diese Dienstleistung erbracht wird.«[489]

Auch das Schweizer Staatssekretariat für Wirtschaft SECO hat entschieden: Uber ist als Arbeitgeber zu behandeln. So muss der Konzern die Fahrer anstellen und Beiträge zur Sozialversicherung bezahlen. Die britische Gewerkschaft GMB erstritt für Uber-Fahrradkuriere ebenfalls, dass sie als reguläre Angestellte zu behandeln sind.[490] In Ägypten hat ein Gericht aufgrund einer Klage von professionellen Taxifahrern entschieden: Uber, ebenso wie der vergleichbare einheimische Taxivermittler Careem, muss seine Tätigkeit einstellen. Bangladesch verbot Uber schon wenige Tage nach dessen Start.

Der Oberste Gerichtshof von Kalifornien urteilte 2018 nach mehreren Verfahren unterer Gerichte: Fahrradkuriere dürfen nur dann als Selbständige behandelt werden, wenn der Konzern drei Nachweise führt: Er übt keine Kontrolle aus, die Dienstleistung liegt außerhalb des Kerngeschäfts, der Kurier arbeitet auch für andere Auftraggeber. Allerdings geht die Plattform-Lobby gegen dieses Urteil vor, und 40 US-Staaten haben für die Plattform-Industrie Ausnahmen bei Mindestlohn und Sozialversicherungen erlaubt.[491]

Essensauslieferung I: Deliveroo

Auch wenn Uber durch heftigen Widerstand und dann auch staatliche Maßnahmen etwas gebändigt wurde, so gehen die Auseinandersetzungen in anderen Bereichen des Plattform-Kapitalismus weiter oder beginnen erst. Das soll anhand von Essenslieferdiensten verdeutlicht werden.

2013 gründete der US-Banker Will Shu in London den Essenslieferdienst Deliveroo. Shu hatte beim New Yorker Hedgefonds SAC gearbeitet, der wegen Insidergeschäften von der US-Börsenaufsicht geschlossen wurde. Dann war Shu zur Londoner Niederlassung von Morgan Stanley gewechselt. Inzwischen ist Deliveroo weltweit in 150 Großstädten in Großbritannien, den Niederlanden, Frankreich, Deutschland, Belgien, Irland, Australien, Singapur, im Mittleren Osten, in Dubai und Hongkong präsent: 1.500 Beschäftigte, Bestellungen bei 23.000 Restaurants, Essenstransporte durch zehntausende Fahrradkuriere, viele Millionen Kunden.

Große Investoren | In Deutschland bekommen die Kuriere 5,50 Euro pro Lieferung. Von den Kunden wird eine Liefergebühr von jeweils zwischen 2,50 und 4,90 Euro eingezogen. Von den Restaurants zieht Deliveroo 25 Prozent des Essensbetrags ein.

Mit diesen geringen Einnahmen muss Deliveroo eine kosten- und personalintensive Logistik vorhalten. Bestellungen der Kunden müssen in Sekundenschnelle mit den Bestellungen bei den Restaurants und mit der jeweiligen Position der gerade verfügbaren Kuriere flexibel so miteinander kombiniert werden, dass das bestellte Essen schnell zubereitet, im Großstadtdschungel bei jedem Wetter und jeder Tages- und Nachtzeit schnell abgeholt und möglichst schon 30 Minuten nach der Bestellung beim Kunden zuhause angekommen ist. Deutschland-Chef Felix Chrobog will die bisher durchschnittlichen 32 Minuten auf 10 bis 12 Minuten verkürzen.[492]

Deliveroo fährt bisher Verluste ein. Für das angestellte Personal, die Büros, die Software, die Werbung, die Lobbyisten, die Fahrer und für die nationale und internationale Expansion muss aber ständig investiert werden. Beliebte Restaurants müssen liefergerecht umgebaut werden. Wie wird das finanziert? Die New Yorker Investmentbank Morgan Stanley nahm die Suche nach Investoren in die Hand. 2016 brachten die Venture-Investoren Bridgepoint, DTS Global, Greenoaks und General Catalyst 275 Millionen US-Dollar ein.[493]

Im Folgejahr stiegen nun die ganz Großen ein: Fidelity und T. Rowe Price, die in der jeweils dritten Runde schon am Aufstieg anderer globaler Digitaldienste wie Facebook, AirBnB und auch dem Elektroautohersteller Tesla beteiligt waren. So konnte Deliveroo mit insgesamt 600 Millionen Pfund Wagniskapital das Personal von 230 auf 1.050 Stellen aufstocken und den Umsatz um 60 Prozent steigern.[494]

Die Anti-Sklaverei-Erklärung | Eine wesentliche Quelle für wenig Kosten ist die möglichst niedrige Bezahlung der vielen tausend Kuriere, die mit dem Fahrrad mitten im Großstadtverkehr wendig, schnell und oft gefährlich unterwegs sind. Deliveroo hatte anfangs in Großbritannien die Kuriere mit einem Stundenlohn von 7 Pfund und einer Prämie je Lieferung von 1 Pfund entlohnt. (Ende 2013 war das britische Pfund etwa 1,20 Euro wert, im Sommer 2018 etwa 1,14 Euro.)

2016 wurde das System auch in den anderen Staaten umgestellt: Seitdem werden die Fahrer pro Lieferung entlohnt, in Großbritannien mit jeweils 3,75 Pfund. Wartezeiten werden nicht bezahlt. Das Fahrrad, die Reparaturen, das Smartphone, die Mobiltarife, die Berufsversicherung müssen die Fahrer selbst bezahlen. Wer kein Fahrrad hat, kann es für fünf Euro pro Tag bei Deliveroo leihen.

Die Leitung von Deliveroo in Großbritannien hat wegen verstärkter Proteste und Streiks von Fahrern mit der »Erklärung zum Gesetz über moderne Sklaverei« reagiert. Das »konservativ« beherrschte Parlament hatte 2015 das Gesetz beschlossen, weil in den letzten Jahren schon vor den Deliveroo-Fahrern viele andere Scheinselbständige des Plattform-Kapitalismus gegen ihre Arbeitsbedingungen protestiert haben.

Die Anti-Sklaverei-Erklärung fängt so an: »Unser wichtigstes Ziel ist der Aufbau des besten Essenslieferdienstes der Welt. Wir verfolgen dies mit allen unseren Werten; dabei stellen wir uns gegen alle Formen der Sklaverei, Knechtschaft, Pflicht- und Zwangsarbeit und des Menschenhandels«.[495] Befinden wir uns noch in der Sklavenzeit, um solche Absichtserklärungen abgeben zu müssen? Wozu diese Positionsbestimmung gegen die allertiefst möglichen Arbeitsbedingungen? Angemessen wäre die Verpflichtung auf die ILO-Arbeitsrechte, die zudem zum großen Teil vom britischen Parlament ratifiziert wurden und geltendes Recht sind, auch wenn das schon einige Jahrzehnte her und verdrängt ist.[496]

Prekäre Scheinselbständige | Die ansatzweise Konkretisierung der Arbeitsbedingungen in der Erklärung zeigt in glitschiger *Share Economy*-Sprache den Weg in das Arbeitsunrecht: »Wir gewähren gut bezahlte flexible Arbeit für tausende Fahrer im Vereinigten Königreich, die stolz darauf sind, allen Kunden das Essen aus den lokalen Restaurants so schnell wie möglich nach Hause zu liefern.«

Die verstärkten Bemühungen von Fahrern, Tarif-Stundenlöhne zu bekommen und einen Betriebsrat zu gründen, bekämpft Deliveroo auf das Heftigste: Gewählte Betriebsräte in Deutschland verlieren ihre Funktion, indem ihre befristeten Verträge nicht verlängert werden. Nach dem Einstieg von T. Rowe Price und Fidelity wandelte die Geschäftsführung in Deutschland die befristeten Angestelltenverträge nach dem Midijob-Muster (geringfügiges Einkommen zwischen 450,01 und 850 Euro pro Monat) in Scheinselbständigkeit um – und solche »Selbständigen« dürfen laut Gesetz keinen Betriebsrat wählen, argumentiert die von Deliveroo beauftragte Großkanzlei Gleiss Lutz.[497]

Erste Erfolge des Widerstands | In Großbritannien streikten die Fahrer, einige gingen gegen ihre Arbeitsverträge vor Gericht. Die britische Arbeitsaufsicht legte fest: Die Fahrer sind keine Selbständigen.[498] Auch in anderen Ländern wie Belgien, Deutschland und den Niederlanden streikten viele Fahrer. Auch hier urteilten Arbeitsaufsichten und Gerichte: Die Fahrer weisen nicht die Merkmale der Selbständigkeit auf, sondern sind abhängig Beschäftigte: Ein einziger Arbeitgeber, einheitliche Arbeitskleidung, Voranmeldung der Schichten.[499]

In Frankreich haben die Arbeits- und die Sozialversicherungsaufsichten in ausführlichen Dossiers die finanziellen und Arbeitsverhältnisse analysiert. Allein mithilfe der Scheinselbständigkeit der 2.286 Fahrer im Großraum Paris hat Deliveroo im Jahre 2016 Sozialversicherungsbeiträge in Höhe von 6,4 Millionen Euro hinterzogen. Darauf steht eine Strafe von bis zu fünf Jahren Gefängnis.[500]

Während Deliveroo behauptet, mit den Arbeitsverhältnissen der Fahrer nichts zu tun zu haben, sondern nur eine Vermittlungstätigkeit auszuüben, stellt die Arbeitsaufsicht fest: Die Fahrer sind abhängig Beschäftigte. Sie werden in die Arbeit eingewiesen, bekommen Arbeitskleidung und Transportbehälter mit einheitlichen Deliveroo-Logos und -Farben. Den Fahrern werden die Formeln vorgeschrieben, die sie bei der Abholung in den Restaurants und bei der Ablieferung bei den Kunden verwenden dürfen. Das Deliveroo-Zeitplansystem Staffomatic muss auf den Smartphones und Tablets der Fahrer installiert werden. Sie werden per GPS während der Arbeit laufend überwacht, ihre Daten werden ausgewertet.

Die Arbeitsaufsicht zitiert aus einer internen Anweisung der Deliveroo-Geschäftsführung an die Mitarbeiter: Begriffe wie Arbeit, Auftrag, Beschäftigung, Entlohnung dürfen nicht verwendet werden! Stattdessen muss es heißen: Aktivität statt Arbeit, Einladung statt Auftrag, Einkommen statt Entlohnung. Freilich versucht Deliveroo wie die anderen Plattform-Vermittlungsdienste inzwischen, sich auf das »reformierte« Arbeitsgesetz Frankreichs von 2016 zu berufen: Dort ist die Zulässigkeit »unabhängiger Arbeiter bei digitalen Plattformen« eingeführt worden. Die Interpretation ist nun den Gerichten überlassen.

Kundendaten und Koch-Roboter | Die Kunden stimmen in den meist ungelesenen Geschäftsbedingungen zu, dass Deliveroo ihre Daten »an sorgfältig ausgewählte Marketingfirmen« weitergeben kann. Damit sollen lohnende Zielgruppen, bevorzugte Speisen, zahlungskräftige Milieus und deren weitere Bedürfnisse erkundet, vermarktet und geformt werden. Es soll auch nicht bei der Lieferung von Essen bleiben.[501]

Um die Kosten zu senken, baut Deliveroo zunächst in London ein Pilotprojekt mit beweglichen, dezentralen Küchen auf. In ihnen werden Kochstellen der in den Stadtteilen jeweils am meisten nachgefragten Restaurants eingerichtet. Damit sollen die Anlieferzeiten verkürzt und verbilligt werden. Die Entlohnung der Köche ist noch nicht durchgängig geklärt, aber Deliveroo will ohnehin möglichst bald das Kochen durch Roboter erledigen lassen.[502]

Selbstbedienung bei Eigentümern und Topmanagern | Deliveroo macht als Unternehmen Verluste. Aber die Topmanager belohnen sich ausgiebig. Während der Streiks von Fahrern und während der gerichtlichen Überprüfung der Scheinselbständigkeit genehmigte sich Konzernchef Will Shu 2016 eine 22 prozentige Gehaltserhöhung. Außerdem ist er mit seinen 12 Prozent Aktienanteil Multimillionär und profitiert von der Wertsteigerung der Aktie. Dem Topmanagement in Großbritannien unter dem Chef Dan Warne genehmigten die Investoren 2016 eine Gehaltserhöhung um fast 500 Prozent, nämlich von 212.000 auf eine Million Pfund, dazu 4,5 Millionen Pfund in Form von Aktien.[503]

Essensauslieferung II: Delivery Hero

Nehmen wir im Bereich der digitalen Essensdienste ein größeres Kaliber: Delivery Hero AG, »der weltweit führende Online-Marktplatz für Essensbestellung und -lieferung«. 2011 in Berlin gegründet, hat das Unternehmen weltweit 6.000 und in der Berliner Zentrale 1.000 Angestellte. In 40 Ländern auf allen fünf Kontinenten strampeln zehntausende Radfahrer, um Millionen Essen möglichst schnell zu den Kunden zu liefern. »Wir sind die Vereinten Nationen der Essensauslieferung«, preist man sich an.

Für die Expansion wurden innerhalb weniger Jahre in mehreren Staaten über ein Dutzend Konkurrenten aufgekauft, darunter Lieferheld, OnlinePizza, Talabat (Mittlerer Osten), Foodfly (Südkorea), Yemeksepeti (Türkei), Foodarena (Schweiz), Rappi (Südamerika), Deliveras (Griechenland).

Der größte Konkurrent in Deutschland, Foodora, war erst 2014 gegründet und schon im Folgejahr von Delivery Hero aufgekauft worden. Foodora agiert aber weiter unter diesem Namen in den skandinavischen Staaten, in Österreich, Kanada, Australien, Irland, Frankreich, den Niederlanden und in Deutschland.

Großinvestoren | Diese hektische Markteroberung ist auch hier nur möglich durch große Investoren. Damit konnte der gut gestützte Aufsteiger an die Börse gehen – es wurde der größte Börsengang des Jahres 2017 in Deutschland. Die Haupteigentümer sind nach Rocket International (die Samwer-Brüder), die nur einen Minderheitsanteil haben, nun der größte afrikanische Medienkonzern Naspers, dann Insight Ventures, Gavril Abramovich Yushvaev, Luxor Capital, Team Europe, Schroder Investment, Putnam, Artemis und Baillie Gifford.[504]

Bei den Vertretern dieser Großinvestoren, nämlich bei den Großbanken Goldman Sachs und Citibank, müssen die Delivery-Hero-Manager in New York, Zürich, San Francisco, Genf und Paris auf Abruf zu *Roadshows* antreten.[505] Das geschieht wie bei BlackRock außerhalb der regulären Versammlungen der Aufsichtsräte und Aktionäre. Da müssen die Manager ihre bisherigen Maßnahmen rechtfertigen und die neuen Maßnahmen für das laufende Jahr offenlegen: Wie sollen Umsatz, Aktienwert und Gewinn gesteigert werden? Davon hängen auch die Vergütungen der Manager ab – Grundgehalt, Erfolgsprämien, Zuteilung von Vorzugsaktien, Sonderleistungen.

Aus der Mottenkiste: »Der ehrbare Kaufmann« | In der *Share Economy* bilden hohe ethische Ansprüche und modernes Sklaventum eine organische Einheit. Im Corporate Government Codex verpflichten sich Vorstand und Aufsichtsrat von Delivery Hero zu »Verantwortlichkeit und Transparenz des Managements«, sie orientieren sich am Leitbild des »Ehrbaren Kaufmanns«.

Dieser »Ehrbare Kaufmann« stammt aus der Mottenkiste des westeuropäischen Kapitalismus, 19. Jahrhundert. Er geistert noch in den nostalgischen Satzungen deutscher IHKs herum, die damit übrigens auch ihre Aktivitäten bei der Arisierung jüdischer Unternehmen in der NS-Zeit bestritten haben.

Plattform-Konzerne durchdringen den Alltag

Nach diesem Muster agieren andere Finanzinvestoren mit den Uber-Konkurrenten GrabCar und Lyft (Asien), mit AirBnB (Zimmer) und Booking.com (Reisen), Netflix (TV, Film), Gett (innerstädtische Briefauslieferung), Spotify (Musikstreaming).[506] Neue Bereiche wie die Vergabe von Direktkrediten, die Vermittlung von Haushaltshilfen und Reparaturen, die Belieferung mit Nahrungsmitteln werden erschlossen. Einige dieser Unternehmen wurden in wenigen Jahren Weltkonzerne mit hohen Marktwerten. Die jungen Gründer können in wenigen Jahren Multimilliardäre werden.

Vermittlung von Koma-Gucken | 2009 veröffentlichten die Gründer des Streamingdienstes Netflix das Manifest »Freedom and Responsibility« – Freiheit und Verantwortung. Auch das war eine der *Share Economy*-Visionen: Du kannst die Filme und Fernsehsendungen sehen, die du selber wünschst, wann und wo auch immer – so das Versprechen. Dazu werden die Nutzer tief in der Seele ausgespäht. »Netflix liest im Nutzerverhalten. Der Rest wird erfragt: Was für Themen wären spannend, wie viele Staffeln, wer könnte das spielen«?[507]

Netflix erreicht mit 100 Millionen Abonnenten in 190 Staaten mehr Haushalte als traditionelle TV-Sender. Der Konzern erwarb alle Disney-Lizenzen und lässt mit den bestbezahlten Regisseuren und Schauspielern Erfolgsfilme produzieren, die alle klischeehaften Unterhaltungsformate abdecken: Horrorthriller, Black Comedy, Mystery, Musik- und Geschichtsdramen, Science Fiction. Die menschheitsverbessernde Vision hat das Ziel, die Abonnenten als Stubenhocker in ihren Wohnungen festzuhalten und süchtig zu machen, das nächste Paket zu bestellen und sich mit neuem Schauer berieseln zu lassen: *Binge Watching* heißt das in der Werbeszene, zu deutsch Koma-Gucken.

Vermittlung von Liebesbeziehungen | Auch Medienkonzerne suchen nach neuen Geschäftsfeldern und Zielgruppen. Die Partnervermittlung Parship, zu der GayParship für homosexuelle Zielgruppen gehört, 2000 in Hamburg gegründet, geriet schnell in die Fänge der Verlagsgruppe Holtzbrinck (*HB, Die Zeit, Scientific American*).

Als Parship im sonstigen Europa expandierte, wurde es 2015 von den PE-Investoren Oakley und Permira aufgekauft.[508] Sie kauften noch den Liebesvermittler ElitePartner hinzu. Schon im September 2016 wechselte die neugebildete Parship Elite Group wieder den Eigentümer: Das TV-Unternehmen ProSiebenSat.1 will mit den mehreren Millionen Single-Abonnenten sein Digital- und Werbegeschäft erweitern.

Vermittlung von Privat- und Hotelzimmern | AirBnB ist die Abkürzung für Air Bed and Breakfast (Luftmatratze mit Frühstück). Das Unternehmen agiert wie Uber als Onlineplattform und vermittelt Unterkünfte bei privaten Vermietern und in Hotels. 2009 in San Francisco gegründet, ist es inzwischen in praktisch allen Staaten des Planeten tätig. Das Luftmatratzen-Image ist längst abgelegt: Inzwischen werden auch Luxussuiten in den teuersten Hotels vermittelt.[509]

In Deutschland fasste AirBnB durch den Aufkauf des Konkurrenten Accoleo Fuß. Finanziert haben den Aufstieg Start-up-Investoren aus Kalifornien und der Private-Equity-Fonds DST Global des russischen Unternehmers Yuri Milner. Zur Expansion kooperiert der Konzern mit Facebook und anderen Internetkonzernen. AirBnB ist als Aktiengesellschaft schon mehr wert als die größten Hotelketten Hilton und InterConti, deren Zimmer man vermittelt. Dabei besitzt AirBnB kein einziges Privat- und Hotelzimmer.

In Großstädten, die zugleich touristische Zentren sind, ist AirBnB besonders aktiv. Das hat zur starken Erhöhung von Mieten und zur Verdrängung von Mietern geführt. Zahlreiche Stadtverwaltungen sind hier eingeschritten, so in New York, Berlin, Madrid, Barcelona, Paris, mit wenig Erfolg. Aber die Stadt Palma de Mallorca verhängte zunächst Geldbußen gegen AirBnB und Homeaway, weil die Konzerne zur Steuerhinterziehung der Vermieter beitrugen und viel mehr als die lizenzierten Wohnungen vermieteten. Der Billigtourismus führt zudem zu zusätzlicher Knappheit von Trinkwasser. Seit 1. Juli 2018 dürfen gar keine Mietwohnungen mehr an Touristen vermietet werden.[510]

Vermittlung von Arbeit | Drei Konzerne sind besonders bekannt für die digitale Leiharbeitsvermittlung. Mechanical Turk (MT) von Amazon vermittelt jede Arbeit, von Minitätigkeiten, für die einige Cents bezahlt werden, bis zum aufwendigen Webdesign-Auftrag. Die Arbeitgeber legen den Preis fest, bleiben meist anonym, die Arbeitssuchenden (die »mechanischen Türken«) können darüber nicht verhandeln. Auftraggeber können jede digitale Dienstleistung bestellen: auch die Bearbeitung von Wikipedia-Artikeln, Likes zu einer Produktwerbung, Einträge in Diskussionsforen.[511]

Während MT die beliebig lang oder kurz beschäftigten Arbeitsbittsteller als »mechanische Türken« einstuft, findet der Arbeitsvermittler TaskRabbit eine andere, zutreffende Bezeichnung für die Arbeitssuchenden: Rabbit, Hasen, die gegenseitig um das nächste Arbeitshäppchen um die Wette rennen. Zum zynischen Ausgleich werden die Hasen als Selbständige bezeichnet, damit der Auftraggeber ihnen keine Beiträge zur Renten-, Arbeitslosigkeits- und Krankenversicherung und keine Krankheits- und Urlaubstage bezahlen muss.[512]

Die beiden Leiharbeitsvermittler oDesk und Elance wurden 2015 zu Upwork, dem weltweit größten Arbeitsvermittler, fusioniert. Hauptfinanziers der Fusion waren T. Rowe Price und der Venture Capitalist Benchmark.[513] Der Konzern mit Sitz in Mountain View und San Francisco hat 250 reguläre Angestellte. Sie verwalten 14 Millionen Arbeitssuchende weltweit und haben vier Millionen Auftraggeber-Kunden in 180 Staaten. Der Status dieser selbständigen Hasen wird unterschiedlich, aber gleichen Inhalts bezeichnet: (Solo-)Selbständige, Subunternehmer, Clickworker, Crowdworker, Freelancer, Gig-Nehmer. Man kann sie auch als Tagelöhner oder Stücklohnbeschäftigte bezeichnen. Die Staaten und ihre Arbeitsämter wissen darüber nichts. So weiß auch die deutsche Statistikbehörde nicht, dass Upwork 18.000 Arbeitssuchende in Deutschland registriert hat und zu welchen Bedingungen an welche Auftraggeber sie vermittelt werden.[514]

Vermittlung von Bustransporten | FlixMobility GmbH, kurz FlixBus genannt, entstand durch Aufkauf kleiner Busunternehmen. Gründer André Schwämmlein kam von Boston Consulting. Die Bundesregierung hob durch das novellierte Personenbeförderungsgesetz Anfang 2013 bisherige Grenzen für den Fernbusverkehr auf. Daimler Mobility Services und die Verlagsgruppe Holtzbrinck stiegen ein. So konnten die kleineren Fernbusunternehmen der Post und der Bahn aufgekauft werden.

Den nächsten Zukauf des Konkurrenzunternehmens MeinFernbus finanzierte der PE-Fonds General Atlantic. So konnte FlixBus schon nach wenigen Jahren fast 90 Prozent des Marktes in Deutschland beherrschen – und schon wurden die Preise um 40 Prozent erhöht.[515]

Auch FlixBus vermittelt nur, besitzt keinen einzigen Bus und hat keinen einzigen Fahrer angestellt. Vielmehr werden nach dem Franchise-System gegenwärtig 250 mittelständische Busunternehmen lizenziert und koordiniert. Auch Regierungen in anderen EU-Staaten deregulierten und privatisierten den Fernverkehr – in Frankreich machte das Wirtschaftsminister Macron. So konnte FlixBus europaweit in zwei Dutzend Staaten expandieren. Dafür sind nur etwa 500 eigene Beschäftigte nötig.

Seit März 2018 rollen auf den Schienen der Deutschen Bahn unter dem Namen FlixTrain auch Züge der FlixMobility GmbH.

Die Zentren des elitären Digital-Populismus

Die Gründer der größten Internet- und Digitalkonzerne kommen vor allem von zwei privaten Eliteuniversitäten. Sie sind traditionell eng mit großen Privatunternehmen sowie mit Politikern und Beratern der beiden US-Kapital-Parteien verbunden: Stanford und Harvard. Ein Studium kostet zwischen 60.000 und 90.000 Dollar pro Jahr. In Stanford werden etwa 6 Prozent der Bewerber aufgenommen, es

Die Zentren des elitären Digital-Populismus

Stanford University (Kalifornien, Silicon Valley)	51
Harvard University (Boston)	37
University of California	18
Indian Institute of Technology (Mumbai, Delhi)	12
Massachusetts Institute of Technology (Boston)	9
University of Pennsylvania	9
University of Oxford (England)	8
Tel Aviv University (Israel)	7
Cornell University (New York)	6
University of Southern California	6
University of Waterloo (Kanada)	6

werden teilweise hohe Stipendienzuschüsse gewährt. Zum Stanford-Milieu zählen etwa die Gründer von Hewlett Packard, Sun Microsystems, Apple, Google, Yahoo, Nike, Netflix, PayPal, Instagram, Snapchat, Facebook, auch 17 NASA-Astronauten. 94 Prozent der Gründer sind übrigens männlich – kaum eine Branche propagiert Diversität so lautstark und schneidet dabei so schlecht ab wie die Technologiebranche. Im Kasten oben die Zahl der erfolgreichsten Plattform-Gründer und ihrer Herkunfts-Universitäten.[516]

Bilanz der Plattform-Ökonomie

Monopolbildung: Die Investoren geben Kredite für den schnellen Aufkauf von Konkurrenten und Start-ups. Wettbewerb wird auf unterer Ebene befördert und ausgenutzt, jedoch um ihn schließlich auszuschalten. Die Investoren nehmen jahrelange Durststrecken in Kauf, treiben aber dazu, sofort jede Möglichkeit zu Preissteigerungen auszuschöpfen.

Steuerflucht: Wie ihre Investoren lassen auch die Plattform-Konzerne die weltweite Steuerflucht durch professionelle Unternehmensberater organisieren.

Prekarität: Die Plattform-Konzerne verschärfen die in den USA seit den 1960er Jahren forcierte Praxis des *working poor* hin zu einem noch ärmeren digitalen Prekariat: Das global erweiterte Millionenheer besteht aus Stücklohnempfängern, scheinselbständigen Freelancern, Auf-Abruf-Bereitstehern und individualisierten Niedriglöhnern. In Deutschland haben die Plattform-Konzerne etwa eine Million Beschäftigte – die Arbeitsämter wissen es nicht. Den Sozialversicherungen entgehen dabei jährlich Milliarden Euro.[517]

Ausspähung: Die Vermittler erfassen alle erreichbaren Daten ihrer Mitarbeiter und Kunden (Eingaben auf der Tastatur, Mausklicks). Die Datenverarbeitung findet vor allem in den USA statt.

Lebensweise: Das Geschäft konzentriert sich auf individualisierte Dienste in den Ballungsräumen. Das fördert die Überfüllung und Vergiftung der ohnehin schon überstrapazierten Großstädte.

Obdachlosigkeit: Die gesteigerte Asozialität zeigt sich auch im entfesselten regionalen Wohnungsmarkt. Kalifornien mit dem Zentrum Silicon Valley und San Francisco wurde zur asozialsten Wohngegend: höchste Wohnungsmieten mit durchschnittlich (!) 4.000 Dollar für ein kleines Häuschen pro Monat, und die meisten Obdachlosen. Auch die Supermärkte verlangen viel höhere Preise.[518]

Regierungen als Komplizen: Die Europäische Union fördert das Plattform-Modell, denn die Vermittlungsdienste bringen »flexible Arbeitsregelungen und neue Einkommensquellen« hervor.[519] Die Konzerne rüsten zudem gegen die Kritik auf. In den USA haben sich Deliveroo, Uber und AirBnB zusammengetan und fordern von der Regierung gegen die vermehrten Initiativen von Betroffenen und Gewerkschaften: Das Arbeitsgesetz müsse geändert, den Praktiken der digitalen Plattform-Branche angepasst und eine »neue Klasse von Beschäftigten« müsse legalisiert werden.[520]

Widerstand: Betroffene und Geschädigte der Plattform-Ökonomie haben weltweit begonnen sich zu wehren.[521] Gerichte und kommunale Verwaltungen haben einige Einschränkungen verfügt. Aber die Regierungen blocken, linke Parteien und Gewerkschaften sind schwach und kenntnislos.

Die Alternative: Schon zu Beginn des 20. Jahrhunderts waren der

8-Stunden-Tag und die 40-Stunden-Woche mit (damals) auskömmlichem Arbeitseinkommen möglich – heute könnte mithilfe der neuen Technologien die Arbeitszeit mindestens halbiert und gleichmäßig verteilt werden. Auch der Arbeitsertrag und die Arbeitseinkommen müssen und können gerecht verteilt werden, anstatt krankmachende Arbeitslosigkeit und überstressende Über- und Unterbeschäftigung zwanghaft zu verwalten.

***

9. Zivile Privatarmee des transatlantischen Kapitals

Wie erwähnt ziehen die neuen Finanzakteure eine Vielzahl privater Beraterfirmen hinzu. Deren Personal besteht aus hochbezahlten akademischen Profis, die von den renommiertesten privaten und öffentlichen Universitäten und Business Schools kommen und auf ein elitäres Selbstverständnis trainiert werden. Sie sind gleichzeitig Akteure des weithin privatisierten Staates in den gegenwärtigen Hauptländern der westlichen Kapital-Demokratien.[522]

Rating-Agenturen

Drei Rating-Agenturen beherrschen den westlichen Rating-Weltmarkt: die »Big Three« S&P, Moody's und Fitch. Sie wurden zunächst vom US-Staat gesetzlich beauftragt, um die Kreditwürdigkeit von Unternehmen, Staaten und Kommunen zu bewerten. Auf diesen Bewertungen beruhen die Kreditkonditionen. Ebenso bewerten die Agenturen einzelne Wertpapiere, damit werben die ausgebenden Banken und andere Finanzakteure um Kunden. Die Agenturen sind selbst privatkapitalistische Unternehmen, ihr Gewinn hängt von den möglichst hohen Honoraren ab, die die Bewerteten zahlen. Es handelt sich also um ein organisiertes Insidergeschäft.

Das führt zu Gefälligkeitsbewertungen, die auch in gezielte Falschbewertungen ausarten, wie der US-Kongress nach der letzten Finanzkrise feststellte. Zudem haben die Agenturen alle eigentlich insolventen Banken wie Lehman Brothers und die maroden Wertpapiere bis zuletzt als kreditwürdig bewertet. So haben die Rating-Agenturen die Finanzkrise mitverschuldet.[523]

Gleichzeitig waren BlackRock, Vanguard, State Street, T. Rowe Price, Capital Group und Bank of New York Mellon selbst die wichtigsten Eigentümer der zwei größten Agenturen S&P und Moody's.[524]

Die EU hat Anfang der 2000er Jahre das US-Ratingsystem und auch die drei führenden Agenturen übernommen – im Regelwerk Basel II und über die Zentralbank der Zentralbanken, die BIS in Basel. Die EU ließ ihren Haushalt und die Europäische Investitionsbank (EIB) schon vorher durch die US-Agenturen bewerten. Die EU, die EZB und die nationalen Finanzaufsichten richten sich bei der Bewertung der EU-Mitgliedstaaten wie auch beim Umgang mit überschuldeten Mitgliedstaaten wie Griechenland, Irland, Zypern usw. nach den Ratings der Big Three.

Nach der Finanzkrise von 2007 hat das Europäische Parlament vorgeschlagen, endlich eine europäische Agentur zu gründen. Die Europäische Kommission hintertrieb das Vorhaben. Die US-Lobby hat in Brüssel durchgesetzt: Es gibt keine europäische Rating-Agentur, die in der ersten Liga mitspielt.[525]

Die neuen Finanzakteure haben das Geschäft der Agenturen zusätzlich erweitert, denn seit der Finanzkrise wurden noch mehr Finanztitel von den traditionellen Banken zu BlackRock, Blackstone & Co umgeschichtet. Zudem geben sie bei den Agenturen für ihre immer zahlreicheren Fonds und neuen Finanzprodukte immer mehr Bewertungen in Auftrag. So stiegen auch die Aktienwerte und Gewinne der Big Three, zuletzt noch beflügelt durch US-Präsident Trump.[526]

Wirtschafts‚prüfer'

Zur Finanzkrise haben auch die Wirtschafts‚prüfungs'-Firmen beigetragen: PwC, KPMG, EY und Deloitte. Diese »Big Four« aus den USA mit Hauptsitz in London und der Schweiz (KPMG) sind Weltkonzerne mit insgesamt 943.000 Profis und beherrschen den

Weltmarkt. In den USA und in der EU haben sie die Prüfung aller großen Konzerne unter sich aufgeteilt, in Deutschland aller 30 DAX-Konzerne.

Sie haben bei allen bekannten Großinsolvenzen falsche Bilanzen gedeckt und nur manchmal nach einem gerichtlichen Vergleich ein kleines Bußgeld bezahlt.[527] So hatten sie auch bis 2007 die Bilanzen der Banken und Versicherungen wie Lehman Brothers, Goldman Sachs, Deutsche Bank, IKB (die Bank, die in Deutschland zuerst insolvent wurde), Hypo Real Estate (HRE), WestLB und American International Group (AIG) bis zuletzt als korrekt testiert – sie hatten riskante Kredite ausgebucht.[528] Trotzdem wurden und werden diese Trickser und Täuscher in der EU zur Bankenrettung und zur Sanierung der Staatsfinanzen beigezogen, »prüfen« im gesamten westlichen Kapitalismus weiter die Bilanzen der größten Unternehmen.[529]

Auch die Wirtschaftsprüfer haben in den kapital-demokratischen Staaten einen gesetzlichen Auftrag, sind aber wie die Rating-Agenturen private, gewinnorientierte Unternehmen. Sie prüfen Buchführung und Bilanz insbesondere der großen Unternehmen, werden aber wie die Rating-Agenturen von den Geprüften selbst ausgesucht und bezahlt. So wurden und werden die »Prüfer« zu Insidern, Selbstbedienern und Komplizen. Zudem werden sie nicht nur für diesen gesetzlichen Auftrag bezahlt, sondern sie bieten inzwischen den Unternehmen gleichzeitig eine weitere, gut honorierte Dienstleistung an: Steuerberatung.

Die Big Four betreiben Niederlassungen vor Ort in allen wichtigen Finanzoasen wie Delaware, Luxemburg, den Cayman Islands, Bermuda und den Kanalinseln und helfen den global agierenden Konzernen und den Investoren wie BlackRock bei der Steuer‚gestaltung'. 2003 warb die KPMG-Niederlassung Luxemburg mit einer mehrsprachigen Broschüre um Unternehmenskunden.[530] So betreibt PwC besonders große Niederlassungen auch in den wichtigsten Finanzoasen der EU, so in Luxemburg mit 2.000 Beschäftigten und 1.600 in Zypern.[531]

Während die Big Four den Konzernen helfen, die EU-Staaten um mindestens 50 Mrd. Euro jährlich zu betrügen, lässt sich die Europäische Kommission von den Big Four jährlich für etwa 50 Millionen Euro in Steuerfragen beraten.[532] Insbesondere PwC wurde zum Dauerberater der Europäischen Kommission, etwa bei der Privatisierung des Wassers und der kommunalen Infrastruktur. Ebenso berät PwC die Kommission bei Freihandelsabkommen und für EU-geförderte Privatisierungen in Drittstaaten. PwC-Chefs sind auch in Lobby-Organisationen wie dem Transatlantic Business Dialog (TABD) und American Chamber of Commerce to the European Union (AmCham EU) aktiv.[533] Die Europäische Kommission vermittelt Deloitte, EY, PwC und KPMG an Regierungen der EU-Mitgliedstaaten, z. B. in Osteuropa bei der Kodifizierung des Steuersystems und der Sozialversicherungen.[534] PwC macht im Auftrag der Bundesregierung für BlackRock & Co die Vorfeldarbeit etwa bei der Privatisierung des Schulbetriebs.[535]

Wirtschaftskanzleien

Die neuen Finanzakteure ziehen für die rechtliche Seite ihrer Transaktionen vor allem Londoner und US-Großkanzleien heran. Sie sind seit Jahrzehnten global präsent, kennen die Rechtssysteme der wichtigsten Staaten, erkunden Schlupflöcher und orientieren sich an den Standards des anglo-amerikanischen Wirtschaftsrechts. Sie haben mit den neuen Finanzakteuren auch zunehmend die rechtliche Beratung von Staaten übernommen, etwa bei der Privatisierung. Die wichtigsten mit jeweils einigen tausend Anwälten sind Freshfields, Shearman & Sterling, Allen & Overy, Clifford Chance, Sullivan & Cromwell, Linklaters, White & Case und Hogan Lovells. Sie sind mit Niederlassungen in allen wichtigen EU-Staaten vertreten.

Die Kanzleien beraten die PE-Investoren bei Kauf und Verkauf von Unternehmen und die großen Kapitalorganisatoren bei *Mergers & Acquisitions* (M&A). Unter den 10 größten Kanzleien, die in Deutschland dieses Geschäft betreiben, war im Jahr 2011 nur eine einzige deutsche Kanzlei: Hengeler Müller. Die anderen neun sind US-Kanzleien, in dieser Reihenfolge des Umsatzes: Freshfields, Sullivan & Cromwell, Shearman & Sterling, Clifford Chance, Skadden/Arps/Slate, Linklaters, Allen & Overy, Davies Ward und Lovells.[536]

In der EU sicherten diese Kanzleien ab Mitte der 1990er Jahre den Verkauf und die Rückmietung kommunaler und staatlicher Infrastruktur rechtlich ab – Kanalisationen, Messehallen, Straßenbahnen, Metro, Flugsicherheit –, um US-Investoren Steuervorteile zu verschaffen. Das lief unter dem Stichwort Cross Border Leasing. Dabei konstruierten etwa Freshfields und Allen & Overy in 1000-seitigen Verträgen die fiktive gleichzeitige Eigentümerschaft zweier Vertragspartner, der öffentlichen wie der privaten Seite.[537]

Die Kanzleien berieten EU-Regierungen auch bei anderen Formen der Privatisierung von Staatseigentum und bei der Auslagerung von Staatsaufgaben an private Investoren, etwa nach dem Muster von Public Private Partnership (PPP). Freshfields, Clifford Chance und Linklaters setzten mit PwC in Deutschland und Großbritannien die Gesetzgebung zu PPP durch, verfassten Verträge zwischen Staat und Investoren. Nachdem das Muster in diesen beiden Staaten durchgesetzt war, wurde es auch von der EU übernommen.[538]

Freshfields bekam von der deutschen Regierung auch den Auftrag, die beiden Gesetze zur Rettung der maroden Banken zu entwerfen.[539] Freshfields entwarf 2002 den 17.000 Seiten-Vertrag für das größte PPP-Projekt in Deutschland, Toll Collect (Einzug der Lkw-Maut auf den Autobahnen). Die Investoren Daimler, Deutsche Telekom und Cofiroute (Vinci) kamen erst zwei Jahre später ihren vertraglichen Pflichten nach. Die Bundesregierung verklagte die Investoren auf Schadenersatz, heute mit Zins und Zinseszins ein Betrag von 9,5 Milliarden Euro. Die Bundesregierung beauftragte wieder Freshfields mit der Vertretung. Das Verfahren wurde 2018 nach 14 Jahren durch außergerichtlichen Vergleich entschieden, aber die Bundesregierung zahlte an Freshfields & Co für deren erfolglose Dauerberatung 244,6 Millionen Euro – und die Investoren kommen gut davon.[540]

Private Schiedsgerichte in der Hand von US-Kanzleien | Gegen die mögliche Verstaatlichung westlichen Eigentums in Ex-Kolonialstaaten nach dem Zweiten Weltkrieg koordinierten die USA den Aufbau privater Schiedsgerichte. 1958 wurde in New York die *Convention on the Recognition and Enforcement of Foreign Arbitral Awards* beschlossen (New Yorker Abkommen). Es ist seitdem die Grundlage der privaten, internationalen Schiedsgerichtsbarkeit. Seit 1966 agiert in der Weltbank in Washington das Internationale Schiedsgericht *International Center for the Settlement of Investment Disputes (ICSID)*. Die EU-Staaten sind dem Abkommen beigetreten.

Die heute fünf internationalen Schiedsgerichte – neben Washington die kleineren in Paris, London, Den Haag und Stockholm – sind wesentlich in der Hand von einem Dutzend US-Wirtschaftskanzleien. So stellen vor allem Freshfields, Shearman & Sterling, White & Case, King & Spalding usw. das Personal für die hochbezahlten Funktionen sowohl als Richter, Anklagevertreter und Verteidiger. Diese Juristen sind »Experten für alles außer Menschenrechte«, urteilt der britische Jurist Sebastian Perry.[541]

Unternehmensberater

Die neuen Finanzakteure engagieren für ihre Transaktionen Unternehmensberater. »Mehr Gewinn mit weniger Personal« ist das Motto der ersten, 1926 in Chicago gegründeten Unternehmensberatung McKinsey. Die Mehrheit der Beschäftigten in den beratenen Betrieben wird finanziell, rechtlich und an Zahl möglichst kurz gehalten, das Management wird zur Führung trainiert und je nach individueller Leistung, hierarchisch gestuft, für die Grausamkeiten belohnt.

Den Durchbruch erlebte McKinsey in den 1930er Jahren, als US-Präsident Franklin D. Roosevelt mit dem *New Deal* soziale Reformen beförderte. McKinsey wurde von den US-Konzernen zur Gegenwehr gegen die bis heute attackierten Standardfeinde Wohlfahrtsstaat und Gewerkschaften eingesetzt. Mit dem Marshall-Plan kam McKinsey auch nach Westeuropa, führte fünf Jahrzehnte lang auch hier die Branche an und prägte die interne Organisation der großen Aktiengesellschaften in der EU. Seit der Treuhandanstalt in Deutschland – Privatisierung der DDR-Unternehmen 1990 bis 1994 – und insbesondere mit den Privatisierungen von Staatsunternehmen in der EU wurde auch McKinsey wie PwC und Freshfields zum Dauer-Staatsberater: Der Staat selbst soll sich als Unternehmen verhalten.[542]

Längst haben sich tausende weitere Unternehmensberater etabliert, McKinsey und andere aus den USA sind aber auch in der EU weiter die größten. Mit globaler Perspektive erkunden McKinsey und Boston Consulting Group (BCG) die Ausschöpfung der menschlichen Arbeitskraft, etwa mithilfe der Digitalisierung und ausgeweiteter Leiharbeit.[543] McKinsey war Ende der 1990er Jahre in Deutschland Mitglied in der Hartz-Kommission, die die vier Hartz-Gesetze zur Deregulierung der Arbeitsverhältnisse initiierte. McKinsey und Accenture waren und sind die Hauptberater in Deutschland für die Umstrukturierung der Bundesagentur für Arbeit und der Jobcenter – die Verträge seit dem Beginn 2004 beliefen sich bis 2017 auf 255,2 Millionen Euro.[544] McKinsey berät die deutsche Regierung, wie Flüchtlinge am kostengünstigsten behandelt werden. McKinsey berät mit seinem Health Institute Regierungen und Private-Equity-Investoren beim Kauf und der Umstrukturierung von Krankenhäusern, Reha-Kliniken und Altenpflegeheimen.

Die Privatisierung des Staates und der Politik nimmt auch weitere Formen an. So stellt McKinsey in Deutschland Staatssekretäre, etwa im Ministerium für Verteidigung und Entwicklungshilfe. Die Regierungspartei CDU unter der Vorsitzenden Merkel holte den Deutschland-Chef von McKinsey, um das neue Parteiprogramm »Neue soziale Marktwirtschaft« zu formulieren.[545] Auch die andere Regierungspartei, die SPD, holte sich McKinsey-Manager, etwa um sich für die Wahlkämpfe ihrer Kanzlerkandidaten Frank-Walter Steinmeier und dann Peer Steinbrück beraten zu lassen.[546] Auch katholische Erzbistümer ließen sich beraten, wie sie ihre Botschaft besser »verkaufen«.[547]

Wem gehören die größten Unternehmensberatungen? | Die Top-Ten-Liste der Unternehmensberater in Deutschland sieht so aus, in der Reihenfolge des Umsatzes (Stand: 2016): Accenture, McKinsey, Boston Consulting Group (BCG), Mercer, Aon Hewitt, Towers Watson, Capgemini, Bain, Oliver Wyman, A.T. Kearney.[548] Nur zwei haben ihren Hauptsitz nicht in den USA: Towers Watson (London) und Capgemini (Paris).

Schauen wir uns zwei dieser Konzerne kurz genauer an. Zunächst den »französischen« Konzern Capgemini: 4,5 Prozent der Aktien gehören dem eigenen Führungspersonal, aber die nächstgrößeren Miteigentümer heißen Vanguard, Fidelity, Norges, JPMorgan Chase, Invesco, BlackRock, Amundi …

Dann Accenture: Dieses Beratungsunternehmen mit 420.000 Beschäftigten weltweit hat McKinsey überholt. Der rechtliche Sitz wurde von den Bermudas in die andere Finanzoase, Dublin/Irland, verlegt. Und wem gehört der größte Beratungskonzern? Es wird nicht überraschen. In der Reihenfolge ihrer Aktienanteile: Vanguard, BlackRock, Massachusetts Financial, Capital Global, State Street, Wellington, Morgan Stanley, JPMorgan Chase, Bank of New York Mellon, Northern Trust, Geode Capital, Wells Fargo, United Bank of Switzerland, Bank of America …

Leitmedien

Die *New York Times* (*NYT*) ist ein Leitmedium der westlichen Wertegemeinschaft, jedenfalls was den Printbereich und die diffuse Schicht der sich als liberal verstehenden Intellektuellen angeht. *Die Süddeutsche Zeitung, Le Monde, El Pais, La Repubblica* und *Daily Telegraph* legen die *NYT International Weekly* bei. Da geht es durchaus schon mal kritisch zu, etwa in den Kolumnen des nobelpreisigen Ökonomen Paul Krugman. Da wurden in gut recherchierten Reportagen besonders widerliche Aktionen der US-Armee im Vietnam- und Irakkrieg enthüllt. Nach der Finanzkrise wurden Betrügereien von Hedgefonds und Banken dokumentiert. Die Ausbeutung von WalMart- und Amazon-Beschäftigten wird angeprangert, ebenso die Verarmung der *middle class*. Obama und das Clinton-Milieu galten als vorbildlich amerikanisch, Donald Trump dagegen gilt als sexistisch, rassistisch und ungebildet. Aber dass die »freie Welt« von der Weltmacht Nr. 1 angeführt werden muss – das bleibt unbestritten.

Vanguard, BlackRock, mexikanischer Multimilliardär … | Enkel der Gründungs- bzw. Erbenfamilie Ochs-Sulzberger dürfen bei der *NYT* eine öffentliche Rolle spielen, etwa als Herausgeber. Aber die Macht liegt bei anderen. Nach dem Börsengang 1967 war die führende Wall-Street-Bank Morgan Stanley der Hauptaktionär. Als die Zeitung sich nachträglich und vorsichtig von der US-Kriegsführung unter Präsident George W. Bush im Irak absetzte, stieg die Bank aus, die Sulzberger-Familie verkaufte ihre Morgan-Stanley-Aktien. Zwischendurch rettete der mexikanische Multimilliardär Carlos Slim den Konzern, dem Einiges auch in den USA gehört, heute ist er noch größter individueller Miteigentümer. Aber institutionelle Investoren haben mit 71 Prozent die Oberhand: Darsana Capital Partners, Vanguard, BlackRock, Fairpointe Capital (Chicago), Wellington usw. Darsana ist daneben beteiligt an Google/Alphabet, Facebook und Netflix und vor allem an Spirit Aerosystems, dem weltgrößten Zulieferer für die Flugzeug- und Rüstungsindustrie, so für Boeing und Raytheon. Man geht nicht fehl in der Annahme, dass Vanguard und BlackRock wiederum die Hauptaktionäre von Spirit Aerosystems sind.[549]

US-Presseagenturen, Open Society Foundation | Das allseitig halbkritische, akademisch gebildete Milieu des westlichen Kapitalismus bei der Stange zu halten, das ist (bisher) kein Verlustgeschäft. Zur Balance hat Amazon-Chef Bezos das den Republikanern zugerechnete Printmedium gekauft, die *Washington Post*.

Google richtete 2015 die mit 150 Millionen Dollar bestückte Digital News Initiative (DNI) ein (siehe S. 176ff.). Weitere Stichwortgeber für westliche Leitmedien sind neben den US-Presseagenturen *Associated Press, Dow Jones News, ThomsonReuters, Bloomberg, United Press International* auch US-Stiftungen. Greifen wir eine heraus: Die Open Society Foundation. Sie wurde vom Hedgefondsmanager George Soros gegründet. Sie entwickelte für die »bunten Revolutionen« in diversen osteuropäischen Staaten Medienkampagnen, denen die westeuropäischen Leitmedien folgten (siehe S. 122). Die »offene Gesellschaft« bedeutet: Öffnung für westliche Finanzakteure und die NATO. Das ist mit verschiedenen Varianten antidemokratischer Politik verbunden. So ist es kein Zufall, dass ein christlich firmierender Rechtspopulist wie der ungarische Ministerpräsident Viktor Orban Stipendiat von Soros' Stiftung war. Das ist auch mit »christlich«

lackierter Politik vereinbar – Orbans Partei Fidesz ist Mitglied der Europäischen Volkspartei (EVP), die von Merkels CDU dominiert wird. Orban selbst ist Vizepräsident der Christlich Demokratischen Internationale sowie der EVP.

Macron, sein Ministerpräsident und französische Journalisten | Die Medienelite aus der EU wird, was Militär-, Außen- und Wirtschaftspolitik betrifft, traditionell auch durch US-geführte Stiftungen orientiert. So haben in Frankreich der damalige US-Botschafter James Lowenstein und Mitglieder des CFR in den 1970er Jahren die French American Foundation gegründet. Aus deren Young Leaders Program sind mehrere Politiker/innen hervorgegangen: aus den USA William und Hillary Clinton, aus Frankreich François Hollande und das Spitzenpersonal der gegenwärtigen Regierung Macron: Dieser selbst wie auch sein Ministerpräsident Edouard Philippe sowie Minister, Abgeordnete und Redenschreiber; aber auch Mitarbeiter von US-Unternehmen wie Boeing, McKinsey, Lazard, Goldman Sachs, Bridgewater und A.T. Kearney, von französischen Unternehmen wie Airbus, AXA, Areva und Vinci; Mitarbeiter der NATO und des US-Geheimdiensts NSA und die Sekretärin von Amnesty International. Dazu gehören auch Journalisten beiderseits des Atlantiks, die im Young Leaders Program erfahren haben, zu welchem Milieu sie gehören (dürfen): Journalisten für *NYT* und *Los Angeles Times* in den USA, in Frankreich für *Le Monde, L'Express, Les Echos, L'Eco, Le Petit Quotidien, France2 / TV5Monde, Europe1* und *RTL*.[550]

Alpha-Journalisten in Deutschland | In Deutschland scheint das Netzwerk am dichtesten: American Institute for Contemporary German Studies (Washington), German Marshall Fund, Aspen Institute, Trilateral Commission, American Academy (Berlin), American Council on Germany. Zu den Konferenzen – mit Militärs, Politikern, Konzernchefs – diesseits und jenseits des Atlantiks werden die Journalisten der öffentlichen wie privaten Leitmedien eingeladen: *ZDF, ARD, Die Zeit, FAZ, Die Welt, Süddeutsche, Spiegel, Focus*. Da wird keinesfalls indoktriniert, sondern Journalisten – die eine gewisse Neigung erahnen lassen – werden freundlich und schrittweise in ein exklusives und mächtiges Netzwerk beigeladen.[551] Ausgangsort in Deutschland war die Atlantik-Brücke, die mit der neugegründeten Bundesrepublik vom US-Hochkommissar John McCloy und dem deutsch-amerikanischen Investmentbanker Erich Warburg aus der Taufe gehoben wurde. Hier trafen sich Konzernchefs, Politiker, Militärs und auch die wichtigsten Journalisten aus den von der britischen und US-Militärverwaltung lizenzierten westdeutschen Leitmedien wie *Die Zeit, Der Spiegel, Welt* und *SZ*.[552]

Axel-Springer-Verlag | Der Verlag spricht mit der Tageszeitung *Die Welt* die akademisch gebildete Mittelschichtelite an – Abteilung »konservativ/christlich/gutverdienend« – und simuliert gleichzeitig mit dem Gossenblatt *BILD* den medialen Anwalt des kleinen arbeitenden Mannes und der kleinen nackten Frau. Den *Axel Springer Award* für hervorragende mediale Innovationen vergab der Verlag zuerst an Facebook-Chef Zuckerberg, dann an Amazon-Chef Bezos, dem die *Washington Post* gehört. Das Redaktionsstatut des Verlags für alle seine Medien macht »die Solidarität in der freiheitlichen Wertegemeinschaft mit den Vereinigten Staaten von Amerika« zur Verpflichtung.[553] Was andere Medien praktisch machen, ist bei diesem größten Printmedienkonzern Deutschlands ausdrückliches Programm: US-Propaganda statt unabhängigem Journalismus.

II.
Das Verhältnis USA – Europäische Union

Die transatlantische Region USA – EU ist die am längsten und dichtesten verflochtene Kapitalregion der Erde. Die neuen Finanzakteure und ihre zivile Privatarmee haben die ohnehin schon länger entwickelte Dominanz des Kapital-Standorts USA über Westeuropa beschleunigt. Jüngst sind nach Jahrzehnten der öffentlich zur Schau gestellten Harmonie einige Konflikte aufgebrochen – bei Freihandel, Steuerflucht, im Verhältnis zu Russland, Iran und China sowie bei Geheimdienstüberwachung und Aufrüstung. Doch die Verantwortlichen in der EU sind bisher weder willens noch fähig, die von ihnen erklärte »größere Unabhängigkeit« durchzusetzen.

1. Umkehr des Kräfteverhältnisses seit dem Ersten Weltkrieg

Bis zum Ersten Weltkrieg waren US-Industrie und US-Staat bei europäischen Banken verschuldet. Mit dem und nach dem Ersten Weltkrieg wurde diese Entwicklung umgekehrt. Seitdem wuchs schrittweise die US-Dominanz. Nach dem Ersten Weltkrieg beförderten die Kreditpläne von Dawes und Young (1924 und 1929) US-Investitionen in Europa, in Großbritannien, Italien und insbesondere in Deutschland, was auch durch die Hitler-Regierung 1933 nicht unterbrochen wurde.[1]

Nach dem Zweiten Weltkrieg forcierte die westliche Siegermacht ihren investiven Zugriff auf Westeuropa noch schneller. Während die US-Investitionen zwischen 1950 und 1970 in Lateinamerika auf das Dreifache stiegen, in Asien (einschließlich Japan) auf das Fünffache, im traditionellen Nachbarschaftsmarkt Kanada um das Sechsfache, stiegen sie in Westeuropa, auch befördert durch den Marshall-Plan (1947-1952), um das Vierzehnfache.[2]

Ab den 1980er Jahren investierten Unternehmen aus Westeuropa gleichzeitig verstärkt im bewunderten Standort USA. Nach der Finanzkrise von 2007 beschleunigten westeuropäische Unternehmen ihre Investitionen in den USA weiter. Vor allen anderen taten dies Unternehmen aus Großbritannien, dann aus Frankreich, Deutschland und der Schweiz. Pharmakonzerne wie Novartis, Bayer und BASF, Autokonzerne wie BMW, VW und Daimler, die Technikkonzerne Siemens und ThyssenKrupp, Continental und Deutsche Telekom und inzwischen 3.500 deutsche Mittelstandsfirmen machen teilweise in den USA größere Umsätze und Gewinne als in Deutschland selbst.

Auch untereinander sind die europäischen Kapital-Staaten verflochten. Etwa 2.500 deutsche Unternehmen haben Niederlassungen in Großbritannien, in Frankreich etwa 1.000 – und umgekehrt. Aber die Verflechtung mit den USA ist ungleich intensiver, und die prägende Kraft von BlackRock & Co ist ungleich stärker als die europäischer Investoren.

USA: Wirtschaft schrumpft, aber Kapital-Standort wächst

Allein BlackRock ist weltweit in über 17.000 Unternehmen Miteigentümer, ähnliches mit niedrigerem Volumen gilt für die anderen großen Kapitalorganisatoren wie Vanguard, State Street usw. Die absoluten Schwerpunkte liegen erstens in den USA, an zweiter Stelle in der EU, an dritter Stelle Asien/Pazifik, an vierter Stelle Kanada. Ähnliches gilt für die anderen Gruppen der Finanzakteure: PE-Investoren, Hedgefonds, Venture Capitalists, Investmentbanken und traditionelle Banken – überall dominieren die US-Akteure an Zahl, verwaltetem Kapital und Gestaltungskraft.

Unter den 100 wertvollsten Unternehmen des westlichen Kapitalismus rangieren 52 aus den USA (Stand: Ende 2017). An der Spitze liegen GAMFA. Je 6 Unternehmen kommen aus Großbritannien und Deutschland, das größte europäische Unternehmen Royal Dutch Shell steht an 17. Stelle, aus Deutschland rangiert der wertvollste Konzern SAP an 62. Stelle[3] – wobei aber die wichtigsten Eigentümer auch dieser »europäischen« Konzerne ihren Sitz in den USA haben.

Nach offizieller Statistik summierte sich der Gesamtbestand der Investitionen deutscher Unternehmen und Finanzakteure aus Westeuropa in den USA im Jahre 2016 auf 3 Billionen Dollar, der Gesamtbestand der US-Investitionen in Westeuropa auf 5 Billionen.[4] Dies verschleiert allerdings die wahren Verhältnisse, denn in diesen Zahlen sind die Eigentumsanteile der neuen Finanzakteure nicht enthalten.

In Wirklichkeit ist es etwa so (Stand: 2014): Das kapitalistische Eigentum von US-Berechtigten im Ausland betrug 25 Billionen Dollar, während das kapitalistische Eigentum aller ausländischen Berechtigten in den USA 30 Billionen Dollar wert war. Der Anteil der Europäer daran betrug etwa die Hälfte, also etwa 15 Billionen.[5]

Während der Anteil der USA an Weltproduktion und Welthandel seit Jahrzehnten immer weiter zurückgeht, nimmt der Kapital-Standort USA innerhalb des westlichen Kapitalismus an Bedeutung weiter zu.

Größte Finanzoase der Welt: USA

Zugleich wurden die USA zur größten Finanzoase. Unter US-Präsident Obama manifestierte sich die Staatsdoktrin des America First auch im *Foreign Account Tax Compliance Act* (FATCA). Dieses Gesetz von 2010 soll dem Staat eine bis dahin nicht mögliche, einzigartige Transparenz über die ausländischen Einkommen und Gewinne von US-Bürgern verschaffen. Seitdem verschieben hunderttausende vermögende US-Manager, Zahnärzte, Banker, Mittelständler ihre Geldanlagen, die sie etwa in Konten der UBS auf den Cayman Islands versteckt hatten, zurück in die USA. Durch das Gesetz haben sich über 80.000 Banken, Versicherungen und Vermögensverwalter bei der obersten US-Steuerbehörde Internal Revenue Service (IRS) registrieren lassen. Das sind vor allem Finanzdienstleister aus aller Welt, auch aus der EU, darunter etwa 2.600 aus Deutschland.[6]

Die OECD hat wegen FATCA den *Common Reporting Standard* zum Automatischen Informationsaustausch (AIA) vereinbart. Die EU-Staaten haben das folgsam mit eigenen Gesetzen verrechtlicht, Deutschland mit dem Finanzkonten-Informationsaustauschgesetz (FKAustG). Mehr als 100 Staaten beteiligen sich, sogar traditionelle Finanzoasen wie die Schweiz und Panama, deren Banken sonst ihre Lizenz in den USA verlieren könnten. Die Umsetzung ist nicht billig: Allein die deutschen Finanzdienstleister haben dafür bisher 400 Millionen Euro ausgegeben.

Ein einziger Staat macht aber bei der Initiative nicht mit, obwohl er die Operation durchgedrückt hat: Die USA. Die US-Behörden melden den anderen Staaten nicht die Berechtigten hinter den Briefkastenfirmen in den global von den Finanzakteuren genutzten US-Finanzoasen Delaware, Nevada, South Dakota und Wyoming.

Während die US-Grenzbehörden jeden Einreisenden teilweise stundenlang unter die Lupe nehmen, kann in Delaware in wenigen Minuten und ohne Pass bei einem lizenzierten Treuhänder eine anonyme Briefkastenfirma für Aktienpakete europäischer Unternehmen gegründet werden, etwa durch eine e-mail-Mitteilung aus einem Büro von BlackRock oder Blackstone.

Nur durch den Druck der USA ist das Bankgeheimnis der Schweiz gefallen – jedenfalls gegenüber den USA, nicht gegenüber den EU-Staaten. »Nun entwickeln sich die USA zur größten Steueroase und zum größten Schattenfinanzplatz der Welt, denn in keinem anderen Land der Welt halten Ausländer so viel Geld auf Konten wie in den USA. Die Ende 2017 verabschiedete Steuerreform von Donald Trump wird diese Entwicklung weiter fördern.«[7]

Die komplizenhafte Unterwürfigkeit der EU-Verantwortlichen zeigt sich auch darin: Ihre 2017 nach langen Diskussionen veröffentlichte »Schwarze Liste der Steueroasen« enthält nicht die größten europäischen Steueroasen. Denn: Vom offiziell ausgewiesenen Gesamtbestand der US-Investitionen von 5 Billionen in Europa sind 847 Milliarden in den Niederlanden rechtlich angesiedelt, 682 in Großbritannien (d. h. in dem knappen Dutzend Finanzoasen, die zum Finanzzentrum City of London gehören), 608 im kleinen Großherzogtum Luxemburg und 387 Milliarden im Inselstaat Irland – weit etwa vor Deutschland, in dem aber BlackRock, Blackstone, Apple & Co die meisten Geschäfte machen.[8]

Die Amerikanisierung der Arbeitsverhältnisse

Die neuen Finanzakteure haben zunächst in den USA seit den 1980er Jahren wesentlich die De-Industrialisierung und die Verarmung der abhängig Beschäftigten und großer Gruppen des Mittelstands beschleunigt, ebenso die Bereicherung der Kapitaleliten und deren professionellen Hilfstruppen. Seit Beginn der 2000er Jahre beschleunigen die neuen Finanzakteure dies auch in der EU.

Die USA stehen einsam weit an der Spitze der Nicht-Ratifizierung der Arbeitsrechte der Internationalen Arbeitsorganisation (International Labour Organization, ILO). Von den 207 Arbeitsrechten haben sie nur 12 anerkannt.[9] Die USA anerkennen keine der Sozial- und Arbeitsrechte der Allgemeinen Erklärung der Menschenrechte der UNO.[10] Die damit verbundene Praxis versuchen US-Konzerne und US-Investoren auch im Ausland durchzusetzen.

Vorreiter der brutalisierten Akkumulation nach dem Zweiten Weltkrieg waren in den USA Großkonzerne wie WalMart, McDonald's und United Parcel Service (UPS). Sie globalisierten ihr Geschäft seit den 1970er Jahren zunächst in die im Zweiten Weltkrieg besiegten bzw. geschwächten Staaten, in Europa insbesondere in Großbritannien, Deutschland und den Niederlanden. McDonald's gründete in Deutschland den neuen Bundesverband der Systemgastronomie (BdS) und führt die Branche weiter an.[11]

Das Muster – Gewerkschaftsfeindschaft, Auflösung des 8-Stunden-Tages und der 40-Stunden-Woche, keine verpflichtenden Sozialversicherungen, kein Kündigungsschutz, keine kollektiven Tarifverträge, Job-Verständnis – wird durch US-Investoren auch in Europa weitergetrieben. Dazu wurde auch die anwaltliche und mediale Praxis des Union Busting (Zerstören von gewerkschaftlichen Vertretungen im Betrieb) nach US-Vorbild in Europa übernommen. Die deutsche Regierung beauftragte Anfang der 2000er Jahre die US-Unternehmensberater McKinsey und Accenture mit der Umgestaltung der

Arbeitsämter und Jobcenter.[12] US-Kanzleien wie Allen & Overy, DLA Piper, Clifford Chance, Hogan Lovells, die für die neuen Finanzakteure zahlreiche Mandate wahrnehmen, gehen in Deutschland gegen gewerkschaftliche Streiks und Betriebsräte vor.[13]

Die hohe Arbeitslosigkeit wurde und wird statistisch beschönigt, die Arbeitslosen werden diszipliniert, finanziell und moralisch degradiert und bestraft. Bei den abhängig Beschäftigten sind die einen unfreiwillig überlastet und die anderen unfreiwillig unterfordert. Unternehmer können straflos täglich millionenfach die geltenden Gesetze – Mindestlohn, Teilzeit und Befristung, Arbeitszeit, Bezahlung von Überstunden, Sozialabgaben, Betriebsverfassung (Rechte der Belegschaftsvertretungen, soweit noch vorhanden) – verletzen.[14]

Die Europäische Kommission übernimmt diesen Abbau von Gewerkschafts- und Arbeitsrechten, zuletzt durch die »Europäische Säule der sozialen Rechte«. Die – neben Deutschland – wichtigsten EU-Staaten Großbritannien, Frankreich, Italien, Belgien, Niederlande, Irland, Schweden und auch Krisenstaaten wie Griechenland und Spanien haben mit ähnlichen Praktiken wie in Deutschland nach der Finanzkrise nachgezogen.[15]

***

2. Das Internet unter US-Aufsicht

Das Internet geht auf die US-Regierung zurück: Nach dem Sputnik-Schock 1957 gründete das US-Verteidigungsministerium die *Advanced Research Project Agency* (ARPA). Diese neutral benannte Agentur sollte die Überlegenheit der technischen Wissenschaften in den USA gegenüber der Sowjetunion wiederherstellen, so argumentierte die Regierung unter dem Ex-Weltkriegsgeneral Dwight D. Eisenhower.

Im Wesentlichen ging es um die Vorherrschaft im militärischen Kalten Krieg, insbesondere im möglichen Atombomben-Krieg. Hier stieg der Bedarf insbesondere der Air Force an möglichst schneller Beschaffung von Daten der Gegenseite, an Auswertung, Gegen- und Erstreaktion. Es ging um die Beherrschung des Luftraums. Das betraf die beiden Varianten der US-Militärstrategie von der »massiven Vergeltung« bis zur »flexible response«.[16]

Silicon Valley: Rüstungsindustrie seit dem Zweiten Weltkrieg | Die technischen Wissenschaften in den USA waren gar nicht unterlegen, bis auf einen engen Ausschnitt der Weltraumforschung. Aber US-Regierung und US-Militär, gemeinsam mit der Rüstungsindustrie, eng verbunden im Militärisch-industriellen Komplex (MIK), suchten jeden Anlass, um das nach dem Zweiten Weltkrieg eingebrochene Rüstungsgeschäft wieder hochzuziehen und die Überlegenheit gegenüber der Sowjetunion auszubauen.[17]

Vor allem in Kalifornien stand die technologische Basis schon bereit. Mit Beginn des Zweiten Weltkriegs wurde ein großer Teil der neuen Rüstungsindustrie in das später sogenannte Silicon Valley verlegt. Die Gegend war klimatisch günstiger als die oft kalte und regnerische Ostküste, und das nur wenig agrarisch genutzte Land konnte schnell bebaut werden – und es gab keine Gewerkschaften.[18]

Zudem lag hier die vom Eisenbahnkönig Leland Stanford gegründete Eliteuniversität Stanford. Sie war politisch extrem »konservativ« und zugleich technologisch innovativ mit einem Schwerpunkt in industriell verwertbaren Wissenschaften. 1939 war in Palo Alto, dem Standort der Universität, der dann lange Zeit größte Computerkonzern des Silicon Valley gegründet worden, Hewlett Packard. 1956 siedelte sich hier der Rüstungskonzern Lockheed im Industriepark der Universität an, um den Bau der neuen Interkontinentalraketen voranzutreiben, die mit Atombomben bestückt werden konnten. Neue Generationen von Kampfjets und Bombern wurden produziert. Dafür war eine enorme Menge und Schnelligkeit der Datenverarbeitung nötig. Auch die Großcomputer von IBM brauchten immer leistungsfähigere Chips. Die Halbleiterhersteller des Silicon Valley, National Semiconductor, Advanced Micro Devices, Fairchild und Intel wurden schnell zu Großkonzernen.

Hewlett-Packard-Chef als Verteidigungsminister | Der größte Teil der von der Pentagon-Agentur ARPA koordinierten Forschung wurde an private Think Tanks vergeben, so an die RAND Corporation, die in Santa Monica/Kalifornien von der Ford Foundation und Douglas Aircraft 1948 gegründet worden war. RAND koordinierte die Forschung an Eliteuniversitäten wie Stanford und MIT in Boston. Die Verbindung von Computerindustrie und Militär war selbstverständlich.[19] Niemand nahm Anstoß daran, dass David Packard, Mitbegründer und Miteigentümer von Hewlett Packard, während des Vietnamkriegs stellvertretender US-Verteidigungsminister unter Präsident Nixon wurde.

1968 gründeten Air Force und Pentagon mit ARPA das ARPANET: Damit sollte unter Leitung des MIT die sichere Datenkommunikation zwischen den vom Pentagon beauftragten Universitäten hergestellt werden. Dafür wurden das Betriebssystem Unix und die Programmiersprache C entwickelt. Der Verteidigungsminister, der ARPANET vorantrieb, war Robert McNamara: Er war zuvor Präsident des Ford-Konzerns, der im Zweiten Weltkrieg mehr Militärfahrzeuge als Zivilfahrzeuge produzierte, nicht nur für die US-Armee, sondern auch für Hitler-Deutschland.

ARPANET sollte das militärische Gesamtsystem der USA und der NATO datenmäßig vernetzen: Flugzeuge, Flugzeugträger, Luftabwehr, Interkontinentalraketen, Atomsilos, die einzelnen Militärformationen zu Lande, auf dem Meer und in der Luft – einschließlich der Satelliten – und die mehreren hundert um die Erde verteilten Militärstützpunkte, Software und Hardware. Für den Bedarf der US-Militärinterventionen weltweit wurden Methoden der Aufstandsbekämpfung (Counter Insurgency) entwickelt. Ständig wurden wechselnde Gefechtssituationen simuliert. Dafür finanzierte ARPANET auch Forschungen über Verhaltenspsychologie.

ARPANET als militärische Vorstufe des Internets | Das Militär, die auch in der Rüstungsproduktion tätigen Autokonzerne Ford und General Motors, die Pentagon-Auftragnehmer IBM und General Electric sowie die Telefonkonzerne ITT und AT&T waren bis in die 1980er Jahre die Antreiber für die digitale Datenverarbeitung. Am Projekt der *Strategic Defense Initiative Organization* (SDIO, Raketenabwehrsystem) von Präsident Ronald Reagan wurden hunderte Subunternehmen beteiligt. Ähnliches gilt für das Global Positioning System (GPS), das an der Johns Hopkins University koordiniert wurde. Wagniskapital-Finanziers und Wall-Street-Banken schafften das Kapital für ständige Neugründungen heran. Mitte der 1980er Jahre wurden 1.950 Unternehmen zur High-Tech-Branche des Silicon Valley gezählt.

So gehörten zum erweiterten MIK immer mehr zivile Unternehmen wie der Kopiergerätehersteller Xerox, der an der Stanford University für das Militär die grafische Benutzeroberfläche entwickelte (Apple profitierte davon, siehe S. 155). Telefonkonzerne wie Bell und AT&T entwickelten ihre Technologien weiter und vernetzten sie mit ARPANET.

Das erste Softwareunternehmen hieß System Development Corporation (SDC). Es war 1955 von RAND gegründet worden und arbeitete für ARPA. ARPA wurde später umbenannt in DARPA (D = Defense). Für die Datenübermittlung wurde ARPANET gegründet. In den 1980er Jahren wurde SDC kommerzialisiert. »Das Internet entwickelte sich aus dem ARPANET heraus.«[20]

Freigabe für zivile und kommerzielle Zwecke | DARPA wird bis heute vom Pentagon geführt und sucht mit dem Geheimdienst NSA die freie Hackerszene ständig nach Mitarbeitern ab.[21] ARPANET wurde mit dem Zusammenbruch des Sozialismus offiziell beendet – der Feind war tot. Aber das Kommunikationssystem namens Internet, das zwischen den Unternehmen und den Universitäten weiterbestand, wurde 1990 für die private kommerzielle Nutzung freigegeben.

Diese Möglichkeit ergriffen zunächst US-Konzerne und dann auch europäische Konzerne etwa der privatisierten Telekommunikation, die weltweit expandierten und in die Mobiltelefonie investierten. Das erforderte mehr Computer, mehr Speicher, mehr Software, mehr internationale Unterseekabel, mehr Leitungs-Infrastruktur. Mehr als 50.000 kleine und große Unternehmen fanden dabei ihre spezialisierten Geschäftsfelder.[22]

Tausende universitäre ARPANET-Wissenschaftler gründeten private Unternehmen und Beratungsfirmen. Diese Wissenschaftler strömten in die Wall-Street-Banken und computerisierten den Wertpapierhandel über das Internet.[23] So entwickelte David Shaw eins der ersten e-mail-Systeme, Juno, das im Internet benutzt wurde. Shaw gründete den Hedgefonds D. E. Shaw, zu dem Jeff Bezos stieß, der später Amazon gründete (siehe S. 168). Auch der Google-Gründer Eric Schmidt kommt von D. E. Shaw.

2003 prognostizierte McKinsey, dass mithilfe des Internets ein Drittel aller Industrie- und Dienstleistungs-Arbeitsplätze aus den USA zur billigeren Arbeit nach Indien, China, Vietnam, Puerto Rico, auf die Philippinen usw. ausgelagert werden könne.[24] Seitdem verfällt in den USA die traditionelle Industrie ebenso wie die traditionelle Infrastruktur.[25]

US-Regierung überwacht das Internet | 1998 gründete die US-Regierung unter Präsident Clinton die *Internet Corporation for Assigned Names and Numbers* (ICANN). Diese zivile, Non-Profit-Organisation sollte das schnell wachsende System koordinieren, die Nutzungsregeln festlegen und zum Beispiel die IP-Adressen vergeben (oder löschen). Die Aufsicht blieb beim Department of Commerce, der Vertrag lief zunächst bis 2009.

Frühzeitig forderten die Volksrepublik China, Russland und weitere Staaten, das Internet der UNO zu unterstellen! Die EU versuchte einen Kompromiss: Das Internet einem internationalen Rat ausgewählter Regierungen unterstellen! Doch die US-Regierungen lehnten alle Vorschläge ab. Nach dem Terroranschlag vom 11.9.2001 in New York und Washington beendete die US-Regierung die Diskussion und beseitigte die bisherigen Mitspracherechte der Nutzervertreter bei ICANN.[26]

Die UNO unter Generalsekretär Kofi Annan machte 2005 einen neuen Anlauf. ICANN sollte durch WICANN ersetzt werden: World Internet Cooperation for Assigned Names and Numbers. WICANN sollte Teil der UN-Organisation International Telecommunications Union (ITU) werden. Doch die USA wollten aus Gründen der »Nationalen Sicherheit« die Kontrolle auch über das Root-Server-System behalten. Mit Großbritannien, Kanada und Australien – diese Staaten hatten mit dem Anhängsel Neuseeland im Zweiten Weltkrieg das Geheimdienstbündnis »Fife Eyes« geschlossen – verhinderten die USA die Internationalisierung des Internets.[27]

Obamas »offenes Internet« | Dann versprach Obama im Wahlkampf 2008 ein »offenes Internet«. Aber seine Regierung verlängerte den 2009 auslaufenden Vertrag über die ICANN-Aufsicht bis 2016.[28] Wegen der von Edward Snowden veröffentlichten Dokumente der US-Geheimdienste hat die US-Regierung darauf verzichtet, die formelle Aufsicht zu verlängern: Man wollte nicht den Eindruck verstärken, die USA würden das Internet weiter überwachen.

ICANN zahlte an die ehemaligen US-Außenministerinnen Rice und Albright einige Millionen Dollar, damit die sich bei der US-Regierung für einen günstigen Übergang in die »Unabhängigkeit« einsetzten.[29] ICANN-Präsident ist nun der US-ägyptische Investmentbanker Cherine Chalaby, der die längste Zeit seiner Berufskarriere beim US-Regierungsberater Accenture verbracht hat. Vizepräsident ist Chris Disspain von der Unternehmensberatung WGP; er war Berater der Regierung von Australien, als diese zusammen mit der US-Regierung in der UNO die WICANN-Lösung ablehnte.[30] ICANN hat weiter seinen Standort in Los Angeles und unterliegt seit 2001 dem Patriot Act.

***

3. Der Kapital-Digital-Militär-Komplex

Bekanntlich warnte Eisenhower bei seiner Abschiedsrede am 17.1.1961 im Oval Office vor dem »katastrophalen Aufstieg der unangebrachten Macht des militärisch-industriellen Komplexes«, zu dem er auch die Geheimdienste CIA und NSA und deren zahlreiche Tochterfirmen rechnete.[31] Die USA führten damals mit neuer Wucht jahrelang den Kolonialkrieg Frankreichs in Vietnam fort – auch mithilfe von Fake News – und bombardierten in einem »Geheimkrieg« gleichzeitig noch Laos und Kambodscha.[32] Dabei spielten die Produkte und Techniken des Silicon Valley eine wichtige Rolle. Keine US-Regierung hat diese Beziehung zu verändern versucht. Mit den neuen Finanzakteuren wird der Komplex fortgeführt und erweitert.

Der GAMFA-Pentagon-NSA-Komplex

Steve Jobs, William Gates, Jeff Bezos überführten in aller Selbstverständlichkeit die im ARPANET entwickelten Technologien auf den zivilen Bereich. So basiert etwa auch Googles erfolgreiches Kartenprogramm Google Earth und Google Maps mit Street View auf der Software *Earth Viewer*: Sie war entwickelt worden, nachdem die Venture-Capitalist-Firma der CIA, In-Q-Tel, 2001 den Silicon-Valley-Start-up Keyhole aufgekauft hatte. Earth Viewer wurde für die Überland-Spionage im Irakkrieg eingesetzt, um aus großer Höhe Einzelheiten und feindliche Bewegungen auf dem Boden zu erkennen. Die CIA hatte nichts dagegen, dass Google das Programm 2004 aufkaufte und zu Google Earth weiterentwickelte.[33]

Suchmaschine für algorithmische Kriegsführung | Das US-Verteidigungsministerium verpflichtete Google 2017 im »Project Maven«, die Erkennungssoftware TensorFlow für Kriegsbedingungen weiterzuentwickeln. TensorFlow gehört zum Google-Bereich der Künstlichen Intelligenz. Für das Pentagon-Team »Algorithmische Kriegsführung« stellt Google über seine Tochterfirma ECS Federal mit Sitz in Northern Virginia nicht nur seine spezialisierten Ingenieure, sondern auch seinen riesigen Suchmaschinen-Datensatz zur Verfügung. Das Ministerium zahlt dafür im ersten Jahr 70 Millionen Dollar.[34]

Mit der angepassten Software sollen die autonomen Kampfdrohnen der Zukunft außerrechtlich definierte Feinde rund um den Globus besser als bisher auslöschen. Das Projekt sollte unbedingt geheim bleiben: »Vermeidet jegliche Erwähnung, um jeden Preis«, hieß es in einer internen Google-Rundmail. Als aber 3.100 Beschäftigte von Google in einem Offenen Brief an Chef Pinchai den Ausstieg forderten, ließ er es im Silicon-Valley-Sprech umdeuten: Das Projekt solle helfen, »Leben zu retten«.[35]

Weltweit integrierte Militär-Cloud | Jedi heißt ein weiteres Projekt des Pentagon: Joint Enterprise Defense Infrastructure. Es wurde Ende 2017 öffentlich ausgeschrieben. Das Militär will eine geheime Cloud-Struktur zur Vernetzung aller militärischen Formationen und Aktivitäten mit den weltweiten Militärstützpunkten und ihrer Logistik und mit den Geheimdiensten sowie zivilen Einrichtungen wie der Küstenwache aufbauen. Die GAMFAs haben ihre Bewerbung ebenso eingereicht wie IBM und Oracle. Der Aufbau soll 10 Jahre laufen, das Budget wird mit 10 Mrd. Dollar angegeben.[36] Amazon entwickelt bereits mit seinen Web Services AWS für 600 Millionen Dollar einen Cloud-Dienst für die US-Geheimdienste, wie die *Washington Post*, die Zeitung des Amazon-Chefs Bezos, selbst bekanntgab.[37] 2016 verkaufte Microsoft vier Millionen Lizenzen von Windows 10 an Obamas Verteidigungsminister Carter.[38]

Microsoft macht das auch in der Europäischen Union: Mit dem französischen Rüstungskonzern Thales, in Absprache mit der Macron-Regierung, entwickelt Microsoft ein Cloud-System für die Streitkräfte, das »für die Kommandozentralen wie für das Gefechtsfeld« geeignet sei. Dagegen haben US-Geheimdienste nichts einzuwenden.[39]

Die Wagniskapital-Tochter des Pentagon DIUx mit Sitz in Mountain View/Silicon Valley hat in ARPA-Tradition die Aufgabe, neue Start-ups zu fördern. »Wir sind eine schnell agierende Regierungseinheit, die Unternehmen unverdünntes (non-dilutive) Kapital zur Verfügung stellt, um Probleme der nationalen Sicherheit zu lösen«, lautet die Selbstdarstellung.[40] Allein der Geheimdienst CIA betreibt 137 KI-Projekte, für die er mit mehreren Silicon-Valley-Unternehmen kooperiert. Dazu gehört die Abschöpfung und Auswertung von Datenmassen aus den »sozialen Medien«.[41]

Eric Schmidt
Der Google-Instagram-LinkedIn-Pentagon-Komplex

Der Ex-Google-Chef Eric Schmidt verkörpert die enge Verflechtung von zivilen Privatunternehmen mit Militär und Geheimdiensten. Seine berufliche Karriere begann wie die vieler anderer Gründer und Gurus der Digitalökonomie in Stanford. Von Xerox auf dem Stanford-Gelände wechselte er 1983 zur Stanford-Ausgründung Sun Microsystems. 2001 stieß er zu Google, das zuvor von Larry Page und Sergey Brin in Stanford gegründet worden war. Bei Google übernahm er bis 2015 Führungsfunktionen, dann bei der neuen Dachgesellschaft Alphabet.

Der Multimilliardär ist Google-Großaktionär, zusammen mit Vanguard, BlackRock, Fidelity, T. Rowe Price, State Street, JPMorgan Chase. Von 2006 bis 2009 war er gleichzeitig im Board of Directors von Apple. Seit 2007 nimmt er jährlich an den Konferenzen der Bilderberg Group teil, er ist Mitglied der Trilateral Commission und mehrerer Aufsichtsräte, so der Princeton University, der Carnegie Mellon University, des 21st Century Council des Berggruen Institute sowie der Zeitschrift *The Economist*. 2008 war er Wahlkampfberater Obamas, 2009 wurde er Technologieberater des Präsidenten. Mit seinem Venture Capital Fund *Innovation Endeavors* finanzierte er für die Präsidentschaftskandidatin Hillary Clinton die PR-Firmen Timshel und The Groundwork, aber auch zum Beispiel den Taxidienst Uber.[42]

Schmidt träumt von den alten Silicon-Valley-Verhältnissen der 1960er Jahre, als Lockheed mit atomar bestückten Interkontinentalraketen die technologische Entwicklung vorantrieb: »Was der Rüstungskonzern Lockheed Martin im 20. Jahrhundert war, werden Technologie- und Cybersicherheits-Unternehmen im 21. Jahrhundert sein.« Er plädiert für automatisierte Kriegsführung: Roboter »werden nicht müde, sie haben keine

Angst, verspüren keine Emotionen, haben übermenschliche Kräfte und führen jeden Befehl aus. Mit anderen Worten eignen sie sich hervorragend für die militärische Drecksarbeit.«[43]

Seit 2016 ist Schmidt Vorsitzender des noch unter Obama gegründeten *Defense Innovation Board* des Pentagon: Er wählt in Absprache mit dem Verteidigungsminister die Mitglieder aus. Er soll dafür sorgen, dass das Militär die besten Start-ups zeitnah abschöpfen kann. Zu den von Schmidt ausgesuchten Board-Mitgliedern gehören Reid Hoffmann, Präsident von LinkedIn; Marne Levine, Chefin von Instagram; Michael McQuade, United Technologies; Richard Murray, Californian Institute of Technology; Milo Medin, Google; Cass Sunstein, ehemaliger Informationschef im Weißen Haus unter Obama; Eric Lander vom MIT, Walter Isaacson, Präsident des Aspen Institute und Adam Grant, Motivationsberater für Facebook, Google, Goldman Sachs, Merck, die NBA und US Army sowie US Navy.[44]

Die Überwachung der Europäischen Union

US-Akteure kontrollieren den größten Teil der Infrastruktur des Internets: Transozeanische Seekabel, Produktion von Chips und Software, Server und Speicherkapazitäten (Clouds); 80 Prozent des westlichen Internetverkehrs verläuft über die USA.[45] BlackRocks Aladdin führt beim Datenmanagement für westliche Unternehmen, Banken, Börsen und EZB; PayPal und GAMFA beherrschen den Zahlungsverkehr in der EU, Google und Facebook die Werbung. Die öffentliche Verwaltung in der EU, ob Ministerien, Militär, Polizei und Kommunen, ist bei der Software nicht nur eine »Microsoft-Kolonie«,[46] sondern die Staaten und Unternehmen der EU haben auch die Dienste von Alphabet, IBM und Amazon tief in die Infrastruktur der Krankenhäuser, Wasserwerke, Transportsysteme und Universitäten integriert.[47] Der »deutsche« Softwarekonzern SAP, ohnehin im Eigentum von BlackRock & Co bzw. auf das US-Geschäft und gut zahlende US-Geheimdienste orientiert, spielt eine ganz untergeordnete Rolle.

Parlamentarier in Brüssel, Oberbürgermeister von Städten wie München wollten immer wieder von Microsoft unabhängig werden; Kommissionspräsident Juncker und Bundeskanzlerin Merkel erklärten, die EU müsse »digital unabhängig« werden – aber die Praxis ist gegenteilig. Linux ist die billigere und sichere Variante, aber diese real mögliche Unabhängigkeit hat beim Vasallen keine Chance.

Einzelne EU-Staaten lassen in aller Stille und ohne gesetzliche Festlegungen GAMFA herein. Der französische Microsoft-Cheflobbyist war parlamentarischer Mitarbeiter von Präsident Macron: Der will Microsoft behalten.[48] Facebook hat nach Irland und Schweden in Dänemark sein drittes Datenzentrum eingerichtet, nachdem Apple hier in Viborg auch schon eine Serverfarm platziert hatte. Die dänische Regierung betrachtet die GAMFA wie »souveräne Staaten«, lässt sich bei ihnen durch einen »digitalen Botschafter« vertreten und hofft auf weitere Investitionen.[49]

EU »hilflos« gegen GAMFA | Seit 1995 gilt die EU-Datenschutz-Richtlinie. Sie erlaubt die Weitergabe der Daten von EU-Bürgern in das EU-Ausland nur, wenn die Daten dort ausreichend geschützt sind. Weil die Datenspeicher etwa von Microsoft und Apple in den USA liegen, erklärte die EU im Safe-Harbor-Abkommen die USA als »sicheren Hafen«; die US-Unternehmen müssen seitdem gegenüber der US-Handelskommission (Federal Trade Commission, FTC) einige Verpflichtungen unterschreiben, aber die Einhaltung wird weder von der FTC noch von der EU kontrolliert.

Deshalb hob der EuGH 2015 das Safe-Harbor-Abkommen auf. Geklagt hatte der österreichische Anwalt Max Schrems. Er hatte auf Anfrage bei der Facebook-Zentrale in Dublin/Irland die über ihn gespeicherten Daten erhalten – auf 1.222 Seiten, auch mit Daten, die er bereits gelöscht hatte. Das Gericht hält die USA wegen des möglichen Zugriffs der Geheimdienste nicht für einen sicheren Daten-Hafen. Doch Facebook hält das Urteil für falsch und hält sich nicht daran.[50]

Auf Safe Harbor folgte das Abkommen Privacy Shield und 2018 die geplante neue E-Privacy-Verordnung. Es sollen nun zwar die neuen Ausforschungsinstrumente wie WhatsApp und Facebook Messenger einbezogen werden, Nutzer sollen den Einsatz von Cookies und das Tracking (Beobachten des Nutzers im Internet) auch ablehnen können. Aber die Geschäftspartner von GAMFA laufen Sturm: Zum Beispiel die Verleger der Leitmedien wie in Deutschland *BILD*, *Welt*, *FAZ*, *SZ* und *HB* fürchten Einbußen, wenn sie bei Google & Co nicht mehr so oft und so weit oben erscheinen und von ihnen nicht mehr so viele Nutzerdaten kaufen können.[51]

Ohnehin müssen sich die zehntausenden Unternehmen aus der EU, die in den USA Niederlassungen und Kunden haben, genauso wie die US-Unternehmen, die in der EU Niederlassungen und Kunden haben, den America-First-Regeln des Patriot Act von 2001 unterwerfen. Die neue Datenschutzgrundverordnung (DSGVO) der EU, die im Mai 2018 wirksam wurde, geht darauf nicht ein.

Auch Überwachungsprogramme, die (zunächst) zivil entwickelt werden, sind von EU-Regeln nicht erfasst. Das gilt z. B. seit 2016 für die Amazon-Software Recognition. Damit können Gesichter in großen Menschenansammlungen – auf Plätzen, Flughäfen, bei Konzerten, Fußballspielen, Demonstrationen – schnell identifiziert werden – da wird niemand vorher gefragt, ob er/sie ablehnt oder zustimmt. Die Datenverarbeitung geschieht bei Amazon Web Services (AWS). Polizeien in den USA setzen das Programm ein. Damit wurden auch bei der königlichen Hochzeit in London 2018 die Gäste überprüft – niemand konnte vorher Zustimmung oder Ablehnung signalisieren.[52]

Das EU-Geheimdienst-Tabu | Die EU blendet die Geheimdienst-Frage aus. Nach dem Patriot Act dürfen FBI, CIA und NSA alle Kommunikationsmittel und Konten von irgendwie des Terrorismus oder der Terrorismusunterstützung Verdächtigten abschöpfen, auch ohne richterliche Erlaubnis; das betrifft US-Bürger ebenso wie Ausländer.

Als 2013 bekannt wurde, dass die NSA jahrelang das Mobiltelefon der deutschen Bundeskanzlerin ausgespäht hat, wurde auch bekannt: NSA und CIA überwachten aus den US-Botschaften von 19 EU-Staaten wie Frankreich, Italien und Spanien heraus das jeweilige Regierungspersonal. US-Präsident Obama sagte der Bundeskanzlerin, er habe davon nichts gewusst:[53] Das entsprach vermutlich der Wahrheit, denn die Schönredner im politischen Amt werden nicht mit schmutzigen Praktiken belastet, das könnte ihre Funktionsfähigkeit beeinträchtigen.

EU und Deutschland: Transatlantische Komplizen | Die NSA greift auf die Landungsstellen der transatlantischen Unterseekabel zu, ob an der britischen Westküste in Bude/Cornwall, ob in Marseille. Auch das wird in allen EU-Regularien nicht thematisiert.

Der größte »deutsche« Softwarekonzern SAP bedient auch die NSA. SAP kaufte in den USA die Sicherheitsfirmen Inxight und Sybase und liefert deren Personen-Zielfindungssysteme der NSA für Fern-Tötungen – die hohen ethischen Standards der SAP-Miteigentümer BlackRock und Norges stehen dem nicht entgegen. SAP-Vertreter treffen sich in der *Intelligence and National Security Alliance* in Washington mit den Vertretern der US-Geheimdienste und der Rüstungskonzerne wie Northrop und Lockheed und sprechen die Aufträge ab.[54]

Der Springer-Verlag hat 2018 Alexander Karp in den Aufsichtsrat berufen. Karp ist Chef des NSA- und FBI-Dienstleisters Palantir. Das Unternehmen wurde von der CIA gegründet und überprüft gegenwärtig auf Anweisung der Trump-Regierung die in die USA einreisenden Muslime. Auch Konzerne wie Deutsche Bank, BP, Merck und Airbus sind Kunden. Die hessische Polizei hat sich von Palantir-Mitarbeitern schulen lassen und kauft die Software, wobei der tatsächliche Preis im Haushalt des Landes Hessen »aus Sicherheitsgründen« mit 0,01 Euro angegeben wird.[55]

Die rechtswidrige Geheimdienst-Unterwerfung hat Tradition. Die CIA und die von ihr bzw. ihrem Vorläufer OSS nach 1945 gegründete Organisation Gehlen – ab 1955 als bundesdeutscher Geheimdienst BND umfirmiert – überwachten seit 1949 grundgesetzwidrig millionenfach Telefone, Briefe und Pakete in der Bundesrepublik Deutschland und der DDR.[56] Gerade der wichtigste und treueste US-Verbündete, »Europas Wirtschaftsmacht Nummer eins«, wird bis heute am stärksten überwacht und bricht dafür seit seiner Gründung eigene Gesetze.[57]

Der bestbesetzte beste Bündnispartner | Seit 1955 nicht nur wichtiges Mitglied des von den USA gegründeten Militärbündnisses NATO, ist die Bundesrepublik Deutschland auch zeitlich unbegrenzt militärisch besetzt. Die USA unterhalten etwa 30 Militärstützpunkte, auch neugegründete wie AFRICOM (Überwachung Afrikas und des Nahen Ostens, Drohnenlenkung) sowie den erheblich ausgebauten Militärflughafen, den Drohnen-Kommunikationsknoten und das größte US-Militärkrankenhaus außerhalb der USA in Ramstein/Pfalz. Zudem lagern die US-Streitkräfte etwa 200 Atombomben in Deutschland – ohne offizielles Wissen der deutschen Regierung und entgegen dem Atomwaffen-Sperrvertrag. Der Wissenschaftliche Dienst des Deutschen Bundestages musste feststellen, dass die genaue Zahl der US-Stützpunkte in Deutschland nicht ermittelbar ist: »Die Gesamtzahl der Standorte der US-Streitkräfte ist … nicht präzise ermittelbar, dürfte sich aber im höheren zweistelligen Bereich bewegen.«[58]

Im Städtedreieck Frankfurt/Main, Wiesbaden und Darmstadt betreiben nicht nur die zivilen US-Geheimdienste CIA und NSA, sondern auch Militärgeheimdienste und die US-Heimatschutzbehörde ihre europäische Zentrale. Hinzu kommen in Deutschland und, in geringerem Maße, in anderen EU-Staaten – vor allem Großbritannien, Italien, Belgien sowie im Kosovo (Militärstützpunkt Bondsteel) – US-Stützpunkte und US-geführte NATO-Kommandozentralen. 2018 wurde in Ulm die neueste NATO-Kommandozentrale errichtet, für den Landaufmarsch gegen Russland.[59] Deutschland ist der durch die USA bei weitem am intensivsten besetzte und überwachte Staat überhaupt.[60]

Der weltgrößte Internetknoten in Frankfurt/Main | In Frankfurt/Main liegt auch der weltgrößte zivile Internetknoten. Hier laufen 1.200 Kabel zwischen China, Europa und den USA zusammen. Der Knoten besteht aus 19 Rechenzentren, die über die Stadt verteilt sind und mehr Strom verbrauchen als der Frankfurter Flughafen. Der Verband der Internetwirtschaft Eco betreibt den Knoten seit 1995 über die Tochtergesellschaft De-Cix GmbH (De-Cix = Deutsche Commercial Internet Exchange). Auch etwa Facebook und Microsoft sind Verbandsmitglieder.

Nach Bekanntwerden der Abschöpfung durch die NSA klagte De-Cix gegen den BND, der der NSA durch Abschöpfung aus dem Knoten zuarbeiten könne; De-Cix wolle aber kein unfreiwilliger Komplize mehr sein, die Kontrolle durch das Bundesministerium des Innern funktioniere nicht, der Zugriff der Geheimdienste müsse gestoppt werden. Das Bundesverwaltungsgericht wies die Klage ab: De-Cix sei verpflichtet, bei der strategischen Überwachung mitzuwirken; Revision gegen das Urteil ist nicht zugelassen.[61]

***

4. Freihandel: Die EU im Konflikt mit den USA

Die neuen Finanzakteure und ihre zivile Privatarmee haben die Dominanz des US-Kapitals innerhalb des westlichen Kapitalismus weiter ausdifferenziert und verstärkt, insbesondere in den Kernstaaten der EU. Einige Widersprüche zur Supermacht werden heftiger. Kann die EU »mehr Selbständigkeit« gegenüber den USA gewinnen, wie die EU-Verantwortlichen als Absicht verkünden? Der größte öffentlich ausgetragene Konflikt ist der Freihandel. Skizzieren wir zunächst dessen Entwicklung seit dem Zweiten Weltkrieg.

Machtgestützte Harmonie

»Freihandel« war seit der Globalisierung des Kapitalismus die Forderung der expandierenden Staaten wie Großbritannien und der USA, um für die Produkte ihrer Unternehmen neue Märkte in den weniger kapitalistisch entwickelten Staaten zu erschließen.

Das erste Freihandelsabkommen, das nicht nur eine große Zahl an Staaten umfassen, sondern auf dem Prinzip der Gleichberechtigung beruhen sollte, war die *International Trade Organization* (ITO). Sie sollte eine Institution der gerade gegründeten UNO sein. Gelten sollten die universellen Menschenrechte – einschließlich der Sozial- und Arbeitsrechte – sowie das Völkerrecht, also die Gleichberechtigung der Völker und die Nichteinmischung in die inneren Angelegenheiten eines anderen Staates.

GATT: Ohne Sozial- und Arbeitsrechte, ohne Völkerrecht | Aber die US-Regierung verhinderte die ITO und organisierte 1947 eine alternative Freihandels-Institution: das Allgemeine Zoll- und Handelsabkommen, *General Agreement on Tariffs and Trade* (GATT).[62] Damit schlossen die USA nicht nur den Systemgegner Sowjetunion und andere sozialistische Staaten aus, sondern auch Staaten, die nach dem Zweiten Weltkrieg auf dem Wege waren, sich aus kolonialer Abhängigkeit zu befreien.

Das GATT begann mit 23 Staaten. Mitglieder waren die USA, die europäischen Kolonialstaaten Großbritannien, Frankreich, Belgien und die Niederlande, die Commonwealth-Staaten Australien, Ceylon, Kanada, Indien, Pakistan und Neuseeland, weitere kleine Apartheid- und abhängige Staaten wie Südrhodesien, Südafrika, Syrien, Kuba, Libanon, Burma, die vorsozialistische Tschechoslowakei, die kleinen Monarchien Luxemburg und Norwegen, die südamerikanischen Staaten Chile und Brasilien sowie das noch westlich abhängige China.

1947 hatten die USA auch das von der US-Mafia und US-Konzernen mithilfe eines einheimischen Diktators regierte Kuba als Gründungsmitglied in das GATT aufgenommen. Nach der Niederschlagung der Diktatur durch eine Volksbewegung unter Fidel Castro verhängten die USA 1961 ein bis heute geltendes Handelsembargo. Gleichzeitig versuchten sie, die demokratische Regierung Kubas militärisch zu stürzen. Der Geheimdienst CIA versuchte mehrere Male, den Regierungschef zu ermorden. Die USA halten auf Kuba bis heute den Marinestützpunkt Guantanamo, der als Gefangenen- und Folterlager genutzt wird – ganz unabhängig davon, dass der Pachtvertrag ausgelaufen ist.

Dies zeigt: Freihandel in der US-Version ist von Anfang an tendenziell nicht mit Demokratie, Menschenrechten und Völkerrecht vereinbar, sondern ist verbunden mit verschiedenen Formen des »America First«, mit Ausschluss, Diktatoren-Einsetzung und notfalls militärischer Intervention.

Freihandelszone mit Marshall-Plan und NATO | Neben dem GATT bauten die USA eigene Freihandelszonen auf, etwa mit Japan und Südkorea. Ebenso zielte der Marshall-Plan, der nach dem Zweiten Weltkrieg von den USA für die westeuropäischen Staaten aufgelegt wurde, auf eine geopolitisch ausgerichtete Freihandels- und Einflusszone. US-Kredite finanzierten ein Investitions- und Konjunkturprogramm für US-Unternehmen. Die USA verlangten von den Empfängerstaaten den Abbau von Zöllen, eine Zahlungsunion und einen einheitlichen, transnationalen Markt. Dieser sollte mit US-Regeln kompatibel werden.[63] So wurde zudem die EU vorgeprägt.

Der Sowjetunion und den neuen sozialistischen Staaten wurden die Hilfen nicht, den kapitalistischen Staaten nur unter bestimmten Bedingungen gewährt: Dazu gehörte die antikommunistische Säuberung der Gewerkschaften, Verwaltungen und Regierungen z. B. in der Bundesrepublik Deutschland, in Italien, den Niederlanden, Frankreich usw. Griechenland beispielsweise bekam erst Hilfen, als das US-Militär die antifaschistische Volksbewegung niedergeschlagen hatte.[64]

Marshall-Plan und NATO hatten dasselbe Ziel: Expansion und Sicherung des US-dominierten Kapitalismus. Im Weltkrieg war General George Marshall Generalstabschef der Army. Als Außenminister verkündete er 1947 den Marshall-Plan und bereitete gleichzeitig die Gründung der NATO vor. 1950 wurde er Verteidigungsminister, ihm unterstand die NATO-Zentrale, die zunächst ihren Sitz in Washington hatte.[65] In Paragraph 2 des NATO-Vertrags heißt es, dass die Mitglieder die »ökonomische Zusammenarbeit« fördern sollen. Dazu unterhält die NATO ein eigenes Ökonomisches Komitee. Die transatlantische Wirtschaft, die EU und die NATO bilden bis heute eine Einheit, wie sich auch beim gemeinsamen Vorrücken von EU und NATO in Osteuropa und im Falle der Ukraine zeigt. Der gegenwärtige NATO-Generalsekretär Jens Stoltenberg erklärte: »Was die EU tut, muss komplementär zur NATO sein.«[66]

So sehr die US-Regierung die EU seit 2017 in einen »Handelskrieg« manövriert hat: Die NATO und deren Führung durch die USA bleiben unbestritten. Zudem befolgt die EU die schon unter Präsident Obama erhobene und von seinem Nachfolger Trump wiederholte

Forderung, die europäischen NATO-Staaten müssten ihr Verteidigungsbudget auf zwei Prozent ihres Bruttosozialprodukts erhöhen, verbunden mit der verschärften Aufrüstung gegen Russland.[67]

Privilegien und Embargos | Neben dem GATT setzten die USA mit den geostrategisch wichtigen Staaten, auch Japan, Südkorea und den Philippinen, Sonderregelungen durch. Der besonders bevorzugten Bundesrepublik wurden Staatsschulden, die vor Jahrzehnten gemacht worden waren, weitgehend erlassen bzw. langfristig und niederzinsig gestundet; zusätzlich wurde die Bundesrepublik von völkerrechtlich üblichen Kriegsreparationen bis heute freigestellt (Londoner Schuldenabkommen 1953, 2+4-Vertrag 1990/91).

Dagegen blieben die sozialistischen Staaten bis zuletzt draußen. Weder die Sowjetunion noch die Volksrepublik China erhielten jemals auch nur Beobachterstatus im GATT. Zusätzlich wurden auch die anderen sozialistischen Staaten boykottiert.

Gegenüber der Sowjetunion, ihren verbündeten Staaten und China betrieben die USA ab 1948 mit allen späteren NATO-Staaten und Japan das *Coordinating Committee on Multilateral Export Control* (CoCom).[68] Auch »neutrale« Staaten wie die Schweiz, Schweden und Österreich beteiligten sich. Das Komitee bestand bis 1994 und definierte auf einer ständig aktualisierten Liste die technischen Güter, die nicht an sozialistische Staaten geliefert werden durften. CoCom war ein informeller Club, dem kein Völkerrecht und keine üblichen internationalen Rechtsregeln zugrunde lagen und funktionierte lediglich auf außerrechtlichen Druck der USA.[69]

1962 beschloss der NATO-Rat auf US-Initiative: Bundesdeutsche Unternehmen dürfen keine Großröhren für die geplanten Erdgas- und Öl-Pipelines aus der Sowjetunion in die DDR liefern. Die Regierung der Bundesrepublik und die Unternehmen wie Mannesmann und Hoesch beugten sich.[70]

Erstickte Konflikte

Bei allem wirtschaftlichen Streit zwischen den USA und der EU: Die NATO blieb bisher völlig unumstritten. Auch unter dem ansonsten viel kritisierten US-Präsidenten Trump ändert sich daran nichts. Die EU-Verantwortlichen erfüllen begeistert die schon vom Vorgänger Obama erhobene Forderung nach Erhöhung der Militäretats.

Auf wirtschaftlicher Ebene sah es etwas anders aus. Die USA bahnten durch ihre Art der Globalisierung Konflikte an, die aber von der EU nicht durchgestanden wurden: sie passte sich an.

North American Free Trade Agreement (NAFTA) | In den 1990er Jahren schufen die USA außerhalb des multilateralen GATT einen neuen Typ von Freihandelsabkommen. Dafür steht NAFTA. Es wurde 1994 nur mit den zwei ausgesuchten Nachbarstaaten Mexiko und Kanada geschlossen. Es ging um Bedingungen für Auslagerungen etwa der US-Automobilindustrie sowie um besonderen Schutz für US-Investoren in den beiden Ländern, in Kanada etwa auch beim Öl-Fracking.[71] Vor allem durch die massenhafte Niedriglöhnerei in den mexikanischen Zulieferbetrieben erlangten die US-Konzerne einen Wettbewerbsvorteil. Doch Auto- und Pharmakonzerne aus der EU und Japan zogen nach und errichteten ebenso Zulieferbetriebe in Mexiko und Kanada.

Systemische Finanzoasen-Nutzung | Schon lange vorher hatten die USA neben GATT einen Alleingang gemacht. 1971 beschloss der US-Kongress den *Foreign Sales Corporation Act* (FSCA). US-Unternehmen können seitdem für die steuerliche Förderung von Exporten Briefkastenfirmen in Finanzoasen betreiben.

Die EU klagte in GATT und dann vor der World Trade Organization (WTO) jahrelang gegen diese Exportsubvention, die den Wettbewerb verzerrte. Schließlich urteilte die WTO 2002: Dies ist unzulässig, die USA müssen an die EU 4,043 Mrd. Dollar Strafgeld bezahlen.[72] Doch die EU forderte das Strafgeld nie ein, sondern passte sich an die US-Praxis an, erlaubte ihren eigenen Unternehmen dasselbe und öffnete die eigenen Finanzoasen wie Luxemburg, die Niederlande und Irland auch den US-Unternehmen.

Deshalb fallen die Maßnahmen der EU gegen die Steuerhinterziehung von US-Konzernen so dürftig aus. Einzelne Konzerne wie Apple und Microsoft werden kurzzeitig angeprangert. Statt etwa das riesige, auf »Steuergestaltung« spezialisierte Büro von PwC in Luxemburg zu schließen und die Gewinne am Ort und im Staat ihrer Entstehung zu besteuern, schlägt die Europäische Kommission z. B. eine defensive Ausweichlösung vor: Eine Drei-Prozent-Digitalsteuer, die nur die paar bekannten Digitalkonzerne beträfe und zudem doch nicht eingeführt wird.[73]

Exterritoriale Strafen wegen Iran-Embargo | Europäische Banken wie die Deutsche Bank, BNP Paribas, Barclays und UBS wurden in den USA immer wieder drastisch bestraft, etwa wegen Irreführung dortiger Kunden. Aber schon unter den Präsidenten Bush und Obama begannen die USA mit exterritorialen Bestrafungen europäischer Unternehmen, auch wenn die Handlungen nicht in den USA begangen worden waren. Damit verletzen die USA das Völkerrecht.

Die französische Bank BNP Paribas musste 2015 wegen Verletzung von US-Sanktionsregeln knapp 9 Mrd. Dollar Strafe zahlen. Die Ermittlungen reichten bis 2002 zurück. Die Bank hatte für Kunden aus Kuba, Iran und Sudan Transaktionen durchgeführt, die teilweise in Dollar über Konten in New York liefen. Grundlage waren einseitige Embargos, die die USA außerhalb von GATT und WTO beschlossen hatten. Die französische Regierung kritisierte das heftig, ohne Konsequenzen.[74]

Auf Verlangen der USA entließ die Commerzbank 2015 in Deutschland vier Mitarbeiter. Sie hatten ein Jahrzehnt lang Zahlungen für die staatliche Reederei des Iran abgewickelt. Nach deutschem und EU-Recht war das legal. Nach vierjährigen Ermittlungen hatte die Bank Gesetzesverstöße eingestanden. Sie verpflichtete sich, die Mitarbeiter wegen »kriminellen Verhaltens« zu entlassen, an die US-Behörde ein Strafgeld von 1,45 Milliarden US-Dollar zu zahlen und drittens sich in Deutschland bis 2018 überwachen zu lassen. Der betroffene Abteilungsleiter klagte gegen seine Kündigung und bekam auch in zweiter Instanz beim Landesarbeitsgericht Hessen Recht: Es liege kein arbeitsrechtliches Fehlverhalten vor, das Arbeitsverhältnis bestehe fort. (Az. 18 Sa 1498/15) Die Commerzbank argumentierte dann vor dem Bundesarbeitsgericht: Der Druck aus den USA sei so »außerordentlich« und »gewaltig« gewesen, dass es zwecklos war, sich zu wehren. Die US-Behörde habe eine »wirksame Abschreckung durch persönliche Bestrafung« gefordert. Deshalb verlangte der Anwalt der Bank vom Bundesarbeitsgericht die Anerkennung eines Rechtsbruchs: »Es kommt nicht darauf an, ob ein Kündigungsgrund gegeben ist und ob die Kündigung mit der deutschen Rechtsordnung vereinbar ist.«[75] Schließlich handelte die Bank 2017 mit dem arbeitslosen Abteilungsleiter einen geheimen Aufhebungsvertrag aus.

Die von den USA beauftragte Beratungsfirma Alix Partners hat bis 2018 Zugang zu allen von ihr verlangten Unterlagen aller Commerzbank-Filialen weltweit und berichtet in die USA, ob die Bank nun alle US-America-First-Embargoregeln einhält. Die Kosten der Überwachung trägt die Überwachte.[76]

Die Unterwerfung der deutschen Seite zeigt sich auch darin, dass sich die Commerzbank in beiden Staaten durch US-Kanzleien vertreten ließ: In Deutschland durch Allen & Overy, in den USA durch Cleary Gottlieb Steen & Hamilton. Auch die Bundesregierung unterwirft sich und trägt den Rechtsbruch mit: Der deutsche Staat ist der weitaus größte Eigentümer der Bank. Auch Miteigentümer BlackRock hat nichts zu kritisieren.

Freihandel ohne Geheimdienste? | Der designierte deutsche Wirtschaftsminister Sigmar Gabriel hatte bereits Wochen vor seiner Vereidigung erklärt: Wir werden nicht weiter über das Freihandelsabkommen TTIP verhandeln, solange die NSA deutsche Gesetze verletzt.[77] Trotzdem verhandelte die EU weiter.

Der Autokonzern Daimler wurde in den USA wegen Korruption in Kroatien, China, Russland, Ungarn, Irak usw. auf der Grundlage des *Foreign Corrupt Practices Act* (FCPA) angeklagt. In den USA hatte Daimler niemanden bestochen, aber für die Schmiergelder hatte der Konzern Briefkastenfirmen in Delaware und US-Bankkonten benutzt. Er stimmte 2010 einem Vergleich zu: Strafzahlung von 93,6 Millionen Dollar, Gewinnabführung von 91,4 Millionen und Überwachung aller Mitarbeiter auf Terrorismus.[78] Drei Jahre lang wurde der Ex-FBI-Direktor Louis Free von Daimler bezahlt, um die Durchführung zu überwachen. So werden die Stammdaten der weltweit 280.000 Beschäftigten weiter vierteljährlich mit Terrorlisten abgeglichen, die von den USA an die EU geliefert werden. Bei bestätigtem Verdacht kann »personenbedingt« gekündigt werden.[79]

Wie bei Commerzbank und BNP Paribas zeigt sich: Daimler ist vom Wohlwollen der USA abhängig. Der Konzern untersteht der US-Börsenaufsicht, da die Aktien in New York gelistet sind. Er betreibt zehn Niederlassungen in den USA mit 17.000 Mitarbeitern. Er profitiert von US-Finanzoasen, staatlichen Zuschüssen und Steuererleichterungen, die weiter gehen als in Deutschland und sonst in der EU. Zudem profitiert er von den besonders niedrigen US-Arbeitsrechtsstandards zumal in den *right to work**-Staaten: dort gibt es fast keine Gewerkschaften, die Löhne sind niedriger als sonst in den USA und noch viel niedriger als in Deutschland.[80] Der Umsatz in den USA ist größer als in Deutschland. Eine weniger aufwendige Überwachung dieser Art gilt seit der Verordnung 2580/2001 des Europäischen Rates für alle Unternehmen in der EU.

Seit spätestens 2007 greifen US-Geheimdienste systematisch auf Software und Datenflüsse von Industrieunternehmen und zivilen Infrastrukturanlagen in anderen Staaten zu. Das gilt etwa für Krankenhäuser, Elektrizitätswerke und Energienetze. Dies wurde etwa beim belgischen Stromkonzern Belgacom (wichtig u.a. wegen Brüssel als Standort der NATO, von SWIFT, der Europäischen Kommission und Institutionen des Europäischen Parlaments) und beim Stromnetz des Staates Österreich bekannt.[81]

Über SWIFT (Society for Worldwide Interbank Financial Telecommunication) im belgischen La Hulpe bei Brüssel läuft seit 1973 der transatlantische bargeldlose Zahlungsverkehr. Die USA schöpften ab 2001 mit der zusätzlichen Begründung, man müsse Terroristen aufspüren, hier Daten ab. Dazu gab es keine Vereinbarung, aber die zuständige belgische Zentralbank stimmte zu. 2010 schlossen die USA und die EU ein Abkommen zu SWIFT, das aber auch dann den

* »right to work« = Recht auf Arbeit: diese irreführende Bezeichnung bedeutet in Wirklichkeit das von der Unternehmensleitung definierte Recht, Beschäftigte einzustellen, die nicht Mitglieder einer Gewerkschaft sind.

Datenzugriff ermöglicht, wenn kein direkter Terror-Zusammenhang besteht. Das EU-Parlament forderte die Europäische Kommission auf, das Abkommen auszusetzen. Sie folgte dem aber nicht.[82]

Schwelende Konflikte: Ukraine, Iran

Neben den erstickten haben sich härtere Konflikte entwickelt. Auch bei diesen gab und gibt die EU letztlich nach, ohne dass das Konfliktpotential beseitigt wird.

Ukraine: Im Zangengriff von EU und NATO | Die EU hat mit der Aufnahme ehemaliger sozialistischer Staaten schnell die Osterweiterung vorangetrieben. Fast zwei Jahrzehnte lang haben die westlichen Investoren, auch BlackRock & Co, die üblichen Möglichkeiten genutzt. Auch in der Ukraine haben sich aus den USA Coca-Cola, McDonald's, Microsoft und Citibank ausgebreitet. Der Zigarettenkonzern Philip Morris kaufte von seiner Zentrale in der Schweiz aus in der Ukraine eine Zigarettenfabrik und wurde zum Marktführer. Er produziert hier auch mithilfe der extrem niedrigen Zigarettensteuer und komplizenhafter Oligarchen-Regierungen vor allem für Export und den internationalen Schmuggel.[83] Die Agrarmultis Monsanto, Cargill und DuPont pachten Land in großem Stil für 49 Jahre.[84] Auch Großkonzerne und mittelständische Unternehmen aus der EU haben die niedrigen Löhne der noch im Sozialismus vergleichsweise gut ausgebildeten Arbeitskräfte genutzt, etwa für ausgelagerte IT- und Softwaredienste. Aus Deutschland errichteten etwa 400 Unternehmen hier Niederlassungen, so Siemens, Puma, Linde, Bayer, BASF, SAP, Carl Zeiss, der Autozulieferer Leoni, viele Maschinenbaufirmen wie Demag Cranes, Vaillant, Viessmann und Claas.[85]

Gleichzeitig blieb Russland der traditionell größte Investitions- und Handelspartner der Ukraine. Das widersprach der US-Geostrategie: Nur die Supermacht, die den eurasischen Raum mit seinen Ressourcen zwischen Lissabon und Wladiwostok beherrscht, kann demzufolge auf Dauer die einzige Supermacht bleiben, auch gegenüber China. Deshalb hatte schon 1996 der langjährige Chefstratege

Zbginiew Brzezinski öffentlich klar gemacht: Um Russland zu schwächen, muss es von der Ukraine getrennt werden. »Die Ukraine, ein neuer und wichtiger Raum auf dem eurasischen Schachbrett, ist ein geopolitischer Dreh- und Angelpunkt … Ohne die Ukraine ist Russland kein eurasisches Reich mehr«.[86] In der Ukraine musste also ein *regime change* organisiert werden, als Vorstufe für den *regime change* in Russland selbst. Dabei ging es nicht um den Sturz eines sozialistischen Regimes, sondern eines prokapitalistischen.

Regime Change | Auch hier zeigten die USA, dass sie nicht für die Ausbreitung des kapitalistischen Systems als solches eintreten, sondern nur eines von ihnen selbst beherrschten Kapitalismus. Die USA mischen sich nicht nur vordergründig in Wahlen anderer Länder ein, sondern nutzen Konzerne, Militärübungen und Stiftungen als Hebel und organisieren den Sturz von Regierungen – nicht nur in fernen Regionen, sondern auch in Europa.

Die Open Ukraine Foundation unter dem Vorsitz des Bankers Arsenij Jazenjuk – von den US-Strategen liebevoll »Jaz« genannt – wurde von der NATO, der Renaissance-Stiftung des George Soros, dem Oligarchen Viktor Pinchuk, der Regierung Polens, dem PE-Fund Horizon Capital und der schwedischen Swedbank, einer der größten in Nordeuropa und im Baltikum, gesponsert. Die Stiftung des US-Bürgers Soros hatte in der Ukraine schon die »orangene Revolution« (2004/05) der Oligarchin Julja Timoschenko vorbereitet. Auch die US-Regierungsstiftung National Endowment for Democracy (NED) trug zur Erschließung der Ukraine bei, etwa mit Stipendien und Medienaufbau. Philip Morris wirkte durch Studenten- und Sozialprogramme an der Umgestaltung der Zivilgesellschaft mit.[87]

Der von der Konrad-Adenauer-Stiftung und den deutschen Leitmedien als zukünftiger ukrainischer Regierungschef aufgebaute Boxweltmeister Vitali Klitschko war zwar gut für die Mobilisierung auch rechtsradikaler Fußtruppen auf dem Maidan, hatte aber im Machtkartell keine Chance. Das US State Department übernahm mithilfe diverser nationalistischer und rechtsradikaler Kräfte die Inthronisation von Jazenjuk, drastisch und klar kommentiert von Victoria Nuland, im State Department zuständig für Europa: Fuck the EU, scheiß auf die EU![88] Auch solche Verachtung nehmen die EU-Verantwortlichen hin.

EU-Osterweiterung und NATO | Eine militärische Zusammenarbeit zwischen der deutschen Bundeswehr und anderen Streitkräften von EU-Staaten mit der ukrainischen Armee besteht seit 1993. Die NATO und EU sind im Verbund vorgerückt.

Die EU wollte schließlich mit der Ukraine kein normales Freihandelsabkommen. Vielmehr sollte die Ukraine ihre bisherigen Vereinbarungen mit Russland beenden. Die amtierende, zögernde Regierung, die an der Verbindung zu Russland festhalten wollte, wurde weggeputscht. 2014 unterzeichnete die Putsch-Regierung das Assoziierungsabkommen mit der EU. Dabei übernahm die Ukraine alle rechtlichen und wirtschaftlichen Regelungen der EU. Unmittelbar danach unterzeichnete Obama den *Ukraine Freedom Support Act* (Gesetz zur Unterstützung der Freiheit in der Ukraine). Die USA platzieren Militärberater, liefern Waffen und organisieren Militärübungen entlang der russischen Grenze.

Schon zu Beginn der US-Boykottmaßnahmen gegen Russland hatte die deutsche Wirtschaft einen »dramatischen Appell« an die EU gerichtet, die solle mit Russland vermitteln.[89] Wolfgang Büchele, Vorsitzender des Ost-Ausschusses der Deutschen Wirtschaft, rechnete zwei Jahre später vor: Die Sanktionen gegen Russland haben Europa in dreistelliger Milliardenhöhe geschädigt. Für Deutschland bedeutet das einen Produktionsverlust von 13,5 Mrd. Euro, das entspricht einem Verlust von 60.000 Arbeitsplätzen. Zugleich werden Staaten in der Nähe Russlands geschädigt, vor allem die durch ihre EU-Mitgliedschaft ohnehin schon verarmten baltischen Staaten. Gerade die Ukraine, der angeblich durch die EU-Integration geholfen werden soll, wird durch die Sanktionen in ihrer wirtschaftlichen Erholung behindert. Büchele forderte: »Inzwischen ist die Zeit reif, das zu hinterfragen.«[90]

Doch nicht nur die politische Führung in Deutschland und in der EU beugte sich schließlich dem US-Druck. Auch die deutschen Unternehmer beugten sich, nahmen die milliardenschwere Schädigung hin. Sie erweitern ihre Investitionen in den USA. Die Steuersenkungen von Präsident Trump helfen dabei. Die vom Oligarchen Poroschenko regierte Ukraine verkommt volkswirtschaftlich, Armut breitet sich aus, zwei Millionen Ukrainer verdingen sich als Niedrigstlöhner im Niedriglohnland Polen[91] – »Freihandel« nach US-Art.

Der Iran | Die demokratisch gewählte Regierung von Premierminister Mohammad Mossadegh verstaatlichte 1952 die Anglo Iranian Oil Company und begann mit einer Landreform. Dagegen organisierten die USA, assistiert von Großbritannien, 1953 einen Putsch, Mossadegh wurde gestürzt (Operation Ajax), mit Schah Reza Pahlavi wurde eine grausame, monarchisch umgänzte Diktatur installiert. Die Öl-Lizenzen wurden an British Petroleum, Shell und an kleinere französische und US-Unternehmen verteilt. Der Siemens-Konzern begann 1974 mit dem Bau eines Atomkraftwerks. An der Entwicklung der Volkswirtschaft und der Hebung des Volkswohlstandes waren die westlichen Akteure nicht interessiert[92] – »Freihandel« nach westlicher Art.

Nachdem die muslimische Volksbewegung die Diktatur 1979 gestürzt hatte, belegten die USA den Iran nicht nur mit Wirtschaftsboykotten, sondern unterstützten den Krieg des irakischen Nachbarregimes von Saddam Hussein, um die Regierung des Iran zu stürzen. Millionen Iraner wurden getötet. Später überzogen die USA ihren erfolglosen und zudem aufmüpfigen Vasallen Hussein selbst mit Krieg, stürzten ihn und organisierten den Iran-Boykott weiter – ein Völkerrechtsbruch nach dem anderen. Als Begründung wurde zunehmend der Aufbau der iranischen Atomkraft hergeholt.

In langwierigen Verhandlungen erreichten die USA unter Präsident Obama mit Russland, China, Frankreich, Großbritannien und Deutschland 2014 das Atomabkommen mit dem Iran. Trotzdem hielten die USA die meisten Boykottmaßnahmen aufrecht – die Bestrafung der Commerzbank und der BNP Paribas sind Beispiele dafür. Dem widersetzten sich weder die deutsche Regierung noch die Europäische Kommission.

Nach dem Abkommen bauten westliche Unternehmen, insbesondere aus Frankreich und Deutschland, die Handelsbeziehungen und die Investitionen im Iran wieder aus. Die Aufkündigung des Atomdeals durch den Obama-Nachfolger Trump tut den westeuropäischen Investoren wie in der Ukraine wieder sehr weh. Die EU-Kommission setzte 2018 die Blocking-Verordnung aus dem Jahre 1996 wieder in Kraft. Danach war es Unternehmen in der EU bei Strafe verboten, völker- und handelsrechtswidrige US-Sanktionen gegen Kuba, Libyen und den Iran zu befolgen.[93]

Aber die Selbstunterwerfung der europäischen »Freunde« ist vorprogrammiert. Schon die Blocking-Verordnung hatte nicht funktioniert, niemals hat die EU Strafen verhängt. Trotz aller Kritik »dürften sich am Ende die großen europäischen Firmen dem US-Druck beugen und den Iran verlassen«, heißt es aus Kreisen westlicher Diplomaten und Unternehmer in Teheran.[94] So zieht sich auch der größte Investor im Iran, der Ölkonzern Total (Sitz: Paris), aus dem Iran zurück: Er ist nämlich gar kein »französischer« Konzern und hört nicht auf die französische Regierung unter Macron. Vielmehr ist Total in der Hand des angloamerikanischen Kapitals: Größter Aktionär ist BlackRock, weitere Aktionäre sind Vanguard, Wellington, Capital, T. Rowe Price, Bank of America und Norges, die meisten Kredite stammen von US-Banken. Die Geschäftsbeteiligungen von Total in den USA sind 11 Mrd. Dollar wert. Die bisherigen Investitionen von 40 Millionen Dollar in das iranische Gasfeld South Pars 11 lässt Total ohne großes Bedauern verfallen.[95] Auch Daimler, BASF, Siemens und PSA haben sich so umorientiert.

So lautete schon vor der Aufkündigung des Iran-Abkommens durch Trump die routinierte europäische Unterwerfungserklärung: Regierungen, Unternehmens- und Bankchefs in der EU haben »die Lektion gelernt: Keine Bank mit globalen Ambitionen kann es sich leisten, den größten Kapitalmarkt der Welt zu verlieren.«[96] Das ist westliche Kapital-Demokratie: Kapital herrscht über Demokratie und Recht.

Neues Investitions-Eldorado: USA

Diese Feststellung galt schon seit Jahrzehnten. Alle europäischen Großbanken hatten seit den 1980er Jahren ihre Präsenz in den USA ausgebaut. Dort hatten sie immer wieder hohe Strafgelder bezahlt.

Schweizer Banken hatten das ebenso hingenommen wie französische und deutsche. Aber trotz des gegen Trump gerichteten kritischen Polittheaters der Merkel, Macron & Co sind die USA ein so begehrter Investitionsstandort wie nie zuvor.

»Deutsche« Unternehmen wie Bayer, BASF, Deutsche Bank, Siemens, Allianz, Fresenius, Heidelberg Cement sowie Sanofi (Chemiekonzern in Frankreich), United Bank of Switzerland und BAE Systems (Rüstungskonzern in Großbritannien) haben 2016 mehr für den Wahlkämpfer Trump gespendet als für die Kandidatin Clinton.[97] Nach der Wahl setzen sie wie BlackRock und GAMFA noch mehr auf den Investitionsstandort USA, nachdem Trump die Unternehmens- und Reichensteuern heftig abgesenkt hat. Der Chef der Deutschen Telekom lobt die Innovationskraft von Google und Facebook, die auf die Telekommunikation abstrahle, und dass überhaupt der US-Markt »regulatorisch nicht so eingeschränkt ist wie in Europa.«[98]

Die Deutsche Telekom – Haupteigentümer sind der deutsche Staat und BlackRock – geht noch weiter. Sie engagierte als Medienberater für ihre US-Geschäfte Corey Lewandowski. Der arbeitete seit 2008 für die Lobby-Organisation Americans for Prosperity der Oligarchen Charles und David Koch, bevor er 2015 Wahlkampfchef von Trump wurde. Während er 2018 für US-Vizepräsident Mike Pence arbeitet, soll er die Fusion der Deutsche-Telekom-Tochter in den USA, T-Mobile, mit dem US-Konzern Sprint – Miteigentümer u. a.: BlackRock und Vanguard – voranbringen.[99]

Das Leistungsbilanzdefizit der USA gegenüber der EU

US-Präsidenten, zusammen mit ihrem Regierungs- und Fake-News-Apparat, behaupten, die USA hätten ein Handelsdefizit gegenüber China und der EU. Im Jahr 2017 habe es gegenüber der EU 153 Milliarden US-Dollar betragen. Und dann wird gefordert, die schuldigen Chinesen und Europäer müssten das unfaire Handelsdefizit abbauen.

Die Statistikkriterien stammen aus der Zeit von vor einem Jahrhundert, als es tatsächlich zwischen den Staaten vor allem um Handel mit industriellen und agrarischen Produkten ging. Deshalb ist heute der immer noch weiter verwendete Begriff etwa der ‚Freihandels‘abkommen auch ein Fake. In großem Umfang geht es bei solchen Verträgen seit drei Jahrzehnten immer mehr um grenzüberschreitende Investitionen und um Dienstleistungen. Wenn wir deshalb die Beziehungen gesamtwirtschaftlich betrachten, sieht die Bilanz anders aus.

Dienstleistungen, Gewinne | Wenn wir die Dienstleistungen einbeziehen, ergibt sich für 2017 ein Überschuss zugunsten der US-Unternehmen: Sie haben für 51 Mrd. Dollar mehr in der EU verkauft als EU-Konzerne in den USA. Bei den gegenseitig transferierten Gewinnen ergibt sich ein Überschuss für die USA von 106 Mrd. Rechnet man noch die persönlichen Finanztransfers von Managern, Diplomaten, Geheimdienstlern und Touristen hinzu – 10 Mrd. Überschuss für die US-Seite –, dann kommen wir trotz des oben genannten und oft beklagten Handelsdefizits von 153 Mrd. auf einen US-Gesamtüberschuss von 14,2 Mrd. Dabei wird auch deutlich, dass die Gewinntransfers über die wichtigsten Finanzoasen der EU laufen – Niederlande, Luxemburg, Irland und Großbritannien; wegen dieser Komplizenschaft schweigen die EU-Oberen.[100]

Die transnationale kapitalistische Klasse könnte in kollektives Gelächter über den Streit um Handels- bzw. Leistungsbilanzdefizite ausbrechen, wenn sie Zeit und Lust hätte.

III.
China: Der kommunistisch geführte Kapitalismus

Die letzte Krise des westlichen Kapitalismus hat die neuen Finanzakteure gestärkt und die Brutalität der Kapitalverwertung weiter verschärft. Die damit verursachte, weitere Verarmung und Überschuldung von westlichen Staaten, Unternehmen, Banken und abhängig Beschäftigten hat aber auch das Vordringen chinesischer Investoren zusätzlich ermöglicht. Dies wurde und wird auch dadurch begünstigt, dass Chinas Investitionen nicht von kurzfristiger Kapitalverwertung getrieben sind und dass China zunehmend vom IWF unabhängige Kreditinstrumente einsetzt und mit der Yuan-Währung sich vom »Dollar-Imperialismus« schrittweise befreien kann.

1. USA gegen die chinesische Selbstbefreiung

Dabei tritt der andere Charakter des kommunistisch geführten Kapitalismus der Volksrepublik China klarer in Erscheinung. Wenn man mit einem netten und nicht-wissenschaftlichen Begriff das US-geführte westliche Kapital als »ungeduldig« bezeichnen kann, so kann man das Kapital Chinas durchaus als »geduldig« bezeichnen.[1]

Die im Prinzip staatlich koordinierten Kredite und Investitionen Chinas, im eigenen Territorium wie in anderen Staaten, sind langfristig angelegt. Die Zinsen sind meist niedrig bei 1,5 Prozent. Durch die staatliche Koordination können die Risiken gestreut werden, Gewinne und Kreditrückzahlung können ausgesetzt bzw. gestundet werden.

Kredite chinesischer Banken unterliegen nicht den Konditionen der Weltbank, die als Vertreter westlicher Banken unerbittlich auf pünktliche und vollständige Rückzahlung, auf Lohn- und Rentenkürzung und auf den Verkauf von öffentlichem Eigentum besteht, auch wenn dabei ganze Staaten und Bevölkerungsmehrheiten wie gegenwärtig v. a. Griechenland in Armut gestürzt werden.

Auch innerwirtschaftlich unterscheidet sich die Praxis chinesischer Unternehmen, zumindest tendenziell. Anstatt sich auf kurzfristige Gewinne zu konzentrieren, geht es erstens vor allem um Volumenzuwachs und zweitens auch um Produkte »für den kleineren Geldbeutel«, wie auch westliche Beobachter durchaus erkennen. Deshalb können chinesische Unternehmen mehr auch in Entwicklungs- bzw. Schwellenländer wie Indien und Brasilien und sogar in die EU exportieren – z. B. Smartphones – und können neue Umwelttechnologien ungleich schneller massenhaft umsetzen.[2]

Der nach der Finanzkrise in sich noch brüchiger gewordene westliche Kapitalismus ist somit zunehmend mit einem Außen, einer mächtigen anderen Logik, einem Kraftzentrum konfrontiert, das einer zukunftsfähigeren, zudem kohärenteren Entwicklungslogik folgt.

Die US-Regierungen behaupten seit Obama und verstärkt mit Trump, China hätte den USA Millionen Arbeitsplätze »gestohlen«, und fordern, dass China mehr in den USA einkauft, damit das für die USA unfaire Ungleichgewicht des Handels aufgehoben werde. Die EU fordert von China, europäischen Unternehmen denselben offenen Zugang zu gewähren, wie dies die EU gegenüber chinesischen Unternehmen praktiziere. In Wirklichkeit aber sind die Ungleichgewichte ganz anders beschaffen. Dazu müssen wir kurz in der Geschichte zurückgehen.

Die Überwindung des Kolonialismus | Nach über zwei opferreichen Jahrzehnten zäher illegaler Tätigkeit, nach dem Langen Marsch der Roten Armee 1934, nach dem Kampf gegen die japanische Besatzungsmacht konnte die Volksbefreiungsarmee unter Mao Tse-tung 1949 endlich das feudal-kapitalistische Regime unter Tschiang Kai-shek und dessen Kuomintang-Partei besiegen. Tschiang war zum Christentum übergetreten, war mit den alten reichen Familien verbündet, erhielt Unterstützung von den westlichen Kolonial- und Kapitalmächten und war besonders nach dem Zweiten Weltkrieg massiv von den USA und gegen Mao und gegen die Kommunistische Partei unterstützt worden.[3]

Die USA behandelten in ihrer neokolonialen Tradition dann auch die Volksrepublik China als Feind, hielten sie aus der UNO und deren Unterorganisationen fern, ebenso aus GATT und der OECD, verhängten ein Embargo und anerkannten als Vertreter Chinas nur Tschiang Kai-shek und dessen Partei, die auf die Insel Taiwan (Formosa) geflüchtet waren. Erst 1971 konnte die Volksrepublik UN-Mitglied werden.

1972 absolvierte US-Präsident Richard Nixon einen Aufsehen erregenden, offiziellen Besuch in Peking. China sollte unterstützt werden, um den Hauptfeind der USA, die Sowjetunion, zu schwächen. Die USA waren zudem durch ihren verbrecherischen und verlorenen Kolonialkrieg in Vietnam nicht nur moralisch, sondern auch finanziell und politisch angeschlagen. Sie suchten einen gesichtswahrenden Ausweg aus der Niederlage. Nach dem freundschaftlich inszenierten Besuch erkannten sie 1979 die VR China diplomatisch an.

***

2. Die Dialektik des kapitalistischen Imports

Auch die innerkommunistischen Ideologiegefechte mit der Sowjetunion verliefen sich, und nach den Wirren der »Kulturrevolution« griffen die Reformer um Deng Xiaoping ab 1978 neben den US-Irrlehren der »Chicago Boys« auch auf die Neue Ökonomische Politik Lenins zurück: Der Sozialismus in einem lange Zeit unterentwickelt gehaltenen Land muss kapitalistische Elemente übernehmen, sonst überlebt er nicht. Dazu müssen westliche Unternehmen ins Land kommen, sie müssen Lizenzen erhalten und moderne Fabriken bauen, und von kapitalistischen Methoden bei Finanzierungen und Management muss gelernt werden.[4]

So hatte während der 1920er Jahre Ford in der Sowjetunion eine Autofabrik errichtet, hatten General Electric Equipment für die Elektrifizierung und Radio Corporation of America (RCA) für Radios geliefert, hatte Standard Oil im Ölfeld von Baku eine Kerosinanlage gebaut, hatte Morgans Guaranty Trust bei der Gründung der ersten internationalen Bank Raskombank geholfen und die andere führende Wall-Street-Bank, Kuhn Loeb, hatte Kredite für den ersten Fünf-Jahres-Plan gegeben. Etwa 2.000 US-Ingenieure hatten beim Bau von Dämmen, Talsperren und Fabrikbauten geholfen – alles ohne diplomatische Beziehungen. Der transnationale Handel zwischen der Sowjetunion und den USA, aber auch mit Großbritannien und Deutschland wurde ausgeweitet.[5]

Konzerne müssen nicht Regierungen folgen | Das zeigt, dass auf der wirtschaftlichen und der politisch-ideologischen Bühne völlig unterschiedliche Theaterstücke gespielt werden können. Mächtige, global agierende Konzerne können etwas völlig anderes machen als die Regierung.

Danach war es unter gegenteiligen Vorzeichen genauso: Die US-Regierung unter Präsident Franklin D. Roosevelt erkannte 1933 die Sowjetunion diplomatisch an. Aber die US- und andere westliche Konzerne bekamen es auf beiden Seiten des Atlantiks mit der Angst vor dem erstarkenden Sozialismus zu tun. Die wirtschaftlichen Beziehungen zur Sowjetunion wurden abgebaut. Und ohnehin waren ab 1934 die Aufträge der Hitler-Wehrmacht für Ford, General Motors, Standard Oil, IBM, General Electric, ITT usw. das viel größere und ideologisch näherliegende Geschäft.[6]

Nach der Gründung der Volksrepublik 1949 schlossen die USA China in das CoCom-Embargo ein. Sie verschärften das Embargo in den 1950er Jahren – an »Rotchina« durften sogar 450 Warengruppen nicht geliefert werden, im Unterschied zu den 250 Warengruppen, die der Sowjetunion und den anderen sozialistischen Staaten vorenthalten wurden. Das wurde dann aber unterhalb der offiziellen Regularien gelockert. Und im Unterschied zur Sowjetunion galt China als armes Entwicklungsland und machtpolitisch als ungefährlich.

Neue Ökonomische Politik

Britische Unternehmen waren schon seit den 1950er Jahren in China – schon 1954 war der *China – Britain Business Council* gegründet worden. Doch die Neue Ökonomische Politik griff erst durch Investitionen modernerer Branchen. Die American Motors Company (AMC) und Chrysler verkauften zu Beginn der 1980er Jahre (wenige) Autos nach China, entdeckten jedoch schnell, dass man dort die wesentlich niedrigeren Löhne nutzen und im Land selbst produzieren müsse.

Das 1983 von AMC mit einem chinesischen Unternehmen gegründete Joint Venture namens Beijing Jeep Corporation war die erste Autofabrik dieser Art. 1984 folgte Chrysler. 1985 folgten Volkswagen und Citroën. Ab den 1990er Jahren gründeten auch die Autokonzerne Ford, General Motors, DaimlerChrysler und seit Beginn der 2000er Jahre aus dem politisch tief verfeindeten Japan die Autokonzerne Honda, Toyota, Nissan und Mazda ihre Joint-Venture-Fabriken mit chinesischen Partnern.

Elektromobilität

Die Auflagen des Staats waren klar: Die ausländischen Unternehmen mussten ein 50 zu 50 verteiltes, gemeinsames Unternehmen mit einem chinesischen Partner bilden, mussten Technologie transferieren, mussten Einheimische in das höhere Management aufnehmen. Für Familien mit niedrigen Einkommen wurde die Produktion von niederpreisigen Autos gefördert. Nachdem zunächst die bisherigen Autotypen der ausländischen Unternehmen produziert wurden, machten die chinesischen Behörden immer genauere Auflagen, um die Autos den chinesischen Bedürfnissen anzupassen.

2001 erzwang China mithilfe der Automobil- und anderer Branchen und europäischer Staaten, die in China produzierten bzw. mit China Handel trieben, die Aufnahme der Volksrepublik in die Welthandelsorganisation WTO, gegen den Widerstand der US-Republikaner und des American Enterprise Institute (AEI).[7] Daraufhin fielen mehrere Zölle. Ausländische Konzerne dürfen mittlerweile unter Auflagen 100-Prozent-Tochterfirmen in China betreiben. Das Land wurde zum größten Automarkt, zum größten Produktionsstandort – und zum wichtigsten Innovationstreiber.

Anders als in Mexiko und Osteuropa | Dieselben westlichen Autokonzerne hatten während der 1990er Jahre in zahlreichen anderen Entwicklungs- und Schwellenländern Produktionsstätten gegründet: Mit NAFTA in Mexiko und danach in den ex-sozialistischen Staaten Osteuropas. In Mexiko und den nunmehrigen EU-Staaten unterwarfen sich die Regierungen den Vorgaben von VW, Daimler, Nissan, General Motors für die fortgesetzte traditionelle Produktion. Innovation fand hier nur in der Erschließung von niedrigen Löhnen und in der automatischen Fertigung statt.

Nur in China gelang die qualitative Umkehr, mithilfe des Staates: Erstens stiegen die Löhne der normalen Beschäftigten. Zweitens qualifizierten sich einheimische Techniker, Wissenschaftler und Manager. Drittens führt China heute bei der digital gesteuerten Produktion innovativer Autos und auch von Elektrobatterien. Viertens: Der Fahrzeugbau wird enorm vereinfacht und verbilligt; das hochkomplizierte System eines benzingetriebenen Autos wird ersetzt durch ein einfaches Antriebssystem. Fünftens: Schon in den 1990er Jahren wurde verbleites Benzin komplett verboten. Sechstens: Zum Anfang 2018 wurde die Produktion von 553 Automodellen verboten, die besonders viel Benzin verbrauchen; darunter waren Modelle chinesischer und europäischer Autokonzerne wie VW und Daimler.[8] Siebtens: Der Staat gibt nicht nur die Ziele für die vollständige Umstellung auf Elektroautos vor, sondern auch für ein integriertes Mobilitätskonzept.

Hier zeigt sich eine andere Kompetenz des Staates im Vergleich zum Westen, wo Autokonzerne zwar ebenso eine enge Staatsbindung haben, aber das Gegenteil bewirken: Hohe Gewinne einfahren, flächendeckend straflos betrügen, die Luft vergiften und die notwendigen Innovationen verzögern.

Elektroautos weltweit, Neuzulassungen (2017)

Land	Zulassungen
China	579.000
USA	195.140
Norwegen	62.320
Japan	56.000
Deutschland	54.490
Großbritannien	47.260
Frankreich	41.720
Schweden	20.310
Kanada	18.390

Dabei ist zu berücksichtigen, dass in China erst 2013 Elektroautos produziert wurden, während in den USA schon über 100.000 produziert worden waren und in den anderen westlichen Staaten ebenfalls schon vorher begonnen worden war. Das Potential und die Dynamik in China sind höher.[9] Übrigens: Die Elektroautos in Schweden kommen von Volvo – das verlustbringende Unternehmen wurde durch den chinesischen Autokonzern Geely aufgekauft, mit Krediten versorgt und modernisiert.[10]

Elektrobusse und Integriertes Mobilitätskonzept | Noch eindrucksvoller ist die Dynamik bei Elektrobussen. »99 Prozent aller weltweit 385.000 Elektrobusse fahren in China.« So hat die Stadt Shenzen alle Dieselbusse verschrottet und mit den 16.300 Elektrobussen zudem das Liniennetz erweitert, auch aufgrund von Vorschlägen aus der Bevölkerung. Von den 12.550 Taxis in Shenzen sind inzwischen 7.530 auf Elektroantrieb umgestellt. Dagegen wollen deutsche Städte, in denen die Luft weiter verpestet wird, im Jahr 2018 zusammen gerade einmal 162 Elektrobusse anschaffen, bei Taxis tut sich nichts.[11]

Zum integrierten Mobilitätskonzept gehören auch die Herstellung von Batterien und die Forschung. Der staatliche Autokonzern Beijing

Automotive Industry Corporation (BAIC) und der privatwirtschaftliche Konzern Build Your Dreams (BYD) sind weltweit die erfolgreichsten Hersteller von Elektroautos. Aber BYD ist auch der innovativste Hersteller von Batterien: 1995 noch ein Start-up, unterhält BYD in der Sonderwirtschaftszone Shenzhen ein Joint Venture mit Daimler, entwickelt und fertigt Batterien, errichtet Solarfarmen und lässt inzwischen 10.000 Wissenschaftler, darunter Chemiker und Elektrotechniker, für neue Umwelttechnologien forschen. Damit kann BYD zudem auch in anderer Hinsicht die Entwicklung umkehren: BYD unterhält Produktionsstätten nicht nur in China, sondern auch in den USA, in Indien, Ungarn und Rumänien und verkauft batteriegetriebene Busse auch an Stadtverwaltungen in Spanien und Portugal sowie an die britische Hauptstadt London.[12]

So wird das erste Werk für Autobatterien in Deutschland vom chinesischen Unternehmen Contemporary Amperex Technology (CATL) errichtet. Diese bedeutendste Industrieinvestition seit einem Jahrzehnt in Thüringen soll 600 neue Arbeitsplätze schaffen und die Ansiedlung von Zulieferern nach sich ziehen. China kauft also nicht nur Betriebe in Deutschland, sondern errichtet nun auch welche. Auch Forschung wird angesiedelt. BMW hat bereits einen Großauftrag vergeben.[13] Angst vor Technologieklau haben die Chinesen offensichtlich nicht.

Zum integrierten Konzept gehört auch *shared mobility:* Nicht jeder und jede muss selbst ein Auto besitzen. Weiter gehört dazu das vernetzte, autonome Fahren, also etwa die Kommunikation des Fahrzeugs mit Ampelschaltungen, Verkehrslenkungen, Wettermeldungen und sonstige Dienstleistungen: Dazu müssen die westlichen Autobauer mit den chinesischen Technologiekonzernen Alibaba, Tencent und Baidu kooperieren. Weiter gehören dazu die Errichtung eines Elektrotankstellen-Netzes sowie der Ausbau eines Schnellbahnsystems. Zum Mobilitätskonzept gehören schon heute über 200 Millionen Elektrofahrräder und über 350.000 Elektrobusse.

Weil sich die westlichen Autokonzerne auf diese Vorgaben einlassen (müssen), hebt die chinesische Führung auf diesem Gebiet den bisherigen Zwang zu Joint Ventures teilweise auf. Stattdessen geht es um strategische Kooperationen. Den Unterschied verdeutlicht Carsten Breitfeld, Ex-BMW-Manager, der das von staatlichem Wagniskapital geförderte Start-up Byton leitet: »Die deutschen Autobauer setzen auf bisher erfolgreiche Modelle und tauschen nur den Verbrennungsmotor gegen einen Elektroantrieb.« Das habe keine Zukunft.[14]

Freilich ist dies nur eine gegenwärtige Entwicklungsstufe. Die Knappheit der seltenen Erden, die für die Batterien nötig sind, die aus altkapitalistischen Praktiken geerbte Überdehnung des Individualverkehrs, die wachsende Bevölkerung und die wachsenden städtischen Ballungsräume erfordern eine weitere, höhere Entwicklungsstufe der Transportmobilität. Vergleichbares gilt auch für andere Bereiche.

Führung bei den erneuerbaren Energien

Auch die anderen Wirtschaftsbereiche Chinas wurden ähnlich entwickelt: Pharma- und Nahrungsmittelindustrie, Telekommunikation, Produktion von Mobiltelefonen ebenso wie von Schnellzügen, Medizintechnik, Robotik, Software, Künstliche Intelligenz, Städtebau, Tourismus, auch Versicherungen und Banken und die gesamte Plattform-Ökonomie.

Weil die alten Technologien kaum vorhanden und wenig eingewöhnt waren, konnten die neuen Technologien besonders schnell wachsen und zugleich angepasst werden. Weil es kein Kreditkartensystem gab, hatten die Bezahldienste Alipay und Wechat schnell hunderte Millionen von Nutzern für das Bezahlen im Kino, Restaurant, Supermarkt, Taxi und beim Internethandel. 800 Millionen der 1,4 Milliarden Einwohner nutzen das Internet. Die in China nach US-Vorbild gegründeten Unternehmen der Plattform-Ökonomie wachsen schneller als in den USA und im sonstigen Westen: der Internethandel von Alibaba, die Suchmaschine Baidu, der Taxidienst Didi Kuaidi. Der Taxidienst Uber, Vorbild aus den USA, wurde in China ausgebremst: Hier durfte er seinen rabiaten Umgang mit den Fahrern nicht fortsetzen und gab das Geschäft auf.

So hat China den Westen während eines Jahrzehnts auch bei der Investition in erneuerbare Energien weit überholt. Während chinesische Unternehmen im Jahr 2017 hier 126 Mrd. Dollar investierten, waren es in den USA und in der EU nur jeweils 40 Mrd. Entsprechend höher ist in China die Zahl der Arbeitsplätze.

Auch die Dynamik unterscheidet sich wesentlich: Während der Anteil erneuerbarer Energien in Deutschland von 2008 bis 2017 von 3,7 auf 5,2 Prozent stieg und im reichen Westen sogar abfiel, nämlich in der EU von 22,2 auf 18,3 Prozent, in den USA von 11 auf 10,5 Prozent und in Kanada von 8,6 auf 5,4 Prozent, hat China den Anteil von 16,5 auf 28,4 Prozent erhöht.[15] So erstickt der Westen in der staatlich geförderten BlackRock/General Motors/RWE-Strategie.

Die Ambivalenz des Kapitalismus

China nutzt aber durchaus auch Techniken der westlichen Finanzakteure für seine Zwecke. PE-Investoren aus den USA und der EU wie KKR, Bridgepoint, Apax und EQT erweisen sich als nützlich, um Unternehmen aus dem Reich der Mitte bei der Suche nach geeigneten Kaufobjekten in der EU zu helfen. Die chinesischen Aufkäufer verfolgen andere Ziele, nutzen aber die Expertise.

PE-Investoren wie Carlyle und der Wagniskapitalgeber Sequoia aus Silicon Valley sind seit 2018 an der Finanzierung des Start-up Ant Financial (Finanztechnologie, Alibaba-Tochter) beteiligt. Seit der internationalen Öffnung des Aktienmarktes rühmt BlackRock China als »einen der größten Aktienmärkte der Welt, nur übertroffen von den USA und größer als Japan … China ist auch die Heimat von mehr als 2.000 börsennotierten liquiden Unternehmen und steht damit an zweiter Stelle hinter den USA.«[16] 2016 erhielten BlackRock, Fidelity, UBS und Schroder, ohne dass sie ein einheimisches Unternehmen beteiligen mussten, am Sitz Shanghai die Lizenz als private Fondsmanager.[17]

Wie die Geschichte zeigt, sind privatkapitalistische Unternehmer und Investoren gnadenlos opportunistisch. Sie konnten und können mit jedem politischen Regime, vorzugsweise mit rechten bis faschistischen; aber wenn es Gewinne versprach und verspricht, dann auch mit sozialistischen. Mit sozialer Marktwirtschaft, mit *New Deal* – oder auch zeitgeistig dagegen. Mit Menschenrechten – oder auch dagegen. Nur um im riesigen Markt China präsent zu sein, löschte Apple mehr als 600 VPN-Programme, mit denen die dortige Internetzensur umgangen werden konnte. »China ist für Apple entscheidend. Deshalb riskiert der Konzern keinen Ärger mit Peking.«[18] Gnade der Menschheit, wenn solche gewissenlosen Opportunisten sich durchsetzen. Es kömmt darauf an, wer der Stärkere ist oder wird.

So stellt der gegenwärtige Kapitalismus Chinas keineswegs einen »idealen« Endzustand dar, sondern den Abschnitt einer Transformation, deren weiterer Verlauf auch von den internationalen Beziehungen abhängt, und nicht nur von denen auf der Ebene von Staaten und Regierungen.

Chinesische Rating-Agentur stuft USA herunter

Für die Veränderung westlicher Prozeduren ist auch das Rating aufschlussreich. 1994 gründete die chinesische Zentralbank eine eigene Rating-Agentur, Dagong (»Große Arbeit«). Sie ist die Alternative zu den Big Three der US-Rating-Agenturen. Dagong ist ein Privatunternehmen und untersteht der Aufsicht der Zentralbank.

Dagong hat nach der Gründung zunächst in einer Drei-Jahres-Kooperation mit Moody's die eigene Bewertungsmethode ausgeschärft und vertritt inzwischen einen globalen Anspruch. Das zeigt sich auch im Namen: Dagong Global Credit Rating Group. Die Agentur hat Filialen in Hongkong, USA und Europa und kooperiert mit Agenturen in ganz Asien. Sie bewertet in- und ausländische Unternehmen und öffentliche Einheiten (Städte, Regionalregierungen) sowie die Staaten, mit denen China Wirtschaftsbeziehungen unterhält.

Nach Ansicht von Chef Guan Jiazhong, Mitglied der Kommunistischen Partei, haben die US-Agenturen durch ihre Mittäterschaft bei der letzten Finanzkrise 2007 endgültig das Recht verloren, »die Welt zu bewerten«: Sie achten nicht wirklich auf die Fähigkeit zur Rückzahlung von Krediten, sondern nur auf die Neuaufnahme von Krediten. Dagong verwendet im Unterschied zu den Big Three auch volkswirtschaftliche Kriterien und hat als erste die Bonität des hoch verschuldeten Staates USA herabgestuft.[19]

Im Januar 2018, nachdem US-Präsident Trump die Unternehmenssteuern drastisch abgesenkt hatte, senkte Dagong das Rating der US-Regierung noch weiter nach unten auf »BBB+ mit negativem Ausblick«. Begründung: »Die wachsende Abhängigkeit der schuldengetriebenen wirtschaftlichen Entwicklung wird die Rückzahlungsfähigkeit der US-Regierung weiter verringern. Dies kann zum Zünder der nächsten Finanzkrise werden.«[20]

Auftragsproduktion in Sonderwirtschaftszonen

Eine wichtige Rolle für die Entwicklung Chinas spielte die Auftragsproduktion in Sonderwirtschaftszonen. Die wichtigste ist Shenzhen. Die südchinesische Stadt hatte 1980 zu Beginn 30.000 Einwohner. Noch bevor ausländische Konzerne Produktionsstätten in China errichteten, zog die chinesische Führung Auftragsproduktion aus dem Ausland an.

Das Reservoir der aus den feudal-imperialistischen Verhältnissen stammenden, verarmten, weithin unter- und unbeschäftigten Landbevölkerung Chinas betrug einige hundert Millionen Menschen.[21] Sollten und wollten sie weiter in dieser ausweglosen Lage bleiben? Nach dem Prinzip des westlichen Kapitalismus hätte gesagt werden können: Irgendeine Arbeit ist besser als gar keine Arbeit. Auch hier war aber die Frage: Wenn *working poor* die erste Station aus der absoluten Armut ist, wird es bei diesem Zustand bleiben wie in anderen Entwicklungsländern?

Exzessive Nutzung der Niedriglöhnerei | Der Aufschwung der Sonderzonen beschleunigte sich nach dem Eintritt Chinas in die WTO 2001. US-Technologiekonzerne wie insbesondere IBM hatten schon 1960 begonnen, Niedriglohn-Zulieferer in »befreundeten« asiatischen Staaten zu beauftragen, in Taiwan, Japan, Südkorea, Thailand. Auch weitere Standards, etwa die Umwelt betreffend, waren hier niedrig oder nicht vorhanden. Insbesondere in Taiwan entwickelte sich daraus eine eigene Industrie.

Aus ihr ging der schließlich weltweit größte Elektronikzulieferer hervor, der taiwanesische Konzern Foxconn. Er organisierte in Shenzhen und dann in zwei Dutzend kleineren Sonderzonen Chinas die großvolumige Auftragsproduktion für westliche Elektronikkonzerne.

2012 hatte Foxconn in der Volksrepublik 1,4 Millionen Beschäftigte unter Vertrag, vielfach junge Wanderarbeiterinnen. Hewlett Packard, Intel, Dell, Microsoft, Lucent, Nortel, Alcatel, Ericsson, Nike, Apple und andere nutzten diese Niedriglöhnerei und vergaben langfristige Großaufträge.[22]

Silicon Valley und WalMart | Die gezielte Nutzung von Niedriglöhner/inne/n und *sweatshops* hat in den USA und auch in der High-Tech-Branche des Silicon Valley eine Tradition, die mit vietnamesischen *boat people* und illegalisierten Mexikanerinnen schon lange vor der Verlagerung nach China begonnen hatte.[23]

So ließ auch Apple, noch als ganz junges Hippie-Unternehmen, schon ab 1981 seinen Personal Computer Apple II in Shenzhen endmontieren: Da waren die Löhne noch viel niedriger als in Mountain View. Apple war in der Folgezeit vorneweg, um möglichst viel an Teileherstellung auszulagern. Zunächst aber mussten die Teile meist in den USA hergestellt und nach China exportiert werden.

Das änderte sich nach Chinas WTO-Eintritt noch schneller als vorher. Apple ließ durch eigene Ingenieure die Arbeit in Shenzhen überwachen. So betrugen zuletzt die Kosten für Endmontage und Produkttest des iPhone 7, das in den USA für 549 Dollar verkauft wurde, 5 Dollar.[24]

Die hippiemäßigen Silicon-Valley-Gurus Gates und Jobs und ihre Miteigentümer wie Founders Fund und BlackRock wurden steinreich, sie de-industrialisierten die USA und verbreiteten dort die Arbeitsarmut. Ebenso taten es die superreichen Eigentümer des größten US-Unternehmens, der Einzelhandelskette WalMart: 80 Prozent ihrer Waren ließen sie durch Zulieferer in China herstellen.

Die chinesische Führung förderte damit den Ausbau von Arbeitsplätzen und der kontinuierlichen Beschäftigung, allerdings großenteils zunächst zu hohen menschlichen Kosten. Kasernierung, 12-Stunden-Arbeitstage, früher Verschleiß der Arbeitskraft wurden in Kauf genommen. Aber dabei blieb es nicht, der Prozess wurde weitergetrieben: Seit den 1990er Jahren protestierten und streikten Festangestellte ebenso wie Wanderarbeiter in tausenden Unternehmen.

Eine Volksrepublik erwies sich dafür doch als ein günstigerer Ort, auch wenn Staatsführung und sogar Gewerkschaften die Streiks nicht unterstützten, sogar bekämpften.

Die Umkehrung von *working poor*

Aber 2006 legte der Nationale Volkskongress den Entwurf des Arbeitsvertragsgesetzes vor. Er war mithilfe westeuropäischer Arbeitsrechtler wie Wolfgang Däubler aus Deutschland verfasst worden und orientierte sich moderat an einigen ILO-Normen: Jeder Arbeiter sollte einen schriftlichen Arbeitsvertrag bekommen – das war bisher nicht allgemein üblich. Entlassungen sollten erschwert werden. Leiharbeiter sollten nach einem Jahr einen regulären Arbeitsplatz erhalten. Qualifizierte Arbeiter sollten frei das Unternehmen wechseln können. Die Gewerkschaften und betriebliche Belegschaftsvertretungen sollten mit dem Unternehmer nicht nur über Entlohnung, sondern auch über Arbeitsbedingungen, Arbeitszeiten, Pausen, Urlaub, Arbeitssicherheit, Hygiene, Sozialversicherungen und Zusatzleistungen kollektiv verhandeln können. Unternehmen sollten bei Zuwiderhandlungen bestraft werden können. Vor allem für die Arbeitsmigranten sollte das Gesetz Verbesserungen bringen.

Microsoft, Nike, Siemens, VW & Co verteidigen die Arbeitsarmut | Gegen diese elementaren, gemäßigten Arbeitsrechte lief vor allem die Amerikanische Handelskammer in China Sturm. Am 19.4.2006 schickte sie namens ihrer 900 Mitgliedsunternehmen ihre klischeehaft bekannte Kritik an den Nationalen Volkskongress: Wenn der Entwurf Gesetz werde, sei die Wettbewerbsfähigkeit Chinas bedroht. Die Unternehmen drohten mit Abzug aus China und dem Entzug von Arbeitsaufträgen. Führende Kammermitglieder waren Intel, Microsoft, Google, Dell, AT&T, Nike, Ford, General Electric, UPS und Goodyear.[25]

Auch die Europäische Handelskammer in China mit 860 Mitgliedern, u. a. mit Siemens, VW, Bayer, BASF, Nokia, Veolia und KPMG, schloss sich an, wenn auch weniger aggressiv. Übrigens: Gleichzeitig setzten sich dieselben westlichen Unternehmen auch zuhause für die

Absenkung der Arbeitsrechte und für neue Niedriglöhnerei ein, in Deutschland mit den vier Hartz-Gesetzen.

Der Volkskongress stellte den Gesetzentwurf zur öffentlichen Diskussion. Neben den beiden Stellungnahmen der westlichen Handelskammern trafen 191.847 Kommentare ein, vor allem von Arbeitern und Aktivisten, die weitergehende Rechte forderten.[26] Die Drohungen aber wirkten. Der Volkskongress schwächte das Gesetz an mehreren Stellen ab. Einstellungen ohne schriftlichen Vertrag waren möglich, der Vertrag musste nur nachgeholt werden. Für Leiharbeitsverträge wurde die Laufzeit auf zwei Jahre erhöht, die anschließende reguläre Beschäftigung wurde nicht verbindlich gemacht. Massenentlassungen mussten nicht die Zustimmung der Gewerkschaft oder Belegschaftsvertretung bekommen, sondern mussten nur »ausreichend erklärt« werden. Weiter war auch kein Streikrecht vorgesehen – es war mit der Liberalisierung 1982 aus der Verfassung gestrichen worden.[27]

China: Das streikintensivste Land | Das abgeschwächte Gesetz, 2008 in Kraft getreten, wurde von den westlichen und auch chinesischen Unternehmen der Form nach hingenommen, aber möglichst nicht umgesetzt. Aber für die Arbeiter war es eine Ermutigung. Zehntausende gingen vor Gericht. Staatspräsident Hu Jintao rief auf, »die legitimen Rechte und Interessen der Arbeiter« zu schützen.[28]

Die Volksrepublik wurde das streikintensivste Land, obwohl oder weil die offiziellen Gewerkschaften gar nicht mitmachten. Sie verstehen sich als Co-Manager und als Teil des Staatsapparats. Aber seit über einem Jahrzehnt gab es hunderttausende spontane Streiks, organisiert von Aktivisten und zunehmend unterstützt von Betriebsgruppen der Kommunistischen Partei. Ab 2010 häuften sich in Shenzhen demonstrative Selbstmorde. »Obwohl es offiziell kein Streikrecht gibt, finden nirgendwo auf der Welt mehr Arbeitskämpfe statt.«[29]

Auch der Staat wurde weiter aktiv. Die ziemlich autonomen Provinzen legten Mindestlöhne fest. Im Fünf-Jahres-Plan für 2011 bis 2015 wurde eine jährliche Erhöhung der Mindestlöhne um 13 Prozent festgelegt. 2011 trat das Sozialversicherungsgesetz in Kraft, das eine Altersgrundsicherung auch für ländliche Bewohner beinhaltet.

Die Träger der Sozialversicherung bekamen direkten Zugriff auf die Bankkonten der Unternehmen, um versäumte Beiträge zwangsweise einziehen zu können – wobei sich bei Säumigkeit der Beitrag verdreifachen kann. Die Beiträge der Arbeitgeber sind übrigens wesentlich höher als etwa in Deutschland und betragen mehr als zwei Drittel der Beiträge zur Sozialversicherung.[30]

Nachhaltige Lohnerhöhungen und soziale Sicherheit | Ungenehmigte, aber geduldete Streiks, staatliche Führung und die Aktivität von KP-Mitgliedern waren wichtiger als das schwache Gesetz und wirksamer als eine Tarifautonomie nach westlichem Vorbild: Diese bevorteilt in der real existierenden westlichen Kapital-Demokratie die Privateigentümer, verbessert aber nicht die Macht der Mehrheit und lässt zudem den heimlich fördernden Staat als unschuldig erscheinen, wie Däubler im Vergleich feststellt.[31]

So wurden die durchschnittlichen Stundenlöhne der chinesischen Arbeiter seit 2005 bis 2016 inflationsbereinigt verdreifacht – von 1,20 auf 3,60 Dollar. Damit hat die Volksrepublik die klassischen Schwellenländer Brasilien (2,70 Dollar), Thailand (2,20) und Mexiko (2,10) überholt, in Indien stagnieren die Löhne seit einem Jahrzehnt bei 0,70 Dollar.[32]

China übertrifft damit auch die Mindestlöhne in den EU-Staaten Bulgarien, Litauen, Rumänien, Lettland, Ungarn, Kroatien, Slowakei, Tschechei und Polen.[33] Das gilt noch mehr für die südlichen Regionen Italiens und Spaniens – Kalabrien, Sizilien, Almeria –, wo in den riesigen Gemüse- und Obstplantagen illegalisierte Flüchtlinge gezielt erpresst, ausgebeutet, verarmt und gesundheitlich geschädigt werden. Die EU subventioniert dortige Unternehmer, selbst wenn sie mit kriminellen Milieus wie der Mafia verbunden sind. EU-Agrarkommissar Phil Hogan, der der christlichen EVP angehört, befürwortet dies ausdrücklich.[34]

So fördert und subventioniert die EU in eigenen Mitgliedstaaten auch besonders scharfe Verletzungen von Menschenrechten – aber angeklagt wegen der Verletzung von Menschenrechten wird China.

2014 hat der chinesische Staat das Programm zur Ausweitung der

Sozialversicherungen aufgelegt, bis 2020 sollen alle Chinesen sozialversichert sein. 1,3 Mrd. Menschen, also fast die gesamte Bevölkerung von 1,4 Mrd., sind bereits krankenversichert, 870 Millionen sind in der Altersversicherung. Dabei wurden traditionelle und neue Unterschiede zwischen Land und Stadt, zwischen Staats- und Privatunternehmen verringert. 2016 wurde China bei der International Social Security-Konferenz dafür ausgezeichnet.[35]

Während in China die Einkommen und der Lebensstandard aller Klassen und Schichten seit drei Jahrzehnten nachhaltig stiegen – Bauern, Arbeitsmigranten, Leiharbeiter, Festangestellte, Soldaten, Manager, Unternehmer, Millionäre, Milliardäre –, stagnierten oder fielen Einkommen und Lebensstandard in den USA bei der Mehrheit und besonders bei den schon Armen. Nur bei etwa 5 Prozent der Bevölkerung stiegen Einkommen und Lebensstandard in den USA nachhaltig.[36]

Verkürzung der Arbeitszeit | Unter diesen Bedingungen testet China die heute mögliche Arbeitszeitverkürzung. Der Staatsrat hat 2015 dazu einen Plan beschlossen. In einigen High-Tech-Unternehmen wird mit der Vier-Tage-Woche experimentiert: Mehr Freizeit soll zu mehr Zufriedenheit, Entspannung und mehr Arbeitsfreude führen. Einige Stadtverwaltungen, etwa die der mit 30 Millionen Einwohnern größten Stadt Chongqing, haben die Viereinhalb-Tage-Woche eingeführt. Die Beschäftigten können mehr aktive Freizeit, zum Beispiel innerchinesischen Tourismus praktizieren, damit auch die Sparquote verringern und die einheimische Wirtschaft anregen.[37] Dazu lenkt der Staat auch Investitionen in neue Ski- und Badegebiete.

Die Volksrepublik ist somit der einzige Staat der Erde, in dem Einkommen, Lebensstandard, Lebensqualität und Lebenssicherheit der Bevölkerungsmehrheit, auch der Ärmsten, über Jahrzehnte nachhaltig gewachsen und die Voraussetzungen gegeben sind, dass dies auch weitergeht. Dagegen sind alle seit Jahrzehnten unter westlicher Dominanz aufgelegten Programme zur Armutsbekämpfung gescheitert. Und mit den neuen Finanzakteuren breitet sich gerade in den »entwickelten« Staaten, den USA und in der EU, *working poor* weiter aus.

Jack Ma / Alibaba: »Inklusive Globalisierung«

1999 gründete der 35-jährige Englischlehrer Jack Ma mit seiner Frau Ying und 18 Partnern in seiner Geburtsstadt Hangzhou das Privatunternehmen Alibaba. Es wurde in einem Jahrzehnt zum größten Onlinehändler der Erde, größer als Amazon und Ebay zusammen. Es vermittelt weltweit die Waren und Dienstleistungen vor allem kleiner und mittlerer Firmen und Händler. 25.000 Angestellte und Kunden agieren in 17 Sprachen. Zur Alibaba Holding gehören inzwischen u.a. der Bezahldienst Alipay, der Finanzdienstleister Ant Financial, die Mehrheit am asiatischen Onlinehändler Lazada, Paket-Logistik, Data Centers in Malaysia, Dubai, Sydney, Tokio und Frankfurt/Main, eine Music und eine Sports Group sowie die Zeitung *South China Morning Post*. Der Börsengang 2014 in New York war der größte in den USA; dabei verzichtete Ma auf das Ritual, dass der Unternehmenschef die Glocke im Börsensaal der Wall Street in Gang setzt, vielmehr hatte er acht einfache Kunden dazugeholt, u. a. einen US-amerikanischen Kirschenpflücker und einen chinesischen Uhrenverkäufer. Mit 22 Mrd. Dollar Vermögen steht der zweitreichste Chinese auf Platz 33 der reichsten Menschen. Den Namen Alibaba nahm Ma aus 1001 Nacht, weil der über alle Kulturen hinweg überall bekannt sei; der Alibaba der Legende ist ein armer Holzfäller, der armen Menschen helfen will. Die Alibaba-Stiftung zur Armutsbehebung wird auch aus Unternehmensgewinnen gespeist und finanziert Internatsschulen mit Busdiensten in armen, oft sehr bergigen Gegenden Chinas, wo kleine Dörfer weit auseinander liegen und Kinder oft ohne die ausgewanderten Eltern auskommen müssen.[38] Das Unternehmen kam für die weltweite Expansion nicht ohne die großen US-Kapitalorganisatoren aus: Die Eigentumsanteile von BlackRock, T. Rowe Price, State Street, Baillie Gifford, Vanguard, Capital, Schroders, Goldman Sachs und weiteren betragen zusammen 38 Prozent. Die

Kontrolle haben – neben dem Staat – der japanische Technologiekonzern Softbank (30 Prozent), Yahoo (15 Prozent), Ma selbst (7 Prozent) und sein Vize Joseph Tsai (2,5 Prozent) sowie weitere leitende Angestellte mit 10 Prozent. Auch BlackRock & Co können anders, wenn sie müssen.

Gegen die USA: »Inklusive Globalisierung!« Ma ist kein Mitglied der KP. »Ich liebe die Partei wie meine Mutter. Aber mit meiner Mutter gehe ich nicht ins Bett.« Aber Ma trägt die von der KP organisierte Entwicklungslogik mit. Er ist damit einverstanden, dass Alibaba wie die anderen Digitalkonzerne auf Anweisung des Staates den Aufbau der digitalen Infrastruktur finanzieren müssen, z. B. Elektrotankstellen zum Aufladen von Handys und Autos. Beim Weltwirtschaftsforum in Davos las Ma dem anwesenden US-Präsidenten und dessen offenen und klammheimlichen, auch deutschen Bewunderern die Leviten: »In den letzten 30 Jahren hat Amerika 13 Kriege geführt, die 14,2 Billionen US-Dollar gekostet haben.« Die USA hätten zudem nach 2008 viel Geld in die bankrotten Wall-Street-Banken gesteckt, während das Geld besser für die Infrastruktur verwendet worden und den Arbeitern zugutegekommen wäre. Ma ging auch auf die Darstellung Trumps zum Handelsdefizit der USA gegenüber China ein: »Nicht andere Länder haben amerikanische Jobs gestohlen – nein, es war Ihre Strategie. In den letzten 30 Jahren haben Unternehmen wie IBM, Cisco und Microsoft viel Geld mit dieser Art Globalisierung gemacht.« Ma forderte eine »inklusive Globalisierung« und bot den USA an, für deren kleine Unternehmen Absatzmärkte in China und Asien zu suchen und so in den USA Arbeitsplätze zu schaffen.[39]

Shenzhen: Vom Armenhaus zum High-Tech-Zentrum | Westliche Unternehmen und die Konzerne der großflächigen Niedriglöhnerei wie Foxconn verlagern die Produktion nun in andere Staaten wie Thailand, Myanmar und Vietnam.

1996 war der Shenzhen High Tech Industrial Park eingerichtet worden. Führende Technologiekonzerne wie Huawei, Tencent und ZTE, die inzwischen mit westlichen Konzernen konkurrieren und weltweit tätig sind, sind hier entstanden und haben hier ihren Sitz. Tencent stellt hier jetzt mehr und billigere Smartphones her als Apple. Weltkonzerne wie Siemens, Daimler, Bosch, Bayer, Airbus, Lufthansa und 200 weitere Unternehmen allein aus Deutschland können nicht umhin, in Shenzen zu forschen und zu produzieren.

Die Stadt hat jetzt 13 Millionen Einwohner. Alle 16.300 Busse werden elektrisch betrieben. Der Status Chinas als verlängerte Werkbank des westlichen Kapitalismus ist an vielen Punkten zu Ende.

***

3. Staat, Kommunistische Partei, Sozialismus

Die kommunistisch koordinierten kapitalistischen Praktiken haben die Volksrepublik China aus einem kolonial verarmten Entwicklungsland in nur vier Jahrzehnten zur zweitgrößten Volkswirtschaft der Erde gemacht. Schrittweise hat der Staat die zentrale Planwirtschaft durch eine gemischte, aber regulierte Wirtschaft abgelöst. 1998 schaffte der Staatsrat 15 Ministerien ab, die für einzelne Wirtschaftsbereiche zuständig waren. Teilweise wurden die Ministerien durch privatrechtliche, aber dem Staat gehörende Holdings etwa im Bereich der Energie und der Finanzen ersetzt.[40]

Was die rein chinesischen Unternehmen angeht, besteht eine Mischung zwischen staatlichen Unternehmen und Privatunternehmen. Letztere sind wie im westlichen Kapitalismus entweder Aktiengesellschaften, deren Aktien vielfach an den Börsen von Shenzen, Shanghai und Hongkong gehandelt werden, während die Mehrheit kleinere Unternehmen nach dem Muster einer GmbH sind. Die Aktien großer Konzerne wie Alibaba werden auch an der Börse von New York gehandelt, US-Investoren wie BlackRock sind Miteigentümer.

Auch chinesische Konzerne nutzen wegen der Wettbewerbsgleichheit teils dunkle Praktiken, die systemisch zum westlichen Kapitalismus gehören. So laufen nicht wenige Auslandsinvestitionen über die Finanzoasen Niederlande, Luxemburg, Irland und Cayman Islands. China hat weitere westliche Instrumente der Form nach übernommen, Wagniskapital-Finanzierung, Private-Equity-Fonds und Öffentlich-Private Partnerschaften. Aber, wie am Beispiel der Rating-Agentur gezeigt, werden diese Instrumente umgestaltet und in eine andere Entwicklungslogik eingebaut.

Politische Parteien | Dieses Ergebnis war und ist nur möglich durch den Staat, der von der Kommunistischen Partei – aktuell etwa 89 Millionen Mitglieder – geleitet wird.[41] Die acht weiteren Parteien, darunter die Kuomintang-Partei und eine Partei der Taiwanesen in China, bestehen meist seit der Staatsgründung 1949 und haben zwischen 100.000 und 200.000 Mitglieder, zwei haben nur wenige tausend Mitglieder. Sie bezeichnen sich im Unterschied zur KP als demokratisch, vertreten kleinere Interessengruppen und nicht prinzipiell die Gesamtbevölkerung und wollen sich nicht an einer kommunistischen Regierung beteiligen.[42]

Manche sich auch als marxistisch verstehende Kritiker im Westen bemängeln an China, dass sie sich einen Sozialismus »anders vorstellen«. Aber der kommunistisch geführte Kapitalismus wird von der KP gar nicht als Sozialismus ausgegeben. Er ist, auch im Unterschied zur Gründungszeit mit Mao Tse-tung, erst ein Ziel für die mittlere Zukunft. Und wäre ein »sozialistisches« China mit 300 Millionen Armen noch in den 1960er Jahren dieser Bezeichnung wert gewesen? Was ist wichtiger: Der Name »Sozialismus« oder die Überwindung der Armut und die Sicherung des Friedens?

Aufwendiger Kampf gegen Korruption | Der Kapitalismus bringt formationsspezifische kriminelle Praktiken hervor. Die westliche Kapital-Demokratie hat verschiedene Anläufe gemacht, solche Praktiken zu bekämpfen, ist aber gescheitert. Wirtschaftsprüfer, Wirtschaftskanzleien, Rating-Agenturen wurden zu Komplizen bei Insidergeschäften, Steuerflucht, modernen Formen der Bestechung. Die für die Verfolgung von Unternehmenskriminalität unterbesetzte Justiz arbeitet sich an Kleinkriminellen und dabei vorzugsweise an Ausländern aus armen Staaten ab.[43]

Die chinesische Führung hat zunehmend erkannt, dass der systemischen Freisetzung kapitalistischer Kriminalität und individueller, egoistischer wie auch unternehmensförmiger Gier nun harte Grenzen gesetzt werden müssen, die etwa über die »ethischen Selbstverpflichtungen« der Unternehmensvorstände nach westlicher Art weit hinausgehen. Die Justiz wurde dafür ausgebaut. Von 2012 bis 2016 wurden etwa eine Million Manager, auch ausländischer Firmen, sowie Parteifunktionäre abgesetzt, verhaftet, wegen Bestechlichkeit, Bestechung, Amtsmissbrauch und Vetternwirtschaft vor Gericht gebracht.[44]

Das trifft dutzendweise auch die allerhöchsten Ränge. So wurde Zhou Youkang, Ex-Sicherheitschef der KP und Chef des Ölkonzerns CNPC, zu lebenslanger Haft verurteilt, ebenso der Spitzenpolitiker Bo Xilai sowie Sun Zhengcai, KP-Chef der Großstadt Chongqing. Sie hatten Schmiergelder in Millionenhöhe angenommen, Freunden heimlich Verträge zugeschanzt und Posten verteilt. Für die Geldflüsse nutzen solche Funktionäre häufig die Verbindungen von Clanmitgliedern, die die kanadische oder US-Staatsbürgerschaft haben.[45] In westlichen Kapital-Demokratien traut sich die Justiz, die für solche Fälle auch keinen politischen Rückhalt hat, nicht an vergleichbare Kriminelle heran.

Protektionismus

Den Erfolg hat der gegenwärtige KP-Vorsitzende Xi Jinping auch vor dem Weltwirtschaftsforum 2017 mit erheblicher Resonanz – die noch vor wenigen Jahren undenkbar gewesen wäre – darstellen können.[46]

Zu diesem Erfolg gehören protektionistische Maßnahmen gegen die Interessen ausländischer Investoren. Die Joint-Venture-Regel gehörte von Anfang an dazu. Das Arbeitsvertragsgesetz ist ein weiteres Beispiel: Die Arbeiter mussten und müssen gegen die Profitgier von Microsoft, Apple & Co und auch einheimischer Unternehmer geschützt werden. Bestimmte Bereiche wurden und werden von ausländischen Investitionen ganz freigehalten oder erst schrittweise geöffnet. Die auch im Westen beschworenen, aber nicht realisierten erneuerbaren Energien finden nur in China einen Aufschwung, durch staatliche Protektion.

Lange hat China etwa die Hälfte des Plastikmülls, der Vanadiumschlacken und Reste der Textilherstellung aus den USA und der EU importiert und irgendwie recycelt. Seit 2013 hat der Staat dies schrittweise eingeschränkt und ab 2018 vollständig verboten.[47]

Ein heikles Kapitel im Internetzeitalter ist die Kontrolle der Datenflüsse. »Auf chinesischem Territorium untersteht das Internet dem chinesischen Recht. Die Internetsouveränität Chinas muss geachtet und geschützt werden« – so gibt der Ex-Google-Chef und gegenwärtige Digitalberater des Pentagon die chinesische Auffassung wieder. Diese Wiedergabe ist korrekt, und man könnte sagen, das ist auch die selbstverständliche Auffassung der US-Regierung und der Europäischen Kommission, die ihre Territorien bekanntlich durch einschlägige Gesetze und Praktiken schützen (wollen). Doch Schmidt denunziert dies im Falle Chinas als »unverhohlene Zensur« und Merkmal für »autoritäre Staaten«.[48]

Verbot von Facebook & Co

Die westlichen Unternehmen bestehen bisher darauf, ihre internationale Kommunikation in und aus China ohne jegliche Kontrolle zu praktizieren – als wäre so etwas im Westen oder gar den USA möglich!

So wollte etwa Facebook seine für jede Perversion zunächst offene Plattform auch in China ungehindert ausbreiten. Nicht zuletzt die Zusammenarbeit der US-Digitalkonzerne mit Pentagon, CIA und NSA und die verstärkte militärische Umkreisung Chinas bedrohen die Souveränität des Staates. China schützt sich hier mit protektionistischen Maßnahmen. Wenn China sein Territorium schützt, dann wird dies im Westen als Zensur bezeichnet. Wenn der Westen sich schützt – zudem die Supermacht noch gleichzeitig die Vasallen ausspäht –, dann wird dies als demokratisch bezeichnet oder eher mit Schweigen übergangen.[49]

China hat 2017 nach vergeblichen Aufforderungen, die Praktiken zu ändern, Facebook, Google mit allen Töchtern (WhatsApp, Instagram), Twitter und Snapchat blockiert (The Great Chinese Firewall). Die Suchmaschine Google hat in China, auch wegen der beliebteren chinesischen Konkurrenten, nur einen Marktanteil von 1,45, Amazon von 0,8, Yahoo von 0,49 und PayPal von 0,0001 Prozent.[50]

Sozialkredit-System

Gegen sozialschädliche Praktiken und gegen die systemische Zerstörung von Vertrauen im entfesselten, zudem digital beschleunigten Kapitalismus baut der Staat seit 2014 ein Sozialkredit-System auf. Erfasst werden sowohl die Unternehmen wie die einzelnen Bürger.

Bei Unternehmen, staatlichen wie privaten, in- wie ausländischen, werden Kreditrückzahlung, Steuer- und Werbeehrlichkeit und überhaupt die Einhaltung aller einschlägigen Gesetze ermittelt. Nicht-Rückzahlung von Krediten, Korruption, Steuerflucht, Betrug, Verletzung von Urheber- und Arbeitsrechten, falsche Produktangaben u. ä. bringen Minuspunkte. Gegenwärtig stehen 6.000 Unternehmen auf einer Schwarzen Liste.[51] Je mehr aber die Unternehmen gesetzestreu sind, desto leichter haben sie etwa Zugang zu günstigen Krediten und zu Aufträgen.

Die Bürger werden nach einem individuellen System registriert. Auch hier steht die Rückzahlung oder Nicht-Rückzahlung von Krediten an erster Stelle – in der jungen Generation ist die teilweise hemmungslose Verschuldung, auch mithilfe von Kreditkarten, ein heftiges Problem.[52] Hierzu hat man sich das Schufa-System in Deutschland angeschaut: Es wurde zweifach verändert. Es wird nicht nur das Kreditverhalten erfasst und bewertet, sondern auch das Sozialverhalten: Wer online betrügt, wer Steuern hinterzieht, in sozialen Medien Gerüchte über terroristische Anschläge streut, im Flugzeug raucht, gefälschte Tickets verkauft, besticht und überhaupt Gesetze verletzt, bekommt Minuspunkte. Sanktionen bestehen etwa im Ausschluss von innerchinesischen Flügen, Zugfahrten, Hotelbuchung, Kreditkartennutzung und bei Landpachten. Dagegen werden Spenden, z. B. auch Blutspenden und Dienste für das Gemeinwohl belohnt, etwa bei der Kredit- und Jobvergabe.[53] Die zweite Veränderung: Die Chines/inn/en wissen – im Unterschied zur Schufa und zum kommerziell-geheimdienstlichen Ausspäh- und Verwertungs-Wildwuchs bei CIA/Facebook – über die Erfassung Bescheid und können ihre Bewertung einsehen.

Führung in Richtung Sozialismus

Die Souveränität des Staates konnte nur gesichert werden, weil er nicht, wie im Westen, direkt und in vielen indirekten und versteckten, auch verheimlichten Formen dem privaten Kapital assoziiert oder unterworfen wurde.[54]

Zur Souveränität gegenüber dem privaten Kapital gehört, dass der Staat bei allem Pragmatismus keinen Quadratmeter Boden weder an ausländische noch einheimische Unternehmen oder Spekulanten verkauft. Stadt- und Betriebsflächen, Wälder, Seen, auch Wüsten wurden nicht dem kapitalistischen Privateigentum unterworfen. Der Staat vergibt nur zeitlich begrenzte Nutzungsrechte.

Im letzten Jahrzehnt wurde es möglich, den kapitalistischen Selbstlauf der vielen einzelnen Unternehmen mit den entstandenen Ungleichheiten und Schäden nach volkswirtschaftlichen Kriterien teilweise zu korrigieren, wie bereits teilweise geschildert: Zum Beispiel bei den Löhnen, durch Vorgaben für die umweltschonende Mobilität, bei der Senkung des Energieverbrauchs, bei der Umstellung weg von der Kohle, beim gezielten Aufbau großer und komplexer urbaner Strukturen (neue Multi-Zentren-Städte), beim Abbau von industriellen Überkapazitäten, bei der Verpflichtung für IT-Unternehmen zu Investitionen im ländlichen Raum, bei innovativer und sozial ausgewogener Digitalwirtschaft, in der Finanzaufsicht sowie bei internationalen Investitionen. Beim Kongress der KP Chinas 2012 wurde das Ende des bisherigen Verhältnisses von Staat und Privat verkündet. Eine »höhere Form« der staatlichen Führung wird als notwendig gesehen.[55]

Man ist sich bewusst: Wir leben weithin kapitalistisch, wir sind noch keine durchgestaltete sozialistische Gesellschaft. Bei ihrem

Kongress 2017 beschloss die KP: Das materielle Wachstum muss in ein mehrdimensionales System des »besseren Lebens« eingebettet werden, einschließlich des »Glückes« der Menschen, und eingebettet auf dem Weg zu einem modernen *sozialistischen* Land.[56]

Den Marxismus aktualisieren

Gleichzeitig wird die Befassung mit dem Marxismus intensiviert. 2005 wurde das Marx-Projekt begonnen. Hunderte Stellen für Wissenschaftler an mehreren Instituten wurden geschaffen: School of Marxism, Center for Socialist Political Economy. Bisher dominieren an den Universitäten die Ökonomen, die sich mehr oder weniger an den »Chicago Boys« des Milton Friedman orientieren.

Dagegen soll der Marxismus aktualisiert, aber auch historisch vertieft werden: Die Arbeiten von Marx und Engels werden neu übersetzt. 92 marxistische Veröffentlichungen aus dem Umkreis der KP Chinas in den 1920er Jahren werden bis 2021 – dem 100. Gründungsjahr der Partei – neu herausgegeben. Dazu gehören auch Schriften Lenins.[57] Auch hier befindet sich China nicht in einem Endzustand, sondern mitten im Ringen um eine erneute politisch-ökonomische Analyse. 2006 haben chinesische Wissenschaftler die Gründung der World Association of Political Economy (WAPE) angeregt, die jährlich in einem anderen Land tagt.

***

4. USA: China wirtschaftlich schwächen, militärisch bedrohen

US-Präsident Clinton, dessen Partei mit der als linksliberal geltenden High-Tech-Szene des Silicon Valley verbunden war und sich definitiv mit der Wall Street angefreundet hatte, warb für den Eintritt Chinas in die WTO als Win-win-Situation. Damit würden auch neue Arbeitsplätze in den USA und neue Exportmöglichkeiten für die US-

Industrie entstehen.[58] Das Gegenteil trat ein. Die Finanzakteure befreiten sich, steigerten ihre Gewinne global und schwächten die US-Volkswirtschaft weiter.

USA: Gewinnträchtiger Abbau

Bis in die 1990er Jahre wurden die USA der größte Investor in China. Zunächst die US-Autokonzerne und der Einzelhandel, dann R.J. Reynolds Tobacco, Coca-Cola, Pepsi-Cola, Gillette, Eastman Kodak, General Foods, H.J. Heintz, AT&T usw. gründeten Niederlassungen in China. So entstanden dort Arbeitsplätze, aber nicht in den USA. Dann ab den 1990er und 2000er Jahren: Vor allem die neuen Technologie- und Digitalkonzerne ließen in den chinesischen Sonderzonen produzieren, ohne selbst zu investieren.

Deshalb waren die Arbeitsplatzverluste in jenen US-Staaten, in denen diese Industrie konzentriert gewesen war, wie Kalifornien und Texas, am höchsten. Die US-Konzerne ließen nicht nur in China produzieren, sondern auch in Taiwan, Puerto Rico und erschlossen dafür immer neue Staaten, später z.B. mit NAFTA auch Mexiko. So wurden in den USA allein zwischen 2001 und 2013 etwa 3,2 Millionen Technologie-Arbeitsplätze abgebaut, insbesondere in der Computer- und Elektronikindustrie.[59] Gleichzeitig wurden die Arbeitseinkommen in den USA schrittweise abgesenkt. Der niedrige gesetzliche Mindestlohn von 7,25 Dollar wurde auch während der zwei Regierungsperioden der Demokraten mit Präsident Obama – trotz dessen Wahlversprechen – nicht erhöht.

Das selbstorganisierte Leistungsdefizit

65 Prozent der Exporte aus China in die USA kamen 2003 von US-Unternehmen und US-China-Joint-Ventures, die in China produzierten, wie Stephen Roach, der Chefökonom von Morgan Stanley, ausrechnete.[60] Es ist also nicht so wie US-Präsident Trump später behauptete, China habe den USA »Jobs gestohlen«: Vielmehr hatten die Unternehmen, die am meisten von den neuen Finanzakteuren gefördert wurden, die Arbeitsplätze in den USA abgebaut und Produktion und Montage nach Asien, insbesondere nach China ausgelagert.

Und dadurch, dass die USA bei sich die industrielle Produktion immer weiter schrumpften, konnten sie auch immer weniger Produkte herstellen und ins Ausland verkaufen. Die US-Bürger und Unternehmen *mussten* immer mehr im Ausland einkaufen.

Deshalb stieg das Handelsdefizit der USA gegenüber China an. Das begann Mitte der 1980er Jahre, um dann in den 1990er Jahren immer schneller zu wachsen, je mehr US-Konzerne in China produzierten. Von 2001 bis 2013 vervierfachte sich der Wert der Importe von China in die USA von 102 auf 438 Milliarden Dollar. Denn die Computer, Handys und iPhones kamen als Importe in die USA.[61] Diese Konstellation besteht weiter. Allein die Apple-iPhones der Serie 7 machten 15,7 Mrd. Dollar aus, also 4,4 Prozent, bezogen auf das Jahr 2017.[62]

Verkaufsverbote

Zudem verbieten die USA aus Gründen der »nationalen Sicherheit« den Kauf technologischer Güter und Unternehmen durch China. 1975 hatten die USA das Komitee für ausländische Investitionen eingerichtet (Committee on Foreign Investment in the United States, CFIUS). Anlass war die Abwehr drohender Übernahmen von US-Unternehmen durch japanische Unternehmen: Fujitsu hatte dem Chiphersteller Fairchild Semiconductor ein Angebot gemacht. Neuerdings hat CFIUS, das dem Finanzminister untersteht, mehrere Verkäufe an chinesische Unternehmen verboten, so den Verkauf von MoneyGram an den chinesischen Bezahldienst Ant Financial/Alibaba sowie den Verkauf des Chipherstellers Lattice an Canyon Bridge.[63] Dem größten chinesischen Maschinenbaukonzern Sany wurde verboten, vier kleine Windradfarmen zu kaufen, weil sie zu nahe an einem US-Militärstützpunkt standen.[64] 2018 wurde der Kauf des Halbleiterherstellers Qualcomm durch Broadcom (Shenzhen) verboten.

Das Handelsdefizit der USA gegenüber China beruht somit wie gegenüber der EU auch auf Entscheidungen von US-Konzernen und US-Regierungen. Sie haben sich verkalkuliert: Das kommunistisch geführte China blieb nicht wie andere Entwicklungs- und Zulieferländer im westlich bestimmten Ausbeutungs- und Abhängigkeitsstatus, sondern konnte die Entwicklungslogik umkehren.

Profitgetriebene Selbsterblindung und Aggression

Die ungewählten und vor allem die gewählten US-Eliten bekommen immer mehr Angst vor dem Aufstieg Chinas, den sie selbst mitbefördert haben. Den Aufstieg haben sie nicht gewollt und nicht vorhergesehen: Auch daran kann man die profitgetriebene Selbsterblindung des US-geführten Kapitalismus erkennen.

Diese Selbsterblindung führt zu militärischer Aggressivität. Nach Ansätzen schon unter Präsident George W. Bush antwortete 2011 die Obama-Regierung mit einem vorrangig militärischen Konzept. 60 Prozent der strategischen Streitkräfte werden in den Pazifikraum verlagert, ein weiterer Teil gegen Russland.[65] Dazu kommen digitale Hochrüstung, Zölle und Embargos, auch gegen Kooperationspartner Chinas.

Strategischer Schwenk nach »Asien« | Die USA kreisen seitdem China militärisch ein, sie rüsten andere Staaten auf und richten dort US-Militärstützpunkte ein. Unmittelbar an der Westgrenze Chinas sind inzwischen in Kirgistan, Turkmenistan, Tadschikistan, Afghanistan und Pakistan US-Militärs installiert. Südlich von China liegen Stützpunkte in Thailand, Singapur und Diego Garcia. An der Ostgrenze wurden Stützpunkte in Japan erweitert, etwas weiter entfernt auf den Midway-, Wake- und Marshall-Inseln, auf Guam, Hawaii, den Johnson- und Kwajalein-Atollen und auf Amerikanisch Samoa. In Port Darwin an der Nordspitze Australiens haben die USA einen zweiten Flottenstützpunkt ausgebaut.

Nach der Marcos-Diktatur hatten die USA ihre traditionellen Militärstützpunkte auf den Philippinen aufgegeben, jetzt werden neue errichtet. Die schon seit Jahrzehnten von US-Militärs vollgestopften Staaten Japan und Südkorea – mit jeweils zwei Dutzend US-Militärstützpunkten – werden weiter aufgerüstet und zur Belebung alter Streitereien mit China animiert. In Südkorea wurde eine zusätzliche atomwaffenfähige Raketenbasis installiert. Unmittelbar nach Verkündung der Pivot-Doktrin (Pivot könnte in diesem Zusammenhang als Neuausrichtung übersetzt werden, WR) Obamas simulierte die Air Force Atombombenangriffe auf das mit China verbundene Nordkorea.[66]

Obama verhandelte fünf neue bilaterale Militärbündnisse, mit Japan, Südkorea, Thailand, Australien und den Philippinen. Dabei wurde in Japans Verfassung das seit dem Zweiten Weltkrieg bestehende Friedensgebot – von den USA selbst erzwungen – gestrichen. Regionale, gemeinsame Militärmanöver unter US-Führung häufen sich. Die US-Streitkräfte aller Gattungen, die dem US Pacific Command (PACOM) unterstehen, umfassen jetzt 320.000 Militärs.

Wirtschaftliche Ausgrenzung, Sicherung von Rohstoffen | Den US-Akteuren ist klar: Asien mit China ist das weitaus dynamischste wirtschaftliche Wachstumsgebiet. Hier leben schon jetzt fast zwei Drittel der Weltbevölkerung. Und die sich anbahnende Verflechtung Chinas mit der Fläche und den Ressourcen Russlands ist eine große Gefahr für die »einzige Supermacht« – während die US-dominierten Regionen des alten Kapitalismus auf hohem Niveau wachstumsmäßig erschlafft sind und die aktive Zustimmung ihrer zermürbten Bevölkerungsmehrheiten geschwunden ist.

Obama hatte die neue Doktrin bei seinem Besuch bewusst in Australien verkündet. Zuvor hatte die US-Regierung im pazifischen Raum acht neue, bilaterale Freihandelsabkommen abgeschlossen. Sie beschränken sich auf die engsten Verbündeten, so klein und entfernt sie auch sein mögen: Das Sultanat Brunei, Chile, Peru, Singapur, Malaysia, Vietnam, Australien und Neuseeland. Die wirtschaftlich wichtigsten Staaten blieben ausgeschlossen, weil sie als unzuverlässig gelten, so Indien und China. Obama begründete den Ausschluss Chinas ähnlich dümmlich wie sein Nachfolger Trump auch damit, dass die Volksrepublik schuld sei am US-Handelsdefizit. Das von Trump danach gekündigte Transpazifische Freihandelsabkommen (TPP) von 2016 bezog zusätzliche, größere Staaten ein wie Japan, Mexiko und Kanada und sollte Chinas Einfluss ebenfalls eindämmen.

Gleichzeitig geht es um die Öl- und Rohstoffvorräte im Südchinesischen Meer. China soll daran gehindert werden, sie zu heben. Zudem ist dieses Meer ein wichtiges Transportgebiet für das bisherige Öl aus dem Nahen und Mittleren Osten.[67]

Bei aller militärischen und politischen Feindschaft wollen die US-

Unternehmen ihren Zugriff auf den riesigen chinesischen Markt und Produktionsstandort aber nicht verlieren. Zusätzlich sind die neuen Finanzakteure wie BlackRock, Blackstone und Venture Capitalists – politisch extrem rechts und antikommunistisch eingestellt – aktiv geworden. Sie organisieren Eigentumsanteile, Beratungsmandate und Wertpapierhandel mit und in China – unabhängig davon, ob die US-Regierung von China den Abbau von Zöllen und mehr Einkäufe in den USA fordert und durchsetzen kann. Trump will das gekündigte TPP dann doch neu verhandeln[68] – das zeigt das Dilemma der wirtschaftlich geschwächten und von anderen Staaten abhängigen Supermacht.

Aufrüstung und Boykott gegen Russland | Auch Russland ist nun großenteils PACOM unterstellt, obwohl es eigentlich dem US-Regionalkommando für Europa EUCOM zugerechnet wird. Nur der Staat, der das eurasische Territorium und seine Ressourcen zwischen Lissabon und Wladiwostok beherrscht, könne auf Dauer die »einzige Supermacht« bleiben – so hat, wie weiter oben schon zitiert, der geostrategische Berater mehrerer US-Präsidenten, Brzezinski, die US-Doktrin nach dem Zusammenbruch des Sozialismus aktualisiert. »Das gefährlichste Szenario wäre möglicherweise eine große Koalition zwischen China, Russland und dem Iran.«[69]

Diese »große Koalition« entwickelt sich aber, auch aus dem Zwang der von den USA geschaffenen Verhältnisse. Die EU ist dabei mehr denn je für alle US-Regierungen »Amerikas unverzichtbarer Brückenkopf auf dem eurasischen Kontinent.« Und innerhalb dieser EU hat Deutschland die Führungsfunktion: Deutschland ist »Europas Musterknabe und stärkster Anhänger Amerikas in Europa.«[70]

So folgte und folgt die folgsame Musterknaben-Elite, unter Hinnahme wirtschaftlicher und moralischer Schädigung, der Ukraine-Politik, den Russland-Boykotten und der Aufrüstung gegen Russland – und Deutschland und die EU wollen nun auch chinesische Investitionen beschränken, um ihre »strategischen Interessen« zu schützen.[71]

Freilich ist angesichts der von US-Präsident inszenierten Eskalation die Frage, wie die ach so mächtige, ach so schwache EU das durchhält – eingeklemmt zwischen der übermächtigen, geschwächten und hochgerüsteten alten Supermacht und dem mächtigen, modernen, wirtschaftlich aufstrebenden Entwicklungsland China.

Digitale und atomare Hochrüstung | Die US-Militärdoktrin soll Bodentruppen vor Ort vermindern, aber die digital gesteuerte Ferneinwirkung vor allem aus der Luft und von See (Air Force; 3. und 5. US-Flotte) verstärken. Deshalb spielen unbemannte, transnational eingesetzte Killerdrohnen sowie neue Raketen mit modernisierten Atombomben eine wichtige Rolle.

Wie schon erwähnt, hat die Obama-Regierung verstärkt die Internetkonzerne wie Microsoft und Google in die technologische Aufrüstung des Militärs einbezogen. Der langjährige Google-Chef Schmidt agiert als Vorsitzender des Defense Innovation Board (siehe S. 240 f.).

USA: Globalisierung mit militärischer Begleitung | Der einzige militärisch ergänzte Stützpunkt Chinas außerhalb der unmittelbaren Umgebung liegt im ostafrikanischen Staat Djibuti. Dort verläuft eine der wichtigsten Seehandelsrouten. Dort soll der Hafen von Doraleh, der von einem chinesischen Unternehmen betrieben wird, geschützt werden. Dafür sind seit 2017 etwa 300 Soldaten stationiert.

China ist damit aber der letzte Staat, der in Djibuti militärisch präsent wurde. Frankreich, Italien, Japan betreiben hier schon länger größere Militärstützpunkte, die USA seit 2007. Während das chinesische Militär eine zivile Anlage schützt, war und ist das US-Camp Lemonnier mit 4.000 Soldaten in das US-Afrika-Kommando AFRICOM (Zentrale in Stuttgart) eingebunden und damit in militärische Operationen beim *regime change* in Libyen (Sturz Gaddafis), in Somalia und gegenwärtig im Jemen.

So stehen dem einzigen Militärstützpunkt Chinas im Ausland, von dem zudem keine militärischen Operationen ausgehen, etwa 1.000 US-Militärstützpunkte gegenüber, die rund um die Welt auf etwa 60 Staaten und US-eigene Territorien und Inseln verteilt und in weltweite militärische Operationen integriert sind. Neue Militärstützpunkte im Südchinesischen Meer hat China errichtet, als die USA die militärische Umkreisung in den Nachbarstaaten begonnen hatten; dazu gehören auch die atombombenfähigen US-Raketen in Südkorea, die unter Obama installiert wurden.

Die USA geben den allergrößten Teil ihres Militärbudgets nicht für die Selbstverteidigung aus, sondern für globale Präsenz und Interventionen. Zudem unterhalten die USA ihre größten Militärstützpunkte in den wichtigsten Bündnisstaaten wie Deutschland, Italien, Griechenland, Japan, Südkorea, Großbritannien und im Kosovo.

Der Militärhaushalt der USA betrug 2017 686 Mrd. Dollar, der der NATO-Staaten insgesamt 921 Mrd. Wenn wir die Militärausgaben der wichtigsten weiteren Verbündeten der USA hinzurechnen – Saudi-Arabien, Japan, Südkorea und Australien –, kommen wir auf 1 Billion und 101 Mrd. Dagegen betrug der Militärhaushalt Chinas 228 Mrd. Dabei ist das Territorium, das China schützen muss, größer als das der USA und es ist wegen der ungleich längeren Landgrenzen viel verwundbarer. Zudem hat das China als Bündnispartner zugerechnete Russland seine Militärausgaben 2017 reduziert und gab 66 Mrd. aus – während die gegen Russland aufrüstende NATO, die USA vorneweg, ihre Ausgaben erhöht.[72]

»Menschenrechte« | Kritik an China wird oft mit der Verletzung von Menschenrechten begründet. Doch die USA sind die Vorreiter bei der Einforderung von Menschenrechten, die sie selbst nachhaltig verletzen. So berief sich die US-Unabhängigkeitserklärung von 1776 auf die Menschenrechte und namentlich auf das Recht zum individuellen Glück. Gleichzeitig wurde das Recht auf Sklavenhaltung und Ausbeutung der abhängigen Arbeitskraft beibehalten. Dies wurde später lediglich modernisiert.[73] Der Kampf der US- und anderen westlichen Konzerne 2006 gegen das chinesische Arbeitsvertragsgesetz und für die Beibehaltung der Arbeitsarmut in China zeugen davon. Und es gibt wohl keinen Unrechtsstaat, in dem US- und westliche Konzerne nicht sklavenähnliche und ILO-Konventionen verletzende Arbeitsverhältnisse genutzt hätten und weiter nutzen, ob direkt oder in den immer längeren und professionell verschachtelten Lieferketten.

Die Vertreter der westlichen Kapital-Demokratie wählen aus den Allgemeinen Menschenrechten die Rechte von Minderheiten aus: Privatunternehmer (die ganz großen noch mal mit mehr Rechten), sexuelle Minderheiten (Lesben, Schwule, Bisexuelle, Transgender/ LGBT, bei Facebook sind es etwa 40), Frauen in Führungspositionen. Auch die Rechte von ethnischen, religiösen und rassischen Minderheiten werden betont – aber nur selektiv feudal und antikommunistisch orientierte wie vom Dalai Lama vertretene Tibeter, während die US-Ureinwohner, Schwarze u. ä. in den USA und Araber, Drusen u. a. in Israel diskriminiert werden dürfen – vom herrschenden Antiislamismus ganz abgesehen.

2006 gründete die UNO den Rat für Menschenrechte: Nur die USA stimmten dagegen, zusammen mit ihrem kuriosen vasallischen Miniclub aus Israel, den Marshall-Inseln und Palau. Im Rat für Menschenrechte war die enge US-Auswahl an Menschenrechten – Meinungsfreiheit, freie Wahl des Geschlechts, freie Besatzungsrechte für Israel – nicht durchzusetzen. Deshalb traten 2018 die USA aus, Begründung: Der Rat sei eine »Jauchegrube«, er spreche sich zu oft gegen die Regierung Israels aus, und auch China frage mit anderen Staaten zu oft nach den Menschenrechten in den USA.[74]

Für die westlichen Meinungsmacher genügt aber weiter: Wer in China »gegen die Regierung« ist, ist ein Menschenrechtler. 2010 erhielt Liu Xiaobo den Friedensnobelpreis. Er hatte mit dem Künstler Ai Weiwei die Charta 08 verbreitet. Darin lobte er den »Einbruch der europäischen Kultur« im China des 19. Jahrhunderts als Beginn der Modernisierung – in Wirklichkeit bestand diese »Kultur« in brutaler Kolonialpolitik. Die Charta beschwor zwar allgemein die universellen Menschenrechte, benannte aber konkret v. a. die westliche Auswahl der individuellen Rechte auf Freiheit, Glauben, Meinung und Versammlung. Seit den 1990er Jahren erhielt Xiaobo für die Herausgabe einer Zeitschrift ein regelmäßiges Gehalt von der CIA-Nachfolge-Institution National Endowment for Democracy (NED), auch als er im Gefängnis war.[75]

Man stelle sich vor: Etwa Mumia Abu-Jamal von den Black Panthers und Leonard Peltier vom American Indian Movement, die seit über drei Jahrzehnten in US-Gefängnissen eingesperrt sind – diese politischen Gefangenen würden vom chinesischen Geheimdienst finanziert, würden ein Manifest kursieren lassen und bekämen wegen ihres Eintretens für die Freiheit des Glaubens, der Meinung usw. den Friedensnobelpreis!

Kriege als verselbständigtes Geschäftsfeld

Spätestens seit dem Vietnamkrieg müssen für den militärisch-wirtschaftlichen Komplex die Kriege der USA nicht mehr unbedingt gewonnen werden. Am lukrativsten ist die globale Aufrechterhaltung von Spannungen und ungelösten Konflikten: Nachdem *regime changes* wie im Irak, in Afghanistan und Libyen einen *failed state* hinterlassen und die Staaten weiter besetzt sind; in Syrien »Rebellen« unterstützen, den Islamischen Staat ein bisschen bekämpfen, ihn aber weiter gegen die syrische Regierung kämpfen lassen; Waffen aus BlackRock-Rüstungsfabriken an verwirrte und frustrierte US-Bürger wie auch an regionale Kriegsstaaten wie Saudi-Arabien verkaufen; mit GAMFA-Technologien politische Bewegungen lenken; die Kriegsfähigkeit weltweit auf dem höchsten Niveau erhalten; ständig neue Tötungsinstrumente entwickeln und verkaufen – auch ohne den Tod anzuordnen, wird er kommen. So handeln die USA nicht einmal mehr auf der untersten Ebene des Völkerrechts: Sie führen Kriege, ohne sie formell zu erklären. Die USA handeln in einem permanenten Kriegszustand mit weltweiten militärischen Operationen der verschiedensten Art, ob offen oder heimlich und durch Dritte.

***

5. China: Wirtschaftliche und friedliche Globalisierung

Der KP-Vorsitzende Xi Jinping kritisierte in seiner Eröffnungsrede beim Weltwirtschaftsforum 2017 die gegenwärtigen Kriege des Westens sowie »die exzessive Profitjagd durch das Finanzkapital … die wachsende Ungleichheit zwischen Arm und Reich und zwischen

Norden und Süden … Das reichste ein Prozent der Weltbevölkerung besitzt mehr Reichtum als der Rest der 99 Prozent … Für viele Familien ist ein warmes Haus, genug zu essen und eine sichere Arbeit immer noch ein ferner Traum.« Die Umkehr könne nur durch gleichberechtigte, friedliche Globalisierung erreicht werden.[76] Eine solche Globalisierung hat China bisher praktiziert und führt sie fort.

Allmähliches Vorrücken ins kapitalistische Zentrum

Zwei Jahrzehnte, nachdem westliche Konzerne in China investiert hatten, begannen chinesische Unternehmen mit Investitionen im Ausland. Seit 2000 galt die Strategie *Going Global.* Die Investitionen konzentrierten sich zunächst auf asiatische Staaten, auch Australien und Neuseeland, dann auf Afrika und auf die für die erweiterte Produktion notwendigen Rohstoffe: China ist, neben Kohle und seltenen Erden, ein rohstoffarmes Land, ähnlich den USA und der EU.

Seit und nach der westlichen Finanz- und Wirtschaftskrise von 2007 kauft China Unternehmen und Unternehmensbeteiligungen verstärkt in den zentralen kapitalistischen Staaten, in den USA und in der EU – in der EU zunächst im traditionell verbundenen Großbritannien, dann auch in Deutschland, Frankreich, Italien und auch etwa in der Schweiz. Das begann gleichzeitig mit den Aufkäufen durch die neuen Finanzakteure BlackRock & Co. Der Umfang dieser chinesischen Investitionen im Zentrum des westlichen Kapitals ist allerdings bis heute ungleich niedriger, beträgt in Deutschland 0,3 Prozent aller ausländischen Investitionen,[77] verursacht aber ein Tausendfaches an öffentlicher Aufregung. 2015 übertrafen die chinesischen Investitionen im Ausland zum ersten Mal die ausländischen Investitionen in China.[78] Während China im Jahre 2000 beim Umfang der Auslandsinvestitionen im internationalen Vergleich noch an 32. Stelle lag, lag es 2015 hinter den USA und Großbritannien an 3. Stelle.[79] Über 20.000 chinesische Unternehmen sind im Ausland (Mit)Eigentümer von Unternehmen, verteilt auf 140 Staaten.

Die Aufkäufe haben nicht das Ziel wie bei den US-Finanzinvestoren, bestehende Substanz zu verwerten und schnellen und hohen Profit herauszuholen. Vielmehr sollen die chinesische Volkswirtschaft und die chinesischen Unternehmen modernisiert, komplettiert werden. Mit der Strategie *Made in China 2025* soll die Produktion in China selbst weiter verbessert werden – Entwicklung der Binnenproduktion und des Binnenmarkts. Deshalb rügt der Staat jetzt öffentlich »irrationale« und schuldenfinanzierte Investments privater chinesischer Konzerne im Ausland und verlangt Korrektur.[80]

Staatliche und private Konzerne auf globaler Einkaufstour | Bei den Aufkäufen sind große Staatsunternehmen ebenso aktiv wie Privatunternehmen. Zu den Staatskonzernen zählen die vier größten Banken, die zugleich auch die größten Banken der Welt geworden sind, dann etwa der Telekommunikationskonzern China Mobile, der Stromnetzbetreiber SGCC, der Eisenbahnhersteller CNR und der Ölkonzern CNP. Zu den global aktiven Privatkonzernen gehören die Internetplattform Alibaba, der Technologiekonzern Huawei, der Smartphonehersteller Xiaomi und der Nahrungsmittelkonzern Yili.

Die Aufkäufe im Ausland haben sich verändert. In Europa standen zunächst Maschinenbau, Energie und Autozulieferer im Vordergrund, dann folgten High-Tech/IT, Pharma und Finanzdienste. Sie werden gegenwärtig durch Biotechnologie, Medizin- und Umwelttechnik, Textil- und Logistikindustrie sowie Tourismus und Hotellerie ergänzt. In jedem Land wird das Passende und Beste gesucht, in Frankreich etwa auch Weingüter, die als Familienbetriebe nicht weitermachen.

Neben Investitionen in der EU wurde Russland zu einem immer wichtigeren Standort. Seit dem Beginn der Neuen Seidenstraße 2013 investiert China verstärkt in süd- und osteuropäischen EU-Staaten, in Portugal, Italien, Griechenland und Zypern, aber auch in den verarmten Staaten des westlich eroberten Balkans.

Beispiel Deutschland | Das seit Beginn größte Zielland für chinesische Investitionen in Europa war Großbritannien. Die wichtigste industrielle Technik für China liegt inzwischen aber bei den hochqualifizierten, spezialisierten Mittelstandsfirmen in Deutschland. So ist der Standort Deutschland, verbunden mit seiner wirtschaftlichen und politischen Stellung in der EU, das wichtigste »Tor nach Europa«.[81]

So vervierzigfachten chinesische Unternehmen ihren Investitionsbestand in Deutschland von 129 Millionen Euro im Jahr 2004 auf 5,9 Mrd. Euro im Jahr 2014.[82] Für Ende 2016 wird der deutsche Investitionsbestand in China mit 60 Mrd. Euro, der chinesische Investitionsbestand in Deutschland mit 7,55 Mrd. angegeben. In China waren 8.000 deutsche Unternehmen präsent, in Deutschland gut 2.000 chinesische – von 16.000 ausländischen Unternehmen insgesamt.[83] Der US-Investitionsbestand in Deutschland beträgt mehr als das Hundertfache. Aber schon wird es laut herrschendem US- und EU-Selbstverständnis gefährlich.

Rein wirtschaftlich ist auch in kapitalfreundlichen Kreisen klar: Die Investitionen aus China helfen dem Wachstum in der EU, bringen Innovation, schaffen neue Arbeitsplätze und eröffnen den aufstrebenden Markt Chinas.[84]

Firmenaufkäufe Chinas in Deutschland (Auswahl)

	Gekauftes Unternehmen	Chinesischer Käufer
2005	AWP Aluminium	Cathay Merchant Group
2011	Medion/elektr. Konsumartikel	Lenovo
	Preh/Autozulieferer	Ningbo Joyson Automotive
2012	Putzmeister/Betonpumpen	Sany
	Kion/Gabelstapler & Lagertechn.	Weichai Power
	ThyssenKrupp/Ber. Blechplatinen	Wuhan Iron & Steel
2013	ZF Friedrichsh./Gummi+Plastik	Zhuzhou TMT
	Thielert Aircraft	AVIC (Flugzeugzulieferer)
	KHD Wedag/Maschinenbau	AVIC
2014	Boge Elastmetall	Zhuzhou TMT
	SAG Solarstrom	Shunfeng Photovoltaic

2014	Sunways AG/Solarinverter	Shunfeng Photovoltaic
	Kokinetics/Autositze+Schlösser	AVIC
	Hilite/Getriebeventile+Nockenw.	AVIC
	Cybex/Einzelhandel	Goodbaby International
	Columbus/Konsumgüter	Goodbaby International
	Tom Tailor/Textilien	Fosun International
2015	Hazemag & EPR/Maschinenbau	Sinoma Engineering
	WEGU/Autozulieferer	Zhongding Sealing Parts
	Waldaschaff Automobil/Autozulief.	North Lingyun Industrial
	Jobspotting/E-commerce	Horizons Ventures
	Nordic Hotels	Jin Jing International
	LuraTechImaging/Informationst.	Foxit Software
	Lyomark Pharma/Biotechnologie	Hainan Pharma
	Bendales/Biotechnologie	Hainan Pharma
	Lloyd Werft/Transportlogistik	Genting Hongkong
	High Tech Gründerfonds	Donghai Securities
	Triumpf/Textilien	Hup Lon
2016	EEW/Energieproduktion aus Abfall	Beijing Enterprises
	KraussMaffei/Maschinenbau	ChemChina
	Kuka/Roboter	Midea
	Bochumer Verein/Eisenb.-radsätze	Full Hill Enterprises
	Bilfinger/Wassertechnologie	Chengdu Techcent
	Schimmel/Klaviere	Pearl River
	Smaato/Informationstechnologie	Spearhead
	Cideon/Ingenieurtechnologie	China Railway Construction
2017	Bosch SG/Starter+Generatoren	ZMJ/CRCI
	ista/Ablesedienst	Cheung Kong Infrastructure
2018	Cotesa/Flugzeugzulieferer	Advanced Technology
	Grammer (Auto-Flugzeugzulief.)	Ningbo Jifeng

Die meisten Käufe (6) tätigte der Autozulieferer Ningbo Joyson Holding, dem folgt der Nähmaschinenhersteller Shanggong Group (5), der Autozulieferer Ningbo Huaxing Electronic (5), der Flugzeugzulieferer AVIC (4) und der Mischkonzern Zhongding Group (4). Dabei wurden auch mehrere tausend Patente übernommen, etwa 700 bei Kuka.[85] Bei den Käufen geht es um die vollständige oder kontrollierende Übernahme; anders motivierte Minderheits-Beteiligungen etwa bei der Deutschen Bank und Daimler sind hier nicht berücksichtigt.

Daneben haben global agierende Unternehmen aus China Niederlassungen in Deutschland eröffnet, so Huawei (Telekommunikation), COSCO (Container-Schifffahrt) und die Industrial and Commercial Bank of China (ICBC), die größte Bank der Welt.

Perspektiven für Beschäftigte und neue Märkte | 2016 hatte das chinesische Unternehmen Midea den größten deutschen Roboterhersteller Kuka gekauft. Geschäftsführung, Aktionäre, der Betriebsrat und die Gewerkschaft IG Metall stimmten für den Verkauf. Es ging um 12.000 Arbeitsplätze in Deutschland. Nur China, der größte Markt für Produktion und Einsatz von Robotern, bietet eine Perspektive.[86]

Im Unterschied zu Blackstone & Co bürden die chinesischen Käufer den gekauften Mittelstandsfirmen nicht die Kaufkredite auf. Die Chinesen belassen die bisherige Geschäftsführung im Amt, geben langfristige Garantien für die Arbeitsplätze und eröffnen einen großen Markt in China. So war etwa das deutsche Unternehmen Kiekert im Jahr 2000 zuerst von Permira aufgekauft, überschuldet und geschrumpft und dann an neue westliche PE-Investoren weiterverkauft worden: Erst ab 2012 kam Kiekert aus der Krise heraus, als das Unternehmen von Lingyun übernommen wurde. Es wurden hunderte neue Arbeitsplätze geschaffen. So »haben sich Manager, Beschäftigte und sogar Gewerkschaften mittlerweile daran gewöhnt, chinesische Investoren den Private-Equity-Fonds vorzuziehen«.[87]

Selbst die chinakritische Bertelsmann-Stiftung bescheinigt den chinesischen Investoren: Sie »bringen frisches Kapital ins Land, schaffen und erhalten Arbeitsplätze … (sie bedeuten) langfristiges

Bekenntnis zum Standort, Beschäftigungsgarantien und verbesserten Zugang zum chinesischen Markt.«[88]

Zu kritisieren haben die Bertelsmänner im Einklang mit der Bundesregierung und der Unternehmerlobby, dass in China staatliche Subventionen und Staatsbetriebe den Wettbewerb verzerren. Doch staatliche Lenkung ist nötig, wenn die Volkswirtschaft insgesamt wie auch einzelne Technologien vorangebracht werden sollen. Auch das bewunderte High-Tech in Silicon Valley verdankt seinen Aufstieg staatlicher Protektion.

Firmenaufkäufe Chinas in der EU (ohne Dtld., Auswahl)[89]

Firma/Produkt	Staat	Chinesischer Käufer
Elkem/Spezialstoffe	Norw.	China National Chemical
Syngenta/Chemie	Schweiz	China National Chemical
Pirelli/Gummi/Chemie	Italien	China National Chemical
GDF Suez/Exploration	Frankr.	China Investment Corp.
Energias de Portugal/Energie	Portugal	China Three Gorges
Nidera/Handel	Niederl.	Cofco Corp.
CDP Reti/Stromnetz	Italien	State Grid of China
Terna+Snam/Gas-Strom-Netz	Italien	State Grid of China
Ansaldo Energia/Kraftwerkausr.	Italien	Shanghai Electric
Avolon Holdings/Flugzeugleasing	Irland	HNA (Flughäfen)
Gategroup/Catering	Schweiz	HNA
Swissport/Flughafenbetrieb	Schweiz	HNA
Supercell/Spiele	Finnland	Tencent (Technologie)
Bio Products Laboratory	England	Create Group
Punch Power Train/Autozulieferer	Belgien	YinYin Group
Club Méditerranée/Tourismus	Frankr.	Fosun
Thomas Cook/Tourismus	England	Fosun
Flughafen Toulouse-Blagnac	Frankr.	Symbiose
SMPC/Mode (Sandro, Maje, Pierlot)	Frankr.	Alibaba
Opera Software/Browserhersteller	Norw.	Golden Brick Silk Road

EU | Auch in anderen EU-Staaten kaufen chinesische Investoren Firmenanteile, die einen strategischen Einfluss ermöglichen, der Firma Kapital zuführen und den chinesischen Markt öffnen.

Auch Ernst & Young bestätigte, dass chinesische Investoren in der EU beliebter und erfolgreicher als US-Investoren sind, weil sie »in Übernahmekämpfen mit US-Firmen punkten, die Unternehmen zerschlagen und Arbeitsplätze im großen Stil abbauen wollen«.[90]

USA und EU gegen China

Dem Verkauf von Kuka an Midea war eine heftige Kritik der deutschen Bundesregierung und der Europäischen Kommission vorangegangen. Sie warnten: Deutsche Technologie werde nach China »abgesaugt«. Sie suchten hektisch in Europa nach einem anderen Käufer – vergeblich. Aber der »Fall Kuka« führte dazu, dass die Europäische Kommission chinesische Investitionen nun auf die Verletzung »strategischer Interessen« überprüfen will.

Dabei folgt die EU den USA. So hatte der deutsche Wirtschaftsminister 2016 schon die Genehmigung erteilt, dass Fujian Grand Chip (FGC) die deutsche Technologiefirma Aixtron kaufen kann. Die Aixtron-Aktionäre hatten zugestimmt, ebenso Geschäftsführung, Aufsichtsrat und Betriebsrat. Doch US-Geheimdienste intervenierten: Die Nationale Sicherheit der USA sei gefährdet, wegen der Aixtron-Filiale mit 100 Beschäftigten in Kalifornien. Wirtschaftsminister Sigmar Gabriel zog die schon erteilte Genehmigung zurück. US-Präsident Obama verbot im Dezember 2016 den Verkauf endgültig: Grundlage ist der Defense Production Act von 1950, der die zivile und militärische Produktion für den Koreakrieg sichern sollte.[91]

Die NATO verhindert die Entwicklung Grönlands | Hier soll noch ein besonders absurd scheinender Fall geschildert werden. Grönland, im arktischen Nordatlantik nahe Kanada gelegen, hat eine sechsmal größere Fläche als Deutschland, aber nur 56.000 Einwohner. Sie leben wie seit Jahrhunderten fast ausschließlich vom Fischfang (Heilbutt, Kabeljau, Krabben), mit dem auch zu 90 Prozent der Export bestritten wird.

Aber Grönland ist reich an Bodenschätzen: Erz, Zink, Blei, Uran,

Öl, Edelsteine, seltene Erden. Wegen der geografischen und klimatischen Lage ist die Erschließung bisher unmöglich. Einzelne Ansätze britischer und norwegischer Unternehmen kamen nicht weiter. Doch 2014 kaufte das chinesische Bergbauunternehmen General Nice Group (GNG) das insolvente britische Unternehmen London Mining und dessen Lizenzen in Grönland. GNG mit 12.000 Beschäftigten und Niederlassungen in 80 Staaten ist ein wichtiger Zulieferer der weltweiten Stahlindustrie. Die grönländische Regierung verbindet mit ihm große Hoffnung.[92]

Zur Erschließung der Bodenschätze wie auch zur Verbesserung der Infrastruktur für die Einwohner, die auf 17 weit voneinander entfernte Städte verteilt sind, hat die Regierung den Bau und Betrieb von drei Flughäfen ausgeschrieben – bisher gibt es nur einen Flughafen. Auch der Tourismus soll damit gefördert, später sollen auch Straßen gebaut werden. Für die neuen Flughäfen meldeten sich 11 Unternehmen, aus Dänemark, Kanada, Island, den Färöer Inseln und den Niederlanden – und aus China. Der grönländische Regierungschef Kim Kielsen hatte Peking besucht, die chinesischen Bewerber haben wegen ihres integrierten Ansatzes und günstigen Preises die besten Aussichten.

Plötzlich taucht die NATO auf | Doch nun intervenieren die dänische und die US-Regierung. In der Kolonie Grönland des Königreichs Dänemark hatten die USA 1941 einen Militärstützpunkt errichtet. 1951 wurde Grönland zum NATO-Verteidigungsgebiet erklärt – der US-Militärstützpunkt Thule Air Base besteht bis heute. Seit einem Jahrzehnt ist Grönland keine Kolonie mehr, unterliegt aber außenpolitisch weiter dem NATO-Mitglied Dänemark.

2016 wollte die dänische Regierung einen verlassenen Marinestützpunkt in Grönland verkaufen. Als ein chinesisches Unternehmen sich dafür interessierte, zog sie das Angebot schnell zurück – aus Rücksicht auf die USA.

Auch wegen der chinesischen Angebote für die neuen Flughäfen haben die USA ‚Sicherheits'bedenken angemeldet. Die USA wollen in Grönland in aller Ruhe ihren Militärstützpunkt betreiben und fürchten die Weiterungen der »Arktischen Seidenstraße«, eines weitergehenden chinesischen Plans: Aufbau eines Hafensystems zur Verkürzung der Seewege. Hinter vorgehaltener Hand gestehen dänische Regierungsbeamte, dass man auf die »Interessen unseres engsten Bündnispartners USA« Rücksicht nehmen müsse.[93]

Der dänische Verteidigungsminister erklärte nach einem Treffen Ende Mai 2018 mit US-Verteidigungsminister Jim Mattis: Das Pentagon möchte keine chinesischen Investitionen in Grönland, das bedrohe »die Sicherheit«. Dabei blieb öffentlich unklar, um welche oder wessen Sicherheit es gehe.[94]

Dänemark als vielverwendbarer US-Vasall | Die USA wollten schon im ganzen 20. Jahrhundert, unter welcher politischen Konstellation auch immer, die wirtschaftliche Verbindung zwischen dem europäischen Zentralstaat Deutschland und Sowjetunion/Russland verhindern. Gegenwärtig richtet sich das u. a. gegen die Erdgaslieferungen Russlands in die EU.

Die USA mischen sich in die Auseinandersetzungen um die beschlossene Gas-Pipeline Nord Stream 2 ein. Osteuropäische Staaten wie die Ukraine fürchten um den Verlust von Durchleitungsgebühren, wenn die neue Pipeline nicht durch ihr Territorium verläuft. Die USA drängeln in Polen und in Deutschland auf Stopp. Sie wollen ihr eigenes – teureres – Fracking-Gas in die EU verkaufen. Nicht nur auf die beteiligten deutschen Unternehmen Wintershall und Uniper üben sie Druck aus, auch auf Shell (britisch-niederländisch), Engie (Frankreich) und OMV (Österreich). So hat auch das kleine Dänemark auf Druck von drüben die zunächst genehmigte Verlegung von Röhren entlang der dänischen Küsten verboten. Gleichzeitig haben die USA und Dänemark ihre Energiegeschäfte intensiviert. Und gleichzeitig hat Facebook mit besonderen Vorrechten sein neues europäisches Datenzentrum in Dänemark installiert.[95]

Kooperative Globalisierung

Seit zwei Jahrzehnten investiert China in fast allen anderen Staaten. Für über 90 Staaten wurde China der größte Handelspartner, auch für die mächtigsten wie USA, Japan, Deutschland, Brasilien und Russland.

Im Unterschied zu den westlichen Staaten macht China seine Investitions- und Handelsbeziehungen nicht von Freund-Feind-Kriterien abhängig. Die Volksrepublik entwickelt Beziehungen zu Iran und Saudi-Arabien, zu Israel und Palästina, zur Ukraine und zu Russland. Friedliche und inklusive Globalisierung ist das Motto. Während die USA sich immer weiter von der UNO entfernen, orientiert sich China prinzipiell am UN-Völkerrecht: Gleichberechtigung der Staaten (z. B. auch in WTO und IWF), Teilnahme an UN-Friedensmissionen, multipolares Weltsystem, Aufbau von Kooperationen, keine politische Einmischung.

In gewissem Sinne belebt China die breite Bewegung der »Blockfreien«. 1955 hatten sich Staaten zusammengeschlossen, die sich aus kolonialer Abhängigkeit und faschistischer Besetzung befreit hatten: Führend waren China mit Zhou Enlai, Jugoslawien mit Josip Tito, Indonesien mit Sukarno, Ägypten mit Abdel Nasser, Ghana mit Kwane Nkrumah und Indien mit Jawarhal Nehru. Zahlreiche postkoloniale »Entwicklungsländer« aus Afrika und Lateinamerika schlossen sich an. Doch der US-geführte Westen putschte progressive Regierungen weg (Mossadegh/Persien, Sukarno, Allende/Chile, Bolivien), Geheimdienste ermordeten Politiker (Lumumba/Kongo, Sankara/Burkina Faso, Bishop/Grenada), Diktaturen wurden aufgerüstet (Haiti, Guatemala, Venezuela, Apartheid/Südafrika, Argentinien, Uruguay), Marionettenregierungen wurden aufgebaut (Südvietnam, Südkorea, Taiwan, Honduras, Kolumbien, Panama, Karibik), reaktionäre Regierungsclans wurden korrumpiert und für günstige Investitionen bestochen (Schah Reza Pahlavi/Iran, Marcos/Philippinen, Suharto/Indonesien).[96]

1973 bildeten sozialistische und Entwicklungsländer die G 77. Mit ihrer Mehrheit beschloss die UNO die New International Economic Order: Gleichberechtigte Wirtschaftsbeziehungen, Abrüstung und die Anerkennung der Charta der UNO. Doch der US-geführte Westen zerstörte die Entwicklung. 1975 bildeten die USA, Großbritannien, Frankreich, Japan, Italien, Kanada und Deutschland mit G 7 die Gegen-Revolution; IWF und Weltbank organisierten mit den Vorläufern der neuen Finanzakteure die Überschuldung von Staaten und erpressten Privatisierungen und Regierungswechsel (Mexiko, Brasilien, Venezuela, Argentinien, Ägypten, Marokko, Jugoslawien, Südkorea ...).[97]

Chinas gegenwärtiger Aufbau weltweiter Infrastruktur, die Entwicklung unterschiedlicher regionaler Bündnisse, verbunden mit der Wirtschaftskraft und dem Kreditpotential Chinas kann dieser erstickten, aber nach wie vor virulenten Aspiration in vielen Dutzend Staaten und Regionen einen neuen, nachhaltigen, strategischen Impuls verleihen.

Regionale und kontinentale Kooperationen

Mit den fortgesetzten internationalen Investitionen und Handelsbeziehungen hat China mehrere regionale und kontinentale Kooperationen initiiert. Sie sind der jeweiligen Situation angepasst.

Shanghai Cooperation Organisation (SCO) | Auf Initiative von China wurde 2001 die Shanghaier Organisation für Zusammenarbeit gegründet. Als eine eurasische Union umfasst sie neben der Volksrepublik auch Russland, Indien, Pakistan, Kirgisien, Tadschikistan, Usbekistan und Kasachstan. In diesen Staaten wohnen etwa 40 Prozent der Menschheit. Als Beobachterstaaten kamen die Mongolei, Afghanistan, Weißrussland und der Iran hinzu. Weitere 10 Staaten haben Dialog- und Gaststatus. Gründungsziel war die Bekämpfung von Terrorismus und Separatismus, deshalb werden auch kleinere Militärmanöver organisiert.[98] In der Folgezeit kamen wirtschaftliche Kooperationsprojekte hinzu. Der IWF, der sich unbeliebt gemacht hat, wird allmählich durch chinesische Kreditgeber ersetzt. Während der Westen sich in Afghanistan militärisch eingräbt, entwickelt die SCO sogar dort Infrastrukturprojekte.[99]

BRICS | Auf anderen gemeinsamen und keineswegs einheitlichen Interessen beruht der Zusammenschluss Chinas mit den Schwellenländern Brasilien, Indien, Russland, Südafrika (BRICS). Sie repräsentieren fast die Hälfte der Weltbevölkerung. Seit 2009 treffen sich die Regierungen reihum in den Hauptstädten, um Kooperationen zu vereinbaren. China hat Ägypten, Mexiko, Thailand, Tadschikistan und Guinea zur Teilnahme eingeladen.

Als Antwort auf das von Obama initiierte Pazifische Freihandelsabkommen TPP – inzwischen von Trump ohnehin blockiert – treibt China eine Asien-Pazifik-Freihandelszone (FTAAP) voran. Die Sanktionen, die von der US-Regierung unter Trump nicht nur gegen China, sondern auch gegen US-Verbündete wie die EU und Kanada gerichtet sind, haben beim BRICS-Treffen 2018 in Südafrika zu gemeinsamem Protest geführt: Die multilateralen Institutionen UNO und WTO und die Herrschaft des Rechts müssten gestärkt werden.[100] Zusätzlich nahmen Regierungsdelegationen aus 18 afrikanischen Staaten sowie Argentiniens und der Türkei an den Beratungen teil.[101]

Forum on China-Africa Cooperation (FOCAC) | China wurde innerhalb eines Jahrzehnts auch zum größten Handelspartner für Staaten des afrikanischen Kontinents. Im Forum on China-Africa Cooperation (FOCAC), 2000 gegründet, wurden alle Staaten des Kontinents Mitglied, außer Swasiland – als einziger unterhält dieser Staat diplomatische Beziehungen zu Taiwan. China fördert die Gründung von kleinem Gewerbe, von kleinen Textilfabriken und dezentralen Solar- und Biogas-Projekten, aber auch den Abbau von Erdöl und den Anbau von Baumwolle. Das ist verbunden mit der Entwicklung der Infrastruktur. So bauen chinesische Unternehmen in Tansania die Eisenbahnverbindung zwischen dem Hafen Daressalam und dem Nachbarland Sambia. Entlang der Strecke entstehen Fabriken als chinesisch-tansanische Joint Ventures. Die 725 Kilometer lange Eisenbahnverbindung zwischen Addis Abeba und Djibuti ist die erste voll elektrifizierte in Afrika.[102]

McKinsey muss feststellen: Die etwa 10.000 chinesischen, meist privaten Unternehmen auf dem Kontinent tragen zur Verbilligung von Produkten und zur gezielten Ausbildung von Managern und Arbeitern bei. Chinas Investitionen sind »äußerst positiv für die Volkswirtschaften Afrikas, für Regierungen und Arbeiter.«[103]

Viele afrikanische Staaten sind ökonomisch und politisch von westlichen Staaten abhängig. Aber China zeigt, wie der Weg aus Unterentwicklung aussehen kann. So können auch afrikanische Unternehmen viel leichter in China investieren. Neuerdings wird auch die Zusammenarbeit bei Verteidigung, Sicherheit, Terroristenbekämpfung und Waffenlieferungen mit 49 afrikanischen Staaten vertieft.[104]

China-CELAC Forum | Südamerika ist zeitlich der letzte Kontinent, den China für sich erschließt. Für wichtige Staaten wie Brasilien, Peru, Chile und Venezuela wurde die Volksrepublik schnell zum größten Handelspartner.

Die zeitliche Verzögerung hat damit zu tun, dass Südamerika seit über einem Jahrhundert der »Hinterhof« der USA war und vielfach noch ist oder wieder werden soll. Die 33 Staaten Lateinamerikas selbst haben sich erst 2011 zur Comunidad de Estados Latinoamericanos y Caribenos (CELAC, Gemeinschaft der Lateinamerikanischen und Karibischen Staaten) zusammengeschlossen. Damit soll die nach dem Zweiten Weltkrieg von den USA gegründete und beherrschte Organisation Amerikanischer Staaten (OAS, Sitz Washington) abgelöst werden. Alle Staaten des Kontinents und der Karibik sind Mitglied in CELAC – außer den kolonialen Rest-Territorien der Niederlande (Antillen), Frankreichs (Guayana), Großbritanniens (Falkland, Cayman und Virgin Islands, Bermuda) und der USA (Bahamas), die außen-, handels- und steuerpolitisch weiter von ihren ehemaligen Herren und Königinnen abhängig sind.

2013 verkündete US-Außenminister John Kerry: Die Ära der Monroe-Doktrin ist zu Ende. Damit war zumindest rhetorisch der »Hinterhof«-Status Süd- und Mittelamerikas aufgegeben. Die USA waren in mehreren Staaten des Kontinents als Entwicklungshindernis kritisiert worden, etwa durch die venezolanische Regierung unter Hugo Chavez. Schon 1997 hatten die USA ihr Southern Command von Panama nach Miami verlegt. 2000 übernahm Panama nach einem Jahrhundert von den USA die Regie über den Panama-Kanal.

China hat 2014 das China-CELAC Forum initiiert. Der 2015 beschlossene Kooperationsplan, der bis 2019 läuft, regelt die verschiedenen Formen und Foren der Kooperation, auf Ebene der Regierungen, der Unternehmen und Experten. Zwischen Chile und China soll ein 19.000 Kilometer langes Hochleistungs-Unterseekabel verlegt werden. China hat die CELAC-Staaten auch eingeladen, der Asian Investment and Infrastructure Bank (AIIB) beizutreten.[105] Es geht aber nicht nur um Infrastruktur, Technologie und Finanzen, sondern auch um Kultur, Bildung, Umweltschutz und Tourismus.[106]

Globales Elektrizitätsnetz | Chinas übergreifendes internationales Konzept ist seit 2013 die Neue Seidenstraße. Ein Teilprojekt, das schon vorher begonnen wurde, ist das Globale Elektrizitätsnetzwerk.

Der staatliche Netzbetreiber State Grid Corporation of China (SGCC) koordiniert die Beteiligung an Stromnetzen in anderen Staaten, so bisher in Laos, Brasilien, Chile, Portugal, Italien, Spanien, Griechenland, Mosambik, Südafrika und auf den Philippinen. SGCC ist auf der Fortune-500-Liste nach WalMart das zweitgrößte Unternehmen der Erde.

Chinesische Unternehmen haben die von Siemens und Asea Brown Boveri (ABB) produzierten Ultra-Hochspannungskabel weiterentwickelt (ultra high voltage, UHV). Sie sind die schnellsten und leistungsfähigsten der Welt mit dem geringsten Transportverlust. SGCC hat in China bereits 37.000 Kilometer verlegt. Die Kabel werden auch in den ausländischen Stromnetzen eingebaut. Daraus soll ein interkontinentales Stromnetz entstehen, an dem bis 2050 etwa 100 Staaten beteiligt sein sollen.

Gleichzeitig wird die Stromproduktion aus erneuerbaren Energien gefördert. Damit sollen die Kosten und die Umweltbelastung sinken, auch durch leichteren Ausgleich von Über- und Unterlastung. Eins der Szenarien lautet: Elektrizität, im Kongo mit Wasserkraft produziert, wird mit UHV nach Europa transportiert.[107]

Nationale und globale Kreditvergabe | China hat für das Netzwerk von 2013 bis Anfang 2018 bereits 452 Mrd. Dollar investiert. Für die Neue Seidenstraße, die letztlich alle Kontinente einbeziehen soll, sind noch wesentlich mehr Kredite nötig. Neben Elektrokonzernen wie SGCC verfügt China über ein großes Spektrum von Kreditgebern. Vier chinesische Banken sind die vom Umsatz her größten Banken der Erde.

Vier chinesische Banken unter den 10 weltgrößten Banken[108]

Bank	Umsatz 2017
Industrial and Commercial Bank of China	4,0 Billionen US-$
China Construction Bank	3,4
Agricultural Bank of China	3,2
Bank of China	3,0
Mitsubishi UFJ Financial (Japan)	2,8
JPMorgan Chase (USA)	2,5
HSBC (Großbritannien)	2,5
BNP Paribas (Frankreich)	2,4
Bank of America (USA)	2,3
Crédit Agricole (Frankreich)	2,1

Dabei gibt es einen systemischen Unterschied: Die US-Banken haben zwar weniger Umsatz, aber einen höheren Aktienwert. Die chinesischen Banken fördern die Realwirtschaft einschließlich steigender Löhne, während die westlichen Banken die Realwirtschaft – insbesondere die Arbeitskraft und die unersetzlichen Ressourcen – auszehren und für ihre eigene Wertsteigerung nutzen.

Daneben finanzieren die China Development Bank und zahlreiche Spezialfonds Klima-, Energie- und Agrarprojekte. Auf Initiative Chinas wurde 2015 die Asia Infrastructure Investment Bank (AIIB) gegründet, China hält die Sperrminorität, fünf Dutzend asiatische und EU-Staaten sind beteiligt. Mit den BRICS-Staaten gründete der chinesische Staat 2014 die New Development Bank (NDB), um sich noch weiter von Weltbank und IWF zu befreien; im Unterschied zur Weltbank, wo die Abstimmungsrechte von der Höhe der Kapitaleinlage der Staaten abhängen und die USA dominieren, haben in der NDB alle Staaten eine gleichgewichtige Stimme.[109]

Die Gürtel- und Straßen-Initiative | Die Neue Seidenstraße, Belt and Road Initiative (BRI, Gürtel- und Straßen-Initiative), knüpft an die alte Seidenstraße an: Das war ein Netzwerk von Handelsrouten, über die seit der Antike Waren zwischen China und dem Mittelmeer transportiert wurden. Für die mindestens 6.400 Kilometer brauchten Karawanen damals bis zu zwei Jahre – wenn sie überhaupt durchkamen. 2008 brauchten Güterzüge mehr als einen Monat, demnächst brauchen sie zwischen Suzhu/Ostchina und Duisburg nur noch 10 Tage. Schon jetzt wird Elektronik, von Hewlett Packard und Asus in Chongqing produziert, nach Duisburg transportiert, und auf dem Rückweg transportieren die Containerzüge BMW-Teile aus Leipzig nach China.[110]

BRI ist derzeit das größte wirtschaftliche Kooperationsprojekt der bisherigen Menschheit. Es kann auch als Alternative zu der von den USA und der EU forcierten Politik gesehen werden, die nach dem Scheitern der WTO und nach dem von US-Präsident Trump forcierten Wirtschaftskrieg verstärkt auf bilaterale Handelsverträge (EU-Kanada, EU-Japan u. ä.) setzen. China setzt dagegen auf multipolare und multinationale Strukturen.

So besteht die Neue Seidenstraße aus zwei Hauptrouten, dem Wirtschaftsgürtel über den Landweg und über den Seeweg. Beide Routen werden durch Korridore, Nebenstrecken, Industrieansiedlungen und Infrastrukturprojekte mit- und untereinander verbunden.

Der Landweg besteht aus drei großen Güterzug-Verbindungen: 1. China–Mongolei–Russland, 2. Neue eurasische Landbrücke, 3. China–Zentralasien–Westasien. Von ihnen sollen wiederum weitere Nebenstrecken abzweigen. Zum Seeweg gehört u. a. die Route, die Chinas Ostküstenhäfen mit dem neuen und modernisierten Großhafen Piräus/Griechenland und mit dem Großhafen Rotterdam/Niederlande verbindet.

Bisher sind 68 Staaten beteiligt, aus Europa bzw. Eurasien 23, aus dem Nahen Osten und Afrika 16, aus Ost- und Südostasien 13, aus Mittel- und Südasien 13 – weitere können hinzukommen. Bisher hat China etwa eine Billion US-Dollar investiert, vereinbart oder geplant. Gleichzeitig investieren auch beteiligte Staaten und Unternehmen.

Seidenstraßen-Projekte (Auswahl)[111]

Staat	Projekt	Summe*
Pakistan	Tiefwasserhafen Gwadar+Eisenbahn	54,0
Russland	Gasverflüssigungswerk Jamal	28,2
	Petrochemiekomplex Wostotschny	25,2
	Eurasia-Hochgeschwindigkeitszug	22,6
	Gasverarbeitungswerk Amur	21,8
	Gaspipeline Sila Sibiri	18,9
Kenia	Mombasa: Hafen+Industrie+Verkehr	15,3
Malaysia	Eisenbahnstrecke East Coast	13,1
	Tiefseehafen Melaka Gateway	10,2
Tansania	Tiefseehafen+Industrie+Flugplatz+Stadt	10,0
Ägypten	Sonderwirtschaftszone am Golf von Suez	10,0
Myanmar	Sonderwirtschaftszone Kyaukphyu	10,0
Tansania	Hafen Bagamoyo	10,0
Äthiopien	Erdgasanlage und -pipeline	4,3
Saudi-Arab.	Polyester Manufacturing Complex	3,8
Portugal	Sines, Lissabon, Leixoes: Containerhäfen	2,5
Malediven	Flughafen+Brücke zur Hauptinsel	1,2

* Investitionssumme in Mrd. US-$

Mit diesen Investitionen sollen auch neue Industrien und Dienstleistungen entstehen, der gegenseitige Handel soll weiter wachsen: Mit Beginn wuchsen die Exporte der beteiligten Staaten nach China schneller als die Exporte Chinas in diese Staaten. Schon bisher sind bei den BRI-Projekten etwa 200.000 neue Arbeitsplätze entstanden.[112]

Auch die Traditionelle Chinesische Medizin gehört dazu | In die Seidenstraße ist etwa auch die Traditionelle Chinesische Medizin eingebunden. Sie wird in China verstärkt gefördert. Zwei Dutzend Zentren für Forschung und Praxis wurden auch bereits im Ausland eingerichtet. Dabei wird mit vergleichbaren Methoden in anderen Kulturen experimentiert, etwa in Verbindung von Akupunktur mit moderner Medizintechnik.

So entwickeln in Afrika einheimische Doktoren zusammen mit chinesischen »Barfuß-Ärzten« die Verbindung mit afrikanischer Heilkräuter-Behandlung. Man kooperiert mit der internationalen Organisation »Ärzte ohne Grenzen«. Am Zentrum für Traditionelle Chinesische Medizin an der Universität von Guangzhou wird geforscht, wie bei AIDS das Immunsystem gestärkt werden kann. Die Entwicklung hat auch in der etablierten Öffentlichkeit an Aufmerksamkeit gewonnen, nachdem die Pharmakologin Tu Youyou 2015 den Medizin-Nobelpreis bekommen hatte – sie forscht über die Behandlung von Malaria mithilfe alter Methoden.[113]

Ost- und Südeuropa

Die EU hat in den 1990er Jahren, nach der Zerschlagung Jugoslawiens und dem Zusammenbruch der anderen sozialistischen Staaten, diverse Pläne zum wirtschaftlichen Aufbau Ost- und Südeuropas aufgelegt. So definierten die EU-Verkehrsminister 1994 bei ihrer Konferenz, die bewusst in Kreta stattfand, »Prioritätskorridore« für modernisierte Eisenbahnverbindungen mit dem begleitenden Ausbau von Straßen- und Wasserwegen.

Doch aus diesen Plänen wurde fast nichts. Die von der Troika aufgezwungene Sparpolitik trug ebenso dazu bei wie das mangelnde Interesse der neuen Finanzakteure: Hier müsste erst etwas Neues aufgebaut werden, bevor es nach der Methode von BlackRock und Blackstone verwertet werden kann. Einzelne »Leuchttürme« wurden in die Landschaft gestellt, etwa die vom US-Konzern Bechtel gebauten Bezahl-Autobahnen in Kroatien. Aber die Infrastruktur in der Fläche verfällt. Millionen von Arbeitsmigranten verlassen die vernachlässigte EU-Peripherie, die neben der Bereitstellung von Niedriglöhnern lediglich dafür gut ist, neue Amazon- und NATO-Stützpunkte aufzunehmen. Die von der EU geförderten Sonderwirtschaftszonen werden in bleibende Unterentwicklung gepresst, politisch getragen vornehmlich von nationalistisch-rechtsradikalen Parteien, die vom Westen für die Überwindung des Sozialismus gefördert werden.[114]

Griechenland | Griechenland gehört zu den von der EU und westlichen Finanzakteuren kaputtgesparten Staaten. Die EU hat zwar Griechenland gezwungen, auch den Großhafen von Piräus zu privatisieren, um Kredit und Zins an westliche Banken zurückzuzahlen. Aber an Modernisierung und Ausbau des Hafens waren EU und westliche Finanzakteure nicht interessiert. Deswegen ist China bisher die einzige Rettung. Nur der chinesische Schifffahrtskonzern COSCO investiert in den (für 35 Jahre gepachteten) Hafen.

Er war zwar der größte europäische Passagierhafen, aber veraltet und ohne Eisenbahnanbindung. COSCO modernisiert ihn seit 2008, erneuert die Logistik und bezieht ihn durch zwei neue Containerterminals in den internationalen Handel und auch in die Neue Seidenstraße ein. Seitdem stieg die Zahl der umgeschlagenen Container von 880.000 auf vier Millionen, bis 2022 sollen es 7,2 Millionen sein.[115]

So werden inzwischen die in China von ausländischen wie chinesischen Unternehmen – Hewlett Packard, Sony, Huawei, ZTE – hergestellten Produkte über den Hafen nach Europa weiterverteilt. Hewlett Packard hat eine neue europäische Vertriebszentrale hier eingerichtet. COSCO hat auch drei neue Trockendocks in Betrieb genommen, auf denen Schiffe gewartet und repariert werden. Neue Arbeitsplätze werden geschaffen.[116]

Globales Hafennetz | Zur Seidenstraße gehört in Griechenland auch der Ausbau der Häfen Thessaloniki, Kavala und Alexandroupoli. Sie werden mit den bulgarischen Schwarzmeer-Häfen Warna und Burgas sowie dem Binnenhafen Ruse an der Donau verbunden. Zur Seidenstraße gehören auch zwei bestehende Binnenkanäle, die angeschlossen und damit erweitert werden sollen: Der Donau-Oder-Elbe-Kanal und der Donau-Ägäis-Kanal (mit Serbien und Mazedonien). Der geplante Eurasien-Kanal soll das Kaspische Meer mit dem Schwarzen Meer verbinden. Die International Association of Ports and Harbors, 1955 in den USA gegründet, mittlerweile mit Sitz in Japan und 180 Häfen in 90 Staaten, lobte bei ihrer letzten Konferenz im aserbaidschanischen Baku die Seidenstraße. Die nächste Konferenz 2019 wird in Guangzhou/China stattfinden.[117]

Griechenland im europäischen Stromnetz | SGCC kaufte sich mit 24 Prozent in den griechischen Netzbetreiber ADMIE ein. SGCC beschafft während eines Jahrzehnts Milliardenkredite, um die zahlreichen griechischen Inseln durch Unterseekabel an die Stromproduktion auf dem Festland anzuschließen. Zugleich ist ADMIE schon mit den Stromnetzen der Nachbarstaaten Albanien, Mazedonien, Bulgarien, Türkei und Italien verbunden, die Vernetzung mit Zypern, Israel und auch Nordafrika ist geplant. Damit agiert ADMIE für das Globale Elektrizitätsnetzwerk als eine der Zentralen in Europa.[118] Die staatliche Shenhua Group hat einen 75-Prozent-Anteil an vier griechischen Windparks übernommen und plant deren weiteren Ausbau.[119]

Zu den Seidenstraßen-Projekten gehört auch, dass gut ausgebildete griechische Techniker und Ingenieure in den Wissenschaftsparks Lefkippos und Patras und mehreren Technologieparks wie in Thessaloniki und auf Kreta zusammengeholt werden.

EU/NATO: Griechenland als geopolitischer Vorposten | Für das von Kommissionspräsident Juncker »auf ewig« bekräftigte Bündnis von EU, USA und NATO[120] hat dagegen die militärische Einbindung Griechenlands Priorität. So freute sich der griechische Staatspräsident Prokopis Pavlopoulos im Juli 2018 über »die geopolitische Aufwertung« seines verarmten Landes: »Griechenland ist auf NATO-Ebene viel stärker, in Bezug auf die Erfüllung seiner Mission, als es noch vor ein paar Jahren war.«[121]

Balkan: Aufregung in der EU | Den Neubau der Bahnstrecke zwischen Budapest und Belgrad hatte zwar schon die EU geplant, aber auch daraus wurde nichts. So gewährt nun die chinesische Export-Import-Bank Ungarn einen Zwei-Milliarden-Kredit. Diese Hochgeschwindigkeits-Strecke wird zudem an den Hafen Piräus angeschlossen. So finanzieren und bauen chinesische Unternehmen auch eine Ost-West-Tangente in Mazedonien, das öffentliche Verkehrsnetz der Hauptstadt Skopje und ein Kraftwerk in Serbien.

Seit 2012 versammelt China mit der 16+1-Plattform jährlich mittel- und osteuropäische Staaten zu einer Investitionskonferenz. Sie findet reihum in einer der Hauptstädte statt. Zu den Treffen kommen die fünf bisher noch Nicht-EU-Staaten Albanien, Montenegro, Serbien, Bosnien-Herzegowina und Mazedonien, aber auch die 11 EU-Mitgliedstaaten Polen, Tschechien, Slowakei, Bulgarien, Rumänien, Ungarn, Kroatien, Slowenien und die drei baltischen Staaten. Mehrere hundert Unternehmer und Experten beider Seiten nehmen teil. Neben Infrastrukturprojekten werden Tourismus- und Kulturprojekte vereinbart. China kauft hier vermehrt Agrarprodukte ein.[122]

Eigentlich könnten die EU-Verantwortlichen zufrieden sein, dass ihre verarmten Mitgliedstaaten aus der Unterentwicklung herausgeholt werden. Doch die EU ist seit 2017 plötzlich in höchster Besorgnis. »Peking nutzt die innere Schwäche der EU, um im östlichen Europa Macht auszuüben«, schreiben deutsche Alpha-Journalisten.[123] Sie blenden aus, dass die EU für die Unterentwicklung in Osteuropa selbst verantwortlich ist – Serbien wurde von der NATO zerbombt, erobert, der Sozialismus bzw. seine Reste wurden vernichtet: *mission accomplished*. Hastig reiste EU-Kommissar Juncker Anfang 2018 in diese Staaten, um mit finanziellen Versprechungen China rauszuhalten.

Friedliche, gleichberechtigte und kooperative Globalisierung

Die chinesische Führung hält am Begriff der »Globalisierung« fest. Die von China initiierten Zusammenschlüsse – SCO, FOCAC, China-CELAC Forum, 16+1 – bestätigen, dass eine multipolare Weltordnung möglich und für alle Beteiligten vorteilhaft ist.

Multipolare Weltordnung oder America first | Dem steht der Ansatz der USA entgegen: Sie praktizieren den Anspruch der »einzigen Supermacht«. Er manifestiert sich auch in Leitbegriffen wie America First, national interest und God's own country. Er ist verfassungsmäßig darin verankert, dass der Staat als einziger großer Staat kein Außenministerium hat, sondern ein Staatsministerium, State Department.

Dieses Ministerium war und ist das staatlich-organisatorische Zentrum für die Integration fremder Territorien und Staaten zunächst in den US-Staat (Ausdehnung des Gründungsstaates in Nordamerika, außer Kanada, das britisches Einflussgebiet blieb) und danach für unterschiedliche Formen der Durchdringung oder Einbeziehung in das US-Herrschaftsgebiet. Dieser Anspruch wurde durchgesetzt durch Völkermord, Investitionen, Verträge, Bündnisse, Kriege, zunächst auf dem nordamerikanischen Territorium, griff dann über mit *regime changes* auf Mittelamerika und die Karibik, dann auf den Pazifik (Philippinen, diverse Inseln). Regierungsamtlich wurde der Anspruch formalisiert zuerst 1823 durch die Monroe-Doktrin: Im Gesamtraum, der »Amerika« benannt wurde, dürfen raumfremde Mächte – damals gemünzt auf Europa – nicht intervenieren, hier herrscht auf immer nur der Staat USA. Nach dem Zweiten Weltkrieg wurde der Anspruch schließlich auf die ganze Erde ausgedehnt.

Wie geschildert, manifestiert sich der Anspruch auch gegenwärtig im Namen des »nationalen Interesses«, wenn rund um den Globus Militärstützpunkte betrieben und wenn bei kriegerischen Interventionen notfalls die UNO ausgeschaltet oder belogen wird und wenn gegen Unternehmen, Staaten und Individuen exterritoriale Strafen exekutiert werden. Nach der UN-Charta besteht aber »nationales Interesse« gerade darin, das nationale Interesse anderer Nationen als gleichberechtigt zu achten.

China: Aufstieg und Globalisierung ohne militärische Begleitung | Erst als die USA mit der strategischen Verlagerung ihres militärischen Engagements nach »Asien« gegen China aufrüsteten, zog die Volksrepublik nach, und zwar begrenzt auf ihre unmittelbare Umgebung und im Sinne der Verteidigung ihres Territoriums. Während Kriegsschiffe der USA in Asien und in der Nähe Chinas patrouillieren, patrouilliert kein einziges Kriegsschiff Chinas in US-Nähe. Während die USA in unmittelbaren Nachbarstaaten zu China immer mehr Militärstützpunkte errichtet haben, betreibt China keinen einzigen Militärstützpunkt in US-Nähe.

Übrigens: Nicht nur gegenwärtig verzichtet China auf militärische Operationen und Putsche im Ausland. Auch war der wirtschaftliche Aufstieg Chinas schon bisher möglich ohne Kriege, militärische Interventionen oder Putsche in anderen Staaten.

»Die UNO beruht auf dem Grundsatz der souveränen Gleichheit aller ihrer Mitglieder. Sie legen ihre internationalen Konflikte durch friedliche Mittel so bei, dass der Weltfriede, die internationale Sicherheit und die Gerechtigkeit nicht gefährdet werden.«
(Charta der Vereinten Nationen, Artikel 2, Oktober 1945)

IV.
Gegenwart und Zukunft der irdischen Gesellschaft

Zwischen den beiden großen politisch-wirtschaftlichen Antipoden USA und China, die jeweils eingebunden sind in internationale Beziehungen und Bündnisse, hat sich die beherrschende Dynamik der gegenwärtigen irdischen Gesellschaft herausgebildet.

Die beiden Antipoden verkörpern die gegensätzlichen Entwicklungslogiken: Auf der einen Seite die von den USA geführte westliche Kapital-Demokratie, deren volkswirtschaftlich sinnvolle Leistung schrumpft; die Völkerrecht und Menschenrechte verletzt; die zugleich schon global hochgerüstet ist und ebenso lukrativ wie lügenhaft weiter aufrüstet und neben den kleineren Kriegen die mögliche militärische Auseinandersetzung mit China und im Vorfeld Russland vorbereitet – auf der anderen Seite der wirtschaftlich und sozial nachhaltig aufstrebende, kommunistisch geführte Kapitalismus Chinas, der sich völkerrechtlich korrekt verhält, menschenrechtlich aufholt, defensiv nachrüstet und eine multipolare Weltordnung mitzugestalten versucht.

Für die weitere Entwicklung des Großkonflikts wird die EU eine wichtige Rolle spielen: Wird sie ihre durch die neuen Finanzakteure noch weiter vertiefte Abhängigkeit von den USA schrittweise lockern können? Will sie sich zwischen den beiden Antipoden als neue imperiale Macht zweiten Ranges etablieren?

Verlauf und Ergebnis des Systemkonflikts, der viele sehr verschiedene Orte und Verfahren der Austragung hat, werden auch dadurch geprägt, wie sich die aufstrebenden Schwellenländer und praktisch jeder Staat der Erde verhalten – sowie die vielgestaltige planetare Zivilgesellschaft.

Der aggressive Abstieg der US-Kapital-Demokratie

Die neuen, US-dominierten Finanzakteure und ihre zivile Privatarmee haben die transatlantische Kapitalverflechtung intensiviert. Sie verwerten die wirtschaftliche Substanz, sie schöpfen kurzfristig Gewinne ab und verstecken sie in der Parallelgesellschaft der Finanzoasen. Vollbeschäftigung, volkswirtschaftliche Gesamtentwicklung, Sozialstaat, Bewahrung der Umwelt, Demokratie, Menschenrechte, Verantwortung und Transparenz sind demagogische Rhetorik. Gefördert wird ungewollt und gewollt die antidemokratische Transformation der »westlichen Wertegemeinschaft«.

Der gegenwärtige US-Präsident Trump verkörpert an der exponiertesten Position, die der westliche Kapitalismus zu vergeben hat, die von den neuen Finanzakteuren wie von den schnell aufgestiegenen Milliardären der zweiten und dritten Generation ausdrücklich und vor allem implizit beförderte menschliche Verhaltensweise: Selbstherrliches Ausleben des kapitalistischen Unternehmers, verbunden wahlweise mit Rassismus, Sexismus, Nationalismus, auch beschworener Christlichkeit, also allen Formen des Populismus ebenso wie mit der gezielten Verletzung des Völkerrechts, etwa beim Androhen des Einsatzes der Atombombe, bei weltweiten Drohnen-Exekutionen und bei der Bombardierung des Jemen durch den munitionierten Komplizen Saudi-Arabien; sei es bei der unverblümten Unterdrückung des palästinensischen Volkes durch den Staat Israel.[1]

Systemische Menschenrechtsverletzungen | Der Menschenrechtsrat der UNO hat aus Anlass der Trump-Präsidentschaft 2018 die Lage der Menschenrechte in den USA aktuell zusammengefasst: Das Trump-Milieu bewegt sich innerhalb der vorherrschenden Logik und führt sie fort. Auch die vorherigen US-Regierungen haben entschieden die Anerkennung der sozialen und wirtschaftlichen Menschenrechte verweigert, einschließlich der Rechte auf Bildung, Krankheitsbehandlung und sozialen Schutz. Die USA sind auch der einzige Staat, der die UN-Kinderrechtskonvention nicht ratifiziert hat.[2]

Die USA haben die weitaus höchste Einkommensungleichheit aller OECD-Staaten hervorgebracht und auch die sozial verantwortungslosesten Vermögenden. Fünf Jahrzehnte an Programmen zur Armutsbekämpfung haben die Armut nicht verringert, die USA haben die höchste Armutsrate, Millionen US-Bürger leben sogar in »absoluter Armut unter Dritte-Welt-Bedingungen«. Armen Frauen werden Gesundheitsdienste besonders oft vorenthalten. Die Minderheiten der Ureinwohner sind noch heftiger von Armut, Arbeitslosigkeit und frühem Tod betroffen als Schwarze und Latinos. »Die Kindersterblichkeit mit 5,8 Todesfällen auf 1.000 Geburten ist ungleich höher als in den anderen OECD-Staaten« – und zugleich: »Die Armen bestrafen und ins Gefängnis sperren, ist die charakteristische amerikanische Antwort auf die Armut im 21. Jahrhundert.«[3]

So besteht in den USA die höchste Jugendarbeitslosigkeit und die höchste Kindersterblichkeit unter allen OECD-Staaten (auch etwa im Vergleich zu Kuba). US-Bürger leben kürzer und kränker, der Anteil der Fettleibigen ist der höchste, ebenso der Anteil der Gefängnisinsassen. Die Militärausgaben werden erhöht, aber den in die Heimat zurückgekehrten Veteranen werden wichtige Hilfen verweigert.

Arme und Nichtweiße (darunter Obdachlose, ehemalige Gefangene) werden weit mehr als in anderen Staaten an der Wahlbeteiligung gehindert. 2016 waren nur 64 Prozent der Wahlberechtigten registriert; die Einwohner Puerto Ricos, das zu den USA gehört, dürfen nur fiktiv wählen. So führt die extreme soziale Ungleichheit und die Verachtung für die Armen auch zur »Gefangennahme der Staatsmacht durch eine kleine Gruppe wirtschaftlicher Eliten«.[4]

Diese Eliten der von ihnen selbst wirtschaftlich und moralisch geschwächten Supermacht halten andere Staaten und Regionen in Unterentwicklung und suchen verstärkt den Ausweg in völkerrechtswidrigen militärischen Aggressionen. An der Grenze zu Mexiko werden die aus ganz Süd- und Mittelamerika anlandenden Flüchtlinge diskriminiert, aufgehalten, eingesperrt oder auch als erpresste Niedrigstlöhner hereingelassen und neu erniedrigt.

Die Menschheit muss sich von dieser Entwicklungslogik befreien. Dies könnte unmöglich erscheinen. Aber wir, die Mehrheit der Staaten, Bevölkerungen und Menschen, müssen solche Ansprüche für vernünftig und selbstverständlich erklären.

Menschenrechte und Völkerrecht in der EU

In mancher Hinsicht sieht es in der EU immer noch besser aus als in den USA. Aber die EU-Oberen wagen niemals, die Situation in ihrer Führungsmacht wirklichkeitsgetreu zu benennen. Und mit dem Vordringen der neuen Finanzakteure in den Wirtschafts- und Politikstandort EU, mit den Sozialstaats- und Arbeitsrechts-,Reformen' sowie mit den intensivierten Investitionen westeuropäischer Konzerne in den USA hat sich die EU in den Dumping-Mechanismus der Angleichung nach unten begeben.

Die politische, rechtliche und moralische Misere im EU-Teil der »westlichen Wertegemeinschaft« besteht auch darin, dass zwar oberflächlich an einigen persönlichen Eigenschaften des Trumpels herumgenörgelt wird. Aber die neuen Finanzakteure und ihre zivile Privatarmee werden nicht reguliert; an einigen bekannten US-Konzernen wie Apple wird ein bisschen die Steuerflucht kritisiert, einzelnen wie Google wird auch mal eine Kartellstrafe auferlegt – aber insgesamt wird der Silicon-Valley-Hype übernommen.

Beim »Handelskrieg«, der von Trump zunächst gegen China, dann auch gegen die EU angezettelt wurde, streiten auf beiden Seiten des Atlantiks die Nationalisten. Die transatlantische Kapitalverflechtung und die verzweigte Internationalisierung der Lieferketten erweisen das Feilschen weitgehend als populistischen Theaterdonner für die jeweiligen Wahlesel/innen. So einigten sich der EU-Kommissionspräsident und der US-Präsident im Juli 2018 auf Absichtserklärungen wesentlich zugunsten der USA (vermehrter Kauf von Fracking-Gas und Sojabohnen) und auf die gemeinsame Frontstellung gegen China.[5] Der Vasall feiert das als Sieg, weil die Demütigung sehr freundlich vollzogen und mit einem Bruderkuss gekrönt wurde. Gleichzeitig rücken die Vasallen erster Ordnung – EU, Kanada und Japan – näher zusammen.[6]

So sehr EU-Verantwortliche die von Trump geplante Abwehrmauer gegen Flüchtlinge aus Mexiko (gelegentlich, außerhalb Washingtons) kritisieren, so ist doch die Mauer, die um die EU-Festung ausgebaut wird, ungleich tödlicher. Tausende Flüchtlinge lässt man im Mittelmeer gnadenlos ertrinken und lässt sie in *failed states*, die man mit den USA selbst dazu gemacht hat, einsperren. Die menschheitliche Errungenschaft, dass Menschen ohne Ansehen der Person aus Seenot gerettet werden müssen, wird gnadenlos über Bord geworfen.

Bei aller oberflächlichen, durchaus auch heftig klingenden Kritik an US-Regierungen durch die EU-Oberen bleiben Militär und Geheimdienste der Supermacht unangetastet. Das Völkerrecht, vereinbart in der UN-Charta (Gewaltverbot, Nichteinmischung) wird von den USA und US-geführten »Koalitionen der Willigen« systemisch verletzt. Die EU vollzieht das gefakte Feindbild »Russland/Putin« sowie den US-geführten Aufmarsch in Osteuropa mit. Auch die Vorgaben der USA für die Erhöhung der ‚Verteidigungs'etats werden innerhalb wie auch außerhalb der NATO erfüllt.[7]

Die Gründungslüge der NATO wird fortgesetzt: Weder wollte und konnte die Sowjetunion Westeuropa besetzen noch will und kann dies Russland. Die Angreifer tarnen sich als Angegriffene. Die Ausweitung der NATO nach dem Zusammenbruch des Sozialismus besagt: Es geht nicht um die Demokratie in Russland, sondern um die Beherrschung Eurasiens von Lissabon bis Wladiwostok, wie Brzezinski schon 1996 öffentlich erklärt hat.[8]

Die politischen Führungsfiguren in der EU dulden, fördern die von den neuen Finanzakteuren organisierte transatlantische Verflechtung des Kapitals und der transnationalen kapitalistischen Klasse, einschließlich der systemischen Verlagerung der Eigentumsrechte in Finanzoasen, die daraus folgende Verarmung der Bevölkerungsmehrheiten und der Förderung extrem antidemokratischer Politiken.

Gegenüber der Öffentlichkeit reproduzieren Macron, Merkel, Juncker und andere EU-Regierungen, auch die der abgehängten Peripherie in Osteuropa und auf dem Balkan, das »America first« des ungeliebten Oberherrn. Sie ebenfalls simulieren populistisch das jeweilige »nationale Interesse«. Insbesondere die deutschen Politik- und

Meinungsmacher pflegen darüber hinaus einen EU-Nationalismus: »Unser nationales deutsches Interesse hat einen Namen: Europa«, so der deutsche Außenminister.[9] Damit fördern die Primär-Populisten der ‚Volks'parteien auch den neuen Sekundär-Populismus und diskriminieren gemeinsam mit ihm diejenigen, die sich für Völkerverständigung und konsequente Demokratie einsetzen.

Der friedliche Aufstieg der VR China

Die USA haben die zunächst verteufelte Volksrepublik China dann unter Präsident Richard Nixon und seinem Sicherheitsberater Henry Kissinger als Gegenpol zur noch mehr verteufelten Sowjetunion zu instrumentalisieren versucht. Die kommunistischen Reformer haben sich den Kapitalismus geholt. US-Konzerne, dann auch andere westliche Konzerne haben die Niedriglöhne und den riesigen Markt Chinas zur Gewinnmaximierung genutzt.

Die Vertreter des westlichen Kapitalismus haben die Unterentwicklung Chinas festzuschreiben versucht – durch das CoCom-Embargo, durch den Ausschluss des Landes aus Handelsverträgen und bis 2001 aus der WTO, danach etwa durch den Widerstand gegen das neue Arbeitsrecht. Aber nach gewinn- und machtbedingter Selbsterblindung muss der Westen mit später Verwunderung feststellen: Die Volksrepublik hat ihre eigene Entwicklungslogik entfaltet und baut sie, mit Zustimmung auf allen Kontinenten, global weiter aus.

Damit ist China etwas gelungen, was keinem anderen Entwicklungs- und Schwellenland gelungen ist. Alle Entwicklungsländer wurden mit ausgelagerter Billigproduktion und Rohstoffgewinnung zugunsten des westlichen Kapitalismus überzogen, aber alle diese Länder bleiben, in unterschiedlichem Maße, unterentwickelt (gemessen an ihren Potentialen) und abhängig.

Aber die Volksrepublik kann für die Aspirationen dieser Länder auf Unabhängigkeit und wirtschaftliche Entwicklung als natürlicher Verbündeter und wesentlicher Mitorganisator agieren. Das gilt nicht nur etwa für die postkolonial abhängig gehaltenen Staaten Afrikas, sondern auch für die verarmten Regionen der EU-Peripherie, in Griechenland, Portugal, in Osteuropa und auf dem Balkan. Im Unterschied zum Westen ist diese Art der Globalisierung nicht begleitet von militärischen Interventionen direkter und indirekter Art und auch nicht durch die Errichtung von Militärstützpunkten.

Gemeinsame Entwicklung

Als Konsequenz aus dem Zweiten Weltkrieg haben die damals international handlungsfähigen Staaten die Vereinten Nationen gegründet und die Handlungsprinzipien in der UN-Charta und in der Allgemeinen Erklärung der Menschenrechte festgelegt. Friedenssicherung, wirtschaftliche Entwicklung, humanitäre Hilfen etwa für Flüchtlinge – das System wurde mit Unterorganisationen weiter ausgebaut. Es ist als einziges allseits anerkanntes Völkerrechtssubjekt bisher die größte politische Errungenschaft der Menschheit. Heute sind alle 193 Staaten der Erde Mitglied.

Dieses System wurde und wird aber vor allem durch die USA bei Bedarf geschwächt und ausgehebelt und seit 2000 durch den *Global Compact* von westlichen Konzernen, in denen die neuen Finanzakteure dominieren, instrumentalisiert.[10] Das muss geändert werden. Es gilt, im Sinne der in der UNO angelegten multipolaren, friedlichen, postkolonialen, demokratischen Weltordnung zu den Anfängen zurückzufinden. Die Mehrheit der UNO-Mitglieder manifestiert dies durch Beschlüsse, 2016 etwa zum Verbot der Atombomben.

Auch in den Zivilgesellschaften organisieren sich zahlreiche Menschen im Sinne dieser Werte, verstärkt außerhalb etablierter Organisationsformen. So wurden, wie geschildert, auch die Fortschritte in den Arbeitsverhältnissen der Volksrepublik China nicht durch Gewerkschaften, sondern vor allem durch Basisinitiativen erstritten. In den USA und auf allen Kontinenten organisieren sich Beschäftigte der Plattform-Konzerne, mit den Gewerkschaften und notfalls ohne sie. In den Bewegungen gegen Freihandelsabkommen haben Hunderttausende die ungerechten Praktiken bisheriger Globalisierung erkannt. Ungezählt und meist noch international unkoordiniert sind die Initiativen für alternative Energien, für Frauenrechte und geschlechtliche Gleichberechtigung, für Abrüstung und die Aufnahme von Flüchtlingen.

Freilich sind diese Initiativen gegenüber dem von den neuen Finanzakteuren beschleunigten Regime gegenwärtig machtlos. Deshalb müssen die Regierungen entweder gezwungen oder abgelöst werden, um die notwendigen Entscheidungen zu treffen. Das klingt heute aussichtslos, aber auch hier müssen wir solche Ansprüche als vernünftig und selbstverständlich erklären: Regulierung der neuen Finanzakteure bis hin zum Verbot sozialschädlicher Finanzprodukte und Unternehmenspraktiken; Nutzung der neuen Technologien für die drastische Verringerung und die gerechte Verteilung der Arbeitszeit; Auflösung der kriminogenen Parallelgesellschaft der Finanzoasen; Besteuerung der großkapitalistischen Privatgewinne und Betrieb einer für alle Bürger förderlichen, öffentlichen Infrastruktur; Verbot privater Paralleljustiz und Ausbau des Rechtsstaats; Verbot von umwelt- und klimaschädlichen Produkten und Produktionsverfahren; und vor allem: Beendigung aller völkerrechtswidrigen Militär- und Geheimdienstoperationen, Abrüstung, Abschaffung der Atombomben, Schaffung von Systemen der kollektiven Sicherheit, um Kriege zu beenden und zu verhindern.

Die Volksrepublik China hat gezeigt, dass ein Staat vergleichbare Entscheidungen treffen kann, auch wenn sie damit keineswegs am Ziel ist und nicht immer goldrichtig liegen muss. Man muss das so nicht nachmachen, wenn man anders zum Ziel kommt. Und in China ist ohnehin kein Endzustand erreicht.

Die Auseinandersetzungen innerhalb Chinas und des US-geführten westlichen Kapitalismus mit der Volksrepublik und ihren Bündnissen haben jetzt erst richtig angefangen, auch in den USA, in Europa, auf allen Kontinenten. Die Geschichte ist offen, und wir alle auf dieser Erde sind daran beteiligt, wo wir auch wohnen und wohin wir auch flüchten.

Schlussfrage

»Müssen wir die Menschheit retten?« Die Antwort auf diese beliebte und falsch gestellte Frage lautet: Nein, wir müssen nicht die Menschheit retten. Es gibt Leute, die müssen wir nicht retten. Und wer sind »wir«? Diejenigen, die sich für die Menschenrechte, das Völkerrecht, die Demokratie einsetzen – das sind wir, die sich zusammentun müssen.

Abkürzungen

ARPA	Advanced Research Project Agency (Agentur des Pentagon)
ARPANET	Advanced Research Project Agency Network (Internet-Vorform)
AUM	Asset under Management (verwaltetes Vermögen)
AWS	Amazon Web Services (Cloud-Dienst)
Bafin	Bundesaufsichtsamt für Finanzdienstleistungen
BCG	Boston Consulting Group
BRI	Belt and Road Initiative (»Neue Seidenstraße«)
BRICS	Brasilien – Russland – Indien – China – Südafrika
CELAC	Comunidad de Estados Latinoamericanos y Caribenos
CEO	Chief Executive Officer (Unternehmenschef)
CFIUS	Commission on Foreign Investment in the U.S.
CFR	Council on Foreign Relations
CIA	Central Intelligence Agency (einer der US-Geheimdienste)
DARPA	Defense Advanced Research Project Agency
DAX	Deutscher Aktienindex
DGAP	Deutsche Gesellschaft für ad hoc-Publizität
ETF	Exchange Traded Fund (Index-Aktie)
EY	Ernst & Young
EZB	Europäische Zentralbank
FDI	Foreign Direct Investment (Direktinvestition im Ausland)
EU	Europäische Union
FAS	Frankfurter Allgemeine Sonntagszeitung
FAZ	Frankfurter Allgemeine Zeitung

FT	Financial Times
FOCAC	Forum on China-Africa Cooperation
GAMFA	Google – Apple – Microsoft – Facebook – Amazon
GATT	General Agreement on Tariffs and Trade
HB	Handelsblatt
ILO	International Labour Organization (UN-Unterorganisation)
HNWI	HighNetWorthIndividuals (Hochnettowert-Individuen)
IWF	Internationaler Währungsfonds
KI	Künstliche Intelligenz
KfW	Kreditanstalt für Wiederaufbau (deutsche Staatsbank)
M & A	Mergers and Acquisitions (Fusionen und Übernahmen)
NAFTA	North American Free Trade Agreement (USA – Mexiko – Kanada)
NSA	National Security Agency (einer der US-Geheimdienste)
NYT	New York Times
PAC	Political Action Committee (Unternehmensspenden für Politiker)
PE	Private Equity (Private Unternehmens-Beteiligung)
PPP	Public Private Partnership
PwC	PricewaterhouseCoopers
SE	Societas Europaea (Aktiengesellschaft nach EU-Recht)
SEC	Security Exchange Commission (US-Börsenaufsicht)
S & P	Standard & Poor's (Rating-Agentur)
SCO	Shanghai Cooperation Organisation
SPON	Spiegel Online
SZ	Süddeutsche Zeitung
UHNWI	UltraHighNetWorthIndividuals (Ultrahochnettowert-Individuen)
WiWo	Wirtschaftswoche
WTO	World Trade Organization (Welthandelsorganisation)

Anmerkungen

Vorwort zur vierten Auflage

1 Milliardäre wollen Wiederaufbau der Ukraine finanzieren, faz.net, 20.11.2022; Der Billionenplan für die Ukraine, Wirtschaftswoche, 21.6.2023
2 Werner Rügemer: Harvard Study: Those who live closer to fracking sites die earlier, www.strategic-culture.org/news/2022/04/03
3 Anne Case / Angus Deaton: Deaths of Despair and the Future of Capitalism, Princeton University Press 2020
4 Bernie Sanders: It's Okay To Be Angry About Capitalism, New York 2023
5 Sophie Bernard: #UberUsés. Le Capitalisme Racial de Platforme, Paris 2023

Vorwort zur dritten Auflage

1 Vgl. Werner Rügemer: Imperium EU – ArbeitsUnrecht, Krise, neue Gegenwehr. Köln 2020, Vorwort zu »Corona«
2 UNCTAD: Trade and Development Report 2018, New York/Geneva 2018. UNCTAD wurde 1964 von den 77 blockfreien UN-Mitgliedern einschließlich Chinas und Jugoslawiens als UN-Unterorganisation gegründet.
3 China gewinnt im Systemvergleich, FAZ, 13.1.2021
4 Werner Rügemer: Noch mehr BlackRock in der US-Regierung. »America First« mit anderen Mitteln, Telepolis, 17.1.2021
5 www.blackrocktribunal.de: Ergebnisse des Tribunals vom 26./27.9.2020
6 Friedrich Merz als Berater von NRW-Ministerpräsident Laschet, WDR Westpol, 22.9.2019, Interview mit Werner Rügemer; Landtag NRW-Drucksache 17/7478, 24.9.2019

Vorwort zur zweiten Auflage

1 UNCTAD: Trade and Development Report 2018. Power, Platforms and the Free Trade Delusion, New York / Geneva 2018
2 Tenants »forced out of their homes« by global investment firms, say UN experts, https://news.un.org/en/story/2019/03/1035441
3 Better data on shadow banking reveals uncomfortable truths, Financial Times, 11.10.2019
4 Saving capitalism from the rentiers, Financial Times, 19.9.2019
5 Bluthandel. Dollar gegen Gesundheit. ARD, 6.10.2019
6 40 years of reform and opening up, South China Morning Post, 19.12.2018

Einleitung – Viel meinen, wenig wissen?

1 Jürgen Kuczynski: Gesellschaften im Untergang. Vergleichende Niedergangsgeschichte vom Römischen Reich bis zu den Vereinigten Staaten von Amerika. Köln 1984, S. 76ff.

I. Die neuen Kapital-Akteure des Westens

1 Investitionsstreik in Europa, HB, 15.8.2016
2 Norbert Haering: Irlands absurd hohes Wachstum zeigt, wie fragwürdig BIP-Statistiken sind, norberthaering.de/27-germannews, 23.8.2016; auch die Arbeitsstatistiken sind enorm geschönt.
3 Jeronim Capaldo: The Trans-Atlantic Trade and Investment Partnership, Tufts University, Oktober 2014
4 www.businessinsider.com/larry-summers-imf-speech, 17.3.2013
5 Investitionsstreik in Europa, HB, 15.8.2016
6 Hans-Jürgen Jakobs: Wem gehört die Welt? Die Machtverhältnisse im globalen Kapitalismus, München 2016, S. 21
7 Hedgefonds greifen Lufthansa an. Leerverkäufer wetten auf einen Kursverfall der Fluggesellschaft. Der Spiegel 33/2016; Lufthansa-Aktie: Rückzug von Leerverkäufer Blackrock, http://aktiencheck.de, 13.7.2016
8 Netto-Leerverkaufspositionen 2016-08-18, www.bundesanzeiger.de/ebanzwww/wexsservlet?, abgerufen 19.8.2016
9 Bundesanstalt für Finanzdienstleistungen: Blackrock: Bafin verhängt Bußgeld in Höhe von 3,25 Mio Euro, Mitteilung, 20.3.2015
10 Der Fachbegriff dafür, 1990 in den USA geprägt, lautet *regulatory capture* = Gefangennahme der Aufsicht
11 Heike Buchter: Blackrock. Eine heimliche Weltmacht greift nach unserem Geld, Frankfurt/M. 2015, S. 220
12 Werner Rügemer: Die transnationale kapitalistische Klasse. Strukturen der globalen Machtelite, Hintergrund 1/2016, S. 72ff.
13 José Azar, Martin Schmalz, Isabel Tecu: Anti-Competitive Effects of Common Ownership, Ross School of Business Papers Nr. 1235, 5.7.2016
14 Monsanto bleibt stur, Der Spiegel 26/2016
15 Die Monsanto-Übernahme, HB, 16.8.2016
16 www.nasdaq.com/symbol/px/institutional-holdings, 19.8.2016
17 Linde confirms Merger Talks with Praxair, Wall Street Journal, 16.8.2016
18 Innogy-Übernahme gefährdet 5.000 Arbeitsplätze, Zeit Online, 13.3.2018
19 www.finanzen.net/unternehmensprofil/innogy, abgerufen 13.3.2018
20 Zeit Online, 13.3.2018, a. a. O.
21 Deutsche Bank wirbt für Fusionen, Börsen-Zeitung, 1.9.2016
22 Die neue Macht der Fondsgesellschaften, FAZ, 30.7.2016
23 Blackrock steigert die Dividende das neunte Jahr in Folge, www.finanzen.net, 12.1.2018; Reuters 12.4.2018

24 Hans-Jürgen Jakobs: Wem gehört die Welt?, a. a. O., S. 24
25 Geithner has phone friend at BlackRock, FT Online, 11. Oktober 2012, inzwischen gelöscht.
26 Larry Fink and His BlackRock Team Poised to Take Over Hillary Clintons Treasury Department, The Intercept March 2, 2016
27 Blackrock chief executive says Donald Trump has been good for the global economy, www.cityam.com, 26.1.2018
28 Laura Kodres: What's Shadow Banking? Many financial institutions that act like banks are not supervised like banks, in: Finance and Development [Zeitschrift des IWF], June 2013, S. 42f.
29 Global Shadow Banking Monitoring Report 2015, www.fsb.org/2015/global-shadow-banking-monitoring-report-2105
30 »Licht ins Dunkel des Paralleluniversums« – Bafin-Präsident Jochen Sanio im Gespräch über Schattenbanken, BaFinJournal 11-12/2011, S. 20 ff.
31 www.nasdaq.com/de/symbol(ownership-summary, 8.2.2018
32 William Engdahl: Manifest Destiny. Democracy as a Cognitive Dissonance, Wiesbaden 2018, S. 47f.
33 The Oligarch Who Came in from the Cold, www.forbes.com, 18.3.2002, abgerufen 19.4.2018
34 Werner Rügemer: Rating-Agenturen. Einblicke in die Kapitalmacht der Gegenwart, Bielefeld 2012, S. 43ff., 61f.
35 United States of America: Financial Crisis Inquiry Commission: The Financial Crisis. Inquiry Report. New York 2011, S. 118f., 131f., 281f., 344ff.
36 Dark Pools: Finster und geheimnisvoll, Zeit Online, 3.7.2014
37 DGAP News Service: RWE AG, Mitteilung, 6.2.2018
38 https://eon.com/content/dam/on/eon-com/investors/voting-rights/180301_Stimmrechtsmitteilungen_eon.pdf, abgerufen 13.3.2018
39 Die Daten z. B. von Blackrock können auch mithilfe dessen Identifikationsnr. ISIN US09247X1019 bei der Börse New York eingesehen werden.
40 Stimmrechtsmitteilung der Andritz AG vom 9.3.2016, www.andritz.com/de/gr-notification-blackrock-10032016-de.pdf, abgerufen 24.8.2016
41 www.nasdaq.com, abgerufen 11.5.2018
42 www.blackrock.com/locations, abgerufen 5.2.2018
43 Wer an der Fusion von Linde und Praxair verdient, FAZ, 29.9.2017
44 Neue Heimat Irland, HB, 8.3.2017; Boerse Online, 24.11.2017; HB, 7.2.2018
45 »Die Deutschen haben zu viel Angst«, Spiegel-Gespräch mit Larry Fink, Chef des weltgrößten Vermögensverwalters Blackrock, Der Spiegel 12/2015, S. 77
46 Blackrock. Der Zauberer von OZ, WiWo, 29.3.2018, S. 20
47 Wie Blackrock die Konzerne kontrolliert, WiWo, 2.4.2018
48 Alexander Sekanina: Finanzinvestoren und Mitbestimmung, Mitbestimmungsreport 42, Düsseldorf 4/2018
49 Jan Fichtner / Eelke Heemskerk: These 3 firms own corporate America, http://businessinsider.de, 11.5.2017
50 Blackrock CEO: President Obama's new $ 12 Trillion regulation is a great thing, www.businessinside.de, 15.4.2016
51 Blackrock. Der Zauberer von OZ, WiWo, 29.3.2018, S. 20

52 How Stuy town got a tourniquet while Blackstone gets Billions, http://gothamist.com/2016/03/31
53 Facing Finance: Dirty Profits. Unser Geld für Rüstungsexporte in Kriegs- und Krisengebiete, Berlin, Juli 2018
54 The Three Largest Players have a 70 % Market Share in $ 4 Trillion Global ETF Industry, www.forbes.com, 17.5.2017, abgerufen 23.2.2018
55 Robo-Stox-ETF: Neue Revolution bringt Milliardengewinne, www.boerse-online.de, 29.4.2016
56 Börsengehandelte Fonds werden immer beliebter, SZ, 5.3.2018
57 www.nbim.no, abgerufen 1.3.2018; auch die weiteren Angaben von dieser Website.
58 »Wir verlieren Zeit«, Interview mit Alessandro Profumo, HB, 15.5.2018
59 Post AG: Lohndumping, Streikbruch, Profitgier, https://arbeitsunrecht.de, 15.6.2015, abgerufen 3.4.2018
60 »Europa muss sich mehr als Macht begreifen«, Interview mit Yves Perrier, HB, 4.5.2018
61 Vgl. die seit 1990 bis 2005 erscheinenden Standardwerke von Rüdiger Liedtke: »Wem gehört die Republik? Die Konzerne und ihre Verflechtungen. Namen-Zahlen-Fakten«. Auch in der letzten Ausgabe von 2005 kommt Blackrock noch nicht vor.
62 Werner Rügemer: Privatisierung in Deutschland. Von der Treuhand zu Public Private Partnership, Münster 2008, S. 38ff.
63 The sick man of the euro, The Economist, 3.6.1999
64 Werner Rügemer: Rating-Agenturen. Einblicke in die Kapitalmacht der Gegenwart, Bielefeld 2. Auflage 2012, S. 93f.
65 HB, 25.11.2003
66 A Transatlantic Business Giant: Fred Irwin, The Atlantic Times, August 2007; Werner Rügemer: Warum Bundeskanzler Schröder an der Wall Street für die Agenda 2010 warb, junge Welt, 9.1.2004
67 Werner Rügemer / Elmar Wigand: Die Fertigmacher. Arbeitsunrecht und professionelle Gewerkschaftsbekämpfung, 3., erweiterte Auflage, Köln 2017, S. 181
68 Z. B. in FAZ, 30.12.2004
69 Bundesfinanzministerium: Bundeshaushaltsplan 2004, Einzelplan 09, 68683-642 Maßnahmen zur Darstellung des Wirtschaftsstandorts Deutschland im Ausland
70 Focus Money Online und Die Welt vom 10.5.2013 mit Berufung auf eine Studie von Ernst & Young
71 Weckruf an die Dax-Chefs, HB, 16.1.2018
72 Früherer Deutsche-Bank-Manager wird Deutschland-Chef von Blackrock, www.boerse-online.de, 17.1.2018
73 Rainer Neef: Privatisierung großer Wohnungsbestände, www.gemeingut.org, 3.4.2014, abgerufen 24.2.2018; Berliner Mieterverein: Schwarzbuch Privatisierung, Berlin 2006
74 Fitschens Neuanfang, HB, 11.5.2018
75 https://ir.deutsche-wohnen.com/aktionaersstruktur.html, abgerufen 8.2.2018
76 www.leg-wohnen.de/aktionaersstruktur/, abgerufen 8.2.2018

77 Michael Stollt / Erwin Wolters: Arbeitnehmerbeteiligung in der Europäischen Aktiengesellschaft (SE), Düsseldorf 2012, S. 22
78 Vonovia steigt in Schweden ein, HB, 4.5.2018
79 Expansion im Ausland, HB, 9.5.2018
80 Erkaltete Liebe, HB, 19.2.2018
81 Vonovia scheitert in zweiter Instanz vor Bremer Gericht, Weserkurier, 22.3.2018
82 www.deal-magazin.com/news, 11.5.2018
83 Werner Rügemer: Der deutsche Staat als Privatunternehmer, Hintergrund 3/2015, S. 68
84 Kenntnis der Bundesregierung über die Arbeitsbedingungen bei der Deutsche Post AG, Bundestagsdrucksache 18/3796, 21.1.2015
85 Rügemer: Der deutsche Staat als Privatunternehmer, a. a. O., S. 69ff.
86 Vgl. Hannes Hofbauer: Experiment Kosovo. Die Rückkehr des Kolonialismus, Wien 2008
87 Jörg Becker / Mira Beham: Operation Balkan – Werbung für Krieg und Tod, Baden-Baden 2008
88 EuGH: Hohe Kriminalität, Korruption, ineffiziente Justiz, FAZ, 31.10.2012
89 BlackRock, l'institution financière la plus puissante au monde, patron du CAC 40, https://www.agoravox.fr
90 Werner Rügemer: Gefährliche Großmachtpolitik, junge Welt, 29.12.2015
91 Michel Pincon / Monique Pincon-Charlot: La Violence des Riches, Paris 2013, S. 96f., 106f.
92 Engie et ses très chers actionnaires, Le Parisien, 18.5.2018; www.zonebourse.com, 4.7.2018
93 www.4-traders.com, abgerufen 26.3.2018
94 Agoravox, a. a. O., S. 2
95 Le gratin de la finance mondiale à l'Élysée: Macron, president des patrons! www.europe1.fr, 26.10.2017
96 »Größter Trickbetrüger der Weltgeschichte«, Die Welt kompakt, 26.4.2018
97 Vermögensverwalter Blackrock drängt auf europäische Bankenunion, SPON, 19.4.2018; Blackrock et Citigroup veulent se développer à Paris, Les Echos, 10.7.2018
98 Alex Brummer: Britain for Sale. British Companies in foreign hands, London 2012, S. 138ff., 178ff.
99 Siehe Simon Jenkins: Thatcher & Sons, London / New York 2007
100 Buy, George? World's largest fund manager hires Osborne as advisor, The Guardian, 20.1.2017
101 Paulo Pena / Harald Schumann: Achtung, Rentenfresser, der Freitag 26/2018
102 La montée en force de BlackRock en Suisse, Le Temps, 22.8.2016
103 Le fonds de l'AVS confie davantage à BlackRock qu' aux grandes banques, Le Temps, 16.6.2016
104 Auf Shoppingtour, SZ, 8.7.2015
105 Ernesto Gallo: Italy in an age of authoritarian liberalism, https://braveneweurope/com, 17.5.2018
106 These 3 firms own corporate America, theconversation.com, 10.5.2017

107 Berkshire Hathaway Inc. (BRK-B): https://finance.yahoo.com/quote/BRK-B/holders/?guccounter=1, abgerufen 24.8.2018
108 Alle Angaben siehe www.blackrock.com
109 Georgina Murray / John Scott: Financial Elites and Transnational Business, Cheltenham / Northampton 2012, S. 32.
110 Barbara Novick: Remarks at OECD Discussion on Common Ownership by Institutional Investors, Paris 6.12.2017, www.oecd.org/daf/competition/common-ownership-and-its-impact-on-competition.htm
111 www.monopolkommission.de/images/HG21/HGXXI_Gesamt.pdf, S. 228
112 Blackrock. Der Zauberer von OZ, WiWo, 29.3.2018, S. 20
113 Das Ausland setzt auf den DAX, HB, 26.4.2018
114 Blackrock. Der Zauberer von Oz, WiWo, 29.3.2018, S. 24
115 www.blackrock.com.corporate/responsability/human-capital, abgerufen 19.3.2018
116 Mehr verdienen als der Chef, HB, 19.3.2018
117 Wem gehört das Wasser?, ARD, die story, 25.3.2015
118 Rügemer / Wigand: Die Fertigmacher, a. a. O., S. 65ff.
119 Amnesty International: The Dark Side of Migration. Spotlight on Qatar's Construction Sector Ahead of the World Cup, London 2013; 1,8 Millionen »moderne Sklaven« bauen die WM-Stadien in Katar, IGB und DGB: Pressemitteilung, 18.12.2018; Glenn Jäger: In den Sand gesetzt. Katar, die Fifa und die Fußball-WM 2022, Köln 2018, S. 100ff.
120 International Campaign to Abolish Nuclear Weapons (ICAN) und PAX: Don't Bank the Bomb. A Global Report on the Financing of Nuclear Weapons, 2018, S. 66f.
121 Sofian Philip Naceur: Die Rüstungsrepublik, junge Welt, 4.5.2018
122 Rheinmetall rechnet mit starkem Nachfrageanstieg, Focus Online, 15.3.2018
123 ARD, die story, 15.1.2018
124 Where Do All The Assault Rifles Come From?, https://priceonomics.com, abgerufen 10.5.2018
125 Programme ohne Fantasie, HB, 28.5.2018
126 Höttges' größter Coup, HB, 30.4.2018
127 Die neue Macht der Fondsgesellschaften, FAZ, 30.7.2016
128 Schwaches Wachstum, lasche Behörden: Finanzriese Blackrock warnt vor Risiken in Europa, Interview mit Blackrock-Vizechef Philipp Hildebrand, SPON, 23.11.2015
129 Moritz Honert: Warum der Einfluss der globalen Geldverwalter gefährlich ist, Der Tagesspiegel, 5.5.2018
130 US-Finanzminister Geithner bei Schäuble. Heimgesucht auf Sylt, SPON, 30.7.2012
131 Buchter, a. a. O., S. 72 ff.
132 Draghi holt den »König der Wall Street« als Berater zur EZB, Deutsche Wirtschaftsnachrichten, 27.8.2014
133 Paulo Pena / Harald Schumann: Achtung, Rentenfresser, der Freitag 26/2018
134 Blackrock-Vize Hildebrand attackiert Europas Bankenlobby und nationale Aufsichtsbehörden, Der Spiegel 25/2018, S. 56
135 Wer kauft den deutschen Mittelstand?, Impulse 3/2004, S. 14f.
136 Stefan Jugel (Hg.): Private Equity Investments. Praxis des Beteiligungsmanagements, Wiesbaden 2003, S. 263

137 Die Welt, 30.11.2004
138 Finanzinvestoren nehmen das Schicksal der Deutschland AG in die Hand, FAZ, 31.3.2005
139 Interview mit Candover-Manager Marek Gumienny, FAZ, 7.6.2005
140 Finanzinvestoren nehmen das Schicksal der Deutschland AG in die Hand, Die Zeit, 31.3.2005
141 Wolfgang Lenoir: Gestaltung des Exits als begleitender Prozess, in: Stefan Jugel, a. a. O., S. 237ff.
142 HB, 15.7.2014
143 Jakobs: Wem gehört die Welt?, a. a. O., S. 104ff.
144 Blackstone-Chef streicht 400 Millionen Dollar ein, Der Spiegel, 11.6.2007
145 Hans-Jürgen Jakobs: Wem gehört die Welt? Die Machtverhältnisse im globalen Kapitalismus, München 2016, S. 108
146 Der König der Wall Street feiert Party, www.faz.net, 11.2.2007
147 »Wie Hitlers Angriff auf Polen«, SZ, 18.8.2010
148 Davos: Blackstone-Chef Schwarzman verteidigt die US-Strafzölle, www.finanzen.net, 23.01.2018
149 Wikipedia: Waterland B.V., abgerufen 13.1.2017
150 Lori Wallach: Zwanzig Jahre Freihandel in Amerika, Le Monde diplomatique, 11.6.2015
151 Los Angeles Times, 2.10.2012
152 http://cvc.com/Our-Portfolio/Historical-Portfolio.htmx?ordertype=5, abgerufen 2.3.2018
153 Paul Jowett / Françoise Jowett: Private Equity. The German Experience, New York / London 2011, hier die Tabellen zu den einzelnen Jahren.
154 Werner Rügemer: Privatisierung in Deutschland. Eine Bilanz, Münster 2008, S. 38ff.
155 Werner Rügemer: Bis diese Freiheit die Welt erleuchtet, a. a. O., S. 163ff.
156 Paul Jowett / Françoise Jowett: Private Equity, a. a. O., siehe die Tabellen zu den einzelnen Jahren 1990 bis 1998
157 Stefan Jugel (Hg.): Private Equity Investments, a. a. O., S. 224f.
158 Nils Klawitter: Brutale Investoren - Wie KKR ein Unternehmen skelettiert, SPON, 14.4.2004
159 Peter Záboji: Change! Gestalten Sie heute Ihr Unternehmen von morgen, München 2002, S. 205
160 Vgl. Werner Rügemer: Investitionen ohne Arbeitsplätze, WSI-Mitteilungen 1/2015, S. 49-54I
161 »Wenig Wettbewerb ist immer gut«. Interview mit dem KKR-Europachef Johannes Huth, Die Welt, 31.1.2005
162 Der Raubzug, manager magazin 5/2005, S. 58
163 Ebd., S. 62
164 Gegenantrag zur ordentlichen Hauptversammlung der Celanese AG am 19. Mai 2005 in Oberhausen, Pressemappe von John Paulson & Co., Inc., www.presseportal.de/story_rss.htx?nr=680819, abgerufen 24.5.2005
165 David Carey / John Morris: King of Capital, New York 2010, S. 205
166 Neue Herren, WiWo 48/2004, S. 43

167 Die Helfer der Firmenfledderer, SZ, 15.3.2007
168 HB, 21.10.2004
169 Der Spiegel 7/2004, S. 75
170 Wer kauft den deutschen Mittelstand?, Impulse 3/2004, S. 14ff.; Viele Okkasionen, Interview mit Investcorp-Partner Thomas Middelhoff, Impulse 3/2004, S. 24ff.
171 BILD am Sonntag, 17.4.2005
172 Grohe: Viel Geld der Investoren versenkt, WiWo, 8.3.2016
173 www.stern.de, 28.4.2005
174 Werner Rügemer: Investitionen ohne Arbeitsplätze, a. a. O.
175 Münteferings Heuschrecken. Streit um Wolffsohns Nazi-Vergleich, SPON, 3.5.2005
176 Westerwelle im Abseits, SPON, 3.5.2005
177 Zusammenstellung unter: Franz Josef Strauß: »Ratten und Schmeißfliegen«, Der Tagesspiegel, 8.5.2015
178 Das deutsche Wort. Was veranlasst Strauß, Gegner als »Ratten« zu diffamieren?, Der Spiegel, 25.2.1980
179 Michael Wolffsohn: Deutschjüdische Glückskinder. Eine Weltgeschichte meiner Familie, München 2017
180 Private Equity. How Merkel and Blackstone changed German capitalism, FT, 2.7.2007
181 Die Darstellung folgt, wenn nicht anders vermerkt, der FT vom 2.7.2007
182 Daniel Schäfer: Herrscher der Welt GmbH, FAZ, 21.11.2006
183 Rügemer / Wigand: Die Fertigmacher, a. a. O., S. 72f.
184 Telekom-Mitarbeiter fühlen sich von Gewerkschaft verraten, SPON, 20.6.2007
185 Amerikanische Verhältnisse, HB, 24.11.2006
186 Christof Kaserer / Ann-Kristin Achleitner u. a.: Erwerb und Übernahme von Firmen durch Finanzinvestoren, insbesondere Private-Equity-Investoren, 2007, hier zit. n.: Jowett, Private Equity, a. a. O., S. 502 und 530
187 Unternehmen als Ware. Internationale Investoren dominieren, Böckler implus 6/2015, S. 7
188 www.investmentcouncil.org
189 www.bvca.co.uk
190 https://bvkap.de/unsere_mitglieder, abgerufen 24.2.2018
191 www.franceinvest.eu/en/private-equity-in-france/key-figures.html
192 Howard Gospel u. a. (Hg.): Financialization, New Investment Funds and Labour, Oxford University Press 2014, S. 158
193 BVK: Beteiligungskapital auf Rekordniveau, Pressemitteilung, 27.2.2018
194 Finanzinvestoren sind überall, FAZ, 8.12.2006
195 Christoph Scheuplein / Florian Teetz: Private-Equity-Aktivitäten in Deutschland 2014/15, Hans-Böckler-Stiftung, Düsseldorf März 2017, S. 104f.
196 »Wenig Wettbewerb ist immer gut«. Interview mit KKR-Europachef Johannes Huth, HB, 31.1.2005
197 PE-Investor ECM verkauft Kamps, https://finance-magazin.de/deals/private equity-private-debt/pe-investor-ecm-verkauft-kamps-13241179/, abgerufen 3.3.2018
198 www.ecm-pe.de/deutsch/gep_III/content_03.htm, abgerufen 28.6.2013

199 Ausführlich in Werner Rügemer / Elmar Wigand: Union Busting in Deutschland, Otto Brenner-Stiftung, Frankfurt/M. 2014, S. 92ff.
200 Spende an die FDP: Hohn und Spott für die »Mövenpick-Partei«, SPON, 19.1.2010
201 Werner Rügemer / Elmar Wigand: Union Busting, a. a. O., S. 99
202 Perusa erwirbt Maredo und setzt auf weiteres Wachstum durch Roll-Out des modernisierten Steakhouse-Konzepts, www.ecm-pe.de/artikel_verkauf-maredo/10.5.2017, abgerufen 15.2.2018
203 Lynn Tilton: Is she really a Billionaire?, www.forbes.com/sites/jennagoudreau/2011/04/11, abgerufen 30.10.2016
204 Right to Focus on American Manufacturing, patriarchpartners.com, 22.3.2017
205 Vgl. die Berichterstattung im Regionalblatt Süderländer Tageblatt, 23.1.2016, 9.4.2016, 7.7.2016
206 Arbeitsrechtlicher Streit: Dura setzt sich mit Kliemt Vollstädt gegen Betriebsrat durch, www.juve.de/nachrichten/verfahren/2016/10/, abgerufen 31.10.2016
207 »IG Metall verspielt die Zukunft vieler Mitarbeiter und ihrer Familien«, Süderländer Tageblatt, 13.7.2016
208 Mitteilung des Betriebsrats in der Niederlassung Plettenberg vom 1.2.2017
209 https://karriere-suedwestfalen.de/dura, abgerufen 19.2.2017
210 Rainer Bobsin: Finanzinvestoren in der Gesundheitsversorgung in Deutschland. 20 Jahre Private Equity – Eine Bestandsaufnahme, Hannover 2018, S. 5
211 Ebd., S. 38
212 Financieele Dagblad, 28.8.2017; derijkstebelgen.be/de-lijst, abgerufen 19.2.2018
213 Median: Übernahme der AHG. Median Geschäftsführung zu Vorständen der AHG AG bestellt, Pressemitteilung, 21.11.2016
214 http://waterland.be/de/, abgerufen 19.2.2018
215 http://waterland.be/de/, abgerufen 19.2.2018
216 Deal in Focus: Waterland sticks to buy-and-build strategy with Median, 15.8.2016, http://unquote.com/uk/analysis/3001475/
217 McKinsey: Das Krankenhaus der Zukunft. Healthcare Systems and Services 2016, https://hospitalinstitut.mckinsey.de/files/publications
218 Verein demokratischer Ärztinnen und Ärzte (VdÄÄ): Was ist falsch am Fallpauschalensystem?, https://krankenhaus-statt-fabrik.de/122, 16.2.2018
219 Charles Kingston: US REIT in $900 takeover of leading German healthcare provider, refire-online.com, 10.11.2014
220 Annual Report 2014, SEC Form 10-K, S. 1
221 SEC Form 10-Q, Quarterly Report 9-Nov-2016, https://biz.yahoo.com/e/161109/mpw10-q.html
222 VVD in wikipedia
223 Daniel Behruzi: Medien-Profitmaximierung durch Tarifflucht, www.arbeitsunrecht.de, 23.11.2016
224 Median – »Unwürdig, unanständig und empörend«, ver.di-Fachbereich 03: Infodienst Krankenhäuser 75/2016, S. 22ff.
225 Jörg Stuke: Median-Klinik setzt Betriebsrat vor die Tür, Neue Westfälische, 24.10.2016
226 www.dekra-akademie.de/de/expert-migration-healthcare-kurz-kompakt/, abgerufen 19.2.2018

227 Die Darstellung dieses Abschnitts folgt Joern Kersten: Finanzinvestoren bei Rehakliniken, ARD, plusminus, 28.3.2018. Widerspruch durch Waterland / Median wurde nicht bekannt.
228 Rainer Bobsin, a. a. O.
229 Küchenspezialist verabschiedet sich von der Börse, HB, 23.3.2015
230 Thomas Baumgartner: Hohe Rendite in kurzer Zeit, Frankfurter Neue Presse, 19.3.2016
231 KKR-Europachef verteidigt Umbau der GfK, Capital, 22.3.2018
232 Tochtergesellschaft von Deutsche Telekom
233 abgespalten von Hoechst AG
234 abgespalten von Metallgesellschaft AG
235 abgespalten von Linde AG
236 ausgegliedert aus Daimler AG
237 ausgegliedert aus Bayer AG
238 ausgegliedert aus Siemens AG
239 ausgegliedert aus Evonik AG
240 Darunter sind 13 mittelständische Firmen mit bisher 2.500 Beschäftigten zusammengeschlossen
241 Private Equity International: Liste der größten Private-Equity-Investoren für 2017 (PEI 300), www.privateequityinternational.com/database/#/pei-300, abgerufen 24.2.2018.
242 Bund verschont Private Equity bei Zinsbesteuerung. Beteiligungsbranche profitiert von Ausnahmeregel, FT Deutschland, 5.12.2006
243 Siehe Christoph Scheuplein: Private Equity Monitor 2017, Hans-Böckler-Stiftung, Düsseldorf 2018
244 Enough of robbing pensioniers: it's time to change the system, FT, 6.8.2018
245 Studie: Finanzinvestoren bleiben in Deutschland auf Einkaufstour, Reuters, 27.12.2017
246 »Wenig Wettbewerb ist immer gut«, HB, 31.1.2005
247 Klaus Max Smolka: Ringen um die Rendite, www.faz.net, 31.3.2017
248 Erneut Streik bei Zalando, https://handel-bb.verdi.de/einzelhandel/betriebe-unternehmen/zalando, 29.10.2017
249 Textilbündnis in Not, HB, 2.8.2018
250 https://corporate.zalando.com/de/unternehmen/foerdermittel-fuer-zalando
251 Verdi kritisiert Betriebsrat bei Zalando, Der Tagesspiegel, 7.1.2015
252 https://handel-bb.verdi.de/einzelhandel/betriebe-unternehmen/zalando, abgerufen 2.3.2018
253 Urteil gegen Soros bestätigt, manager magazin, 6.10.2011
254 Matthias Holland-Letz: Die Macht des George Soros, SWR2, 8.11.2017
255 Werner Rügemer: Jazeniuk made in USA, Ossietzky 9/2014, S. 293f.
256 Financial Conduct Authority (FCA): Hedge Fund Survey, London June 2015, S. 11
257 Ebd., S. 3
258 Security Exchange Commission, Release No. I A-2333: Registration under the Advisers Act of Certain Hedgefonds Advisers (2005)
259 www.bundesfinanzministerium.de/Hedgefonds, abgerufen 27.2.2018

260 Hedgefonds werden zum Modeinstrument, FAZ, 20.5.2003
261 Unaufhaltsamer Aufstieg, HB, 29.2.2012
262 Alternative Anlagen. Risikokapital für junge Hedgefonds, HB, 3.5.2018
263 Liste der 45 reichsten Hedgefonds-Milliardäre: www.forbes.com/pictures/ghm45/mfmk, abgerufen 14.3.2018
264 Financial Conduct Authority, a. a. O., S. 13 (Stand: 2014)
265 How Apple Sidesteps Billions in Taxes, NYT, 28.4.2012
266 https://bvai.de/mitgliederverzeichnis, abgerufen 28.2.2018
267 Dennis Kremer: Der rücksichtslose Mr. Dalio, FAZ, 11.4.2016
268 Europa bleibt nur noch wenig Zeit, HB, 16.2.2015
269 Dennis Kremer: Rücksichtslos, superschlau, superreich, FAZ 19.2.2018
270 Ray Dalio on Trump, www.businessinsider.de/bridgewater, 20.12.2016
271 Dennis Kremer: Rücksichtlos, a. a. O.
272 https://forbes.com/profile/ray-dalio, abgerufen 14.3.2018
273 Hedge Fund Billionaire RayDalio calls Trump's Trade War Talk »Political Show«, www.forbes.com/sites, 5.3.2018
274 Bridgewater plans to Become a Partnership as Ray Dalio Takes a Step Back, NYT, 28.6.2018
275 Dennis Kremer: Staatsanleihen: Zocken mit den Griechen, FAZ, 27.7.2015
276 Griechenland-Pleite. Hedgefonds werden für Ausfälle entschädigt, HB, 9.3.2012
277 Hedgefonds drohen Athen mit einer Menschenrechtsklage, FAZ, 20.1.2012
278 Profit mit Pleite. Spekulationen gegen Griechenland, ZDF, frontal21, 31.1.2012
279 Hedgefonds wetten auf Griechenland, HB, 7.5.2016
280 www.boerse-online.de, 30.5.2016
281 Die Hedgefonds kommen – Chancen für die Ukraine, WiWo, 27.3.2014
282 Dennis Kremer: Staatsanleihen. Zocken mit den Griechen, a. a. O.
283 Hauptversammlung stimmt Beherrschungs- und Gewinnabführungsvertrag mit der Nidda Healthcare GmbH zu, Pressemitteilung der Stada AG, 2.2.2018
284 Aktivisten schüren Fusionsfieber, HB, 22.6.2018
285 »Nur Starke können Schwachen helfen«, HB, 23.4.2018
286 Zwei Sonnyboys und ihr Milliardentraum, HB, 15.3.2018
287 Ziemlich beste Freunde, HB, 15.3.2018
288 Siehe »Recent Transactions« unter www.lazard.com, abgerufen 9.4.2018; auch die folgenden Angaben sind hier einsehbar.
289 Wikipedia englisch: John Kornblum, abgerufen 5.5.2018
290 www.csis.org, abgerufen 9.4.2018
291 www.americanacademy.de/staff-memberr/john-c-kornblum, abgerufen 9.4.2018
292 Vgl. Jean-Paul Béchat / Felix Rohatyn: The Future of the Transatlantic Defense Community. Final Report of the CSIS Commission on Transatlantic Security and Industrial Cooperation in the Twenty-First Century, Washington D. C. 2003
293 Von der Bahn zur Bank, SZ, 13.7.2017
294 Richard Parker: Bankers Behaving Badly, NYT, 27.5.2017
295 www.nasdaq.com/laz/institutional-holdings, abgerufen 9.4.2018

296 Lazard Ltd.: Annual Report on Form 10-K 2017, S. 1, investors.shareholder.com/lazard/SEC filings
297 www.rothschildandco.com, abgerufen 9.4.2018
298 Rothschild & Co: Rapport Annuel 2017, S. 12ff.
299 N M Rothschild & Sons: Relevant Experience, 25.10.2007, [Memorandum für die Schwedische Regierung], www.regeringen.se/contentassets, abgerufen 11.4.2018
300 Brummer, a. a. O., S. 23; Der Spiegel 12/2017, S. 17
301 Schröder berät die Investmentbank Rothschild, www.faz.net, 24.3.2006
302 Wie sich PwC und KPMG die Bälle zuspielen, WiWo, 11.6.2009
303 www.politico.eu, 5.8.2015, abgerufen 11.4.2018
304 www.americanacademy.de/person/paul-volcker/
305 https://family.rothschildarchive.org/people, abgerufen 11.4.2018
306 U.S. billionaire Wilbur Ross cashes out Bank of Ireland stake, Reuters, 10.6.2014
307 Trump adviser more than tripled his money in Ireland, www.irishtimes.com, 1.12.2016
308 Ganz schön abgezockt, SZ, 21.6.2018
309 Nestlé machte Macron reich, Blick (Schweiz), 30.9.2017
310 Macron is the new Sarkozy, www.lopinion.fr, 3.5.2018
311 Sebastian Chwala: Macrons »Erneuerung«, junge Welt, 7.7.2018
312 Emmanuel Macron tend la main aux catholiques, Le Figaro, 10.4.2018
313 Corporate Profile Schroders, The Independent, 10.11.1999
314 http://group30.org, abgerufen 9.4.2018
315 Siehe https://macquarie.com/our_deals, abgerufen 30.6.2018
316 Werner Rügemer: »Heuschrecken« im öffentlichen Raum. Public Private Partnership, Bielefeld 2012, S. 135
317 How Macquarie bank left Thames Water with extra 2bn Pound debt, BBC News, 5.9.2017
318 »Es gibt auch gute Gründe für Frankfurt«, HB, 9.4.2018
319 Wer an der Fusion von Linde mit Praxair verdient, www.faz.net, 29.9.2017
320 Elitereport extra: Ausgezeichnete Vermögensverwalter, www.elitereport.de, abgerufen 27.4.2018, als Beilage in den Medien des Zielpublikums HB, WiWo und FAS, April und Mai 2018
321 Ebd., S. 3ff.
322 Werner Rügemer: Der Bankier. Ungebetener Nachruf auf Alfred von Oppenheim, Frankfurt/M. 2006, S. 92.
323 www.juliusbaer.com/de, abgerufen 10.5.2018
324 Werner Rügemer: Neue Technik – Alte Gesellschaft. Silicon Valley, Köln 1985, S. 165ff.
325 Christian Bergmann / Christian Fuchs: SAP arbeitet für die NSA, Zeit Online, 10.3.2015
326 Midas 2017: Meet the 100 Best Venture Capitalists in the World, www.forbes.com, 18.4.2017, abgerufen 20.3.2018
327 https://en.wikipedia.org/wiki/list-of-venture-capital-firms, abgerufen 20.3.2018
328 www.gruenderszene.de, 12.1.2018 und 8.11.2016, abgerufen 20.3.2018
329 Peter Thiel's Founders Fund Makes Monster Bet on Bitcoin, Wall Street Journal, 2.1.2018

330 Der geheimnisvolle Aufseher, HB, 19.4.2018
331 Sam Biddle: How Peter Thiel's Palantir helped the NSA spy on the whole world, Intercept, 22.2.2017; Dieses Genie baut die »wichtigste Firma der Welt«, Die Welt, 3.5.2016
332 Peter Thiel: The Education of a Libertarian, www.cato-unbound.org, 13.4.2009; Peter Thiel: Auf dem Sprung, HB, 19.2.2018
333 Thiel spendet für Trump, FAZ, 18.10.2016
334 www.gruenderszene.de, 22.7.2016; www.businessinsider.de, 22.7.2016
335 Silicon Valley Bank kommt nach Deutschland – Ritterschlag für deutsche Start-ups, HB, 4.5.2018
336 HB, 22.3.2018, Stand: 1. Quartal 2018
337 www.regeringen.se/contentassets, abgerufen 11.4.2018
338 HB, 22.3.2018, 23.3.2018 und 26.3.2018
339 Neue Kontrolleure, HB, 9.4.2018
340 Zweiklassen-Gesellschaft, HB, 23.3.2018
341 Jeden Tag 81.000 Dollar, HB, 23.3.2018
342 Werner Rügemer: Neue Technik – alte Gesellschaft, a. a. O., S. 105
343 Digitale Vampire, HB, 23.3.2018
344 Herbert Marcuse: The Onedimensional Man, Boston 1964
345 Fred Turner: From Counterculture to Cyberculture, Chicago 2006, S. 33ff.
346 Werner Rügemer: Neue Technik – alte Gesellschaft, a. a. O., S. 47f.
347 Declan McCullagh: Silicon Valley's Dangerous Political Blind Spots, https://reason.com, 15.4.2018
348 Geplante Obsoleszenz, www.focus.de, abgerufen 6.4.2018
349 Steve Jobs: 1 Dollar Gehalt, 647 Millionen kassiert, Computerwoche, 4.5.2007
350 Apple avoids taxes with ›complex web‹ of offshore entities, Senate inquiry finds, The Washington Post, 20.5.2013
351 Apple droht Ärger wegen Produkthaftung, FAZ, 1.12.2012
352 Apple-Zulieferer: Drei Foxconn-Mitarbeiter stürzen sich in den Tod, SPON, 18.5.2013; Apple-Zulieferer knechtet bis zur Erschöpfung, Welt N24, 19.12.2014
353 Wie ein »Traumjob« in der Apple-Zentrale wirklich aussieht, N24, 18.3.2017
354 https://bigbrotherawards.de/2013/arbeitswelt-apple, abgerufen 6.4.2018
355 www.nasdaq.com/symbol/apple/institutional-holdings, abgerufen 30.3.2018
356 Nettogewinne von Apple Inc. weltweit vom 1. Quartal 2005 bis zum 1. Quartal 2018, https://de.statista.com, abgerufen 6.4.2018
357 Sicherheitslücken im iPhone. Wie Apple die NSA einlädt, FAZ, 22.7.2014
358 www.apple.com/leadership/, abgerufen 6.4.2018
359 www.grameenamerica.org/about-us (Board of Directors)
360 Apple Announces A New Board Member – Sue Wagner, www.businessinsider.com, 17.7.2014
361 U.S. vs. Microsoft: The Lobbying; A Huge 4-Year Crusade Gets Credit for a Coup, NYT, 7.9.2001
362 Elisa Simantke: Europe's dire dependency on Microsoft, Investigate Europe, 21.6.2017
363 Harald Schumann / Arpad Bondy: Das Microsoft-Dilemma, ARD, 19.2.2018
364 Rolling Stone, 13.3.2014

365 www.gatesfoundation.org/de, abgerufen 12.4.2018
366 Wird Bill Gates zum Trump-Fan?, FAZ, 15.12.2016
367 Bill Gates und sein Image: »Die Stiftung hilft mit Blutgeld«, Deutschlandfunk Kultur, 28.2015
368 www.nasdaq.com/symbol/msft/institutional holdings, abgerufen 30.3.2018
369 Michelle Celarier: How a Misfit Group of Computer Geeks and English Majors Transformed Wall Street, New York Magazine 1/2018
370 Jeff Bezos told what may be the best startup investment story ever, www.businessinsider.de, 21.10.2016
371 Baltimore Sun 1.2.1998, articles.baltimoresun.com/1998-02-01/news/1998032022_1_buzzy-krongard-tenet-alex, abgerufen 10.4.2018
372 James Gross: Broken Promise. The Subversion of U.S. Labor Relations Policy 1947-1994, Philadelphia 2003, S. 277
373 Zoe Henry: Amazon Has Acquired or Invested in More Companies Than You Think – at Least 128 of Them, www.inc.com/magazin/201705/, abgerufen 10.4.2018
374 Sally French: All the companies in Jeff Bezos's empire, www.marketwatch.com, abgerufen 10.4.2018
375 Amazon's Bruising, Thrilling Workplace, NYT, 16.8.2015
376 Petra Welzel: Amazon – Wer sich krank meldet, gefährdet die Anwesenheitsprämie aller, ver.di publik 3/2017, S. 15
377 Die »Versklavung« der polnischen Amazon-Mitarbeiter, Die Welt, 18.7.2015
378 United Nations, Human Rights Council: Report of the Special Rapporteur on extreme poverty and human rights on his mission to the United States of America, New York, 4.5.2018, S. 9
379 Anthony Bianco: WalMart: The Bully of Bentonville. How the High Cost of Everyday Low Prices is Hurting America, New York 2007
380 How Amazon Undercuts Wages and Working People at Taxpayers Expense, www.jwj.org, 7.2.2017
381 Jörn Boewe / Johannes Schulten: Der lange Kampf der Amazon-Beschäftigten, Rosa-Luxemburg-Stiftung, Berlin 2015
382 Claire Brown: Amazon Gets Tax Breaks While its Employees Rely on Food Stamps, The Intercept, 19.4.2018
383 https://bigbrotheraward.de/2018/verbraucherschutz-amazon-alexa, abgerufen 22.4.2018
384 Heike Buchter: Amazon und Walmart – Pioniere der Ausbeutung, Die Zeit, 6.4.2017
385 Die Jagd auf unser digitales Ich, FAZ, 24.2.2018
386 Amazon, Berkshire Hathaway and JPMorgan Team Up to Try to Disrupt Health Care, NYT, 30.1.2018
387 Goldman Sachs asks in biotech research report: ›Is curing patients a sustainable business model?‹, www.cnbc.com, 11.4.2018
388 Christoph Trautvetter u. a.: Unternehmenssteuern in Deutschland, Frankfurt/M. 2018, S. 51ff.
389 Erika Morphy: What does Amazon's shortlist mean for investment?, www.fdintelligence.com/locations/Americas, 3.5.2018

390 Tatort Amazon, HB, 6.12.2016
391 Gefährliche Bestellung, Der Spiegel 23/2018, S. 62f.
392 Amazon holt früheren Obama-Sprecher, FAZ, 28.2.2015
393 Vgl. die monatlichen Berichte an die Federal Election Commission, docquery.fec.gov
394 Führungskräftenachwuchs. Großer Staubsauger aus Seattle, HB, 23.2.2018
395 www.nasdaq.com, abgerufen 14.4.2018
396 Googles Gehirn. Sundar Pichai hat sich aus ärmlichen Verhältnissen in Indien an die Spitze von Google hochgearbeitet, Die Zeit, 4.3.2018
397 Papst bekommt eigenen YouTube-Kanal, www.heise.de, 19.1.2009
398 Google, NASA Find 8th Planet in Distant Star System, www.forbes.com, 14.12.2017
399 Nao-Bio-Info-Cogno: Paradigm for the Future, http://hplusmagazin.com, 12.2.2010
400 Merely Human? That's So Yesterday, NYT, 12.6.2010
401 Die Welt geht auf Reisen, FAZ, 28.4.2018
402 www.cbinsights.com/research, abgerufen 17.4.2018
403 Google parent Alphabet forms holding company XXVI to complete 2015 corporate reorganization, Bloomberg, 4.9.2017
404 www.luna-park.de, 28.12.2017
405 Bloomberg, 4.9.2017, a. a. O.
406 John Foster / Robert McChesney: Surveillance Capitalism, Monthly Review 3/2014
407 Google setzt in Hamburg auf Angebote für die digitale Bildung, Die Welt kompakt, 21.3.2018
408 www.bertelsmann.de/verantwortung/projekte-weltweit, abgerufen 19.4.2018
409 https://netzpolitik.org, 17.11.2016
410 Google's Academic Influence in Europe, Washington D. C., March 2018, S. 8ff., https://googletransparencyproject.org
411 Ebd., S. 23ff.
412 Google's Washington Insider, NYT, 2.6.2013
413 Google for the first time outspent every other company to influence Washington in 2017, The Washington Post, 23.1.2018
414 Eric Schmidt / Jared Cohen: Die Vernetzung der Welt, Reinbek 2013
415 www.nasdaq.com, abgerufen 18.4.2018
416 Transcript of Mark Zuckerberg's Senate hearing, The Washington Post, 10.4.2018
417 Du hast die Kontrolle über deine Daten auf Facebook, HB, 23.2.2018
418 HB, 27.3.2018
419 Im perfekten Sturm. Facebook hat sich zu einer Manipulationsmaschine gewandelt, HB, 23.3.2018
420 Zum Wohle ihrer selbst, WiWo, 13.4.2018, S. 39
421 Datenskandal bei Facebook, HB, 27.3.2018
422 »Außer Kontrolle«, Der Spiegel 13/2018, S. 15f.
423 Regierungserklärung 23.11.2016, www.bundesregierung.de
424 Cambridge Analytica ist kein Einzelfall, HB, 27.3.2018
425 Awanish Kumar: Facebook-Skandal in Indien, junge Welt, 4.4.2018

426 Atlantic Council's Digital Forensic Research Lab Partners with Facebook to Combat Disinformation in Democratic Elections, www.atlanticcouncil.org, 17.5.2018
427 Facebooks Datenleck offenbart einen großen Kontrollverlust, Die Welt kompakt, 21.3.2018
428 WhatsApp in China blockiert, www.t-online.de, 19.7.2017
429 Facebook. Zu Besuch bei der Internet-Feuerwehr, HB, 14.5.2018
430 Facebook zensiert norwegische Ministerpräsidentin, www.faz.net, 9.9.2016
431 Facebook setzt auf Floskeln, SZ, 27.12.2016
432 Künstliche Intelligenz löscht Youtube-Videos, SZ, 25.4.2018
433 Außer Kontrolle, Der Spiegel 13/2018, S. 23
434 »Unerträgliche Arroganz«, HB, 4.6.2018
435 A Cable stretching 4.000 miles between the US and Spain is the key to a high speed future, https://news.microsoft.com/europe, abgerufen 20.4.2018
436 Seekabel – Der unsichtbare Krieg, arte-TV, 14.4.2018
437 www.opensecrets.org, abgerufen 27.4.2018
438 Facebook Will Now Have A »Director of Privacy«, www.forbes.com, 13.9.2011
439 Wikipedia: Covington & Burling, abgerufen 26.4.2018
440 Jürgen Heiser: Der Doppelagent, junge Welt, 28.10.2015
441 Shining a Light on Corporate Handouts, jobs with justice 27.2.2017, www.jwj.org
442 Das allmächtige Werbe-Monopol, HB, 17.4.2018
443 Ronen Bergman. Der Geheimdienst-Experte über Israels Spione, ihre gezielten Tötungen und den gescheiterten Atomdeal mit dem Iran, HB, 11.5.2018
444 Gründergeist aus der Wüste, HB, 11.5.2018
445 Vgl. David Rosenberg: Israel's Technology Economy, London 2018
446 Interview mit dem start up-Mobileye-Gründer Ziv Avram, SZ, 9.7.2018
447 Schmidt / Cohen: Die Vernetzung der Welt, a. a. O., S. 157f.
448 Marvin Oppong: Verdeckte PR in Wikipedia. Das Weltwissen im Visier von Unternehmen, Frankfurt/M. 2014, S. 39ff.
449 https://wikimedia.de, abgerufen 11.5.2018
450 Die Crowdworking-Plattformen Amazon Mechanical Turk und Upwork, www.bisbrotherawards.de/2015
451 Oppong: Verdeckte PR in Wikipedia, a. a. O., S. 93
452 »Unerträgliche Arroganz«, HB, 4.6.2018
453 https://wikimediafoundation.org/wiki/benefactors, abgerufen 11.5.2018
454 Sloan Foundation donates $3M to Wikipedia, USA Today, 26.3.2008
455 Die Geschichte der geplanten Obsoleszenz, https://obsoleszenzblog.wordpress.com, 10.11.2015
456 Jacques Pauwels: Big Business avec Hitler, Bruxelles 2013, S. 204f.
457 Siehe die 75-Jahre-Jubiläumsschrift der Sloan Foundation »A Grantmaking History 1934-2009«
458 Volker Hermsdorf: Der lange Arm der USA, junge Welt, 7.5.2018
459 Big Tech: We must change the rules of the monopolies' game, www.uniglobalunion.de, abgerufen 10.5.2018
460 Ray Zinn: Tech, Disruption And Policy, https://forbes.com, 12.7.2017
461 Marktwert von Uber bereits auf über 60 Milliarden Dollar taxiert, http://ictk.ch/content/marktwert-von-uber, 4.12.2015

462 Crisis inside the ›cult of Travis‹, FT, 10.3.2017
463 Sathyvelu Kunashegraran: How Uber, Google, Facebook and Other Tech Giants Avoid Paying Billions in Tax?, https://medium.com, 30.4.2017
464 Criminal Law Act 1977 Section 5,2 und 5,3; U.S. Code § 371
465 Mitfahrdienst widersetzt sich Verbot für Roboterwagen, FAZ, 19.12.2016
466 Uber gerät in Schieflage, HB, 28.3.2017
467 Self-Driving Uber Car Kills Pedestrian, Where Robots Roam, NYT, 19.3.2018
468 Mike Isaac: How Uber Deceives the Authorities Worldwide, NYT, 3.3.2017
469 Valentin Bontemps / AFP: »Uberisation« of economics pinching state tax revenues, http://businessinsider.com/afp-uberisation, abgerufen 20.8.2016
470 Steven Hill: Krieg gegen Bus und Bahn, HB, 23.3.2018
471 SZ, 2.2.2017
472 Microsoft Cognitive Services provides 25 tools that can detect emotions, recognize vision and more, https://blogs.microsoft.com/firehose, 27.2.2017
473 Nick Srnicek: Plattform-Kapitalismus, Hamburg 2018, S. 86
474 Shannon gegen Goliath, HB, 1.11.2015
475 Crisis inside the ›cult of Travis‹, FT, 10.3.2017
476 Revolution im Transportgewerbe, HB, 3.1.2017
477 Axel-Springer-Verlag beteiligt sich an Uber, SPON, 19.4.2017
478 Diese Investoren setzen auf Uber – und diese könnten aussteigen, WiWo, 29.12.2018
479 Steven Hill: Krieg gegen Bus und Bahn, HB, 23.3.2018
480 Uber provoziert nach Geiselnahme in Sydney, FAZ, 15.12.2014
481 Steven Hill: Krieg gegen Bus und Bahn, HB, 23.3.2018
482 Uber kämpft um Vertrauen, HB, 14.5.2018
483 Dorothea Hahn: Uber überleben, ver.di publik 2/2018
484 Frühere EU-Kommissarin Neelie Kroes heuert bei Uber an, www.faz.net, 5.5.2016
485 Now that's surge pricing: Saudi Arabia invests $3,5 bn in Uber, Independent, 2.6.2016
486 Kai Diekmann wird Uber-Setzer, www.faz.net, 14.4.2017
487 https://autorevue.at/maennersache/uber-nasa-fliegendes-taxi, 10.11.2017, abgerufen 20.3.2018
488 Uber will in Asien weiter expandieren, HB, 23.2.2018
489 Gerichtshof der Europäischen Union: Pressemitteilung 136/17, 20.12.2017
490 Claudia Wrobel: Lohn pro Auftrag, junge Welt, 8.11.2016
491 California ruling puts pressure on Uber, Lyft and other gig economy employers, http://money.com, 1.5.2018
492 Der Tagesspiegel, 30.7.2017
493 www.gruenderszene.de, 5.8.2016, abgerufen 19.3.2018
494 Deliveroo raises $ 385 M in new funding, now values over $ 2 billion, https://techcrunch.com, 17.11.2017
495 https://deliveroo.de/de/modern-slavery-act-statement, abgerufen 19.3.2018
496 Siehe www.ilo.org/conventions/UK
497 Betriebsratsbehinderung, Scheinselbständigkeit, Lohndumping. Aktionstag Freitag der 13. April gegen Deliveroo, www.arbeitsunrecht.de, 16.3.2018
498 Deliveroo workers strike again over new pay structure, The Guardian, 15.8.2016

499 Gerrit Hoekman: »Selbständige« ausgebeutet, junge Welt, 28.3.2018
500 Michel Déléan / Dan Israel: Ubérisation – une enquete judiciaire ouverte sur Deliveroo, www.mediapart.fr, 7.6.2018
501 Deliveroo: Where's the money?, https://corporatewatch.org, 24.10.2017
502 Ebd.
503 Deliveroo boss gives himself 22,5 % rise amid battle over riders' pay, The Guardian, 21.9.2017; Deliveroo: Where's the money?, a. a. O.
504 Delivery Hero veröffentlicht auf seiner Website nur die ersten drei Aktionäre; die weiteren Aktionäre siehe www.4-traders.com, abgerufen 19.3.2018
505 Siehe die Mitteilungen unter Investor Relations auf der Website https://ir.deliveryhero.com
506 Angriff aus dem Dunkeln, HB, 15.8.2016
507 Großartig – Der Streamingdienst Netflix hat sich etabliert, HB, 16.12.2016
508 Angriff aus dem Dunkeln, HB, 15.8.2016
509 Die Welt geht auf Reisen, FAZ, 28.4.2018
510 Palma de Mallorca stoppt Airbnb, SZ, 25.4.2018
511 Die Crowdworking-Plattformen Amazon Mechanical Turk und Upwork, www.bigbrotherawards.de/2015, abgerufen 26.4.2018
512 Steven Hill: Die Start up-Illusion, München 2017, S. 44f.
513 Venture round Upwork, https://crunchbase.com, abgerufen 26.4.2018
514 Steven Hill, a. a. O., S. 45ff.
515 Kaum noch Wettbewerb. 40 Prozent teurer! Preise für Fernbus-Fahrten in nur zwei Jahren fast verdoppelt, www.focus.de, 17.9.2016
516 Diversity in der IT. Noch immer weiß und männlich, HB, 5.1.2018; Google CEO Sundar Pichai Has No Regret About Firing James Damore, http://fortune.com, 20.1.2018
517 Steven Hill: »Beschäftigte werden vom Algorithmus gefeuert«, junge Welt, 16.6.2017
518 Ein Boom, der viele arm macht, HB, 11.5.2018
519 Europäische Kommission: Europäische Agenda für die kollaborative Wirtschaft, COM (2016) 356 final
520 Uber, Airbnb and Deliveroo urge labour law shake-up, http://afr.com, 15.3.2018
521 Vgl. Re: Kuriere am Limit?, arte TV, 14.3.2018
522 Werner Rügemer: Die Privatisierung des Staates – Das Vorbild USA, in: Ullrich Mies u. a. (Hg.): Fassadendemokratie und tiefer Staat, Wien 2017, S. 111-124
523 Financial Crisis Inquiry Commission: The Financial Crisis Inquiry Report, New York 2011, S. 43f., 131ff., 165, 418
524 Werner Rügemer: Rating-Agenturen. Einblicke in die Kapitalmacht der Gegenwart, Bielefeld 2012, S. 60
525 Ebd., S. 172f.
526 Das große Geschäft mit der Unsicherheit, SZ, 19.2.2017
527 Meinrad Heck: Der Flowtex-Skandal, Frankfurt/M. 2006
528 Wie sich PwC und KPMG die Bälle zuspielen, WiWo, 11.6.2009
529 Sol Trumbo Vila u. a.: The Bail Out Business, TNI Februar 2017
530 KPMG Tax Advisers: International Tax Planning Made in Luxemburg 2003, Luxemburg 2003

531 PWC: A beginner's guide to privatisations, may 2013, www.pwc.com.cy
532 Corporate Europe Observatory: Accounting for Influence, Brussels, July 2018, S. 6 und 10
533 Ebd., S. 13
534 Einfach umverteilen, junge Welt, 15.8.2008
535 www.bmwi.de/Redaktion/DEDownloads/Studien/pwc-gutachten-lang.pdf, abgerufen 10.5.2018
536 Die Herren der Welt. Top-Anwälte mehren ihren Einfluss auf Wirtschaft und Politik, Focus 11/2011, S. 57
537 Werner Rügemer: Cross Border Leasing, Münster 2005
538 Werner Rügemer: Public Private Partnership. Anatomie eines globalen Finanzinstruments, Bielefeld 2012
539 Die Einflüsterer, SZ, 7.3.2006; Die Gesetze der Kanzleien, SZ, 14.8.2009
540 Antwort der Bundesregierung auf die Auskunftsbitte des Abgeordneten Victor Perli / Die Linke: Stand des Verfahrens mit Toll Collect, 7.3.2018; HB, 9.5.2018
541 Werner Rügemer: Das jüngste Weltgericht, Hintergrund 1/2015, S. 60ff.
542 Werner Rügemer: Die Berater. Ihr Wirken in Staat und Gesellschaft, Bielefeld 2004, S. 78ff.
543 McKinsey Global Institute: What the future of work will mean for jobs, skills and wages, November 2017; Boston Consulting Group / ciett: Adaptation to Change, Bruxelles 2012
544 BILD, 17.6.2017
545 Die Berater-Republik, Die Zeit 7/2004
546 Steinmeier holt McKinsey-Mann als Berater, FT Deutschland, 26.11.2008; Steinmeier, Steinbrück, Gabriel – Tristesse bei der SPD-Troika, RP Online, 27.7.2012
547 Jochen Bülow: McKinsey beim Erzbischof, in: Werner Rügemer: Die Berater, a. a. O., S. 133ff.
548 www.squeaker.net/de/Karriere/Branchen/Consulting, abgerufen 2.5.2018
549 Aktienanteile für NYT und Darsana, www.nasdaq.com, abgerufen 11.5.2018
550 https://frenchamerican.org/young-leaders/earlier-classes, abgerufen 11.5.2018
551 Uwe Krüger: Meinungsmacht. Eine kritische Netzwerkanalyse, Köln 2013
552 Hermann Ploppa: Die Macher hinter den Kulissen, Frankfurt/M. 2014, S. 80ff.
553 Nachhaltigkeit.axelspringer.de/de/grundsaetze/unternehmensgrundsaetze.html, abgerufen 11.5.2018

II. Das Verhältnis USA – Europäische Union

1 Mira Wilkins: The Maturing of Multinational Enterprises. American Business Abroad from 1914 to 1970, Cambridge/Mass. 1994; Jacques Pauwels: Big Business avec Hitler, Bruxelles 2013; Edwin Black: IBM and the Holocaust, New York 2001
2 Wilkins, a. a. O., S. 330
3 Das sind die wertvollsten Unternehmen der Welt, www.faznet/aktuell/wirtschaft/diginomics, 29.12.2017

4 Der neue Handelskrieg, HB, 23.2.2018
5 Stanley Fisher: The Federal Reserve and the Global Economy. 2014 Annual Meetings of IMF and World Bank Group, Washington 11.10.2014
6 Mariam Rostamzada: Be aware of Delaware. Die einseitigen US-Bemühungen um Steueroasen, www.private-banking-magazin.de, 26.3.2018
7 Ebd.
8 Der neue Handelskrieg, HB, 23.2.2018
9 www.ilo.org/dyn/normlex/en
10 United Nations, Human Rights Council: Report, a. a. O., S. 5
11 Werner Rügemer / Elmar Wigand: Union Busting in Deutschland, Frankfurt/M. 2014, S. 38f.
12 Werner Rügemer: Die Amerikanisierung, a. a. O., S. 9ff.
13 Marion Lühring: Das ist doch alles krank, ver.di publik 3/2018
14 Werner Rügemer: Unternehmer als ungestrafte Rechtsbrecher, in: Klaus-Jürgen Bruder u. a. (Hg.): Gesellschaftliche Spaltungen, Gießen 2018, S. 207ff.
15 Werner Rügemer: EU – Grenzenlose Arbeits-Flexibilität, nochmal heftiger?, www.nachdenkseiten.de, 21.11.2017
16 Martin Schmitt: Internet im Kalten Krieg. Eine Vorgeschichte des globalen Kommunikationsnetzes, Bielefeld 2016, S. 69
17 Seymour Melman: Pentagon Capitalism. The Politcal Economy of War, New York 1970
18 Werner Rügemer: Neue Technik – alte Gesellschaft. Silicon Valley, Köln 1985, S. 105ff.
19 Alex Abella: Soldiers of Reason. The RAND Corporation and the Rise of the American Empire, New York 2008
20 Schmitt a. a. O., S. 227
21 Schmidt / Cohen: Die Vernetzung der Welt, a. a. O., S. 245
22 Brent Goldfarb u. a.: Searching for Ghosts. Business Survival, Unmeasured Entrepreneurial Activity and Private Equity Investment in the Dot-Com-Era, Social Science Research Network, Working Paper RHS 6-27, Rochester 2005
23 Michelle Celarier: How a Misfit Group of Computer Geeks and English Majors Transformed Wall Street, New York Magazine 1/2018
24 McKinsey Global Institute (MGI): Offshoring. Is It a Win-Win Game?, San Francisco 2003
25 Nick Srnicek: Plattform-Kapitalismus, Hamburg 2018, S. 26
26 ICANN, WICANN, Zeit Online, 5.1.2015
27 For Western Allies, a Long History of Swapping Intelligence, NYT, 9.7.2013
28 Weltgipfel der Internetnutzer, Telepolis 2.2.2009, heise.de, abgerufen 21.3.2018
29 Condi Rice, ICANN, and millions paid to lobby the US govt for total internet control, www.theregister.co.uk, 5.11.2015
30 www.icann.org/profiles, abgerufen 10.5.2018
31 Donald Bartlett / James Steele: Washington's $ 8 Billion Shadow, Vanity Fair, März 2007
32 Armin Wertz: Die Weltbeherrscher, Frankfurt/M. 2015, S. 134f. und 140f.
33 Lenna Garfield: The CIA's Earth Viewer was basically the original Google Earth, www.businessinsider.com, 30.12.2015

34 Lee Fang: Google is quietly providing AI technology for drone strike targeting project, The Intercept, 6.3.2018
35 Ben Chapman: Google staff protest company's involvement with Pentagon drones programme, Independent, 5.4.2018
36 DoD to Award Joint Enterprise Defense Infrastructure Cloud Contract in Fall 2018, https://incyberdefense.com, 23.5.2018; Pentagon updates its JEDI cloud solicitation, https://federaltimes.com, 16.4.2018
37 Amazon launches new cloud storage service for U.S. spy agencies, Washington Post, 20.11.2017
38 Carter's Innovation Push Hits Seattle With Cloud Focus, www.defensenews.com, 3.3.2016
39 Tödliche Algorithmen. Künstliche Intelligenz in der Rüstung, HB, 13.6.2018
40 https:/diux.mil, abgerufen 12.4.2018
41 How the CIA is Using Artificial Intelligence to Collect Social Media Data, https://futurism.com, 9.9.2017
42 Wikipedia (englisch): Eric Schmidt
43 Schmidt / Cohen: Die Vernetzung der Welt, a. a. O., S. 143
44 innovation.defense.gov, abgerufen 10.4.2018
45 Mit offenen Karten. Seekabel – der unsichtbare Krieg, arte TV, 14.4.2018
46 Harald Schumann: Das Microsoft-Dilemma, ARD, 19.2.2018
47 Evgeny Morozov: Europa im Tiefschlaf, SZ, 16.8.2018
48 Schumann: Das Microsoft-Dilemma, a. a. O.
49 Thomas Wagner: Dänemark hofiert das Silicon Valley, junge Welt, 8.2.2017
50 Was die Entscheidung des EuGH bedeutet, Süddeutsche Zeitung, 6.10.2015
51 Ein Albtraum für die Branche, HB, 11.4.2018
52 Polizei nutzt Gesichtserkennung von Amazon, FAZ, 24.5.2018
53 Merkels Handy steht seit 2002 auf US-Abhörliste, Der Spiegel, 26.10.1013
54 SAP arbeitet für die NSA, Zeit Online, 10.3.2015
55 Schön billig, Der Spiegel 15/2018, S. 41
56 Josef Foschepoth: Überwachtes Deutschland, Göttingen 2014
57 Der Freund liest mit, Der Spiegel 2013, S. 16 und 20
58 Deutscher Bundestag: Umfang und Standorte der in Deutschland stationierten US-Streitkräfte, 18.1.2017
59 Wilhelmsburg-Kaserne in Ulm – Neues NATO-Kommando in Deutschland, www.zdf.de
60 Rudolph Bauer (Hg.): Kriege im 21. Jahrhundert. Neue Herausforderungen der Friedensbewegung, Annweiler 2015, S. 126
61 BND darf am Internetknoten weiter Daten abzapfen, SPON, 31.5.2018
62 Leo Panitch / Sam Gindin: The Making of Global Capitalism, London / New York 2013, S. 93f.
63 Siehe Michael Hogan: The Marshall Plan. America, Britain and the Reconstruction of Western Europe 1947-1952, New York 1986
64 Heinz Richter: Griechenland 1940-1950. Die Zeit der Bürgerkriege, Mainz 2012
65 Werner Rügemer: NATO – Die Gründungslüge, www.nachdenkseiten.de, 4.4.2018
66 Komplementäre Verteidigungsstrategien, FAZ, 2.4.2015

67 Die NATO-Militärausgaben sind nicht durchdacht, Die Zeit, 9.9.2014
68 Kailai Huang: American Business and the China Trade Embargo in the 1950s, The Economic & Business History Society 19/2001, S. 33ff.
69 Gunnar Adler-Karlsson: Western Economic Warfare 1947-1967, Stockholm 1967
70 Rainer Karlsch / Ramond Stokes: Faktor Öl, München 2003, Kapitel 10
71 Panitch / Gindin: The Making of Global Capitalism, a. a. O., S. 226ff.
72 WTO Panel Sets Amount of Foreign Sales Corporation (FSC) Sanctions, https://2001-2009.state.gov/e/eeb/rls/othr/13210.htm, abgerufen 10.5.2018
73 EU-Digitalsteuer derzeit ohne Chance auf Realisierung, Der Standard, 29.4.2018
74 Großbank BNP Paribas stimmt Rekordstrafe zu, SPON, 30.6.2014
75 Stefan Buchen: Kündigung wegen US-Drucks ist rechtswidrig, NDR.de, 5.8.2017
76 Werner Rügemer: Wieviel Geheimdienst steckt in europäischen Unternehmen?, www.arbeitsunrecht.de, 9.2.2015
77 Top-Ökonom kritisiert Anti-USA-Kurs Gabriels, HB, 25.10.2013
78 United States of America, District of Columbia vs. Daimler AG, Notice of Filing of Deferred Prosecution Agreement, 24.3.2010
79 Angst vor Terrorismus. Daimler will Mitarbeiter durchleuchten – alle drei Monate, SPON, 4.1.2015
80 Werner Rügemer / Elmar Wigand: Union Busting in Deutschland, a. a. O., S. 15-19.
81 Svea Eckert / Alexandra Ringling / James Bamford: Schlachtfeld Internet, NDR/ARD, 12.1.2015, 23.30-0.15 Uhr
82 Sebastian Range: Nichts dazugelernt. EU-Bankdaten gehen weiter ungehindert in die USA, Hintergrund 1/2014, S. 60
83 Werner Rügemer: Bis diese Freiheit die Welt erleuchtet. Transatlantische Sittenbilder aus Politik und Wirtschaft, Geschichte und Kultur, Köln 2017, S. 154ff.
84 Wettlauf um die ukrainische Schwarzerde, ZEIT Online, 16.3.2015
85 https://forum-ukraine-nachrichten.de, abgerufen 20.5.2018
86 Zbginiew Brzezinski: Die einzige Supermacht. Amerikas Strategie der Vorherrschaft. Weinheim / Berlin 1996, S. 74
87 Werner Rügemer: Jazenjuk made in the USA, Ossietzky 9/2014
88 »Fuck the EU«-Fauxpas. Was Nuland sagen wollte, www.faz.net, 7.2.2014
89 Deutsche Wirtschaft richtet Hilfsappell an die EU, HB, 23.1.2014
90 Zeit für Alternativen, HB, 21.11.2016
91 Die nützlichen Migranten. Zwei Millionen Ukrainer in Polen, Deutschlandfunk, 27.2.2018
92 Vgl. Stephen Kinzer: Im Dienste des Schah. CIA, MI6 und die Wurzeln des Terrors im Nahen Osten, Weinheim 2009
93 Council Regulation 2271/96 protecting against the effects of the extra-territorial application of legislation adopted by a third country, and actions based thereon or resulting therefrom.
94 Druck aus Washington, HB, 23.5.2018
95 Ebd.

96 Ralph Bollmann / Winand von Petersdorff: Supermacht ohne Skrupel, FAS, 13.5.2018
97 www.opensecrets.com/2016
98 »Wir sind stark auf beiden Seiten des Atlantiks«, HB, 2.5.2018
99 Ein Cowboy für T-Mobile USA, HB, 28.5.2018
100 USA erwirtschaften Überschuss gegenüber EU, www.cesifo-group.de, 30.4.2018; Werner Rügemer: Fake – Es gibt kein US-Handelsdefizit gegenüber der EU, www.nachdenkseiten.de, 18.6.2018

III. China: Der kommunistisch geführte Kapitalismus

1 Stephen Kaplan: China is investing seriously in Latin America, Washington Post, 24.1.2018
2 Der Angreifer aus China, HB, 2.8.2018
3 Vgl. die Veröffentlichungen der US-amerikanischen Journalistin Agnes Smedley: China's Red Army Marches (1934), China fights back (1938) und The Great Road. The Life and Times of Chu Teh (1956)
4 Theodor Bergmann: Der chinesische Weg. Versuch, eine ferne Entwicklung zu verstehen, Hamburg 2017, S. 27ff.
5 Soviet Union Information Bureau: The Soviet Union – Facts, Descriptions, Statistics, Washington D. C. 1929; Joan Wilson: Ideology and Economics. U.S. Relations with the Soviet Union 1918-1933, Columbia/Mass. 1974
6 Pauwels: Big Business avec Hitler, a. a. O., S. 176ff.
7 Dong Wang: U.S. – China Trade 1971-2012: Insights into the U.S.-China Relationsship, The Asia-Pacific Journal 24/2013
8 China: Produktion von 553 Autos verboten, Die Welt, 3.1.2018
9 Elektroautos weltweit, HB, 25.5.2018
10 Volvo & Geely: The Unlikely Marriage of Swedish Tech and Chinese Manufacturing Might that Earned Record Profits, Forbes, 23.1.2018
11 Eine Stadt unter Strom, WiWo, 27.7.2018
12 www.bydeurope.com
13 Battery maker to set up unit in Germany, en.silkroad.news, 11.7.2018
14 »Die Zukunft der Automobilbranche wird in China geformt«, HB, 24.4.2018
15 Der Westen lässt nach. Die Nachzügler übernehmen die Führung, HB, 29.6.2018
16 Blackrock: Chinese equities. The ever-growing opportunity, Februar 2018
17 https://www.asiaasset.com/news/Blackrock_Schroders_CNPE2912.aspx, abgerufen 28.5.2018
18 Der Weg des Erfolgs, Apple ist als erstes Unternehmen mehr als eine Billion Dollar wert, SZ, 4.8.2018
19 Werner Rügemer: Rating-Agenturen, a. a. O., S. 175ff.
20 en.dagongcredit.com/Rating Reports/America, 16.1.2018
21 Wolfgang Reinhard: Die Unterwerfung der Welt. Globalgeschichte der europäischen Expansion 1415-2015, München 2016, S. 859ff.
22 Mark Selden u. a.: The politics of global production: Apple, Foxconn and China's new working class, The Asian-Pacific Journal 32/2013

23 Rügemer: Neue Technik – alte Gesellschaft, a. a. O., S. 28ff.
24 https://de.statista.com/infografik/9272/herstellungskosten-iphone-7, 8.5.2017
25 Lawprofessors.typepad.com/china_law_prof_blog/files/AmChamChinaLaborLawComments.pdf
26 www.globallabourrights.org/alerts/new-chines-labor-contract-law, September 2007
27 Vgl. Rolf Geffken / Can Cui: Das chinesische Arbeitsvertragsgesetz, mit Kommentar, 5. Auflage, Cadenberge 2016
28 Beverly Silver / Lu Zhang: China als neuer Mittelpunkt der globalen Arbeiterunruhe, PROKLA 161/2010, S. 607
29 Ana Radic: Zehn Tage im Riesenreich, Hintergrund 3/2016, S. 52
30 Wolfgang Däubler: Arbeitsrecht in China, S. 23ff., www.nachdenkseiten.de, 29.11.2012
31 Ebd., S. 26
32 Wie lange bleibt China noch die Werkbank der Welt?, Der Spiegel 12/2017, S. 57
33 Mindestlöhne in der EU, https://de.statista.com, abgerufen 2.5.2018
34 Europas dreckige Ernte, ARD, die story, 9.7.2018
35 Regierung für Sozialversicherung ausgezeichnet, german.cri.cn/info/cri.htm, 14.12.2016
36 The American Middle Class Is No Longer the World's Richest, NYT, 22.4.2014
37 Emma Luxton: Is China heading towards a 4.5 day working week?, www.weforum.org/agenda, 12/2015
38 Alibaba sets up poverty relief fund, www.xinhuanet.com, 1.12.2017; South China Morning Post, 21.8.2018
39 Jack Ma: America has wasted its wealth, www.weforum.org, 18.1.2017
40 Dong Wang: U.S. – China Trade, The Asia-Pacific Journal 24/2013
41 Vgl. german.china.org.cn/de-zengzhi/2.htm
42 Wipikedia: Politische Parteien in der Volksrepublik China
43 Siehe Hans See: Wirtschaft zwischen Demokratie und Verbrechen. Grundzüge einer Kritik der kriminellen Ökonomie, Frankfurt/M. 2014
44 Antikorruptionskampagne. Chinas Reinigung von innen, HB, 28.11.2016
45 Chinas Sicherheitschef zu lebenslanger Haft verurteilt, SPON, 11.6.2015; Ex-Politbüro-Mitglied wegen Korruption verurteilt, SPON, 8.5.2018
46 Xi Jinping's keynote speech at the World Economic Forum, www.cina.org.cn, 6.4.2018
47 China: Zentraler Recyclinghof des Planeten ist geschlossen, Telepolis, 10.1.2018
48 Schmidt / Cohen: Die Vernetzung der Welt, a. a. O., S. 132
49 China geht gegen abhörsichere Internetkanäle vor, FAZ, 19.1.2018
50 US-Plattformen sind in China fast irrelevant, HB, 7.6.2017
51 China improves credit blacklisting mechanism to avoid undue punishment, www.xinhuanet.com, 6.3.2018
52 China's young consumers drive sharp rise in borrowing, FT, 6.8.2018
53 China intensifies punishment for credit defaulters, www.xinhuanet.com, 16.3.2018

54 Vgl. Werner Rügemer: Die Privatisierung des Staates, a. a. O.
55 Elias Jabbour / Alexis Dantas: The political economy of reforms and the present Chinese transition, Brazilian Journal of Political Economy 4/2017, S. 789ff.
56 Full text of Xi Jinping's report at 19th CPC National Congress, www.chinadaily.com.cn, 4.11.2017
57 http://german.china.org.cn, 4.5.2018
58 Will Kimball / Robert Scott: China Trade, Outsourcing and Jobs. Economic Policy Institute, Washington, 11.12.2014, S. 3
59 Kimball / Scott: China Trade, a. a. O., S. 4
60 Stephen Roach: How Global Labor Arbitrage Will Shape the World Economy, www.globalagendamagazine.com/2004/stephenroach.asp
61 Kimball / Scott, a. a. O.
62 Designed in California, made in China, Reuters, 21.3.2018
63 CFIUS: The powerful and unseen US gatekeeper on multi-billion-dollar deals, The Strait Times 13.3.2018
64 David Dollar: United States-China Two-way Direct Investment, Brookings Institution, Washington Januar 2015, S. 15
65 Hillary Clinton: America's Pacific Century, Foreign Policy November 2011; U.S. Department of Defense: Sustaining U.S. Global Leadership. Priorities for the 21st Century Defense, Washington Januar 2012
66 Joseph Gerson: Obamas »Pivot«. Neuausrichtung der USA auf Asien und den Pazifik, Wissenschaft & Frieden 4/2013, S. 7
67 Ebd., S. 10
68 Trump erwägt Rückkehr zum transpazifischen Freihandelsabkommen, Zeit Online, 13.4.2018
69 Brzezinski: Die einzige Weltmacht, a. a. O., S. 87
70 Ebd., S. 91 und 95
71 European Commission: State of the Union 2017. Foreign Direct Investment – An EU Screening Framework, Brussels 14.9.2017
72 Militärausgaben der NATO-Staaten im Vergleich, https://de.statista.com, 12.7.2018; www.sipri.org/yearbook/2017
73 Rainer Roth: Sklaverei als Menschenrecht, Frankfurt/M. 2017
74 USA treten aus UN-Menschenrechtsrat aus, Die Zeit, 19.6.2018
75 Liu Xiaobo erhält den Friedensnobelpreis, chinesische und deutsche Fassung des Charta-Textes: http://www.oai.de; Who is Liu Xiaobo?, www.chinadaily.com.cn, 27.10.2010
76 Xi Jinping's keynote speech, a. a. O., S. 2, 4, 10f.
77 Bertelsmann-Stiftung: Chance und Herausforderung. Chinesische Direktinvestitionen in Deutschland, Gütersloh 2016, S. 25
78 www.mofcom.gov.cn, 20.1.2016
79 Bertelsmann-Stiftung: Chance und Herausforderung, a. a. O., S. 17
80 Unterstützung von ganz oben, HB, 25.6.2018
81 Bertelsmann-Stiftung, a. a. O., S. 32
82 Bertelsmann-Stiftung, a. a. O., S. 29
83 »Kein Ausverkauf Deutschlands«, HB, 25.11.2016

84 Mercator Institute for China Studies / Rhodium Group: Chinese FDI in Europe and Germany, Juni 2015, S. 6
85 Chinas Shoppingtour in Deutschland, HB, 3.11.2017; Mercator Institute, a. a. O., S. 17
86 Werner Rügemer: Wenn Peking Schätze hebt, der Freitag, 30.1.2017
87 Private Equity Helps Chines MNEs Beat A Path to Europe, Forbes Asia, 25.3.2016
88 Bertelsmann-Stiftung, a. a. O., S. 5
89 Forbes Asia, 25.3.2016, a. a. O.
90 Kaufrausch süß-sauer, HB, 1.4.2016
91 Die Chinesen sollen lieber draußen bleiben, WiWo, 2.1.2017
92 Andreas Uldum, Minister for Finance and Mineral Resources, The Government of Greenland: New strong force behind London Mining Greenland A/S, http://naalakkersuisut.gl/en, 8.1.2015
93 Denmark »deeply concerned« over Chinese bids to build Greenland Airports, www.globalconstructionreview.com, 26.3.2018
94 As Greenland's plans build new airports gather momentum, Denmark is struggling to get on board, https://arctictoday.com, 29.5.2018
95 Auf die harte Tour. Welthandel, Der Spiegel 24/2018, S. 64f.
96 Jason Hickel: Die Tyrannei des Wachstums. München 2018, Kapitel »Das Zeitalter der Staatsstreichs«, S. 153-207
97 Ernst Wolf: Weltmacht IWF. Chronik eines Raubzugs. Marburg 2014, S. 43ff.
98 Siehe eng.sectsco.org
99 David Noack: West- oder Ostanbindung?, junge Welt, 16.12.2016
100 BRICS Nations Stand Against the ›New Wave of Protectionism‹, https://thewire.in, 5.6.2018
101 Meeting of BRICS leaders with delegation heads from invited states, en.kremlin.ru, 27.7.2018
102 Siehe www.focac.org/eng/
103 The closest look yet at Chinas economic engagement in Africa, www.mckinsey.com, Juni 2017
104 Chinese defense minister meets with African guests, eng.chinamail.cn, 11.7.2018
105 Antonio Hsiang: As America Withdraws from Latin America, China Steps in, https://thediplomat.com, 4.1.2018
106 Siehe www.chinacelacforum.org/eng
107 China's plan to connect the world, FT, 8.6.2018
108 These are the biggest Banks in the World, www.businessinsider.de, abgerufen 5.6.2018
109 Siehe www-ndb.in
110 Vom Duisburger Hafenkai in die Volksrepublik, HB, 30.12.2016
111 Chinas gigantisches Handelsprojekt, HB, 1.6.2018
112 BRI offers new path to common prosperity, www.xinhuanet.com/english/2018-05-17
113 China strengthens TCM cooperation with Belt and Road countries, www.xinhuanet.com/english/2017-12-23
114 Stiefkinder des Kontinents, Der Spiegel 26/2017; Jaroslav Fiala: The rule of the market in East-Central Europe is absolute, http://political critique.org, 28.7.2016

115 Neue Ära im Containerterminal Cosco Piräus, Österreichische Verkehrszeitung, 12.2.2018
116 Neue Seidenstraße: China baut seinen Einfluss in Europa aus, Deutsche Wirtschaftsnachrichten, 4.3.2018
117 IAPH Conference in Baku, the pearl of Caspian, makes a new record, www.iaphworldreports, 17.5.2018
118 State Grid Purchases a Stake at ADMIE, www.sgcc.com.cn, 21.6.2017
119 Chryssa Liaggou: Shenhua joins power market through deal with PPC, Copelouzos, ekatherimi.com, 2.11.2017
120 Interview zum Treffen mit US-Präsident Trump in der ARD, 27.7.2018, Protokoll in www.nachdenkseiten.de, 30.7.2018
121 Griechische Botschaft Berlin: Griechenland ist ein ausgestreckter Außenposten des Westens und der EU im Osten, Pressemitteilung, 1.7.2018
122 Siehe www.china-ceec./org/eng/
123 China macht sich Osteuropa gefügig, Süddeutsche Zeitung, 28.11.2017

IV. Gegenwart und Zukunft der irdischen Gesellschaft

1 Werner Rügemer: Lumpenproletariat der High Society, in: Melodie & Rhythmus 2/2017
2 United Nations, General Assembly. Human Rights Council, a. a. O., S. 5f. Auf die Verweigerung von 195 der 207 ILO-Arbeitsrechte durch die US-Regierungen geht der Bericht nicht explizit ein.
3 United Nations, a. a. O., S. 18
4 Ebd., S. 19
5 Joint U.S.-EU Statement following President Juncker's visit to the White House, Washington, 25. Juli 2018
6 EU and Japan sign landmark political and trade agreements, eeas.europa.eu, 17.7.2018
7 Daniele Ganser: Illegale Kriege. Wie die NATO-Länder die UNO sabotieren. Zürich 2016
8 Werner Rügemer: NATO – Die Gründungslüge, www.nachdenkseiten.de, 4.4.2018
9 »Trump darf uns nicht spalten«, www.auswaertiges-amt.de, 19.7.2018
10 UN Global Compact in der Kritik, www.global-ethic-now.de, abgerufen 15.6.2018

Literatur

Azar, José u. a.: Anti-Competitive Effects of Common Ownership, Ross School of Business Papers Nr. 1235, July 5, 2016

Bauer, Rudolph (Hg.): Kriege im 21. Jahrhundert. Neue Herausforderungen der Friedensbewegung, Annweiler 2015

Béchat, Jean-Paul / Felix Rohatyn: The Future of the Transatlantic Defense Community. Final Report of the CSIS Commission on Transatlantic Security and Industrial Cooperation in the Twenty-First Century, Washington D. C. 2003

Becker, Jörg / Mira Beham: Operation Balkan – Werbung für Krieg und Tod, Baden-Baden 2008

Bergmann, Theodor: Der chinesische Weg, Hamburg 2017

Bertelsmann-Stiftung: Chance und Herausforderung. Chinesische Direktinvestitionen in Deutschland, Gütersloh 2016

Bianco, Anthony: WalMart. The Bully of Bentonville. How the High Cost of Everyday Low Prices is Hurting America, New York 2007

Bobsin, Rainer: Finanzinvestoren in der Gesundheitsversorgung in Deutschland. 20 Jahre Private Equity, Hannover 2018

Boston Consulting Group / ciett: Adaptation to Change, Bruxelles 2012

Brummer, Alex: Britain for Sale. British Companies in Foreign Hands, London 2012

Brzezinski, Zbginiew: Die einzige Supermacht. Amerikas Strategie der Vorherrschaft, Weinheim / Berlin 1996

Buchter, Heike: Blackrock. Eine heimliche Weltmacht greift nach unserem Geld, Frankfurt/M. 2015

Celarier, Michelle: How a Misfit Group of Computer Geeks and English Majors Transformed Wall Street, New York Magazin 1/2018

Corporate Europe Observatory: Accounting for Influence. How the Big Four are embedded in EU policy making on tax avoidance, Brussels July 2018

Däubler, Wolfgang: Arbeitsrecht in China, www.nachdenkseiten.de 29.11.2012

Déléan, Michel / Dan Israel: Ubérisation – une enquete judiciaire ouverte sur Deliveroo, www.mediapart.fr, 7.6.2018

Deutscher Bundestag: Umfang und Standorte der in Deutschland stationierten US-Streitkräfte, WD 2-3000-005/17, 18. Januar 2017

Engdahl, William: Manifest Destiny. Democracy as Cognitive Dissonance, Wiesbaden 2018

Europäische Kommission: Europäische Agenda für die kollaborative Wirtschaft, COM (2016) 356 final

Financial Crisis Inquiry Commission: The Financial Crisis Inquiry Report, New York 2011
Fisher, Stanley: The Federal Reserve and the Global Economy, Washington 11.10.2014
Foschepoth, Josef: Überwachtes Deutschland, Göttingen 2014
Geffken, Rolf / Can Cui: Das chinesische Arbeitsvertragsgesetz, mit Kommentar, 5. Auflage, Cadenberge 2016
Gospel, Howard u. a. (Hg.): Financialization, New Investment Funds and Labour, Oxford University Press 2014
Gross, James: Broken Promise. The Subversion of U.S. Labor Relations Policy 1947-1994, Philadelphia 2003
Hill, Steven: Die Start-up-Illusion. Wie die Internet-Ökonomie unseren Sozialstaat ruiniert, München 2017
Jakobs, Hans-Jürgen: Wem gehört die Welt? Die Machtverhältnisse im globalen Kapitalismus, München 2016
Jowett, Paul / Françoise Jowett: Private Equity. The German Experience, New York / London 2011
Jugel, Stefan (Hg.): Private Equity Investments, Wiesbaden 2003
Kimball, Will / Robert Scott: China Trade, Outsourcing and Jobs. Economic Policy Institute, Washington 11.12.2014
Kodres, Laura: What's Shadow Banking?, in: Finance and Development (IMF), June 2013
KPMG Tax Advisers: International Tax Planning Made in Luxemburg 2003, Luxembourg 2003
Krüger, Uwe: Meinungsmacht. Eine kritische Netzwerkanalyse, Köln 2013
Kuczyinski, Jürgen: Gesellschaften im Untergang. Vergleichende Niedergangsgeschichte vom Römischen Reich bis zu den Vereinigten Staaten von Amerika, Köln 1984
McKinsey Global Institute (MGI): Offshoring. Is It a Win-Win Game?, San Francisco 2003
Ders.: What the future of work will mean for jobs, skills and wages, November 2017
McKinsey: Das Krankenhaus der Zukunft. Healthcare Systems and Services 2016
Murray, Georgina / John Scott: Financial Elites and Transnational Business. Who Rules the World?, Cheltenham / Northampton 2012
Oppong, Marvin: Verdeckte PR in Wikipedia. Das Weltwissen im Visier von Unternehmen, Frankfurt/M. 2014
Panitch, Leo / Sam Gindin: The Making of Global Capitalism. The Political Economy of the American Empire, London / New York 2013
Pauwels, Jacques: Big Business avec Hitler, Bruxelles 2013
Pincon, Michel / Monique Pincon-Charlot: La Violence des Riches, Paris 2013
PricewaterhouseCoopers: A beginner's guide to privatization, May 2013
Reinhard, Wolfgang: Die Unterwerfung der Welt. Globalgeschichte der europäischen Expansion 1415 – 2015, München 2015
Rosenberg, David: Israels Technology Economy, London 2018
Rainer Roth: Sklaverei als Menschenrecht, Frankfurt/M. 2017

Rügemer, Werner: Neue Technik – alte Gesellschaft. Silicon Valley, Köln 1984
Ders.: Cross Border Leasing. Ein Lehrstück zur globalen Enteignung der Städte, Münster 2005
Ders.: Investitionen ohne Arbeitsplätze, WSI-Mitteilungen 1/2005, S. 49-54
Ders.: Der Bankier. Ungebetener Nachruf auf Alfred von Oppenheim, (3., geschwärzte Ausgabe), Frankfurt/M. 2006
Ders.: arm und reich, Bielefeld 2009
Ders.: »Heuschrecken« im öffentlichen Raum. Public Private Partnership – Anatomie eines globalen Finanzinstruments, 2. Auflage, Bielefeld 2012
Ders.: Rating-Agenturen. Einblicke in die Kapitalmacht der Gegenwart, 2. Auflage, Bielefeld 2012
Ders.: Die Privatisierung des Staates – Das Vorbild USA, in: Ullrich Mies u. a. (Hg.): Fassadendemokratie und tiefer Staat, Wien 2017, S. 111-124
Ders.: Varianten des Kapitalismus – ein Vergleich des westlichen mit dem chinesischen Kapitalismus, www.nachdenkseiten.de, 7.10.2017
Ders. / Elmar Wigand: Union Busting in Deutschland, Frankfurt/M. 2014
Diess.: Die Fertigmacher. Arbeitsunrecht und professionelle Bekämpfung der Gewerkschaften, 3., erweiterte Auflage, Köln 2017
Scheuplein, Christoph: Private Equity Monitor 2017, Mitbestimmungsreport Nr. 40, Düsseldorf 2018
Schmidt, Eric / Jared Cohen: Die Vernetzung der Welt, Reinbek 2013
Schmitt, Martin: Internet im Kalten Krieg. Eine Vorgeschichte des globalen Kommunikationsnetzes, Bielefeld 2016
Schumann, Harald / Arpad Bondy: Das Microsoft-Dilemma. ARD 19.2.2018
See, Hans: Wirtschaft zwischen Demokratie und Verbrechen. Grundzüge einer Kritik der kriminellen Ökonomie, Frankfurt/M. 2014
Sekanina, Alexander: Finanzinvestoren und Mitbestimmung, Mitbestimmungsreport Nr. 42, Düsseldorf 2018
Srnicek, Nick: Plattform-Kapitalismus, Hamburg 2018
Turner, Fred: From Counterculture to Cyberculture, Chicago 2006
United Nations, Human Rights Council: Report of the Special Rapporteur on extreme poverty and human rights on his mission to the United States of America, New York 4.5.2018
Vila, Sol Trumbo u. a.: The Bail Out Business, TNI Februar 2017
Wang, Dong: U.S.-China Trade 1971-2012: Insights into the U.S.-China Relationship, in: The Asia-Pacific Journal 24/2013
Wilkins, Mira: The Maturing of Multinational Enterprises. American Business Abroad from 1914 to 1970, Cambridge/Mass. 1994